Emily Nagoski

muito prazer

O que a ciência ensina sobre **orgasmo feminino, autoconfiança** e **prazer**

EDITORA ALAÚDE
Rio de Janeiro, 2024

Muito prazer

ISBN: 978-85-7881-752-7.

Impresso no Brasil — 1ª Edição, 2024 — Edição revisada conforme o Acordo Ortográfico da Língua Portuguesa de 2009.

Dados Internacionais de Catalogação na Publicação (CIP)
(Câmara Brasileira do Livro, SP, Brasil)

Nagoski, Emily
Muito Prazer / Emily Nagoski. -- Rio de Janeiro : Alaúde Editorial, 2024.

ISBN 978-85-7881-752-7

1. Feminismo 2. Mulheres - Aspectos sociais 3. Mulheres - Comportamento 4. Mulheres - Sexualidade I. Título.

24-198444 CDD-305.42

Índices para catálogo sistemático:

1. Mulheres : Aspectos sociais : Sociologia 305.42

Eliane de Freitas Leite - Bibliotecária - CRB 8/8415

Produção Editorial: Grupo Editorial Alta Books
Diretor Editorial: Anderson Vieira
Editor da Obra: Ibraíma Tavares
Vendas Governamentais: Cristiane Mutüs
Gerência Comercial: Claudio Lima

Produtora Editorial: Gabriela Paiva
Tradução: Rafael de Oliveira
Copidesque: Evelyn Diniz
Revisão: Vera Moraes
Diagramação: Joyce Matos
Capa: Karma

ALTA BOOKS
GRUPO EDITORIAL

Rua Viúva Cláudio, 291 — Bairro Industrial do Jacaré
CEP: 20.970-031 — Rio de Janeiro (RJ)
Tels.: (21) 3278-8069 / 3278-8419
www.altabooks.com.br — altabooks@altabooks.com.br
Ouvidoria: ouvidoria@altabooks.com.br

Editora **afiliada à:**
ASSOCIADO

Para os meus alunos

Agradecimentos

Gratidão, antes de tudo, a todas as mulheres que conversaram comigo sobre a própria vida sexual, cujas histórias estão entretecidas nas narrativas de Camilla, Olivia, Merritt e Laurie, e ao longo do livro. Espero ter feito justiça às suas histórias.

Gratidão aos pesquisadores, educadores e conselheiros que conversaram comigo, leram trechos do livro, disseram-me que eu não parecia louca, disseram-me que eu parecia maluca e/ou acenaram com simpatia ao me desculpar pela diferença entre escrever ciência em si e escrever sobre ciência para um público em geral. Em ordem alfabética de sobrenome: Kent Berridge, Charles Carver, Kristen Chamberlin, Meredith Chivers, Cynthia Graham, Robin Milhausen, Caroline Pukall e Kelly Suchinsky. Deixo registrado que quaisquer erros na ciência são minha culpa, apesar do feedback preciso e claro dessas boas pessoas.

Gratidão à dona Erika Moen, que desenhou os órgãos genitais com tanta beleza. Gratidão aos leitores beta, especialmente Andrew Wilson e Sabrina Golonka, Patrick Kinsman, Ruth Cohen, Anna Cook e Jan Morris.

Gratidão aos leitores do meu blog, que leram os primeiros rascunhos do livro, comentaram as postagens por quatro anos, mantiveram meu lado intelectual ativo e meu emocional franco, e fizeram-me questionar o que eu achava que sabia, para que eu pudesse ser uma escritora melhor.

Gratidão aos meus alunos do Smith College, que fizeram perguntas que nem passavam pela minha mente ("Qual é a origem evolutiva do hímen?") e incentivaram-me a entender cada vez mais profundamente o que eu estava ensinando, para que eu pudesse ser uma professora melhor.

A todos vocês: Obrigada.

E então há a gratidão onde simplesmente não há mais palavras, tudo o que existe é esse sentimento avolumado em torno de seu coração e não há como falar disso. Você o conhece? É aquele que diz para ir até a pessoa, ficar de joelhos e cobrir o rosto com as mãos, grata, humilde, conectada.

Tenho certeza de que as pessoas por quem nutro esse sentimento achariam muito, muito estranho se eu realmente fizesse isso. Então, em vez disso, apenas escreverei uma lista.

Eis em ordem cronológica aproximada, as pessoas que me ajudaram de maneiras para as quais não tenho palavras:

Nancy Nutt-Chase
Cynthia Graham e John Bancroft
Erick Janssen
David Lohrmann
Richard Stevens
Lindsay Edgecombe
Sarah Knight
Julie Ohotnicky
Amelia Nagoski
Stephen Crowley

Grata. Humilde. Conectada. Obrigada.

Sobre a autora

Photo by Jon Crispin

EMILY NAGOSKI é a premiada autora do best-seller do *New York Times*, *Muito Prazer: O que a ciência ensina sobre o orgasmo feminino e como ela pode ajudar as mulheres a se sentirem seguras e confiantes em seu próprio corpo*, e coautora, com sua irmã, Amelia, do best-seller do *New York Times*, *Burnout: O segredo para romper o ciclo de estresse*. Começou seu trabalho como educadora sexual na Universidade de Delaware, onde se voluntariou como educadora sexual enquanto estudava psicologia com menores em ciências cognitivas e filosofia. Emily obteve um M.S. em Aconselhamento e Ph.D. em Health Behavior, ambos pela Indiana University, com treinamento clínico e de pesquisa no Kinsey Institute. Agora, ela combina educação sexual e educação contra o estresse para ensinar as mulheres a viverem com confiança e alegria dentro do próprio corpo.

Emily mora no oeste de Massachusetts com dois cachorros, dois gatos e um cartunista.

Sumário

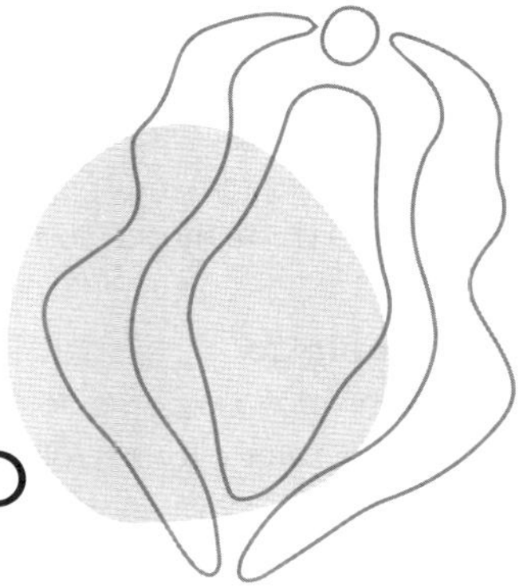

Introdução **1**

A verdadeira história do sexo 2

A organização deste livro 5

Algumas ressalvas 8

Caso sinta que há algo de errado com você, ou conhece alguém que se sente assim 9

parte 1 O básico (não tão básico)

1. Anatomia **15**

O começo 18

O clitóris, o clitóris inteiro e nada além do clitóris 21

Conheça seu clitóris 23

Lábios, grandes e pequenos 26

Verdades sobre o hímen 27

Uma palavra sobre palavras 29

Os pedaços pegajosos 30

Partes intersexuais 32

Por que é importante 35

Mude seu olhar 38

Uma metáfora melhor 39

O que é, não o que *significa* 40

2.	**O modelo de controle duplo**	**43**
	Ligar e desligar	48
	Seu temperamento sexual	52
	O que significa "meio"	59
	Diferente para meninas... às vezes	60
	O que excita você?	62
	Você pode mudar seu cérebro?	65
3.	**Contexto**	**69**
	Sensação no contexto	77
	Sexo, ratos e rock'n'roll	80
	Gostar, desejar e aprender	84
	Você não pode forçá-los	90
	"Há algo de errado comigo?" (resposta: não)	91
	Contextos sensuais	95
	Contextos não tão sensuais	101
	Avaliação de pistas sexuais	107

parte 2 Sexo no contexto

4.	**Contexto emocional**	**111**
	Ciclo de resposta ao estresse: Lutar, fugir e congelar	114
	Estresse e sexo	117
	cultura quebrada → ciclos de resposta ao estresse quebrado	121
	Complete o ciclo!	122
	Quando o sexo se torna o leão	126
	Sexo e o sobrevivente	129
	A origem do amor	133
	A ciência de se apaixonar	135
	Apego e sexo: o lado sombrio	137
	Apego e sexo: sexo que promove a trama	138
	Estilo de apego	142
	Gerenciando o apego: você se sente como um ouriço sonolento	145
	Sobrevivente do social	147
	A água da vida	149
5.	**Contexto cultural**	**155**
	Três mensagens	159
	Você é linda	165

Criticar-se = estresse = redução do prazer sexual 167
Saudável em todos os tamanhos 170
"Sujo" 173
Quando alguém "eca" seu "humm" 177
Maximizando "humm"... com ciência! Parte 1: autocompaixão 181
Maximizando "humm"... com ciência! Parte 2: dissonância cognitiva 185
Maximizando "humm"... com ciência! Parte 3: nutrição da mídia 186
Você faz você 187

parte 3 Sexo em ação

6. Excitação **195**
Medindo e definindo a não concordância 197
As mesmas partes, mas organizadas de maneiras diferentes: "isso é um restaurante" 202
Não concordância em outras emoções 204
Erro de Lubrificação nº 1: Resposta Genital = Desejo 207
Erro de Lubrificação nº 2: Resposta Genital = Prazer 211
Erro de Lubrificação nº 3: Não Concordância é um Problema 216
"Querido... Eu sou não concordante!" 220

7. Desejo **225**
Desejo = Prazer no contexto 229
Boas notícias! Provavelmente não são seus hormônios 233
Mais boas notícias! Também não é monogamia 235
"Por que não posso simplesmente tomar um comprimico?" 239
Pode ser a dinâmica de perseguição 242
"Sexo que vale a pena querer" 247
Compartilhando seu jardim 252

parte 4 Êxtase para todos

8. Orgasmo **257**
Não concordância — agora com orgasmos! 261
Não há dois iguais 262
Todas as mesmas partes... 263
Sua vagina está bem, de qualquer maneira 266
Dificuldade com orgasmo 270
Pequenas monitoras impacientes 274
Orgasmo extático: você é um bando! 276

Como medicar um bando? 281
Voando em direção ao êxtase 283

9. Amo o que é verdade **289**
Por que a confiança não é suficiente 292
Passo 1: seus sentimentos são sempre verdadeiros 294
O mapa e o terreno: uma ferramenta para verificar a realidade 297
Passo 2: a parte difícil (ou, como "não julgar") 304
Não julgue - Parte 1: "sem um bom motivo" 307
Não julgue - Parte 2: curando o trauma 309
Não julgue - Parte 3: dor 310
Não julgue - Parte 4: prazer 312
Não julgue - Parte 5: lamentar os "deveria" 315
"Sentir-se normal" 317

10. Conclusão **323**
Por que eu escrevi este livro 324
Onde procurar por mais respostas 325

Apêndice 1: Masturbação terapêutica **329**
Apêndice 2: Orgasmo prolongado **333**
Notas **337**
Referências **359**
Índice **383**

Introdução

Sim, você é normal

Ser uma educadora sexual é ser frequentemente questionada. Já estive em refeitórios universitários com um prato de comida nas mãos, respondendo a perguntas sobre orgasmo. Já fui parada em saguões de hotéis em conferências profissionais para sanar dúvidas sobre vibradores. Sentei-me em um banco do parque, verificando as mídias sociais no meu telefone, apenas para encontrar perguntas de um estranho sobre seus órgãos genitais assimétricos. Recebi e-mails de alunos, de amigos, de seus amigos, de completos estranhos, sobre desejo sexual, excitação sexual, prazer sexual, dor sexual, orgasmo, fetiches, fantasias, fluidos corporais e muito mais.

Perguntas do tipo...

- *Uma vez que meu parceiro inicia, eu me entrego, mas parece que nunca me ocorre ser a única a começar as coisas. Por que isso acontece?*
- *Meu namorado disse: "Você não está pronta, ainda está seca." Mas eu estava. Então, por que eu não estava molhada?*

- *Eu vi uma coisa sobre mulheres que não conseguem gostar de sexo porque se preocupam com seu corpo o tempo todo. Essa sou eu. Como saio desse looping?*
- *Li algo sobre mulheres que param de desejar sexo depois de um tempo de relacionamento, mesmo que ainda amem o parceiro. Essa sou eu. Como faço querer fazer sexo com meu parceiro novamente?*
- *Acho que fiz xixi quando tive um orgasmo...?*
- *Acho que talvez nunca tenha tido um orgasmo...?*

Diante dessas perguntas, há apenas um questionamento:

Eu sou normal?

(A resposta é quase sempre: Sim.)

Este livro é uma coleção de respostas. Estas são muitas das respostas que vi mudarem a vida das mulheres, respostas dadas pelo que temos de mais avançado na ciência e também pelas histórias pessoais de mulheres cuja crescente compreensão do sexo transformou suas relações com seu próprio corpo. Mulheres que são minhas heroínas e eu espero que, ao contar suas histórias, eu possa capacitá-la a seguir seu próprio caminho, a buscar e alcançar seu próprio potencial sexual profundo e único.

A verdadeira história do sexo

Depois de todos os livros que foram escritos sobre sexo, todos os podcasts e programas de TV, artigos de revistas e todos os questionamentos e dúvidas no rádio, como é possível que todos ainda tenham tantas perguntas?

Bem, a frustrante realidade é que mentiram para nós — não deliberadamente, não é culpa de ninguém, mas, ainda assim, contaram-nos a história errada.

Por muito, muito tempo na ciência e na medicina ocidentais, a sexualidade das mulheres foi vista como Sexualidade Masculina Frágil — basicamente a mesma, mas não tão boa.

Por exemplo, era meio que presumido que, como os homens gozam durante uma relação sexual em que há a penetração de um pênis em uma vagina, as mulheres também deveriam gozar no mesmo tipo de relação e, se não o fazem, é porque há algo de errado com elas.

Na realidade, é possível dizer, com certeza, que cerca de um quarto das mulheres chegam ao orgasmo durante a relação sexual com penetração vaginal. Os outros 75% às vezes, raramente ou *nunca* gozam assim, e todas são saudáveis e normais. Uma mulher pode ter um orgasmo de muitas outras maneiras — sexo manual, sexo oral, vibradores, estimulação dos seios, sucção do dedo do pé, praticamente qualquer maneira que você possa imaginar — e ainda não ter orgasmo durante a relação sexual. Isso é normal.

Supunha-se ainda que, como os órgãos genitais dos homens normalmente se comportam da mesma maneira que sua mente — se um pênis está ereto, logo a pessoa se sente excitada —, os órgãos genitais da mulher também deveriam corresponder à sua experiência emocional.

E, novamente, algumas mulheres sim, muitas não. Uma mulher pode ser perfeitamente normal e saudável e experimentar "não concordância de excitação", onde o comportamento de seus órgãos genitais (estando molhados ou secos) pode não corresponder à sua experiência mental (sentir-se excitada ou não).

Ainda foi assumido que, como os homens experimentam um desejo espontâneo e inesperado de sexo, as mulheres também deveriam querer sexo espontaneamente.

Mais uma vez, às vezes, isso é verdade, mas não necessariamente. Uma mulher pode ser perfeitamente normal e saudável e nunca experimentar desejo sexual espontâneo. Em vez disso, ela pode experimentar um desejo "responsivo", no qual seu desejo emerge apenas em um contexto altamente erótico.

Na realidade, mulheres e homens são diferentes.

Mas espere. Mulheres e homens experimentam orgasmo, desejo e excitação, e os homens ainda podem experimentar desejo responsivo, excitação não concordante e falta de orgasmo com a penetração vaginal. Mulheres e homens podem se apaixonar, fantasiar, masturbar-se, sentir-se intrigados com o sexo e experimentar um prazer extático. Ambos podem exalar fluidos, viajar por caminhos proibidos de imaginação sexual, encontrar as formas inesperadas e surpreendentes que o sexo aparece em todos os domínios da vida e confrontar as formas inesperadas e surpreendentes que ele às vezes se recusa, educadamente ou não, a aparecer.

Então... as mulheres e os homens são realmente tão diferentes?

O problema aqui é que fomos ensinados a pensar sobre sexo em termos de comportamento, e não em termos de processos biológicos, psicológicos e sociais subjacentes ao comportamento. Pensamos em nosso comportamento fisiológico — fluxo sanguíneo, secreções genitais e frequência cardíaca. Pensamos sobre nosso comportamento social, o que fazemos na cama, com quem fazemos e com que frequência. Muitos livros de cunho sexual focam essas coisas; eles dizem quantas vezes por semana o casal faz sexo ou oferece instruções de como ter um orgasmo e podem até ser úteis.

Mas se você realmente deseja *entender* a sexualidade humana, apenas o comportamento não o levará até lá. Tentar entender o sexo olhando para o comportamento é como tentar entender o amor de um casal olhando para o retrato de casamento... e seus papéis de divórcio. Ser capaz de descrever o que aconteceu — duas pessoas se casaram e depois se divorciaram — não nos leva muito longe. O que queremos saber é *por que* e *como* surgiu. Nosso casal se apaixonou depois que se casou e por isso se divorciou? Ou o casal nunca se apaixonou, mas foi forçado a se casar e finalmente ficou livre após o divórcio? Sem melhores evidências, estamos supondo na maior parte. Até muito recentemente, era assim para o sexo — quase tudo adivinhação. Mas estamos em um momento crucial na ciência do sexo porque, depois de décadas de pesquisa descrevendo *o que acontece* na resposta sexual humana, finalmente descobrimos o *porquê* e o *como* — o processo subjacente ao comportamento.

Na última década do século XX, os pesquisadores Erick Janssen e John Bancroft, do Instituto Kinsey de Pesquisa em Sexo, Gênero e Reprodução, desenvolveram um modelo de resposta sexual humana que fornece um princípio organizador para a compreensão da verdadeira história do sexo. De acordo com seu "modelo de controle duplo", o mecanismo de resposta sexual em nosso cérebro consiste em um par de componentes universais — acelerador sexual e freios sexuais, componentes que respondem a amplas categorias de estímulos, incluindo sensações genitais, estimulação visual e contexto emocional. E a sensibilidade de cada componente varia de pessoa para pessoa.

O resultado é que a excitação sexual, o desejo e o orgasmo são experiências quase universais, mas quando e como as vivenciamos depende muito da sensibilidade de nossos "freios" e "aceleradores" e dos tipos de estimulação que recebem.

Este é o mecanismo subjacente ao comportamento — o porquê e o como. E é a regra que rege a história que contarei neste livro:

Somos todas feitas das mesmas partes, mas, em cada uma de nós, essas partes são organizadas de uma maneira única que pode mudar ao longo da nossa vida.

Nenhuma organização é melhor ou pior do que qualquer outra, e nenhuma fase de nossa vida é melhor ou pior do que qualquer outra; elas são apenas diferentes. Uma macieira pode ser saudável, independentemente da variedade de maçãs, embora uma variedade possa precisar de luz solar direta constante e outra possa desfrutar de alguma sombra. E uma macieira pode ser saudável quando é uma semente, quando é uma muda, quando está crescendo e quando murcha no final da estação, bem como quando, no final do verão, está carregada de frutas. Mas tem necessidades diferentes em cada uma dessas fases de sua vida.

Você também é saudável e normal no início do seu desenvolvimento sexual, à medida que cresce e produz os frutos de uma vida com confiança e alegria dentro do seu corpo. Você é saudável quando precisa de muito sol, e é saudável quando desfruta de alguma sombra. Essa é a verdadeira história. Nós somos os mesmos. Nós somos diferentes. Nós somos todas normais.

A organização deste livro

O livro é dividido em quatro partes: (1) O básico (não tão básico); (2) Sexo em contexto; (3) Sexo em ação; e (4) Êxtase para todos. Os três capítulos da primeira parte descrevem o hardware básico com o qual você nasceu — corpo, cérebro e contexto. No capítulo 1, falo dos órgãos genitais — suas partes, o significado que impomos a essas partes e a ciência que prova definitivamente que sim, seus órgãos genitais são perfeitamente saudáveis e bonitos assim como eles são. O capítulo 2 detalha o mecanismo de resposta sexual no cérebro — o modelo de controle duplo de inibição e excitação, ou freio e acelerador. Então, no capítulo 3, apresento as maneiras pelas quais seus freios e aceleradores sexuais interagem com muitos outros sistemas em seu cérebro e em seu ambiente, para definir se uma determinada sensação ou pessoa te deixa excitado naquele momento.

Na segunda parte do livro, "Sexo em contexto", pensamos em como todo o hardware básico funciona dentro da realidade da sua vida — suas emoções, seu relacionamento, seus sentimentos sobre seu corpo e suas atitudes em relação ao sexo. O capítulo 4 enfoca dois sistemas emocionais primários, amor e estresse, e as formas surpreendentes e contraditórias como eles podem influenciar sua receptividade sexual. Em seguida, o capítulo 5 descreve as forças culturais que moldam e restringem o funcionamento sexual, e como você pode maximizar as coisas boas neste processo e superar as coisas destrutivas. O que aprenderemos é esse *contexto* — suas circunstâncias externas e seu estado mental atual — é tão crucial para o seu bem-estar sexual quanto seu corpo e cérebro. Domine o conteúdo destes capítulos e sua vida sexual se transformará — junto com, muito possivelmente, o resto de sua vida.

A terceira parte do livro, "Sexo em ação", é sobre a resposta sexual em si, e destruo dois mitos antigos e perigosos. O capítulo 6 apresenta a evidência de que o prazer e o desejo sexual podem ou não ter nada a ver com o que está acontecendo em seus órgãos genitais. É aqui que nós aprendemos por que a não concordância da excitação, que mencionei anteriormente, é normal e saudável. E depois de ler o capítulo 7, você nunca mais ouvirá alguém dizer "desejo sexual" sem pensar consigo mesmo: *Ah, mas sexo* não *é desejo.* Neste capítulo, explico como funciona o "desejo responsivo". Se você (ou seu parceiro) já experimentou uma mudança em seu interesse por sexo — aumento ou redução — este é um capítulo importante para você.

E a quarta parte do livro, "Êxtase para Todos", explica como tornar o sexo inteiramente seu, que é como você cria o pico do êxtase sexual em *sua* vida. O capítulo 8 é sobre orgasmos — o que são, o que não são, como tê-los e como torná-los iguais aos que você leu, aqueles que transformam as estrelas em arco-íris. Finalmente, no capítulo 9, descrevo a coisa mais importante que você pode fazer para melhorar sua vida sexual. Mas entregarei agora: Acontece que o mais importante não são as partes de que você é feito ou como elas são organizadas, mas *como você se sente* em relação a essas partes. Quando você abraça sua sexualidade exatamente como está agora, esse é o contexto que cria o maior potencial para o prazer extático.

Vários capítulos incluem planilhas ou outras atividades e exercícios interativos. Muitos deles são divertidos — como no capítulo 3, peço que você pense nos momentos em que fez um ótimo sexo e identifique quais aspectos do contexto ajudou a tornar aquele sexo ótimo. Todos os exercícios transformam a ciência em algo prático que pode transformar genuinamente sua vida sexual.

Ao longo do livro, você acompanhará as histórias de quatro mulheres — Olivia, Merritt, Camilla e Laurie. Essas mulheres não existem como indivíduos; são compostos, integrando as histórias reais de muitas mulheres para quem ensinei, com quem conversei, a quem enviei e-mail e apoiei em minhas duas décadas como educadora sexual. Você pode imaginar cada mulher como uma colagem de instantâneos — o rosto de uma fotografia, os braços de outra, os pés de uma terceira... cada parte representa alguém real, e a coleção se encaixa significativamente, mas eu inventei as relações que as partes têm umas com as outras.

Escolhi construir essas composições em vez de contar as histórias de mulheres específicas por dois motivos. Em primeiro lugar, as pessoas me contam as suas histórias em segredo e quero proteger as suas identidades, por isso alterei os detalhes a fim de manter a *sua* história. Em segundo lugar, acredito que posso descrever a mais ampla variedade possível de experiências sexuais femininas focando não em histórias específicas de uma mulher individual, mas na maioria das narrativas que contêm os temas comuns que vi em todas essas centenas de vidas femininas.

E, finalmente, no final de cada capítulo, você encontrará uma lista "tl;dr (ml;nl)" — "too long; din't read (muito longo; não lido)", a abreviação da internet que significa, "Apenas vá direto ao ponto." Cada lista ml;nl resume brevemente as quatro mensagens importantes do capítulo.

Caso você se pegue pensando: *Minha amiga Alice deveria ler este capítulo!* ou *Eu realmente desejo que meu parceiro soubesse disso*, você pode começar mostrando a lista tl;dr. Ou, caso você seja como eu e fique muito animada com essas ideias para mantê-las, pode seguir seu parceiro pela casa, lendo a lista tl;dr list em voz alta e dizendo: "Veja, querido, a não concordância da excitação é uma coisa!" ou "Acontece que tenho um desejo responsivo!" ou "Você me deu um ótimo contexto, querido!"

Algumas ressalvas

Primeiro, há momentos em que discuto o que o educador sexual trans S. Bear Bergman chama de "peças instaladas de fábrica" — os detalhes anatômicos que fazem os médicos declararem um bebê como "menina" ou "menino". Para maior clareza e simplicidade, quando estiver falando dessas partes, usarei as palavras "feminino" ou "masculino", referindo-se às categorias biológicas que podem descrever muitas espécies de reprodução sexual, não apenas humanos. Quando estiver falando de uma pessoa como um todo, usarei as palavras "mulher" ou "homem", referindo-se à identidade e papel social da pessoa.

Mais uma advertência de gênero: como este livro é baseado na ciência existente, na maioria das vezes, quando digo "mulheres" neste livro, quero dizer mulheres cisgênero — isto é, pessoas que nasceram em um corpo que os adultos ao seu redor declararam: "É uma menina!", então, foram criadas como meninas e agora se sentem confortáveis no papel social e na identidade psicológica de "mulher". Existem muitas mulheres que não possuem uma ou mais dessas características e muitas pessoas que não se identificam como "mulher", que se encaixam em uma ou mais dessas características. Pessoas trans e não-binárias merecem uma experiência excelente, baseada na ciência e na educação sexual voltada para o prazer também... e ainda há (ainda!) bem pouca pesquisa do funcionamento sexual trans para eu dizer com certeza se o que é verdade no bem-estar sexual das mulheres cisgênero também vale para as pessoas trans. Eu penso que, provavelmente é, e conforme mais pesquisas surgirem nas próximas décadas, descobriremos. Tenho certeza absoluta de que pessoas de qualquer gênero — incluindo homens cisgênero — podem aprender muito com a ciência existente, por mais incompleta que seja. Mas, enquanto esperamos por mais e melhores pesquisas, gostaria de reconhecer que este livro se baseia na ciência que é quase inteiramente baseada em pessoas cisgênero.

Em terceiro lugar, sou apaixonada pelo papel da ciência na promoção do bem-estar sexual das mulheres, e trabalhei duro neste livro para encapsular a pesquisa a serviço de ensinar as mulheres a viverem com confiança, e alegria dentro de seu corpo. Mas eu tenho sido muito intencional sobre os detalhes empíricos que incluí ou excluí. Eu me perguntei: "Esse fato ajuda as mulheres a terem uma vida sexual melhor ou é apenas um quebra-cabeça empírico totalmente fascinante e importante?"

E eu cortei os quebra-cabeças.

Eu mantive apenas a ciência que tem a relevância mais imediata no cotidiano das mulheres. Portanto, o que você encontrará nestas páginas não é toda a história da sexualidade feminina — não tenho certeza se toda a história realmente caberia em um livro. Em vez disso, incluí as partes da história que considerei mais poderosas em meu trabalho como educadora sexual, promovendo bem-estar sexual, autonomia e prazer feminino.

O objetivo deste livro é oferecer uma nova maneira de pensar no bem-estar sexual das mulheres, baseada na ciência. Como todas as novas formas de pensar, abre muitas questões e desafia muito conhecimento preexistente. Caso deseje se aprofundar, encontrará referências nas notas, junto com detalhes sobre meu processo para resumir um complexo e multifacetado corpo de pesquisa em algo prático.

Caso sinta que há algo de errado com você, ou conhece alguém que se sente assim

Mais uma coisa antes de entrarmos no primeiro capítulo. Lembra como eu disse que mentiram para nós? Quero reservar um momento para reconhecer o dano causado por essa mentira.

Muitas mulheres vêm aos meus workshops, às minhas aulas ou às minhas palestras públicas convencidas de que estão sexualmente destroçadas. Elas se sentem disfuncionais. Anormais. E, além disso, ansiosas, frustradas e desesperançosas com a falta de informação e apoio que recebem de médicos, profissionais, terapeutas, parceiros, familiares e amigos.

— Apenas relaxe — disseram a eles. — Tome uma taça de vinho.

Ou

— As mulheres simplesmente não querem tanto sexo. Deixe isso para trás.

Ou

— Às vezes o sexo dói — você não pode simplesmente ignorá-lo?

Entendo a frustração que essas mulheres experimentam, e o desespero — e, na segunda metade do livro, falo do processo neurológico que prende as pessoas em frustração e desespero, afastando-as da esperança e da alegria, e descrevo maneiras baseadas na ciência de sair da armadilha.

Aqui está o que eu preciso que você saiba agora: as informações neste livro mostrarão que tudo o que está vivenciando em sua sexualidade — sejam desafios com excitação, desejo, orgasmo, dor, ausência de sensações sexuais, seja o que for — é o resultado do seu mecanismo de resposta sexual funcionando adequadamente... em um mundo impróprio. Você é normal; é o mundo ao seu redor que está com problemas.

Essa é realmente a má notícia.

A boa notícia é que quando você entende como o mecanismo de resposta sexual funciona, pode começar a assumir o controle de seu ambiente e seu cérebro para maximizar seu potencial sexual, mesmo em um mundo quebrado. E quando você muda seu ambiente e seu cérebro, pode mudar – e curar – seu funcionamento sexual.

Este livro contém informações que vi transformar o bem-estar sexual das mulheres. Eu tenho visto transformar a compreensão dos homens sobre suas parceiras. Já vi casais do mesmo sexo se olharem e dizerem: “Ah. Então era *isso* que estava acontecendo.” Alunos, amigos, leitores de blogs e até colegas educadores sexuais leram este livro ou me ouviram dar uma palestra e disseram: “Por que ninguém me disse isso antes? Isso explica *tudo*!”

Tenho certeza de que o que escrevi neste livro pode ajudá-la. Pode não ser suficiente para curar todas as feridas infligidas à sua sexualidade por uma cultura na qual às vezes parece quase impossível para uma mulher "fazer" a sexualidade corretamente, mas fornecerá ferramentas poderosas para apoiar sua cura.

Como eu sei?

Provas, claro!

No final de um semestre, pedi a meus 187 alunos que escrevessem uma coisa muito importante que aprenderam em minha aula. Aqui está uma pequena amostra do que escreveram:

Eu sou normal!

EU SOU NORMAL

Aprendi que tudo é NORMAL, possibilitando ir pelo resto da minha vida com confiança e alegria.

Aprendi que sou normal! E eu aprendi que algumas pessoas sentem desejo espontâneo e outros têm desejo responsivo e esse fato me ajudou a realmente entender minha vida pessoal.

As mulheres variam! E só porque não vivo minha sexualidade da mesma forma que muitas outras mulheres, isso não me torna anormal.

O desejo sexual das mulheres, excitação, resposta etc., é incrivelmente variado.

A única coisa com a qual posso contar em relação à sexualidade é que as pessoas variam muito.

Que todos são diferentes e tudo é normal; não há dois iguais.

Não há dois iguais!

E muitos mais. Mais da metade deles escreveu alguma versão de "Eu sou normal."

Sentei-me em meu escritório e li essas respostas com lágrimas nos olhos. Havia algo urgentemente importante para meus alunos em se sentirem "normais" e, de alguma forma, minha classe abriu caminho para esse sentimento.

A ciência do bem-estar sexual das mulheres é jovem e ainda há muito a ser aprendido. Mas esta jovem ciência já descobriu verdades sobre a sexualidade das mulheres que transformaram os relacionamentos dos meus alunos com seu corpo — e, certamente, transformou o meu. Escrevi este livro para compartilhar a ciência, as histórias e os insights positivos do sexo que nos provam que, apesar do interesse de nossa cultura em nos fazer sentir como se houvesse algo de errado conosco, disfuncionais, desagradáveis e inamáveis, somos de fato totalmente capazes de fazer sexo confiante e alegre.

A promessa de *Muito prazer* é esta: não importa onde você esteja em sua jornada sexual agora, se você tem uma vida sexual incrível e deseja expandir a grandiosidade, ou está lutando e quer encontrar soluções, aprenderá algo que melhorará sua vida sexual e transformará a maneira como você entende o que significa ser um ser sexual. E você descobrirá que, mesmo que ainda não se sinta assim, já está sexualmente completa e saudável.

A ciência diz isso.

Posso provar.

parte 1

O básico (não tão básico)

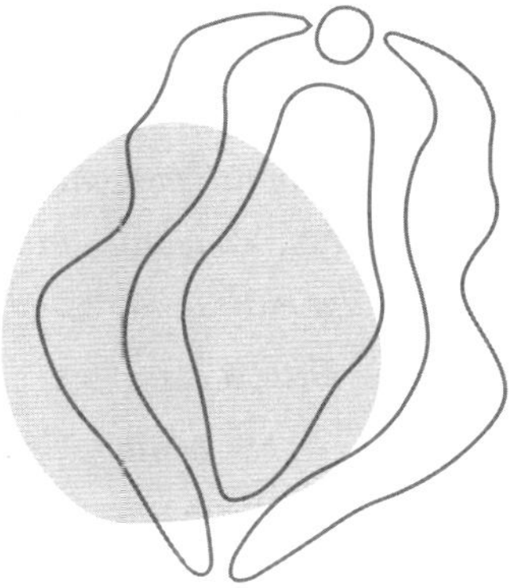

um

Anatomia

NÃO HÁ DUAS IGUAIS

Olivia gosta de se olhar no espelho enquanto se masturba.

Como muitas mulheres, Olivia se masturba deitada de costas enquanto esfrega o clitóris com a mão. Ao contrário de muitas mulheres, ela se apoia em um cotovelo na frente de um espelho de corpo inteiro e observa seus dedos se movendo nas dobras de sua vulva.

— Comecei quando era adolescente — disse ela. — Eu tinha visto pornografia na internet e estava curiosa para saber como eu era, então peguei um espelho e comecei a separar meus lábios vaginais para poder ver meu clitóris, e o que posso dizer? Foi bom! Então comecei a me masturbar.

Ela não se masturba apenas desse jeito. Também gosta do spray de "pulso" no chuveiro, tem um pequeno exército de vibradores sob seu comando e passou vários meses aprendendo a ter orgasmos "de respiração", gozando sem tocar em seu corpo.

Esse é o tipo de coisa que as mulheres dizem quando você é uma educadora sexual.

Ela também me disse que olhar para sua vulva a convenceu de que sua sexualidade era mais parecida com a de um homem, porque seu clitóris é comparativamente grande — "quase como uma cenoura baby" —, o que, ela concluiu, a tornava mais masculina; deve ser maior porque ela tinha mais testosterona, consequentemente ela era uma mulher excitada.

Disse a ela:

— Na verdade, não há evidências de uma relação entre níveis de hormônio feminino adulto, forma ou tamanho genital, e desejo sexual.

— Tem certeza disso? — questionou ela.

— Bem, algumas mulheres têm desejos "dependentes de testosterona" — disse, ponderando — o que significa que elas precisam de um mínimo muito baixo de T, mas isso não é o mesmo que "testosterona alta". E a distância entre o clitóris e a uretra prediz quão confiável é o orgasmo de uma mulher durante a relação sexual, mas isso é outra coisa.[1] *Eu ficaria fascinada em ver um estudo que fizesse a pergunta diretamente, mas as evidências disponíveis sugerem que a variação nas formas genitais femininas, nos tamanhos e nas cores não prevê nada em particular sobre o seu nível de interesse sexual.*

— Ah — disse ela. — E por meio daquela única sílaba, eu entendi: "Emily, você não compreendeu".

Olivia é uma estudante de psicologia — uma ex-aluna minha, ativista em torno de questões de saúde reprodutiva feminina que agora está fazendo a própria pesquisa, e foi assim que começamos esta conversa — então, estou animada com a oportunidade de falar sobre ciência, mas com aquele "Ah" baixo, percebi que não se tratava de ciência para Olivia. Era da luta dela para abraçar seu corpo e sua sexualidade como ela é, quando grande parte da sua cultura estava tentando convencê-la de que há algo errado com ela.

Então eu disse:

— Sabe, seu clitóris é totalmente normal. Todos os órgãos genitais são feitos das mesmas partes, apenas dispostas de maneiras diferentes, que

não significam necessariamente nada. São apenas variedades de beleza e saúde. Na verdade — continuei —, essa pode ser a coisa mais importante que você aprenderá sobre a sexualidade humana.

— Sério? — questionou. — Por quê?

Este capítulo é a resposta a essa pergunta.

Os anatomistas medievais chamavam a genitália externa das mulheres de "pudendum", palavra derivada do latim *pudere*, que significa "se envergonhar." Nossa genitália foi assim nomeada "pela vergonha que há nas mulheres de vê-las".[2]

Espera... *o quê?*

O raciocínio era o seguinte: os órgãos genitais das mulheres ficam localizados entre as pernas, como se quisessem ficar escondidos, enquanto os genitais masculinos ficam voltados para a frente, para que todos vejam. E por que os órgãos genitais masculinos e femininos seriam diferentes? Se você é uma anatomista medieval, imersa em uma ética sexual de pureza, este é o motivo: vergonha.

Agora, se assumirmos que "vergonha" não é realmente a razão pela qual os órgãos genitais das mulheres estão sob o corpo — e espero que seja óbvio que não é por isso —, por que, biologicamente, os genitais masculinos estão na frente e os genitais femininos embaixo?

A resposta é: não estão! O equivalente feminino do pênis — o clitóris — está posicionado bem na frente, no local equivalente ao dele. É menos notório que o pênis porque é menor — e é menor não porque é tímido ou envergonhado, mas porque as mulheres não precisam transportar o DNA para o corpo de outra pessoa. E o equivalente feminino do escroto — os lábios externos — também está localizado praticamente no mesmo lugar que o escroto, mas como as gônadas femininas (os ovários) são internas, e não externas como os testículos, os lábios não se estendem para além do corpo, então são menos visíveis. Novamente, os ovários não são internos por vergonha, mas porque nós é que engravidamos.

Em suma, os órgãos genitais femininos aparecem "escondidos" apenas se você observá-los através das lentes dos pressupostos culturais, e não pelos olhos da biologia.

Veremos isso repetidamente ao longo do livro: a cultura adota um ato aleatório de biologia e tenta torná-lo significativo, com "Ssss" maiúsculo. Metaforizamos os órgãos genitais, vendo como eles são e não o que eles são, sobrepomos o Significado cultural a eles, como Olivia sobrepôs o significado de "masculino" em seu clitóris grande, para concluir que sua anatomia tinha algum grande significado nela como sexualmente masculina.

Quando você vê seu corpo como ele é, em vez do que a cultura dita, experimenta como é muito mais fácil viver e amar seus órgãos genitais, junto com o resto de sua sexualidade, exatamente como eles são.

Portanto, neste capítulo, veremos nossos órgãos genitais com olhos biológicos, sem as lentes culturais. Primeiro, mostrarei como os órgãos genitais masculinos e femininos são feitos das mesmas partes, apenas organizados em jeitos diferentes. Apontarei onde a biologia diz uma coisa e a cultura diz outra, e pode decidir o que faz mais sentido para você. Ilustrarei como a ideia de as mesmas partes, organizadas de maneiras diferentes, se estende muito além de nossa anatomia para cada aspecto da resposta sexual humana, e argumentarei que isso pode ser a coisa mais importante que você aprenderá sobre sua sexualidade.

No final, oferecerei uma nova metáfora central para substituir as malucas, tendenciosas ou sem sentido que a cultura tentou impor aos corpos das mulheres. Meu objetivo neste capítulo é apresentar uma maneira alternativa de pensar sobre seu corpo e sua sexualidade, para que você possa se relacionar com ele em seus termos, em vez de nos termos que outra pessoa escolheu para você.

O começo

Imagine dois óvulos fertilizados recém-implantados em um útero. Um é XX — geneticamente feminino — e o outro é XY — geneticamente masculino. Gêmeos fraternos, uma irmã e um irmão. Rosto, dedos e pés, os irmãos desenvolverão as mesmas partes do corpo, que serão organizadas de maneira diferente, para lhes dar o corpo individual que será instantaneamente distinguível à medida que crescerem. E assim como seu rosto terá dois olhos, um nariz e uma boca, dispostos mais ou menos nos mesmos lugares, o órgão genital terá os mesmos elementos básicos, organizados mais ou menos da mesma maneira. Mas, ao contrário do rosto, dos dedos e pés, seus órgãos genitais se desenvolverão antes do nascimento em configurações que seus pais declararão automaticamente como de "menino" ou "menina".

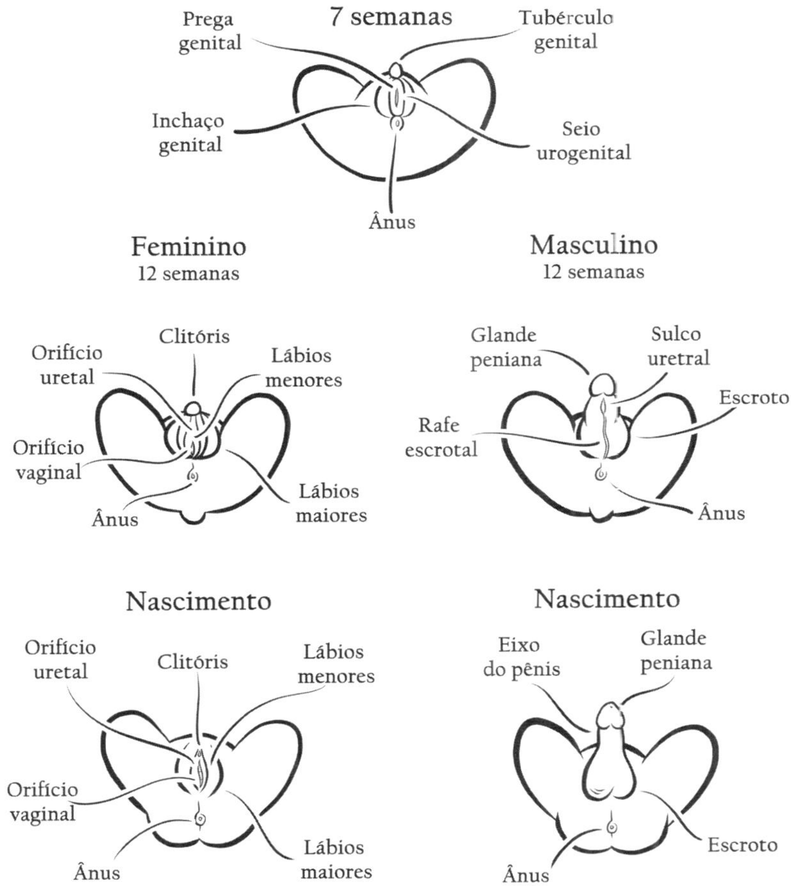

As mesmas partes, organizadas diferentemente. Os órgãos genitais são os mesmos, em todos os corpos, até seis semanas de gestação, quando o hardware genital universal começa a se organizar na configuração feminina ou na masculina.

Veja como isso acontece. Cerca de seis semanas após a implantação do óvulo fertilizado no útero, ocorre uma onda de hormônios masculinizantes. O embrião masculino responde a isso desenvolvendo seu hardware genital universal "pré-fabricado" na configuração masculina de pênis, testículos e escroto. Enquanto o embrião feminino não responde de forma alguma à lavagem hormonal e, em vez disso, desenvolve seu hardware genital universal pré-fabricado na configuração feminina de clitóris, ovários e lábios.

Bem-vindo ao maravilhoso mundo da homologia biológica.

Homólogos são características que têm as mesmas origens biológicas, embora possam ter funções distintas. Cada parte da genitália externa tem um homólogo no outro sexo. Já mencionei dois deles: os órgãos genitais masculino e feminino têm pontas arredondadas, altamente sensível, órgão multicâmara altamente sensível para o qual o sangue flui durante a excitação sexual. Em corpos femininos, é chamado de clitóris; nos corpos masculinos, de pênis. E cada um tem um órgão que é macio, elástico e onde cresce cabelo grosso após a puberdade. Nos corpos femininos, são os lábios externos (lábios maiores); em corpos masculinos, é o escroto. Essas partes não se parecem apenas superficialmente; são desenvolvidas a partir do tecido fetal equivalente. Caso olhe atentamente para um escroto, notará uma costura subindo no centro — a rafe escrotal. É aí que o escroto teria se dividido em lábios se a química ou os cromossomos fossem um pouco diferentes.

A homologia também é o motivo pelo qual irmão e irmã terão mamilos, que, nas fêmeas, são vitais para a sobrevivência de quase todas as espécies de mamíferos, incluindo os humanos (embora um punhado de mamíferos antigos, como o ornitorrinco, não tenham mamilos e, em vez disso, apenas vazam leite de seus abdomes), então a evolução construiu mamilos logo no início do nosso desenvolvimento fetal. É preciso menos energia apenas para deixá-los lá do que para suprimi-los ativamente — e a evolução é tão preguiçosa quanto é possível deixar —, então tanto os machos quanto as fêmeas têm mamilos. Mesma origem biológica — diferentes funções.

O clitóris, o clitóris inteiro e nada além do clitóris

O clitóris e o pênis são os órgãos genitais externos mais densamente repletos de terminações nervosas. A parte visível dele, a glande do clitóris, é localizada bem no topo dos órgãos genitais — a certa distância da vagina, você notará. (Esse fato será crucial quando eu falar de orgasmo, no capítulo 8.) O clitóris é...

O *hokey pokey* — é disso que se trata.

Dois toca-discos e um microfone — é onde está.

Um cartão Visa — está em qualquer lugar que você queira estar.

É a sua Grand Central Station de sensações eróticas. Com apenas um oitavo do tamanho de um pênis, mas carregado com quase o dobro das terminações nervosas, pode variar em tamanho de uma ervilha quase invisível a um pepino de tamanho razoável, ou em qualquer lugar intermediário, e é tudo normal, tudo lindo.

Ao contrário do pênis, o único trabalho do clitóris é sentir. O pênis tem quatro funções: sensação, penetração, ejaculação e micção.

Duas formas diferentes de funcionamento, uma origem biológica compartilhada.

A parte externa do clitóris — a glande — é, na verdade, apenas a cabeça do clitóris, assim como a glande do pênis — a tampa vagamente em forma de bolota no final da haste peniana é apenas a cabeça. No entanto, há muito mais nisso. O eixo do pênis é familiar para muitos, sendo constituído por três câmaras: um par de corpos cavernosos (corpora cavernosa) e um corpo esponjoso (corpo esponjoso), por onde passa a uretra. Todas essas três câmaras se estendem profundamente no corpo. O corpo esponjoso termina no bulbo do pênis profundamente dentro da pelve. Os corpos cavernosos se afastam um do outro e se prendem ao osso pélvico.

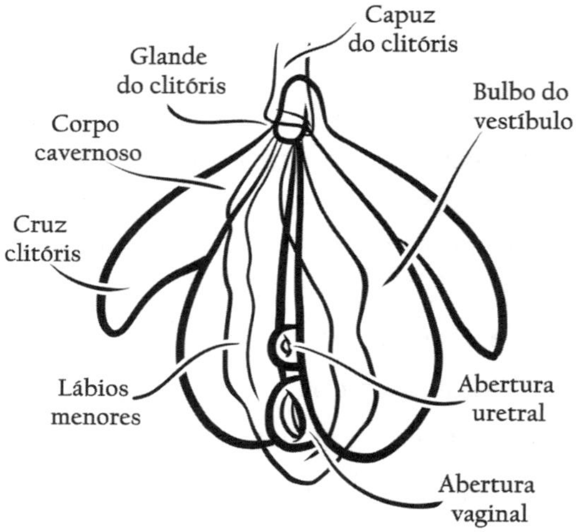

A anatomia do clitóris. O significado cultural de "clitóris" é, muitas vezes, limitado à parte externa, a glande. O significado biológico inclui uma vasta gama de tecido erétil interno que se estende até a abertura vaginal.

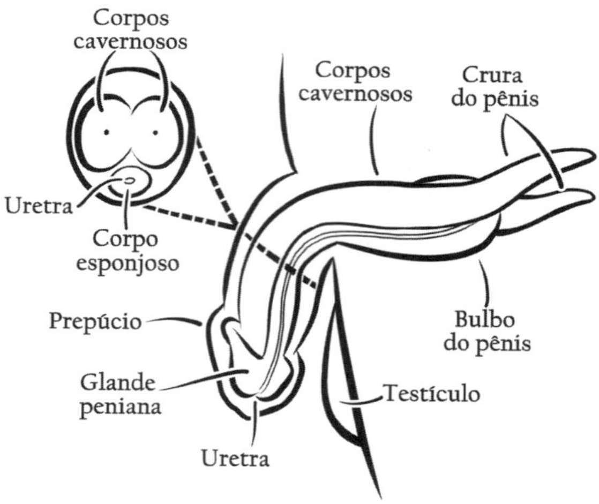

A anatomia do pênis. Tal como acontece com o clitóris, o significado cultural de "pênis" é limitado à parte externa — a glande e a haste. E, como o clitóris, o pênis possui tecido erétil interno. As mesmas partes, organizadas de maneiras diferentes.

A compreensão cultural do clitóris é "a pequena protuberância no topo da vulva". Mas a compreensão biológica do clitóris é mais como "uma estrutura anatômica interna de grande alcance, com uma cabeça emergindo no topo da vulva". Assim como o pênis, o clitóris é composto por três câmaras: um par de pernas (crura), que são homólogas aos corpos cavernosos, e os bulbos do vestíbulo, homólogos ao corpo esponjoso, incluindo seu bulbo peniano. O vestíbulo é a boca da vagina; os bulbos se estendem da cabeça do clitóris, profundamente dentro do tecido da vulva, então se dividem para abranger a uretra e a vagina. Isso mesmo: o clitóris se estende até a abertura vaginal.

O capuz do clitóris cobre a cabeça do clitóris, assim como seu homólogo, o prepúcio, cobre a cabeça do pênis. E o frênulo masculino — o "ponto Y" perto da glande, onde o prepúcio se liga ao eixo — é o homólogo do fêmur feminino (a palavra francesa para "garfo"), a curva do tecido na borda inferior da vagina. É altamente sensível e subvalorizado em todos os corpos.

Conheça seu clitóris

Se você nunca conheceu seu clitóris "cara a cara", agora é a hora. (Mesmo que você tenha tido boas conversas com seu clitóris, sinta-se à vontade para aproveitar a oportunidade para se reencontrar.) Você pode encontrá-lo visualmente ou manualmente. Depois de ler os próximos dois parágrafos, largue o livro e teste qualquer um dos métodos.

Para encontrá-lo visualmente, pegue um espelho, abra seus lábios (os lábios externos macios e peludos da sua vulva) e realmente *olhe para ele*. Você verá uma protuberância no topo da vulva.

Ou você pode encontrá-lo com os dedos. Comece com a ponta do dedo médio na fenda onde os lábios se dividem. Pressione suavemente, mexa o dedo para frente e para trás e deslize a ponta do dedo lentamente entre os lábios até sentir um pequeno cordão emborrachado sob a pele. Esticar a pele puxando o monte pubiano com a outra mão pode ajudar. Lubrificar o dedo com saliva, lubrificante comercial, algum creme para as mãos sem alérgenos ou até mesmo um pouco de óleo de coco também pode ser útil.

Tenho um motivo específico para pedir que você realmente *olhe* para o seu clitóris:

Em uma noite, uma aluna veio até mim depois da aula e me disse que havia falado pelo Skype com sua mãe, sobre suas aulas naquele semestre, incluindo minha aula, "Sexualidade Feminina". A aluna mencionou à mãe que os slides da minha palestra incluíam fotos reais de vulvas, junto com diagramas e ilustrações. E sua mãe lhe disse a coisa mais surpreendente:

— Não sei onde fica o clitóris.

A mãe tinha 54 anos.

Então, minha aluna mandou um e-mail para a mãe com os slides da minha palestra.

Essa história é a razão pela qual o primeiro capítulo deste livro é sobre anatomia. Essa história me dá vontade de estampar camisetas com o desenho de uma vulva e uma seta apontando para o clitóris, dizendo TÁ BEM AQUI. Dá vontade de distribuir panfletos nas esquinas com instruções para localizar o próprio clitóris, manual e visualmente. Quero que um GIF animado de uma mulher apontando para o clitóris se torne viral na internet. Quero um outdoor na Times Square. Quero que todos saibam.

Mas mais que isso, quero que você pare agora e olhe diretamente para o seu clitóris. Saber onde ele está é importante, mas saber onde o *seu* clitóris está... isso é poder. Pegue um espelho e olhe para o seu clitóris, em homenagem àquela aluna e sua corajosa e incrível mãe.

Quando olhei pela primeira vez para o meu clitóris, durante meu primeiro treinamento como educadora sexual, chorei. Eu tinha 18 anos, estava em um relacionamento ruim e procurava respostas. Foi quando meu instrutor disse:

— Quando você for para casa hoje à noite, pegue um espelho e encontre seu clitóris. Então eu fiz. E fiquei chocada ao descobrir que não havia nada de nojento ou estranho nisso, era apenas... parte do meu corpo. Pertencia a mim.

Aquele momento preparou o terreno para uma década de descoberta e redescoberta de que minha melhor fonte de conhecimento da minha sexualidade era meu corpo.

Então vá olhar para o seu clitóris.

E enquanto estiver pela vizinhança, verifique também o resto da sua vulva.

Adoro ter alunas não tradicionais em minha classe — aqueles que não estão na faixa etária de 18 a 22 anos — e Merritt era tão não tradicional quanto eles: uma autora lésbica na perimenopausa de literatura erótica gay, com uma filha adolescente que ela criava com sua parceira há quase vinte anos. Quando a conheci, eu estava desinformada o suficiente para ficar surpresa quando ela me disse que seus pais coreanos eram cristãos fundamentalistas e que ela cresceu com valores socialmente conservadores. O que tornava sua condição de lésbica, sua escrita e sua presença em minha sala de aula ainda mais marcantes.

Aos 42 anos, Merritt nunca havia pensado em olhar para seu clitóris. Essa possibilidade nem passou pela sua cabeça até que sugeri na primeira palestra, como sempre faço. Depois da aula, ela veio até mim e disse:

— É realmente uma boa ideia sugerir que crianças tão jovens olhem para o próprio corpo? E se elas apenas... desligarem?

— Essa é uma pergunta muito importante — disse. — Nunca me relataram uma experiência assim, mas não é um requisito, então talvez as pessoas com maior probabilidade de ter essa experiência não tentem. Ainda assim, é algo que recomendo, principalmente para alunas que pretendem seguir carreira na saúde pública ou na medicina, mas fica a critério de cada um querer ou não olhar.

Merritt não fez isso.

Em vez disso, ela fez sua parceira, Carol, olhar — o que, de certa forma, é ainda mais corajoso do que olhar para si — e ela olhou para sua parceira. E elas falaram do que viram e sobre como nunca antes haviam parado para olhar e falar deliberadamente sobre seus corpos sexuais. E Merritt aprendeu algo notável, que me contou na semana seguinte:

— Carol me disse que olhou para sua vulva! Ela fazia parte de um grupo de conscientização feminista nos anos 1980, e todas se reuniram em um círculo com seus espelhos de mão.

— Uau! — disse, e quis dizer isso. Ela estendeu as mãos, com as palmas para cima, avaliando seus sentimentos. — Não sei por que esse tipo de coisa é tão mais difícil para mim do que para ela. Quando se trata de sexo, sempre sinto que estou à beira de um penhasco com meus braços girando ao meu redor.

A ambivalência que Merritt vivenciou é absolutamente normal para qualquer um cuja família de origem ensinou que o sexo deve se encaixar em um determinado lugar prescrito na vida, e em nenhum outro lugar. Mas também fazia sentido para Merritt por outras razões, relacionadas à maneira como seu cérebro está conectado. Falarei disso no capítulo 2.

Lábios, grandes e pequenos

Os lábios internos femininos (lábios menores ou "pequenos lábios") podem não ser muito "interiores", mas se estendem além dos grandes lábios — ou podem se entranhar, escondidos, no interior da vulva até você procurar por eles. E os lábios internos podem ser de uma cor homogênea, ou podem mostrar um gradiente de cor, escurecendo em direção às pontas. Tudo isso é normal, saudável e bonito. Longo, curto, rosa, bege, marrom — tudo normal.

Os lábios externos também variam de pessoa para pessoa. Alguns são densamente peludos, com o cabelo se estendendo até a coxa e ao redor do ânus, enquanto outros têm muito pouco cabelo. Alguns lábios são bastante inchados, enquanto outros são relativamente alinhados com o corpo. Alguns são da mesma cor da pele ao redor e outros são mais escuros ou mais claros do que a pele ao redor. Tudo normal, tudo lindo.

Tal como acontece com o clitóris, a visão cultural dos lábios não corresponde à realidade biológica. As vulvas no pornô leve podem ser editadas digitalmente para se adequar a um padrão específico de lábios "encolhidos" e coloração homogênea, para serem "menos detalhadas".[3] Na realidade, há uma grande variedade entre os órgãos genitais — e não há nenhuma condição médica associada a quase nenhuma variabilidade. Mas essas representações limitadas do corpo das mulheres podem, na verdade, estar mudando sua percepção da aparência de uma vulva "normal".[4]

Então, se você decidir dar uma olhada pela vulva de outra pessoa — o que eu recomendo fortemente, a propósito, mas apenas com o consentimento entusiástico dela —, notará como elas são muito, muito diferentes umas das outras. Raramente encontrará as vulvas bem-arrumadas que vê na *Playboy*.

A menos que você esteja sentindo dor (e se estiver, um médico deverá ser consultado!). Seus órgãos genitais são perfeitos exatamente como são.

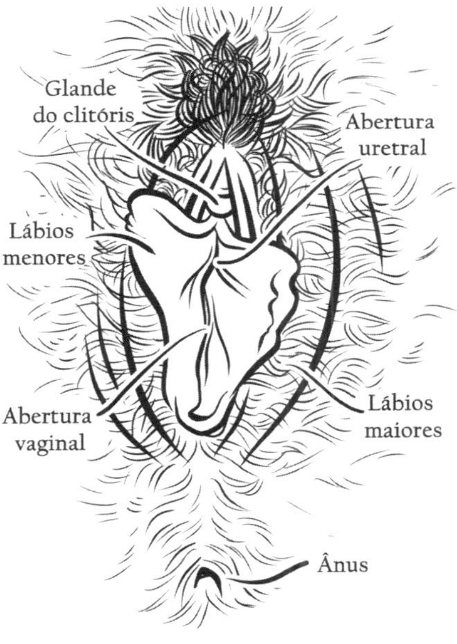

Exemplo de uma vulva.

Verdades sobre o hímen

Você pode ou não ter hímen — uma membrana fina ao longo da borda inferior da abertura vaginal. Quer você tenha um ou não, garanto que praticamente tudo o que aprendeu sobre o hímen está errado.[5]

O mais próximo da verdade é que, durante a relação sexual, o hímen pode doer se não estiver acostumado a ser esticado — essa é uma das várias causas potenciais de dor durante a penetração, mas não é de forma alguma a mais comum. (A mais comum é a falta de lubrificação.)

Mas o hímen não rompe e fica rompido para sempre, como uma espécie de selo de garantia. Caso rompa ou machuque, ele *cura*. E o tamanho de um hímen não depende de a vagina ter sido penetrada ou não. Além disso, geralmente não sangra. Qualquer sangue na primeira penetração é mais provavelmente devido à dilaceração vaginal geral por falta de lubrificação do que a danos no hímen.

O que muda quando uma mulher começa a esticar o hímen regularmente é que ele fica mais flexível. E como os hormônios mudam com o fim da adolescência (por volta dos 25 anos de idade), o hímen tende a atrofiar e se tornar muito menos perceptível — se é que era perceptível.

O hímen é outro exemplo da ampla variabilidade nos órgãos genitais femininos. Algumas nascem sem hímen. Outras têm hímenes imperfurados (uma membrana fina, mas sólida que cobre toda a abertura vaginal) ou hímenes microperfurados (muitos orifícios minúsculos em uma membrana sólida). Algumas têm hímen septado, que parece um fio de pele se estendendo pela vagina. Alguns hímenes são duráveis, outros são frágeis. Alguns desaparecem no início da adolescência e outros ainda estão em evidência após a menopausa.[6]

Os hímenes variam porque, até onde a ciência foi capaz de descobrir, o hímen não foi selecionado pela evolução. Não tem função reprodutiva ou qualquer outra função. É um subproduto, um pequeno bônus deixado para trás pelo rolo compressor da pressão da seleção evolutiva, como os mamilos masculinos. É o homólogo do colículo seminal, uma crista na parede da uretra onde a uretra masculina passa pela próstata e se junta aos ductos seminais.

O hímen é um exemplo profundo de como os humanos metaforizam a anatomia. Trata-se de um órgão que não tem função biológica e, no entanto, a cultura ocidental inventou uma história poderosa do hímen há muito tempo. Essa história não tem nada a ver com biologia e tudo a ver com controlar mulheres. A cultura viu uma "barreira" na boca da vagina e decidiu que era um marcador de "virgindade" (uma ideia biologicamente sem sentido). Uma ideia tão estranha só poderia ter sido inventada em uma sociedade em que as mulheres eram literalmente propriedade, e suas vaginas eram seus bens mais valiosos — um condomínio fechado.

Ainda que o hímen não realize nenhuma função física ou biológica, muitas culturas criaram mitos tão profundos em torno dele que existem cirurgias disponíveis para "reconstruí-lo", como se fosse uma necessidade médica. (Onde está a cirurgia para aperfeiçoar os mamilos masculinos?)

De certa forma, o hímen pode ser relevante para a saúde da mulher: algumas mulheres são espancadas ou até mortas por não terem hímen. Enquanto outras foram informadas de que "não poderiam ter sido estupradas" porque seu hímen estava intacto. Para ela, o hímen tem um impacto real em seu bem-estar físico, não devido a sua anatomia, mas por causa do que sua cultura acredita sobre essa anatomia.

Uma palavra sobre palavras

Mais uma coisa sobre órgãos genitais: o nome para todo o pacote de órgãos genitais externos femininos é "vulva". "Vagina" refere-se ao canal reprodutivo interno que leva até o útero. As pessoas costumam usar "vagina" para se referir à vulva, mas agora você já sabe mais sobre isso. E se você estiver nua em frente a um espelho e vir o triângulo clássico? Refiro-me ao seu monte de Vênus, ou monte pubiano (púbico).

Percebe?

> Vagina = canal reprodutor
>
> Vulva = genitália externa
>
> Monte de Vênus = área sobre o osso púbico onde cresce o cabelo

Não estou sugerindo que você corrija as pessoas que usam palavras erradas, ou piquetes com cartazes do tipo *Os monólogos da vagina* dizendo: "Na verdade, são *Os monólogos da vulva*", mas agora você sabe quais palavras deve usar. Você não chamaria seu rosto ou sua testa de garganta, certo? Portanto, não chamaremos a vulva ou monte de Vênus erroneamente. Tornaremos o mundo um lugar melhor para as vulvas.

Os pedaços pegajosos

Vulvas têm um conjunto de glândulas em ambos os lados da boca da vagina, chamadas glândulas de Bartholin, que liberam fluido durante a excitação sexual — talvez para reduzir o atrito da penetração vaginal, talvez para criar um perfume que comunique o estado de saúde e fertilidade. Quando os órgãos genitais femininos "se molham", é isso o que está acontecendo. E acontece que os corpos masculino e feminino "se molham". O homólogo masculino, a glândula de Cowper, logo abaixo da próstata, produz pré-ejaculação.

Por que falamos de pênis "ficando duros" e vaginas "ficando molhadas", quando, de uma perspectiva biológica, tanto os órgãos genitais masculinos quanto os femininos ficam duros e úmidos? De novo, trata-se de uma questão cultural. A "dureza" masculina (ereção) é um pré-requisito necessário para a relação sexual, e a "umidade" é considerada uma indicação de que o corpo está "pronto" para a relação sexual (embora, no capítulo 6, veremos como isso pode ser um equívoco). Uma vez que a relação sexual é considerada o centro do universo sexual, metaforizamos a dureza masculina e a umidade feminina como os indicadores finais de excitação. Mas, como nossas anatomias, nossas fisiologias são feitas dos mesmos componentes — mudanças no fluxo sanguíneo, produção de secreções genitais etc. — organizadas de maneiras diferentes. Colocamos um holofote na ereção masculina e um destaque na umidade feminina, mas a umidade masculina também está acontecendo, bem como a dureza feminina.

As vulvas também têm um conjunto de glândulas na boca da uretra, o orifício por onde urinamos, chamadas glândulas de Skene. Esses são os homólogos da próstata masculina. A próstata faz duas coisas: incha ao redor da uretra de modo que é difícil ou impossível urinar durante a excitação sexual e produz cerca de metade do fluido seminal no qual o esperma viaja. Em outras palavras, faz ejacular. As glândulas de Skene também incham ao redor da uretra, dificultando a micção quando você está muito excitada. Se você já tentou fazer xixi logo após ter um orgasmo, se deparou com isso diretamente — você tem de respirar fundo e limpar para dar tempo aos seus órgãos genitais para relaxar.

Às vezes, as glândulas de Skene produzem fluido, o que provavelmente é uma fonte de "ejaculação feminina" — "esguichar" —, que tem recebido atenção ultimamente, em parte porque mais ciência foi feita e em parte porque apareceu na pornografia. Como resultado, questionam-me sobre isso regularmente. Na verdade, um dia eu estava visitando uma residência estudantil para responder a perguntas anônimas de uma caixa, apenas para descobrir que um aluno havia feito a pergunta: "Como aprendo a esguichar?" enquanto outro aluno havia colocado, "Como faço para parar de esguichar?"[7]

Desnecessário dizer que nossa cultura envia mensagens confusas às mulheres sobre seus fluidos genitais... ou a falta deles. Por um lado, a ejaculação é vista como um evento essencialmente masculino e os órgãos genitais das mulheres são, você sabe, vergonhosos, então para um corpo feminino fazer algo tão enfático e úmido é inaceitável. Por outro lado, é um evento comparativamente raro, e a busca perpétua pela novidade, aliada à dinâmica básica de oferta e demanda, significa que a rara mercadoria de um corpo feminino que ejacula é valorizada e exibida. Então, se eles estão prestando atenção às mensagens culturais da ejaculação, as mulheres estão compreensivelmente confusas.

A mensagem biológica é simples: a ejaculação feminina é um subproduto, como os mamilos masculinos e o hímen. Não importa o quão importante a cultura faça disso, as pessoas simplesmente variam. Uma mulher que conheço nunca ejaculou na vida até pouco depois da menopausa, quando arranjou um novo parceiro. De repente, ela estava ejaculando um quarto de xícara de líquido a cada orgasmo. Foi a mudança de parceiro? Foi a mudança hormonal da menopausa? Nenhuma das alternativas acima? Eu não faço ideia. Algumas pesquisas descobriram que o número de orifícios das glândulas de Skene (ou seja, o número de orifícios que saem das glândulas de Skene) prediz se alguém ejacula.[8] A presença de mais aberturas aumenta a probabilidade de ejaculação? A ejaculação leva ao desenvolvimento de mais aberturas? Mais uma vez, não faço ideia.

Mas isso me leva a um ponto importante sobre os órgãos genitais: às vezes ficam molhados e têm uma fragrância. Um perfume. Um buquê rico e terroso, com cheiro de grama e âmbar, com um toque de almíscar amadeirado. Os órgãos genitais são aromáticos, certas vezes, e pegajosos às vezes também. Ellen Støkken Dahl e Nina Brochmann, autoras do livro sobre sexualidade feminina *Viva a vagina*, introduziram a expressão "rato de discoteca" para descrever a vulva depois de um dia longo e suado. Suas secreções genitais provavelmente são diferentes em diferentes fases do seu ciclo menstrual, elas mudam com a idade, e também com a variação da sua dieta — as mulheres variam.

Não será surpresa se você não achar o cheiro ou a sensação de umidade genital bonitos e fascinantes, considerando como ensinamos as pessoas a sentirem seus órgãos genitais. Mas *como você se sente* em relação aos seus órgãos genitais e suas secreções é aprendido, e amar seu corpo como ele é lhe dará prazer e desejo mais intensos e orgasmos maiores e melhores. Falaremos mais disso no capítulo 5.

Partes intersexuais

Pessoas intersexuais,[9] cujos órgãos genitais não são obviamente masculinos ou femininos no nascimento, também têm as mesmas partes; os deles estão organizados em algum lugar entre as configurações femininas padrão e masculinas padrão. O tamanho do falo, a localização da abertura uretral ou a divisão do tecido labioescrotal podem estar em qualquer ponto intermediário.

A homologia ajuda muito a explicar como os órgãos genitais intersexuais surgem. As pessoas cujos órgãos genitais estão "em algum lugar no meio" experimentaram uma ligeira variação na imensamente complexa cascata de eventos bioquímicos envolvidos no crescimento de um feto, desde a fertilização do óvulo até o desenvolvimento embrionário e a gestação. Essa pequena alteração resulta em genitais ligeiramente diferentes em cerca de um em cada sessenta recém-nascidos.[10] Não há nada de errado com seus órgãos genitais, assim como não há nada de errado com uma pessoa cujos lábios são excepcionalmente grandes ou pequenos.[11] Ainda são as mesmas partes, apenas organizadas de uma maneira diferente. Por exemplo, a abertura da uretra masculina pode estar em qualquer lugar na cabeça do pênis; raramente, está em algum lugar ao longo do eixo do pênis, mas isso também é bom, desde que não impeça a micção ou cause infecção crônica (o que geralmente não acontece). Desde que os órgãos genitais não causem dor e não sejam propensos a infecções ou outros problemas médicos, eles são saudáveis e não requerem nenhum tipo de intervenção médica. Somos feitos das mesmas partes, apenas organizados de maneiras diferentes.

É por isso que não preciso ver seus órgãos genitais para dizer que eles são normais e saudáveis. Você tem as mesmas partes, apenas organizadas de maneira única.

Como muitos educadores sexuais, incluo fotos de uma variedade de vulvas em meus slides de aula de anatomia.

Onde encontro essas fotos? Na internet, claro.

Minha única dificuldade é conseguir uma gama diversificada — geralmente encontro imagens de vulvas jovens, magras, brancas e completamente depiladas. Preciso pesquisar cuidadosamente para encontrar imagens positivas de sexo de vulvas mais velhas, vulvas de pessoas de cor e de pessoas corpulentas, vulvas construídas cirurgicamente e vulvas com todos os pelos pubianos.

Um dia, eu estava sentada em uma movimentada convenção de quadrinhos conversando sobre esse desafio com Camilla, que, como eu, é uma nerd e ex-educadora sexual universitária. Ao contrário de mim, ela é formada em estudos de gênero e arte de estúdio, é afro-americana e ganha a vida como ilustradora — tudo isso lhe deu uma visão do meu pequeno desafio.

Ela perguntou:

— Sério, Emily? Você está pesquisando no Google, o quê, tipo, "vulva negra"? No trabalho?

Dei de ombros, desculpando-me.

— Salsichas, leis e palestras de educação sexual. Você não quer saber como qualquer um deles é feito.

Então Camilla disse:

— Deixe-me adivinhar: tudo o que você encontra são imagens pornográficas, nada artístico ou empoderado ou positivo para o corpo?!

— Pornografia e imagens médicas explícitas — concordei. — Tentei pesquisar "vulvas feministas de cor", mas tudo o que consegui foram projetos de bordados do Pinterest e Etsy.

Camilla riu disso, mas disse:

— Agora pense... se você fosse uma jovem tentando ver como é uma vulva normal e saudável. Se você for branca, está tudo lá, o Tumblr está cheio disso. Mas se você é negra, asiática ou latina, o que encontra? Pornografia e fotos médicas. O que isso lhe diz?

Eu disse:

— Mas não posso dizer: "Ei, mulheres de cor, postem mais fotos de suas vulvas na web, para que outras mulheres saibam que são normais".

— Não, mas, ainda assim — disse Camilla —, as imagens que vemos ou não vemos — importam. Você conhece aquelas garotas Escher?

— Não, o que é uma garota Escher?

— Elas são as personagens femininas dos quadrinhos com abdômen tão plano que não há espaço para seus órgãos internos, e suas espinhas são incrivelmente retorcidas para que você possa ver os seios e as duas nádegas ao mesmo tempo. Suas poses são tão anatomicamente absurdas que receberam o nome de um artista famoso por suas ilusões impossíveis.

— Parece algum pornô ruim que eu já vi — disse.

— Certo — disse Camila. — Eu os vi quando era adolescente e senti que isso dizia tudo sobre o que uma "mulher" deveria ser, e como ser mulher não era assim para mim, decidi que minha primeira identidade é "geek" ["nerd"]. Não mulher, não negra: geek. Gamer ["Jogador"]. Levei muito tempo para integrar as outras partes da minha identidade, porque não conseguia ver como elas se encaixavam. As imagens importam. Eles nos dizem o que é possível, o que combina, o que pertence e o que não pertence. E nós estamos apenas tentando pertencer a algum lugar.

Essa declaração foi um presente para mim. Eu volto a essa ideia várias vezes agora, enquanto escrevo minhas palestras. Passo horas pesquisando na internet imagens positivas para o sexo de uma ampla variedade de vulvas, porque minhas alunas — não são iguais — e quero que saibam que seu corpo é normal e que pertencem à minha sala de aula.

Por que é importante?

Por que o fato aparentemente simples de que todos os órgãos genitais humanos são feitos das mesmas partes, embora organizados de maneiras diferentes, pode ser a coisa mais importante que você aprenderá sobre a sexualidade humana?

Duas razões:

Primeiro, porque significa que seus órgãos genitais são normais — e não apenas normais, mas incríveis, bonitos e cativantes, e deliciosos e sedutores, descendo o alfabeto, até o picante — independentemente de como eles se parecem. Eles são exclusivos para você. Todo o intervalo é normal. Lindo. Perfeito.

E segundo, porque é verdade para cada faceta da expressão sexual humana. Como veremos nos capítulos seguintes, desde a resposta genital até os fetiches de espancamento, nossa fisiologia, psicologia e nossos desejos sexuais são feitos das mesmas partes, embora organizados de maneiras diferentes.

Se abraçarmos essa ideia simples e profunda com as mesmas partes, organizadas de maneiras diferentes, ela responderá à pergunta sempre popular: a sexualidade de homens e mulheres são iguais ou são diferentes?

Resposta: Sim.

São feitos das mesmas partes, mas organizados de forma diferente.

Embora possamos ver diferenças óbvias entre os grupos quando olhamos para as populações de corpo masculino e feminino, há, pelo menos, tanta variabilidade dentro dos grupos quanto entre eles.

Posso ilustrar com um exemplo não sexual. A altura média das mulheres adultas nos EUA é de 1,62m e a altura média dos homens adultos é de 1,77m, uma diferença de quinze centímetros entre as médias dos dois grupos. Mas a altura varia mais dentro de cada grupo do que entre eles. Se você medisse a altura de mil pessoas — quinhentos homens e quinhentas mulheres — você descobriria que quase todas as mulheres medem entre 1,52m e 1,72m — uma diferença de vinte centímetros dentro do grupo — e quase todos os homens estariam entre 1,62m e 1,93m — uma diferença de 31 centímetros. Observe três coisas: há mais diferença *dentro* de cada grupo (vinte ou trinta centímetros) do que *entre* os dois grupos (quinze centímetros); há dez centímetros de sobreposição entre os grupos; e uma ou duzentas pessoas entre mil estariam fora mesmo dessas amplas faixas![12]

O mesmo vale para o sexo. Dentro de cada grupo encontramos uma vasta gama de diversidade — e não me refiro apenas anatomicamente. Refiro-me à orientação sexual, a preferências sexuais, à identidade e à expressão de gênero e — o assunto do restante deste livro — funcionamento sexual: excitação, desejo, prazer e orgasmo. Encontramos também sobreposição entre os dois grupos e encontramos pessoas que variam muito da "média" enquanto ainda são perfeitamente normais e saudáveis.

Alguns autores defendem que as diferenças entre homens e mulheres são mais importantes do que as semelhanças. Outros dizem que as semelhanças são mais importantes do que as diferenças. Minha opinião é que o fato básico da homologia — as mesmas partes, organizadas de maneiras diferentes é mais importante do que qualquer um.

E a *variedade* pode ser a única característica verdadeiramente universal da sexualidade humana. De nossos corpos a nossos desejos e comportamentos, existem muitas "sexualidades" de humanos vivos na Terra. Não há dois iguais.

Aqui está o tipo de conversa que você tem quando é um educador sexual bebendo com seus amigos:

LAURIE: — Uma mulher que conheço me disse que se tiver filhos, fará uma cirurgia plástica logo após o parto, porque ela acha que não parecerá mais atraente.

CAMILLA: — Você disse a ela que o complexo médico-industrial cosmético pagou muito dinheiro para garantir que ela se sentisse assim em relação ao corpo, para que eles pudessem lucrar com sua autocrítica desnecessária, apesar do fato de não haver evidências imparciais que melhora o funcionamento sexual?[13]

LAURIE: — Não, eu disse a ela que, depois que você tem filhos, seu parceiro fica feliz se eles conhecerem sua empresa, seja ela qual for.

EMILY: — Vamos inventar um ritual onde as mulheres celebram a transição para seu corpo pós-parto. Quero dizer, não é apenas a aparência que muda, é o que seu corpo significa para você e para o mundo.

Laurie era a única mãe do grupo e a única que não olhava para mim como se eu estivesse drogada. Ela disse:

— Eu quero muito um ritual. Qualquer coisa para tornar mais fácil viver em um corpo que parece um balão murcho.

— Mas você é tão linda! — disseram todos instantaneamente.

Os elogios à indiscutível beleza de Laurie fluíram ainda mais rápido do que o vinho, mas, alguns dias depois, Laurie me disse que era o oposto do que ela precisava.

— O que eu preciso é ouvir que não há problema em ficar triste porque meu corpo nunca mais será o que era. Eu me esforcei muito para aprender a amar aquele corpo, e agora preciso começar tudo de novo aprendendo a amar este.

Então eu disse:

— Tudo bem ficar triste porque seu corpo mudou permanentemente.

Laurie começou a chorar — algo que ela faz muito ultimamente, já que pequenas tempestades repentinas e silenciosas passam por ela sempre que ela se vê recebendo o afeto e a atenção que ela esbanja.

— Não deveria nem ser sobre se eu gosto do meu corpo ou não — ela fungou. — Isso é realmente o que mudou depois que eu tive o Trev. Agora deve ser realmente sobre se ele faz ou não o que eu preciso que ele faça.

Por "o que eu preciso que ele faça", Laurie quer dizer dar à luz — em casa, agachada na banheira, como um chefe — amamentando por mais de um ano e nunca dormindo mais de quatro horas seguidas por quase três anos — a frase "Trevor dorme mal" nem chega a cobrir as olheiras de Laurie. O corpo dela é incrível.

Mas ela não se sente assim.

A noção de "as mesmas partes, organizadas de maneiras diferentes" é tão verdadeira para as formas como o corpo de uma mulher muda ao longo de sua vida quanto para as formas como os órgãos genitais das pessoas variam. E assim como os órgãos genitais de todos são normais e bonitos, o corpo das mulheres também é normal e bonito.

Mas não é isso o que as mulheres aprendem. Somos ensinadas que nosso corpo deve ter uma forma específica, caso contrário, há algo errado conosco. Falarei disso — e como superá-lo — no capítulo 5.

Mude seu olhar[14]

Eu percebo que apenas dizer: "Seus órgãos genitais são perfeitos e lindos" não mudará nada se você se sentir desconfortável com seus órgãos genitais, mas se ver a beleza de seus órgãos genitais únicos e saudáveis é algo com a qual você luta, há duas coisas que eu gostaria que fizesse:

1. Pegue um espelho de mão e olhe para sua vulva, conforme descrevi neste capítulo. (Às vezes, as pessoas usam o celular com a câmera no modo autorretrato. Isso também funciona!) Ao olhar, anote as coisas que você *gosta*. Anote. Você notará que seu cérebro tenta listar as coisas de que não gosta, mas não as inclua. Faça isso novamente toda semana. Ou duas vezes por semana. Ou mais. Cada vez, as coisas que você gosta ficarão um pouco mais salientes e o barulho ficará um pouco mais baixo. Talvez até considere contar a outra pessoa sobre o que você vê e gosta. Melhor ainda, conte para alguém que também fez o exercício!

   Essa atividade é rotulada como "dissonância cognitiva" porque nos obriga a estar cientes das coisas boas, quando, na maioria das vezes, tendemos a estar cientes das coisas "negativas". Tente.
2. Peça ao seu parceiro, caso tenha um, para dar uma olhada. Acenda a luz, tire a roupa, deite-se de costas e deixe-o olhar. Peça-lhe que diga o que vê, como se sente a respeito do que vê, que lembranças têm de sua vulva. Deixe seu parceiro saber o que a preocupa e peça-lhe para ajudá-la a ver o que ele vê. Ouça o que ele diz — ouça com o coração, não com o medo.

Uma metáfora melhor

Começamos este capítulo pensando nas formas como metaforizamos a anatomia, criando significado a partir de atos aleatórios da biologia de maneiras que acabam nos deixando desconfortáveis com nosso corpo. Para ajudar a desfazer tudo isso, gosto de usar uma metáfora diferente: um jardim. É uma metáfora que uso muito — lembra da macieira da introdução? —, porque oferece uma maneira livre de julgamento de pensar em como o hardware sexual que nascemos (nosso corpo e cérebro) e as famílias e a cultura em que nascemos interagem para dar origem ao eu sexual individual que emerge na fase adulta.

É assim: no dia em que você nasce, recebe um pequeno pedaço de solo rico e fértil, um pouco diferente dos outros. E, imediatamente, sua família e sua cultura começam a plantar coisas e cuidar do jardim para você, até que tenha idade suficiente para cuidar de si. Eles plantam linguagem e atitudes e conhecimento sobre amor e segurança e corpos e prazer. E eles ensinam como cuidar do seu jardim, porque, ao passar da adolescência para a vida adulta, você assumirá total responsabilidade por cuidar dele.

E você não escolheu nada disso. Não escolheu o seu terreno, as sementes que foram plantadas ou a maneira como seu jardim foi tratado nos primeiros anos de sua vida.

Ao chegar à adolescência, você começa a cuidar do jardim por conta própria. E pode descobrir que sua família e sua cultura plantaram algumas coisas bonitas e saudáveis que estão prosperando em um jardim bem cuidado. E você pode notar algumas coisas que deseja mudar. Talvez as estratégias que aprendeu para cultivar o jardim sejam ineficientes, então você precisa encontrar maneiras diferentes de cuidar dele para que ele prospere (isso está no capítulo 3). Talvez as sementes que foram plantadas não sejam o tipo de coisa que prosperará em seu jardim específico, então você precisa encontrar algo que seja mais adequado para você (isso está nos capítulos 4 e 5).

Alguns de nós têm sorte com a nossa terra e o que é plantado. Temos jardins saudáveis e prósperos desde os primeiros momentos de nossa consciência. E alguns ficam presos com alguma porcaria bastante tóxica em nosso jardim, e ficamos com a tarefa de arrancar o lixo e substituí-lo por algo mais saudável, algo que escolhemos para nós.

Seu corpo físico — incluindo seus órgãos genitais — é uma parte do hardware básico de sua sexualidade, o terreno. Seu cérebro e seu ambiente são o restante do hardware e são o assunto dos capítulos 2 e 3.

O que é, não o que *significa*

Olivia usou sua ideia de seus hormônios, seus órgãos genitais "masculinos" e seu grande interesse sexual como um escudo contra as críticas culturais que diziam que ela era... bem, os tipos de coisas pelas quais ela "deveria se envergonhar". Uma vagabunda. Uma ninfomaníaca. Tenta "chamar atenção", "conquistar um homem" ou "controlar as pessoas" com seu corpo — nada disso era verdade, mas foi lançado contra ela em vários momentos de sua vida. O mundo tentou convencê-la de que sua sexualidade era tóxica, perigosa para ela e para as pessoas ao seu redor.

Ela lutou muito contra essas mensagens, em defesa de seu próprio bem-estar sexual. O escudo de: "São meus hormônios, então é natural" foi uma parte importante dessa defesa.

Mas, ao absorver a ideia de "as mesmas partes, organizadas de maneiras diferentes", ela não precisava mais do escudo. Percebeu que o escudo a estava realmente bloqueando de outras pessoas, enquanto "as mesmas partes" a conectavam ativamente com outras pessoas — isso significava que ela não era diferente ou separada. Ela era a mesma, mas ainda conectada no continuum da sexualidade humana.

Isso é o que a ciência pode fazer por nós, se permitirmos. Oferece-nos a oportunidade de baixar as nossas defesas e experimentar as formas como estamos conectados.

Sei que Olivia não nasceu se sentindo desconfortável com seus órgãos genitais ou sua sexualidade, e nem você. Quando você nasceu, estava profunda e gloriosamente satisfeita (e curiosa sobre) com cada parte do seu corpo. Mas décadas de cultura negativa do sexo deixaram entrar ervas daninhas de insatisfação. Os capítulos 3 e 4 explicam precisamente como isso pode influenciar seu bem-estar sexual, e o capítulo 5 descreve como desfazer esse processo e voltar a viver totalmente dentro de seu corpo, para retornar ao estado em que você nasceu, de profunda e calorosa afeição e curiosidade do próprio corpo.

Mas, antes de chegarmos lá, passaremos um capítulo falando sobre o mais importante dos seus órgãos sexuais e como ele também é feito das mesmas partes que todos os outros, mas organizado de uma maneira única.

Refiro-me, é claro, ao seu cérebro.

ml;nl

- Os órgãos genitais de todos são feitos das mesmas partes, embora organizados de maneiras diferentes. Não há dois iguais.
- Você está sentindo dor? Nesse caso, um médico deverá ser consultado. Se não, então seus órgãos genitais são normais, saudáveis, bonitos e perfeitos do jeito que são.
- Os órgãos genitais que você vê em imagens de pornografia leve podem ter sido alterados digitalmente para parecerem mais "encolhidos"; não deixe que isso lhe engane e acredite que todas as vulvas são assim.
- Encontre um espelho (ou use a câmera de autorretrato do seu telefone) e olhe realmente para o seu clitóris. Saber onde ele está é importante, mas saber onde o *seu* clitóris está é *poder.*

dois

O modelo de controle duplo

SUA PERSONALIDADE SEXUAL

Na verdade, Laurie não sentia vontade de fazer sexo com o marido, Johnny — quero dizer, realmente ansiava por isso — desde antes de seu filho Trev nascer. A princípio, ela achou que era a gravidez. Então percebeu que era uma coisa oriunda do pós-parto.

Então ela percebeu que estava apenas cansada.

Ou deprimida.

Ou talvez ela realmente não amasse o marido.

Ou talvez tivesse algo de errado com ela.

Ou talvez os humanos simplesmente não tenham sido feitos para permanecer eroticamente conectados depois de meses limpando o vômito de bebê das camisas uns dos outros.

Eles tiveram uma ótima jornada. Até ela engravidar, a vida sexual deles era do tipo que se encontra nos romances — quente, ávida, apaixonada, doce, amorosa e excêntrica o suficiente para dar a eles algo perverso em que pensar enquanto olhavam para os pais dele na mesa de jantar de Ação de Graças.

Então talvez isso fosse tudo o que eles conseguiram. Talvez o resto de sua vida fosse sem sexo.

Ainda assim, estavam tentando. Até compraram alguns brinquedos e óleo de massagem.

Eles tentaram amarrá-la, amarrá-lo, usar lubrificante com sabor, filmar-se, brincar de jogos sexuais... e, às vezes, toda essa exploração funcionava.

Mas, na maioria das vezes, não. Laurie, principalmente, acabou se sentindo triste e solitária porque amava Johnny, tanto que doía, mas não conseguia desejá-lo, nem mesmo com todas as novidades e aventuras disponíveis para eles em um mundo de tecnologia do século XXI, fantasia e permissividade.

Um benefício colateral de toda essa situação foi que Laurie descobriu que poderia ter um orgasmo em cerca de cinco minutos com o vibrador, e isso tornou mais fácil adormecer. Então, ia para a cama cedo e se ligava para dormir. Mas ela escondeu de Johnny, porque tinha certeza de que ele ficaria infeliz ao saber que ela estava tendo orgasmos sozinha, mas não com ele. Esse interesse em orgasmo solo a intrigava, no momento em que quase nada poderia levá-la a querer sexo com seu marido.

Então ela se sentiu presa, confusa e louca quando se sentou para conversar comigo sobre isso.

Sua percepção da situação — e seu sentimento de desesperança — mudou quando ela aprendeu o que está neste capítulo: seu cérebro sexual tem um "acelerador" que responde à estimulação sexual, mas também tem "freios", que respondem a todos os bons motivos para não ficar excitada agora.

Imagine que estamos em 1964 e você está trabalhando no laboratório dos inovadores pesquisadores sexuais William Masters e Virginia Johnson, na Washington University, em St. Louis. Você está na vanguarda da ciência, trabalhando para entender o que nunca foi estudado, e passa muito tempo postando anúncios de vagas no jornal local. Você está procurando pessoas, pessoas comuns, que não apenas desejam, mas também são capazes de ter orgasmo em um laboratório ("quartos de pesquisa") enquanto estão conectadas a máquinas que medem sua frequência cardíaca, pressão sanguínea, resposta genital e seu fluxo sanguíneo, com você e a equipe de cientistas na sala, observando.

Quando uma mulher responde ao anúncio, você a convida para o laboratório, onde obtém um histórico médico e sexual detalhado, realiza um exame físico para verificar se há algum problema de saúde e a apresenta aos quartos de pesquisa e seus equipamentos. Da próxima vez que entrar, ela praticará ter um orgasmo nos aposentos de pesquisa, primeiro sozinha e depois com a equipe de pesquisa ali na sala.

Agora, ela será observada, medida e avaliada enquanto se estimula com o equipamento nos alojamentos de pesquisa, até atingir o orgasmo. Pela ciência.

Eis o que você observará:[1]

Excitação. Quando a estimulação começa, a frequência cardíaca, pressão sanguínea e frequência respiratória aumentam, e os lábios menores e o clitóris escurecem e incham, separando os lábios externos. As paredes da vagina começam a lubrificar e depois esticam. Seus seios incham e os mamilos ficam eretos. No final da excitação, a mulher pode começar a suar.

Platô. A lubrificação começa na boca da vagina, a partir das glândulas de Bartholin. Seus seios continuam inchando, tanto que os mamilos parecem se retrair para dentro dos seios. Ela pode experimentar "vermelhidão", uma concentração de cor no peito. A essa altura, seus lábios internos dobraram de tamanho em relação ao estado de repouso. As estruturas internas do clitóris se elevam, puxando a parte externa para cima e para dentro, de modo que se retraia da superfície do corpo. A vagina ao redor do colo do útero, que está aberta e larga no fundo do corpo, experimenta a contração muscular involuntária conhecida como miotonia, incluindo espasmos carpopedais (contração dos músculos das mãos e dos pés). E pode começar a ofegar ou prender a respiração, pois os diafragmas torácico e pélvico se contraem em uníssono.

Orgasmo. Os esfíncteres do diafragma pélvico (o músculo "Kegel") se contraem em uníssono — uretra, vagina e ânus. Ela experimenta respiração rápida, batimentos cardíacos acelerados e aumento da pressão arterial. Sua pélvis pode balançar, vários grupos musculares podem se contrair involuntariamente. Ela experimenta a liberação repentina da tensão que se acumulou nos músculos do corpo.

Resolução. Os seios retornam à linha de base, bem como o clitóris e os lábios vaginais, a frequência cardíaca, a frequência respiratória e a pressão sanguínea.

Este modelo de quatro fases da resposta sexual rapidamente se tornou a base da compreensão dos terapeutas sexuais, educadores e pesquisadores sobre a resposta sexual humana. Como a primeira descrição científica da fisiologia da resposta sexual, ela se tornaria a base para definir a saúde e os problemas sexuais.

Agora imagine que você é um terapeuta sexual na década de 1970, usando o modelo de quatro fases para entender e tratar clientes com disfunção sexual. Você pode ajudar algumas. Clientes com anorgasmia (falta de orgasmo) podem aprender a ter orgasmos, aquelas com ejaculação precoce podem aprender a controlar o orgasmo, e as com vaginismo (espasmos vaginais) podem aprender a relaxar esses músculos. Mas há um grupo de clientes que simplesmente não parece responder à terapia informada pelo modelo de quatro fases.

Foi o que aconteceu com a psicoterapeuta Helen Singer Kaplan. Revendo as falhas de tratamento entre suas pacientes e de seus colegas, ela descobriu que as clientes com resultados menos bem-sucedidos eram aquelas que não tinham interesse em sexo. Kaplan percebeu que algo importante estava faltando no modelo de quatro fases: *o desejo*. O conceito de desejo sexual estava totalmente ausente de teoria dominante da resposta sexual humana.

Parece um descuido flagrante em retrospecto, mas é claro que estava faltando — as pessoas que vêm a um laboratório para se masturbar pela ciência não precisam *querer* fazer sexo antes de começar; só precisam ficar excitadas para o propósito do experimento.

Então Kaplan tirou o modelo de quatro fases do laboratório e o adaptou à experiência vivida por suas clientes. Seu modelo "trifásico" do ciclo de resposta sexual começa com o desejo, que ela conceituou como "interesse em" ou "apetite por" sexo, muito parecido com fome ou sede.[2] A segunda fase é a excitação, que combina excitação e platô em uma fase, e a terceira fase é o orgasmo.

Durante décadas, o novo modelo trifásico de resposta sexual de Kaplan serviu como base para os critérios de diagnóstico no American Psychiatric Association's *Manual Diagnóstico e Estatístico de Transtornos Mentais*. Você pode ter desejo normal ou problemático, excitação normal ou problemática e orgasmo normal ou problemático. Vários desses diagnósticos agora têm tratamentos eficazes, incluindo terapia cognitivo-comportamental, atenção plena, terapias sensório-motoras e medicamentos.

Avanço rápido de mais duas décadas. Agora, baixo desejo e discrepância de desejo são as razões mais comuns pelas quais as pessoas procuram terapia sexual, enquanto outros clientes experimentam "hiperssexualidade", onde se sentem fora de controle de seus desejos e comportamentos. O que está acontecendo? Como tantas pessoas podem lutar com falta de desejo, enquanto outras lutam com muito? Por que o nível de desejo muda? O que controla se e quando estamos interessados em sexo? Exatamente quanto desejo é a "quantidade certa"?

Na virada do século XXI, uma dupla de pesquisadores sexuais do Kinsey Institute propôs um modelo de resposta sexual que respondia a essas perguntas. Não foi apenas uma descrição do que acontece no corpo, como o trabalho de Masters e Johnson, ou mesmo uma descrição do que acontece em um relacionamento sexual, como o de Kaplan. Era uma descrição do mecanismo cerebral que governa a resposta sexual. E é o tema deste capítulo.

Na primeira seção do capítulo, descreverei a teoria básica do "modelo de controle duplo" da resposta sexual, que propõe um "acelerador" e "freios" sexuais. E como o desejo, uma vez que alguém aponta, é óbvio... e muda toda a sua compreensão de como o sexo funciona.

Na segunda seção deste capítulo, falarei das diferenças individuais na sensibilidade dos freios e do acelerador. Essa variação afeta como uma pessoa responde ao mundo sexual. Descobriremos que, embora sim, como seria de esperar, os homens costumam ter aceleradores mais sensíveis e as mulheres têm freios mais sensíveis, há muito mais variação dentro desses grupos do que entre eles. O que é mais interessante do que quão sensíveis são os mecanismos é como eles se relacionam com o seu humor e com o seu ambiente.

E é disso que se trata a terceira seção: o que os freios e o acelerador respondem. O que diabos é um "estímulo relacionado ao sexo"? Que tipo de "ameaça potencial" faz com que nosso cérebro pise no freio? Como nosso cérebro sabe ao que responder e ao que não responder? E podemos mudar isso?

Aposto que, antes de ler este livro, você já sabia que os órgãos genitais femininos incluem uma vagina e um clitóris, e que excitação, desejo e orgasmo são coisas que as pessoas geralmente experimentam como parte da resposta sexual. Depois de ler este capítulo, quero que sinta que seu acelerador e seus freios são tão básicos, tão essenciais para seu funcionamento sexual, quanto seu clitóris e seu desejo. Se eu fizer bem meu trabalho nas próximas páginas, você dirá a todos que conhece:

— Puta merda, pessoal, *tem um freio*!

Ligar e desligar

Permita-me apresentar o modelo de controle duplo.

Desenvolvido no final dos anos 1990 por Erick Janssen e John Bancroft, no Kinsey Institute, o modelo de controle duplo da resposta sexual vai muito além dos modelos anteriores da sexualidade humana, descrevendo não apenas "o que acontece" durante a excitação — ereção, lubrificação etc. —, mas também o mecanismo central que governa a excitação sexual, que controla como e quando você responde a visões, sons, sensações e ideias relacionadas ao sexo.[3]

Quanto mais eu aprendia sobre o modelo de controle duplo durante minha pós-graduação, mais eu sentia que as luzes se acendiam em minha compreensão da sexualidade humana. Venho ensinando isso há décadas e, quanto mais ensino, mais vejo o quanto é valioso para ajudar as pessoas a entenderem seu próprio funcionamento sexual.

Veja como funciona:

Seu sistema nervoso central (cérebro e medula espinhal) é composto de uma série de parcerias de acelerador e freios — como o emparelhamento de seu sistema nervoso simpático ("acelerador") e seu sistema nervoso parassimpático ("freios"). Uma visão central do modelo de controle duplo é que o que é verdade para outros aspectos do sistema nervoso também deve ser verdade para o sistema cerebral que coordena o sexo: acelerador e freios sexuais. (Daniel Kahneman escreveu sobre o próprio Prêmio Nobel — pesquisa vencedora em economia, "Você sabe que fez uma pesquisa teórica avançada quando não pode mais reconstruí-la por que falhou por tempo demais em ver o óbvio." Assim foi com a teoria da perspectiva de Kahneman e também com o modelo de controle duplo. Estou pronta para enviar grandes cestas de frutas a Erick e John no dia em que o comitê do Nobel se reunir e reconhecer a importância de sua visão.) Portanto, o modelo de controle duplo da resposta sexual, como o nome indica, consiste em duas partes:

Sistema de Excitação Sexual (SE). O acelerador da sua resposta sexual. Ele recebe informações de estímulos relacionados ao sexo no ambiente — coisas que você vê, ouve, cheira, toca, prova ou imagina — e envia sinais do cérebro para os órgãos genitais para lhes dizer:

— Ligue!

O SE está constantemente examinando seu contexto (incluindo seus pensamentos e sentimentos) em busca de coisas relacionadas a sexo. Está sempre em ação, muito abaixo do nível da consciência. Você não está ciente de que está lá até se sentir excitada e buscando o prazer sexual.

Sistema de Inibição Sexual (SI). Seus freios sexuais. "Inibição" aqui não significa "timidez", mas sim sinais neurológicos "desligados". A pesquisa descobriu que, na verdade, existem dois freios, refletindo as diferentes funções de um sistema inibitório. Um freio funciona da mesma maneira que o acelerador. Ele percebe todas as ameaças potenciais no ambiente — tudo o que você vê, ouve, cheira, toca, prova ou imagina — e envia sinais dizendo:

— Desligue!

É como o pedal do freio de um carro, respondendo aos estímulos do momento. Assim como o acelerador examina o ambiente em busca de estímulos, esse freio verifica qualquer coisa que seu cérebro interprete como um bom motivo para não o despertarem agora — risco de transmissão de IST, gravidez indesejada, consequências sociais etc. um fluxo constante de "Desligar!" mensagens. Esse freio é responsável por evitar que nos excitemos de forma inadequada no meio de uma reunião de negócios ou em um jantar com a família. É também o sistema que desliga se, digamos, no meio de algum recanto, sua avó entrar na sala.

O segundo freio é um pouco diferente. É mais como o freio de mão em um carro, um sinal crônico de "Não, obrigado". Caso tente dirigir com o freio de mão puxado, poderá chegar aonde deseja, mas levará mais tempo e usará muito mais gasolina. Onde o freio de pé está associado ao "medo das consequências do desempenho", o freio de mão está associado ao "medo da falha no desempenho", como a preocupação de não ter um orgasmo.

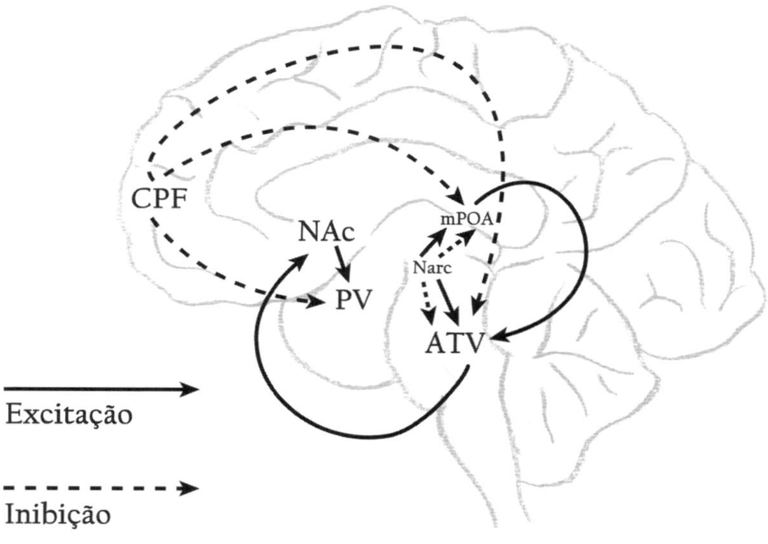

Uma ilustração altamente simplificada de alguns sinais excitatórios (aceleradores) e inibitórios (freios) no cérebro. Narc = núcleo arqueado; mPOA = área pré-óptica média; NAc = núcleo accumbens; CPF = córtex pré-frontal; PV = pálido ventral; ATV = área tegmental ventral. Os sinais de aviso do Narc são excitatórios e inibitórios.

No restante do livro, mencionarei os freios de forma geral, sem diferenciar os dois tipos, já que, até agora, as estratégias eficazes para desligar os freios não são diferentes, dependendo de qual freio está sendo acionado. Com o advento da ciência, podemos desenvolver estratégias comportamentais ou mesmo medicamentos que visam um sistema específico, mas, enquanto isso, você não precisa saber, com certeza, qual freio está sendo pressionado para descobrir como parar de acioná-lo.

Em essência, é tudo o que o modelo de controle duplo é: os freios e o acelerador. E não é uma metáfora, é uma descrição literal da atividade excitatória e inibitória do sistema nervoso central.[4] Os detalhes são mais complexos, obviamente, mas as implicações até mesmo dessa ideia básica são poderosas, porque você pode conceituar imediatamente todo o funcionamento sexual — e toda disfunção sexual — como um equilíbrio entre freios e acelerador. Se você está tendo problemas com qualquer fase da resposta sexual, é porque não há estimulação suficiente no acelerador? Ou há muita estimulação para os freios? De fato, um erro comum cometido por pessoas que lutam contra o orgasmo ou o desejo é presumir que o problema é a falta de acelerador; é mais provável que o problema seja freios demais (mais sobre isso nos capítulos 7 e 8). E depois de saber se é um problema com o acelerador ou com os freios, você pode descobrir como criar mudanças.

Quando Olivia (a exuberante masturbadora do capítulo 1) respondeu às minhas perguntas "excitantes" [nas planilhas nas páginas 55 e 56] com: "Posso me sentir excitada lavando a louça", tive uma boa ideia do que era o cérebro sexual dela.

Ela me disse:

— Eu amo sexo. Amo meu parceiro. Amo experimentar coisas novas, novos lugares, novas posições, novos brinquedos, novos pornôs, tudo novo. Eu sou um grande sim.

E pude ver em seu rosto: a alegria, a confiança de uma mulher vivendo plenamente dentro de seu corpo.

Eu perguntei:

— Você já fez coisas e depois pensou: "Por que eu fiz isso?"

Ela estremeceu e assentiu.

— Isso acontece. Raramente, mas... quando fico muito estressada, saio e fico tipo: "Tanto faz. Vai." Já fiz algumas merdas estúpidas.

— E há momentos em que você sente que precisa se masturbar várias vezes ao dia? — perguntei, e ela piscou para mim como se ela se perguntasse se eu tinha uma câmera em seu quarto.

— Normalmente, posso ignorar — disse ela. — Mas, de vez em quando, só me deixa louca. É como ter uma coceira que só esfregar não ajuda. Tenho uma sensação de descontrole.

— Sim — disse. — Um acelerador sensível pode tornar as pessoas mais propensas a correr riscos e compulsivas — aquela sensação de "fora de controle".

— É por isso? Um acelerador sensível? — questionou. — Meus níveis de testosterona não estão altos, sou SE alta?

— Isso explicaria tanto o seu "Um Grande Sim" quanto a ocasional sensação de descontrole.

É fácil supor que ter um acelerador sensível é divertido — e pode ser, no contexto certo. Olivia tem um parceiro que a encanta e uma atitude aberta que lhe permite explorar sem preocupação ou medo. Ela mergulha de cabeça. E então, às vezes, especialmente quando está estressada ou ansiosa, Olivia diz:

— Pode parecer que meu desejo sexual está constantemente exigindo minha atenção e não me deixa em paz.

Há outro nível também nos riscos que podem acompanhar um acelerador sensível. Porque ela, às vezes, sente que a própria sexualidade está mandando nela, Olivia fica preocupada que ela, por sua vez, esteja mandando em seu parceiro, sendo muito insistente, exigente, sexual, simplesmente demais.

— Tenho que usar minha poderosa sexualidade com cuidado, para o bem da humanidade — anunciou ela, no geral, brincando. No geral.

Seu temperamento sexual

De acordo com o modelo de controle duplo, a excitação sexual é, na verdade, dividida em dois processos: ativação do acelerador e desativação dos freios. Portanto, seu nível de excitação sexual em um determinado momento é o produto de quanto estímulo o acelerador está recebendo e quão pouco estímulo os freios estão recebendo.

Mas também é um produto de *quão* sensíveis estão seus freios e seu acelerador a esse estímulo. Os freios e o acelerador são característicos. Todos os têm e eles são mais ou menos estáveis ao longo do tempo, mas, como introversão/extroversão, eles variam de indivíduo para indivíduo.[5] Assim como todos têm falos e uretras, como vimos no capítulo 1, todos têm acelerador e freios sexuais em nosso sistema nervoso central (somos todos iguais!). Mas todos têm diferentes *sensibilidades* de freios e aceleradores (somos todos diferentes!), o que leva a diferentes temperamentos ou personalidades sexuais.

Algumas pessoas usam tanto o freio quanto o acelerador, outras têm um pouco de ambos, algumas têm freios altos, mas acelerador baixo, e outras têm acelerador alto, mas freios baixos. E a maioria de nós é mediana. A variação é distribuída em uma bela curva de sino; a maioria das pessoas está amontoada no meio e algumas estão nos extremos.

Daremos uma olhada no que acontece se os freios ou o acelerador forem especialmente sensíveis (ou não).

Suponha que você esteja com níveis de SE altos e baixos de SI — acelerador sensível e quase nenhum freio. Que tipo de resposta sexual você tem?

Você responde prontamente a estímulos relacionados ao sexo, mas não a ameaças em potencial. Portanto, facilmente se excita e tem dificuldade em perder a ereção. O que nem sempre é tão divertido quanto pode parecer e, em algumas circunstâncias, pode estar relacionado ao uso inconsistente de preservativos, mais parceiros, mais casos de uma noite e sentir-se "fora do controle" de sua sexualidade, que são um risco maior para consequências indesejadas.[6]

A combinação de acelerador sensível mais freios não tão sensíveis descreve cerca de 2 a 6% das mulheres, e está associada com risco sexual e compulsividade.[7] Como o mecanismo cerebral responsável por perceber os estímulos relacionados ao sexo é muito sensível, você fica altamente motivada a buscar sexo e porque o mecanismo cerebral responsável por impedi-la de fazer coisas de alto risco é menos responsivo, às vezes pode se sentir "fora de controle" de sua sexualidade, especialmente quando está estressada. É provável que você tenha mais parceiros, use menos proteção e se sinta menos "no controle". Você pode também ficar mais propensa a querer fazer sexo quando está estressada (*"redliners"*), enquanto outras pessoas provavelmente descobrirão que seu interesse por sexo despenca quando estão estressadas (*"flatliners"*).

E se você tiver a combinação oposta — freios sensíveis e acelerador não tão sensível? Isso descreve cerca de 1 a 4% das mulheres e está associado a problemas de excitação, falta de interesse ou desejo e dificuldade de orgasmo. Se você tem freios sensíveis, responde muito bem a todos os motivos para *não* ficar excitada e, se tem um acelerador relativamente insensível, é preciso muita concentração e atenção deliberada para sintonizar o sexo.

Freios sensíveis, independentemente do acelerador, é o mais forte preditor de problemas sexuais de todos os tipos. Em uma pesquisa de 2008, com 226 mulheres de 18 a 81 anos, baixo interesse em sexo, dificuldades de excitação e dificuldade de orgasmo foram significativamente correlacionados com fatores de inibição, de modo especial "contingência de excitação" ("A menos que as coisas estejam 'bem', para mim, é difícil ficar sexualmente excitada") e preocupações sobre a função sexual ("Se estou preocupada em demorar muito para ficar excitada ou ter um orgasmo, isso pode interferir na minha excitação").[8]

Você pode preencher o Questionário de Temperamento Sexual a seguir para ter uma ideia de quão sensíveis são seus freios e seu acelerador. Não confunda isso com a ciência real! É uma adaptação do questionário *Cosmo* da ciência, destinada a guiá-la em sua compreensão de como seu mecanismo interno de resposta sexual pode influenciar sua resposta à estimulação sexual, mas é apenas uma aproximação.[9] Lembre-se, especialmente, que, na verdade, existem dois freios diferentes. A excitação de algumas pessoas é mais interrompida pelos medos internos (por exemplo, demorar muito para ficar excitada) e outras são mais afetadas por medos de fatores externos (por exemplo, contrair uma IST ou ser pega fazendo sexo). Ambos podem diminuir sua excitação ou impedir que você fique excitada.

Inibidores (SI)

Às vezes tenho tantas preocupações que não consigo ficar excitada.

0	1	2	3	4
Nada a ver comigo	Não tem muito a ver comigo	De alguma forma parece comigo	Parece muito comigo	Definitivamente, essa sou eu

A menos que as coisas estejam "perfeitas", é difícil se sentir excitada.

0	1	2	3	4
Nada a ver comigo	Não tem muito a ver comigo	De alguma forma parece comigo	Parece muito comigo	Definitivamente, essa sou eu

Se não tenho certeza do que meu parceiro sente por mim, é mais difícil ficar excitada.

0	1	2	3	4
Nada a ver comigo	Não tem muito a ver comigo	De alguma forma parece comigo	Parece muito comigo	Definitivamente, essa sou eu

Preocupar-me em demorar muito para ficar excitada ou chegar ao orgasmo pode interferir na minha excitação.

0	1	2	3	4
Nada a ver comigo	Não tem muito a ver comigo	De alguma forma parece comigo	Parece muito comigo	Definitivamente, essa sou eu

Às vezes me sinto tão "tímida" ou constrangida durante o sexo que não consigo ficar totalmente excitada.

0	1	2	3	4
Nada a ver comigo	Não tem muito a ver comigo	De alguma forma parece comigo	Parece muito comigo	Definitivamente, essa sou eu

Total (de 20) ______

Excitadores (SE)

Ver um parceiro fazendo algo que mostra seu talento ou inteligência, ou observá-lo interagindo bem com os outros pode me deixar muito excitada sexualmente.

0	1	2	3	4
Nada a ver comigo	Não tem muito a ver comigo	De alguma forma parece comigo	Parece muito comigo	Definitivamente, essa sou eu

Quando penso em alguém que considero sexualmente atraente ou fantasio sobre sexo, fico excitada facilmente.

0	1	2	3	4
Nada a ver comigo	Não tem muito a ver comigo	De alguma forma parece comigo	Parece muito comigo	Definitivamente, essa sou eu

Se houver chance de alguém nos ver ou ouvir fazendo sexo, é mais difícil ficar excitada.

0	1	2	3	4
Nada a ver comigo	Não tem muito a ver comigo	De alguma forma parece comigo	Parece muito comigo	Definitivamente, essa sou eu

Aromas particulares são muito excitantes para mim.

0	1	2	3	4
Nada a ver comigo	Não tem muito a ver comigo	De alguma forma parece comigo	Parece muito comigo	Definitivamente, essa sou eu

Eu penso muito em sexo quando estou entediada.

0	1	2	3	4
Nada a ver comigo	Não tem muito a ver comigo	De alguma forma parece comigo	Parece muito comigo	Definitivamente, essa sou eu

Total (de 20) ______

Pontue seu questionário de temperamento sexual

SI baixo (0–6)

Você não é tão sensível a todos os motivos para não se excitar sexualmente. Tende a não se preocupar com seu próprio funcionamento sexual e os problemas de imagem corporal não interferem muito em sua sexualidade. Quando você está envolvida sexualmente, sua atenção não fica muito dispersa e não ficaria inclinada a se descrever como "sexualmente tímida". Para você a maioria das circunstâncias pode ser sexual. Você pode descobrir que seu principal desafio em relação ao funcionamento sexual é se manter um passo para trás, controlando-se. Ficar ciente das possíveis consequências pode ajudar com isso. Cerca de 15% das mulheres que perguntei se encaixam nessa faixa.

SI médio (7–13)

Você está bem no meio, junto com mais da metade das mulheres a quem questionei. Isso significa que o acionamento ou não dos freios dependerá em grande parte do contexto. Situações arriscadas ou novas, como um novo parceiro, podem aumentar suas preocupações sobre seu funcionamento sexual, sua timidez ou distração durante o sexo. Contextos que facilmente despertam você muito provável são de baixo risco e mais familiares, e sempre que seu estresse — que inclui ansiedade, depressão, sobrecarga e exaustão — aumenta, seus freios reduzem seu interesse e sua resposta a sinais sexuais.

SI alto (14–20)

Você é bastante sensível a todos os motivos para não se excitar sexualmente. Precisa de um ambiente de confiança e relaxamento para ficar excitada, e é melhor não se sentir apressada ou pressionada de alguma forma. Você pode ficar dispersa do sexo. SI alto, independentemente do SE, é o fator bastante correlacionado com problemas sexuais, portanto, se esta for você, preste muita atenção às planilhas de "contextos sensuais" nos capítulos a seguir. Cerca de um quarto das mulheres a quem questionei se enquadram nesta faixa.

SE baixo (0–6)

Você não é tão sensível a estímulos relacionados ao sexo e precisa fazer um esforço mais deliberado para sintonizar sua atenção nessa direção. Situações novas têm menos probabilidade de serem sexy para você do que as familiares. Você é uma pessoa cujo funcionamento sexual se beneficiará adicionando uma maior intensidade de estímulo (como um vibrador) e prática diária de prestar atenção às sensações. O SE inferior também está associado à assexualidade. Portanto, se você tiver um SE muito baixo, poderá ressoar com alguns componentes da identidade assexual. As mulheres a quem questiono provavelmente possuem SE mais altos do que a população geral — são mulheres interessadas o suficiente em sexo para fazer um curso, participar de um workshop ou ler um blog sobre sexo — mas, ainda assim, cerca de 8% dessas mulheres se enquadram nessa faixa.

SE médio (7–13)

Você está bem no meio, então se é ou não sensível a estímulos sexuais provavelmente depende do contexto. Em situações de alto romance ou erotismo, você sintoniza prontamente os estímulos sexuais; e em situações de baixo romance ou erotismo, pode ser bastante desafiador direcionar sua atenção para questões sexuais. Reconheça o papel que o contexto desempenha em sua excitação e seu prazer e tome medidas para aumentar a sensualidade dos contextos de sua vida. 70% das mulheres a quem questionei se enquadram nessa faixa.

SE alto (14–20)

Você é bastante sensível a estímulos relacionados ao sexo, talvez até a coisas às quais os humanos geralmente não são muito sensíveis, como olfato e paladar. Uma gama bastante ampla de contextos pode ser sexual para você, e a novidade pode ser realmente emocionante. Você pode ser uma pessoa que gosta de fazer sexo como forma de desestressar. Seu funcionamento sexual pode se beneficiar ao garantir que você crie muito tempo e espaço para seu parceiro; porque é sensível, pode obter intensa satisfação com o prazer do seu parceiro, para que ambos se beneficiem! Cerca de 16% das mulheres a quem questiono se enquadram nesse grupo.

O que significa "meio"

Pontuou "médio" em ambos? Mais da metade das pessoas pontuam. A pontuação muito alta ou muito baixa nessas características é comparativamente rara. Portanto, para a maioria das pessoas, o valor do modelo de controle duplo não reside na descoberta de que:

— Uau, meu cérebro é extremamente sensível/não sensível a esse tipo de entrada, então eu preciso prestar atenção nisso!

Em vez disso, o valor reside na percepção de que os freios e o acelerador são *dois sistemas separados*. Certas coisas no mundo ativam seu acelerador. Outras coisas pisam no freio. Algumas coisas até atingem os dois ao mesmo tempo! Uma leitora do blog me enviou um e-mail dizendo que "freios e acelerador ao mesmo tempo" descreveu exatamente sua experiência ao ler o romance sexualmente explícito e best-seller *Cinquenta Tons de Cinza*.

Médio significa que você pode dizer para si: "Ei, eu sou normal!" e pensar no que inibe ou ativa o acelerador e como recalibrar sua vida para se adequar ao seu cérebro. Discutirei como fazer isso nos capítulos 3, 4 e 5.

Se você pontuou alto ou baixo em qualquer uma das escalas — especialmente se sua pontuação estiver no extremo —, pode dizer a si: "Ei, sou normal e também relativamente rara!" E, ao considerar o que aciona seus freios e acelerador, começará a perceber que se relaciona com o mundo sexual ao seu redor de maneiras que a maioria das outras pessoas não faz.

Camilla, a artista, é inteligente — esperta e curiosa. Uma das coisas que lhe desperta curiosidade é sexo. Ela não só lê livros sobre isso; como também lê a pesquisa original.

E ela tem lutado para conciliar sua fome intelectual de conhecimento sobre sexo com seu pequeno desejo de realmente fazer sexo. Naquele dia, quando estávamos conversando sobre imagens de mulheres, ela mencionou esse quebra-cabeça, notando especialmente que nunca parecia vivenciar o desejo "do nada".

Eu me perguntei se ela poderia ter freios sensíveis, então questionei a ela Perguntas "inibidoras": As coisas precisam estar "perfeitas" para que você fique excitada? Você precisa confiar plenamente em seu parceiro?

Você se preocupa com sexo enquanto está fazendo? Não mesmo, não mesmo e não mesmo.

Então, fiz as perguntas dos "excitadores". Você, às vezes, fica excitada só de ver seu parceiro fazer algo (não sexual) em que ele é bom, ou pelo cheiro dele, ou quando você se sente sexualmente "desejada"? Você se excita com novas situações? Você se excita com fantasias?

Na verdade, não. Diabos, não, e... que fantasias?

O SE baixo da Camilla. Isso não significa que ela não esteja interessada na ideia de sexo; isso significa que seu cérebro requer um monte de estimulação para cruzar o limiar do desejo ativo de sexo.

Então questionei sobre o orgasmo.

— Numericamente falando, são poucos e demoram a chegar — disse ela —e, muitas vezes, não parecem valer o esforço.

Ela descobre que tem um orgasmo mais confiável com um vibrador, e isso faz todo o sentido — a vibração mecânica pode fornecer uma intensidade de estimulação que nenhuma estimulação orgânica pode igualar. Mas, para ela, o orgasmo, às vezes, é mais uma distração do que um objetivo com o sexo. Ela adora estar com seu parceiro, adora brincar e explorar. Mas, às vezes, ela fica tão feliz cozinhando com ele quanto fazendo sexo.

— Henry não é o cara mais sexual do mundo — disse ela. (Henry é o marido dela. Ele é um cara superlegal.) — Mas ele adoraria se eu iniciasse o sexo com um pouco mais de frequência. Isso é algo que uma pessoa pode mudar?

É, sim.

Parte da solução dela está no capítulo 3, mas teremos que esperar até o capítulo 7 para chegar ao cerne dela.

Diferente para meninas... às vezes

Se você tivesse que adivinhar qual grupo, homens ou mulheres, tem SE mais alto em média — um acelerador mais sensível — qual você escolheria?

Homens, certo? Sim. Em nível populacional, em média, os homens têm aceleradores mais sensíveis.[10]

E qual grupo tem SI mais alto — freios mais sensíveis?

Uh-huh. As mulheres, em média, como população, tendem a ter freios mais sensíveis.

Mas lembra do capítulo 1, como a altura varia entre homens e mulheres, mas varia mais dentro de cada grupo do que entre os grupos? As mulheres, em particular, diferem umas das outras em termos de freios e aceleradores. Bastante. Pergunte a mil mulheres com que frequência elas gostariam de fazer sexo e suas respostas variarão de *nunca a várias vezes ao dia*, e todas essas respostas são normais.

Uma diferença mais importante do que simplesmente a sensibilidade dos aceleradores e freios de homens e mulheres é a relação desses dois mecanismos com outros aspectos da psicologia de homens e mulheres — especialmente humor e ansiedade.

Por exemplo, cerca de 10 a 20% de homens e mulheres relatam um aumento em seu interesse sexual quando estão ansiosos ou deprimidos.[11] Mas um cara que deseja mais sexo quando está ansioso ou deprimido pode ter freios menos sensíveis. Uma mulher que deseja mais sexo quando está ansiosa ou deprimida pode ter um acelerador mais sensível. O que isso nos mostra é que há mais do que apenas uma diferença no nível da população nas sensibilidades médias de freios e aceleradores entre homens e mulheres; parece haver também uma diferença em como esses dois sistemas se relacionam com os outros sistemas motivacionais no cérebro, particularmente o sistema de resposta ao estresse. (Efetivamente, mergulharemos nesse tópico no capítulo 4.)

Mas ei, veja: é muito fácil metaforizar as diferenças no nível da população em freios e aceleradores, da mesma forma que as gerações anteriores metaforizaram nossos órgãos genitais. Tipo: "Mulheres broxam facilmente e são difíceis de excitar". Ou: "As mulheres querem menos sexo do que os homens". Como veremos nos capítulos seguintes, a realidade não é nada disso — para a maioria das pessoas, a resposta sexual depende tanto do *contexto* quanto do mecanismo cerebral.

Seus freios e seu acelerador, e sua relação com seu humor ou sua ansiedade, são únicos e individuais. O objetivo de entendê-los não é entender "como são os homens" versus "como são as mulheres", mas entender como *você* é. Única e com grande potencial de grandiosidade.

O que excita você?

Banheiras enormes e lindas em um *B and B*
Assistir um parceiro colocar as crianças para dormir
"Slash fiction" de Harry Potter e Draco Malfoy
Uma fantasia sobre fazer sexo em público
Realmente fazer sexo em público

Ninguém nasceu respondendo sexualmente a nenhum desses exemplos, mas são coisas que as mulheres me disseram que as excitam. O modelo de controle duplo explica como o cérebro responde aos estímulos, para aumentar ou diminuir sua excitação. O cérebro percebe estímulos relacionados ao sexo (como fantasias ou um parceiro atraente) e ameaças potenciais (como um público insatisfeito) e envia sinais de acordo; a excitação sexual é o processo duplo de excitação e ausência de excitação. Mas isso não nos diz nada de como seu cérebro descobre o que conta como um estímulo relacionado ao sexo ou uma ameaça em potencial.

O processo de aprender o que é relacionado ao sexo e o que é uma ameaça funciona como aprender um idioma. Todos nascemos com a capacidade inata de aprender qualquer linguagem humana, mas não aprendemos uma linguagem aleatória, certo? Se você crescer cercado por pessoas que falam apenas inglês, não há como chegar ao jardim de infância falando francês. Você aprende o idioma que a cerca.

Da mesma forma, você aprende a linguagem *sexual* que a cerca. Assim como não há palavras inatas, parece não haver quase nenhum estímulo sexual inato.

O que nos excita (ou broxa) é aprendido com a cultura, da mesma forma que as crianças aprendem vocabulário e sotaques da cultura.

Ilustrarei isso com três estudos com ratos do laboratório do pesquisador Jim Pfaus.

Imagine que você é um rato de laboratório macho. Sua mãe cria você com tudo que um rato jovem precisa, normal e saudável. Além desse desenvolvimento normal e saudável, os pesquisadores treinam você para associar o cheiro de limão à atividade sexual.[12] Normalmente, os limões significam tanto para a sexualidade do rato quanto para a sexualidade humana: nada. Mas você foi treinado para ligar limões e sexo em seu cérebro. Então, quando você se depara com duas ratas receptivas, uma das quais cheira como uma rata saudável e receptiva e a outra cheira como uma rata saudável e receptiva mais limão, você preferirá aquela que cheira a limão — e por "preferirá", quero dizer, você copulará com ambas as fêmeas, mas 80% de suas ejaculações serão com a parceira de limão e apenas cerca de 20% de suas ejaculações serão com a parceira não limonada. Seu acelerador sexual maltrapilho aprendeu que os limões estão relacionados ao sexo, então a parceira limão pisa mais no acelerador.

Vejamos outro experimento. Desta vez, imagine que seu irmão foi criado de maneira normal e saudável, sem a coisa do limão. Mas, durante sua primeira oportunidade de copular com uma fêmea receptiva, os pesquisadores o colocaram em uma coleira de roedor, uma pequena jaqueta confortável.[13]

Caso seu irmão esteja vestindo sua jaqueta de rato na primeira vez que copula com a fêmea receptiva, na próxima vez que ele estiver com uma fêmea receptiva, mas não estiver usando a jaqueta, ele definitivamente se autoinibirá. Seus freios permanecerão acionados porque, durante aquela primeira experiência, seu cérebro aprendeu que "jaqueta + fêmea no cio = momentos sensuais". Ele não aprendeu simplesmente "fêmea no cio = momentos sensuais".

O que esses dois experimentos nos mostram é que tanto o acelerador quanto o freio aprendem a responder com base na experiência. Nem limões nem jaquetas são inatos. Ambos foram aprendidos.

Mas isso fica ainda mais básico:

Agora, imagine mais uma vez que você é um rato de laboratório macho, criado saudável e feliz por sua mãe. Então, quando você chega ao final da adolescência e ainda é "sexualmente ingênuo" (também conhecido como virgem), os pesquisadores apresentam a você uma rata no cio. Isso é tão erótico quanto parece para um rato macho em sua primeira aventura! Mas os pesquisadores não lhe dão a oportunidade de copular com ela.[14] Na verdade, você nunca consegue fazer sexo com essa fêmea pronta e disposta.

Resultado: você não desenvolve preferência pelo cheiro de uma fêmea fértil sobre o cheiro de uma fêmea infértil ou mesmo de outro macho. Requer uma experiência sexy (isto é, copulatória) para ensinar ao cérebro do rato macho que uma fêmea no cio é "relacionada ao sexo". O instinto de tentar copular está presente, e tentará copular com todo mundo — mas se não tiver experiência, não poderá aprender como transformar esse instinto em uma ação bem-sucedida.

O que é inato é o mecanismo pelo qual esse aprendizado ocorre: acelerador e freios fracos e a capacidade de aprender por meio da experiência e da associação. Mas os ratos precisam de experiência para ensinar a seus freios e acelerador o que é uma ameaça e o que está relacionado ao sexo. No ambiente natural de um rato, fora do laboratório, ele nunca precisaria de uma jaqueta para se sentir sexy, e o cheiro de limão não o faria ejacular. Os ratos aprenderam essas coisas porque os humanos criaram um ambiente onde essas eram características marcantes de seu ambiente sexual. Mas mesmo coisas que você presumiria serem inatas — ratos fêmeas férteis — devem ser aprendidas pela experiência.

— Anos de luta.

Foi assim que Merritt descreveu sua vida sexual. Depois de ela se formar, ficamos amigas, e então ela me disse que a coisa mais importante aprendida em minha aula foi que havia um freio, além de um acelerador. Ajudou-a a entender por que sentia desejo por sexo... mas parecia estar presa. Ela percebeu que tinha freios sensíveis: as coisas tinham de estar "perfeitas" para ela ficar excitada, e ela precisava de total confiança em seu parceiro. Ela se preocupava com sexo enquanto o fazia. Ela chamou isso de "cérebro barulhento".

— Sim, SI totalmente alto. O barulho são seus freios sexuais, metaforicamente gritando — disse eu. — Isso explicaria a sensação de "moinho de vento em um penhasco" que você descreveu para mim há 1 milhão de anos — seu acelerador e seus freios são ativados ao mesmo tempo.

Com freios sensíveis, o sistema de motivação sexual de Merritt é o de maior risco para problemas com desejo, excitação e orgasmo — e ela lutou com os três, segundo o que ela me confidenciou em algum momento da sua vida. Ultimamente, era orgasmo.

— Posso chegar tão perto, e então é como se houvesse todo esse barulho na minha cabeça.

Ela tem um ótimo relacionamento, junto do seu parceiro faz sexo amoroso e brincalhão regularmente, mas sua excitação se torna um obstáculo em seu interior, e então o orgasmo simplesmente não se concretiza, o que a deixa frustrada; e basicamente o sexo está se transformando em mais um aborrecimento do que um prazer. Ouviremos mais sobre a causa do desafio de Merritt no capítulo 4 e muito da solução no capítulo 8.

Você pode mudar seu cérebro?

Se uma mulher está passando por dificuldades sexuais, o modelo de controle duplo exige que façamos quatro perguntas:

- Quão sensível é o acelerador dela?
- O que está ativando isso?
- Quão sensíveis são os freios dela?
- O que os está atingindo?

Até agora, neste capítulo, você foi uma pesquisadora do sexo nos anos 1960 e um rato de laboratório macho com fetiche por limão. Agora, imagine que você é uma educadora sexual, armada com o modelo de controle duplo para ajudar as pessoas a entenderem como funciona sua sexualidade. As pessoas fazem perguntas frustradas, insatisfeitas com seu mecanismo de resposta sexual — ele não se comporta da maneira que elas querem ou esperam, e elas almejam mudá-lo.

Então podemos mudar?

A resposta se divide em duas partes, ambas igualmente importantes.

Em primeiro lugar, o acelerador e os freios são características com as quais você nasceu e permanecem mais ou menos estáveis ao longo do tempo e, até agora, a única variável que parece ter impacto são as *características do parceiro* (consulte o capítulo 3).[15] Em geral, porém, parece haver muito pouco a fazer para mudar deliberadamente o mecanismo em seu cérebro.

E, de qualquer forma, as sensibilidades de acelerador e freios da maioria das pessoas são "médias" — nem excessivamente sensíveis nem insensíveis ao problema. Mudar o acelerador e os freios se você for médio não é desejável.

Mas há a segunda parte da resposta: você pode não ser capaz de mudar o mecanismo em si, mas provavelmente pode mudar o que o mecanismo responde. Muitas vezes, você pode alterar o que seus freios consideram uma ameaça potencial e reduzir essas ameaças, como gravidez indesejada, ISTs, estresse etc.

Você pode mudar também o que seu acelerador considera relacionado ao sexo e pode aumentar as coisas relacionadas ao sexo em sua vida. Em outras palavras, você pode mudar o contexto — suas circunstâncias externas e seu estado interno. O porquê das mudanças e como são o tópico principal dos próximos três capítulos, mas aqui está a versão resumida: você sabe que quase nada do que acelerador e freios respondem é inato; seu cérebro aprendeu a associar determinados estímulos com excitação ou inibição. Por meio de um processo de "sintonizar" seu contexto — tanto seu cérebro quanto seu ambiente —, você pode maximizar seu potencial sexual.

Achei que Laurie, com seu baixo desejo, poderia ser alto SI. Escrevemos uma lista de coisas que ativam seus freios: criança, emprego em tempo integral com um chefe péssimo, seus pais — sem mencionar as mudanças em seu corpo desde a gravidez, o que a deixou infeliz, e ela também se sentiu infeliz por se sentir infeliz, já que a feminista que havia nela a fazia se julgar por não conseguir largar o ideal cultural arbitrário e apenas amar seu corpo. Ah, e sabe o que mais? Ela estava voltando para a faculdade para um mestrado. Portanto, não é grande coisa.

Ela não tinha freios particularmente sensíveis — tinha uma avalanche de coisas constantemente pressionando os freios medianos.

— Só de ver tudo isso escrito me faz precisar de uma massagem — ela gemeu.

— Então, peça a Johnny para fazer uma massagem em você — sugeri.

— Claro, e aí me sinto culpada se não fizermos sexo depois disso.

— Oooh, boa percepção! Adicione isso à lista de coisas que gatilham seu pé no freio: sentir que esperam que você faça sexo.

Ela o fez. E foi aí que vi as luzes se acenderem para ela. Ela disse:

— Então, todos os brinquedos e jogos estavam pisando no acelerador, mas, ao mesmo tempo, essas coisas da minha vida estavam pisando no freio do meu cérebro... e não importa o quão forte você pise no acelerador se o freio estiver no chão. Huh.

— Certo.

— Então, como faço para parar de pisar no freio?

A pergunta de 1 milhão de reais.

A resposta curta é: reduza o estresse, seja afetuosa com seu corpo e deixe de lado as falsas ideias de como o sexo "deveria" funcionar, para criar espaço em sua vida para como o sexo realmente funciona.

A resposta completa está... no restante deste livro.

Minha sugestão para Laurie foi parar de tentar se forçar a querer sexo por um tempo. Elimine a pressão de desempenho.

Ela não seguiu meu conselho — não imediatamente, pelo menos. Em vez disso, tentou uma mudança inteligente de contexto, que é o assunto do próximo capítulo.

Em termos da metáfora do jardim que usei no capítulo 1, o acelerador e os freios são características do solo do jardim. Assim como seus órgãos genitais e o resto do seu corpo e cérebro. A sensibilidade inata de seu acelerador e seus freios influencia como seu jardim cresce — quais espécies de plantas prosperarão, quão densamente você pode plantá-las — mas outros fatores podem ter pelo menos tamanha influência. Água, Sol, escolha das plantas, até mesmo a adição de fertilizantes — em outras palavras, todo o estresse de amar e confiar em um vibrador —, pode influenciar a abundância do seu jardim. Você não pode mudar o solo em si, mas pode aumentá-lo e tomar decisões inteligentes de como gerenciá-lo.

E é disso que trata o capítulo 3.

ml;nl

- Seu cérebro tem um "acelerador" sexual que responde à estimulação "relacionada ao sexo" — qualquer coisa que você veja, ouça, cheire, toque, saboreie ou imagine que seu cérebro aprendeu a associar com a excitação sexual.
- Seu cérebro também tem "freios" sexuais que respondem a "ameaças potenciais" — qualquer coisa que você veja, ouça, cheire, toque, saboreie ou imagine que seu cérebro interprete como um bom motivo para não ficar excitado agora. Pode ser qualquer coisa, desde ISTs e gravidez indesejada até problemas de relacionamento ou reputação social.
- Não há praticamente nenhum estímulo ou ameaça "inata" relacionada ao sexo; nossos aceleradores e freios aprendem quando responder por meio da experiência.
- As pessoas variam em quão sensíveis são seus freios e aceleradores. Faça o pequeno teste nas páginas 55 e 56 para descobrir o quão sensível é o seu — e lembre-se de que a maioria das pessoas pontua na faixa média e todas as pontuações são normais.

três

Contexto

E "UM ANEL" (PARA TODOS GOVERNAR) EM SEU CÉREBRO EMOCIONAL

Você gostaria de Henry se o conhecesse — ele é educado, tem um sorriso doce e uma voz suave, é bonito e um pouco antiquado. Ele se levanta quando uma senhora entra na sala. Henry é quase tão nerd quanto Camilla, sua esposa. Sua noite de sexta-feira ideal envolve Settlers of Catan [Descobridores de Catan, em tradução livre], qualquer coisa de Joss Whedon ou Cards Against Humanity — ou possivelmente os três.

Eles têm uma boa vida sexual, ele e Camilla. Henry é quase sempre o iniciador e, embora certamente goste de ser o objeto da busca sexual de sua esposa, é um cara tranquilo que se sente sortudo por ter uma parceira de vida que compartilha tanto de seu senso de humor quanto de sua necessidade de manter o banheiro sempre organizado. Eles são namorados cuidadosos, atenciosos e introvertidos.

Quando eles se conheceram — quero dizer, quando se conheceram pessoalmente, o que não inclui as semanas de flerte online —, seus olhos se encontraram e ambos vivenciaram um instantâneo:

— Sim. É isso. É você.

Mas eles são pessoas cuidadosas e atenciosas, e foram devagar.

Eles disseram um ao outro:

— Não estou realmente pronto(a) para um relacionamento. Deveríamos ser apenas amigos.

Eles acenaram solenemente um para o outro.

E se tornaram amigos.

Por um ano.

Gradualmente, Henry começou a cortejá-la. Trouxe flores... feitas de Lego. Contratou seu artista favorito de webcomic para desenhar um retrato dela. Escreveu cenários de RPG para ela. Usou gravatas. E segurou a mão dela.

No momento em que se beijaram, já estavam apaixonados — embora nenhum deles tivesse dito isso. E quando fizeram amor pela primeira vez, já haviam comprometido sua vida um com o outro, e disseram isso sem parar, por meio de sussurros urgentes no escuro.

Camilla, você deve se lembrar, é uma mulher com SE baixo — representa cerca de 4 a 8% das mulheres cuja sensibilidade a estímulos relacionados ao sexo é bastante baixa.[1] *No entanto, no dia em que ela se casou, estava sensível.*

Cinco anos depois... não muito. Ela me disse:

— Costumava ser, eu estava na cozinha e ele vinha atrás de mim e começava a beijar meu pescoço e eu simplesmente derretia instantaneamente. Mas agora ele vai fazer a mesma coisa e eu vou ficar tipo: "Estou tentando fazer o jantar". Não entendo o que há de errado comigo agora.

— Nada está errado, o contexto é apenas diferente — disse.

— Como é diferente? Ainda o amo exatamente tanto quanto no dia em que nos casamos. Parece que esvaziei meu "tanque de desejo". As pessoas têm um "tanque de desejo" que pode ficar vazio?

— Não... bem... mais ou menos? Não exatamente. Não é bem um tanque, está mais pra... um ... um chuveiro — disse. — Um chuveiro que, às vezes, libera muita água quente; a pressão da água e o chuveiro são ótimos, e, outras vezes, quase não há pressão de água ou o chuveiro está todo grudado com sujeira. Você sempre pode tomar banho, mas esses fatores contextuais influenciam se esse banho é fantástico ou frustrante.

— Fatores contextuais. Então, o que é isso na vida real? Velas e flores? — Ela estava fazendo careta. — Um corpete justo?

— São circunstâncias. Situações. Isso faz parte, mas quando digo "contexto", também quero dizer, tipo, estados cerebrais.

—Ah! — disse ela, iluminando-se. — Isso soa muito mais interessante do que velas.

Isso é. E é disso que se trata este capítulo: como deixar a água bem quente e aumentar a pressão dela.

Em sua pesquisa sobre "pistas para fatores de desejo sexual", Katie Mc-Call e Cindy Meston perguntaram às mulheres o que as excitava e descobriram que os resultados se dividiam em quatro categorias gerais.[2]

Sinais de vínculo amoroso/emocional. Sentir amor, segurança, compromisso, proximidade emocional, proteção e apoio em seu relacionamento e sentir uma espécie de "atenção especial" de seu parceiro. Exemplo: Uma mulher me contou a história extraordinariamente romântica de um namorado que voou meio mundo para surpreendê-la em seu segundo aniversário de namoro. É sobre proximidade, compromisso e atenção especial. Sim, aquele homem *transou*.

Sugestões explícitas/eróticas. Assistir a um filme sexy, ler uma história erótica, assistir ou ouvir outras pessoas fazendo sexo, antecipar o sexo, saber que seu parceiro deseja você ou perceber sua resposta sexual ou a de seu parceiro. Exemplo: Uma mulher de 20 e poucos anos me contou uma vez que acordou no meio da noite no apartamento do namorado, ao som dos vizinhos de cima fazendo sexo. Os guinchos e grunhidos rítmicos instantaneamente a excitaram. Ela beijou o namorado acordado e eles ouviram juntos, depois fizeram sexo rápido e intenso.

Sinais Visuais/de Proximidade. Ver um parceiro em potencial atraente e bem-vestido, com um corpo bem tonificado e muita confiança, inteligência e classe. Exemplo: Uma amiga uma vez me disse retoricamente:

— O que há com os punhos brancos de uma camisa aparecendo sob o paletó?

Sugeri:

— Talvez um marcador de status social?

E ela acrescentou:

— Isso e preparação. Um homem com punhos brancos imaculados é um homem cuja pele é saborosa.

Pistas românticas/implícitas. Incluem comportamentos íntimos, como dançar de perto, compartilhar uma banheira de hidromassagem ou massagens ou outro toque íntimo (como tocar o rosto ou o cabelo), assistir ao pôr do sol, rir ou sussurrar juntos ou exalar um aroma agradável. Exemplo: Uma mulher na casa dos 30 me disse que ela e seu marido estavam economizando para reformar o banheiro, depois que perceberam que um dos motivos pelos quais ela gostava tanto de sexo quando saíam de férias era que tomavam banhos longos e quentes (em todos os sentidos) juntos nas banheiras gigantes do *B and B* onde eles ficaram. Mais banhos, mais sexo.

Nada disso é muito surpreendente, mas é sempre bom ter dados para apoiar nossas intuições: uma mistura de sugestões eróticas e românticas aumenta o desejo nas mulheres. O trabalho de McCall e Meston nos diz o que ativa o acelerador.

Em uma série de nove grupos focados com oitenta mulheres, Cynthia Graham, Stephanie Sanders, Robin Milhausen e Kimberly McBride catalogaram os pensamentos das mulheres daquilo que as fazem tirar ou "pôr os pés nos freios".[3] Essas pesquisadoras encontraram temas que têm paralelos interessantes com o trabalho de McCall e Meston. Aqui estão os temas, com uma citação dos participantes da pesquisa para ilustrar cada um:

- *Sentimentos sobre o próprio corpo.* "É muito mais fácil ficar excitada quando estou me sentindo realmente confortável comigo... não é tão fácil ficar excitada quando não estou me sentindo bem comigo e com meu corpo."

- *Preocupações com a reputação.* "Estar solteira e sabe... querer ser sexual com outra pessoa e pensar: '*tudo bem, mas eu vou ser demais?*' ou '*e se eu não for o suficiente?*' ou '*o que eles vão pensar de mim por estar fazendo essas coisas?*'..."
- *Freio.* "Eu acho que é como se você tivesse algumas inclinações e então pensasse, '*espere um minuto, você não pode fazer isso*', você está em um relacionamento ou aquele cara é um perdedor... e, de repente, você apenas [pensa]: '*ok, tudo bem, esqueça, não posso. Isso é uma má ideia*', e se afaste disso."
- *Gravidez/Contaminação indesejada.* "Gravidez indesejada é um grande problema e se você está com um parceiro que parece despreocupado com isso, então realmente está em perigo."
- *Sentimento desejado versus sentimento usado pelo parceiro.* "Gosto quando [os homens] acariciam não apenas as partes do corpo que ficam sexualmente excitadas, mas apenas, tipo, seus braços... parece que ele está envolvendo você e apreciando todo o seu corpo."
- *Sentir-se "aceita" pelo parceiro.* "Mesmo que meu segundo marido e eu estivéssemos juntos há 16 anos, ele não aceitava minhas respostas sexuais... Eu faço muito barulho ou [com] minha forma favorita de chegar ao orgasmo, ele se sentiu excluído...Isso foi apenas o começo do processo de perder o tesão."
- *Estilo de abordagem/iniciação e tempo.* "Seu 'jogo'... você sabe, como o homem se aproximou de você, como ele me fez falar com ele por mais de cinco minutos?... [É] a maneira como ele fez isso."
- *Humor negativo.* "Se você está muito chateada com seu desejado parceiro sexual, se está muito chateada com ele por algum motivo, não há como você ficar excitada."

Esses dois estudos nos ajudam a entender que o interesse sexual das mulheres depende de uma ampla gama de fatores. Quando perguntamos:

— O que deixa você de bom humor?

As mulheres nos dizem:

- Ter um parceiro atraente que me respeite e me aceite como sou
- Sentir-se confiante e afetuosa em seu relacionamento
- Ser confiante e saudável — tanto emocional quanto fisicamente
- Sentir-se desejada pelo parceiro, sendo abordada de uma forma que a faça sentir especial
- Sinais eróticos explícitos, como erotismo ou pornografia, ou ouvir ou ver outras pessoas fazendo sexo

Mas o que essas respostas também nos dizem é que *depende*. A mulher que se sente confiante em si e que tem um ótimo relacionamento com um parceiro que ama, em quem confia e por quem se sente atraída, ainda assim pode não querer sexo se: estiver gripada, tiver trabalhado setenta horas naquela semana ou preferir que ambos, ela e seu parceiro, tomem banho antes do sexo e tenham acabado de trabalhar juntos no jardim.

Outra coisa que essas respostas nos dizem é que o que as mulheres contam nas pesquisas e nos grupos focais não pode nos dizer tudo o que acontece na vida real. Em *The Science of Trust*, o pesquisador de relacionamento John Gottman relata as histórias de mulheres em relacionamentos abusivos, nos quais eram frequentemente alvos de violência física.[4] Essas mulheres surpreenderam a ele e ao seu parceiro de pesquisa, dizendo-lhes que algumas das melhores relações sexuais que haviam tido ocorreram imediatamente após os atos de violência. E em *What Do Women Want?*, Daniel Bergner descreve Isabel, que não conseguia entrar em um estado quente e de incômodo com seu namorado respeitoso e carinhoso, mas ela se sentia magneticamente atraída pelo idiota objetificador que queria que ela se vestisse de maneira desprezível e, ela sabia, que nunca se comprometeria com um relacionamento com ela.[5] Já ouvi histórias semelhantes de muitas mulheres, e nada nesta pesquisa explica isso. Nada nos diz por que o sexo de reconciliação e término ganhou uma reputação de intensidade.

Então o que nos diz?

A relação do mecanismo de controle duplo com seus muitos outros sistemas motivacionais. O *contexto*.

O contexto é feito de duas coisas: as circunstâncias do momento presente — com quem você está, onde você está, se a situação é nova ou familiar, arriscada ou segura etc. — e seu estado cerebral no momento presente — se você está relaxada ou estressada, confiando ou não, amando ou não, agora, neste momento. Há cada vez mais evidências de que a resposta sexual das mulheres é mais sensível do que a dos homens ao contexto, incluindo humor e fatores de relacionamento, e as mulheres variam mais umas das outras em quanto esses fatores influenciam sua resposta sexual.[6]

Portanto, este capítulo trata do contexto: como suas circunstâncias externas e seu estado cerebral interno podem influenciar sua capacidade de resposta sexual.

Começaremos com a ideia de que sua experiência ou percepção de todos os tipos de sensações varia, dependendo de vários fatores, incluindo circunstâncias externas, humor, confiança e história de vida. A seguir, vamos nos aprofundar no âmago da questão de por que isso é verdade e imutável: quando seu cérebro está em um estado de estresse, quase tudo é percebido como uma ameaça potencial. E então mostrarei o mecanismo específico do cérebro que governa esse processo. Compreender esse mecanismo — eu o chamo de "Um Anel" emocional — é fundamental para descobrir como o contexto afeta sua capacidade de resposta sexual. Quero avisá-lo com antecedência: este é o capítulo mais nerd e científico do livro. Tire a poeira do seu boné de pensamento. Vale a pena. A recompensa é que sempre que você ouve alguém reclamar:

— As mulheres são tão complicadas — ontem ela gostava de uma coisa, hoje ela quer algo completamente diferente.

Ou se pergunta:

— Por que não respondo da maneira que costumava fazer?

Você poderá dizer:

— Contexto! O que você quer e gosta muda com base em suas circunstâncias externas e em seu estado interno.

Este capítulo mostra como decifrar o código e entender tudo.

A insatisfação de Laurie com sua vida sexual não era resultado de um acelerador e freios desafiadores; foi resultado de um contexto desafiador.

Mas ela não gostou da minha sugestão de simplesmente não querer fazer sexo por um tempo. Para ela, isso parecia desistir. Ela queria desejar sexo, e, droga, ela tentaria.

Então, ela pensou em tempos passados em que fez sexo prazeroso e lembrou-se de umas excelentes férias antes do aniversário do bebê em um hotel chique nas montanhas.

"Ahá! Contexto!" — pensou, então ela e Johnny fizeram uma reserva e planejaram uma viagem para recapturar a paixão.

O plano falhou completamente. A viagem foi longa e cansativa, eles discutiram no caminho e, quando terminaram o jantar, a pressão da expectativa era totalmente avassaladora. Laurie se sentiu fechada e simplesmente disse "não", "não" para tudo. Ela tomou um banho quente, bebeu uma taça de vinho e foi dormir. Johnny, por sua vez, assistiu a um filme.

E então, pela manhã, ela se sentiu muito culpada pela noite anterior para tentar novamente.

Então, uma tarde logo depois disso, Laurie e Johnny se sentaram e tentaram descobrir o que havia funcionado naquela primeira viagem que estava faltando na segunda vez.

Bem, a vida de ambos estava diferentes agora: eles eram pais, ela tinha um trabalho frustrante, ela era uma estudante... Eles replicaram as circunstâncias externas, mas não o contexto.

— Ótimo, então tudo que você tem que fazer é largar seu emprego, largar a escola e vender Trevor para o circo. Problema resolvido — brincou Johnny.

De forma mais construtiva, ele disse:

— Talvez estejamos pensando da maneira errada. Talvez seja sobre como se sente, em vez de onde estamos ou o que estamos fazendo. Quando você pensa no ótimo sexo que tivemos naquele aniversário, como é?

Ela pensou nisso por um minuto.

E então ela começou a chorar.

Ela começou a falar do quanto o amava, como dependia dele para manter a sanidade em uma vida que parecia especificamente projetada para deixá-la louca, como ela queria mostrar a ele, não apenas dizer a ele, o quanto ele é importante para ela, mas toda vez que ela considerava iniciar o sexo, ela se sentia inundada e oprimida e seu corpo se fechava nela. Uma tristeza indiferenciada fluía dela enquanto ela falava — tristeza por sua sexualidade perdida, mas também por sua paz de espírito perdida, seu senso de identidade perdido, independente de seus papéis como mãe, filha, esposa, chefe, funcionária, estudante...

E então, quando a maré de sua dor baixou, eles tiveram um ótimo sexo. Depois disso, Laurie veio até mim e disse:

— Que diabos?! Saímos para uma escapadela romântica, nada — pior que nada! Mas eu choro feio sobre o quanto eu o amo e como minha vida é exaustiva, e nós fazemos sexo gostoso e cheio de putaria. Essa coisa de contexto não faz sentido!

Então eu expliquei.

Sensação no contexto

Suponha que você esteja flertando com uma certa pessoa especial e ela comece a lhe fazer cócegas. Você pode imaginar algumas situações em que isso é divertido, certo? Paquera. Potencialmente levando a uma trepada.

Agora, imagine que você está se sentindo irritada com aquela mesma pessoa especial e ela tenta fazer cócegas em você.

É irritante, não é? Como se talvez você quisesse dar um soco na cara dessa pessoa.

É a mesma *sensação*, mas como o contexto é diferente, sua percepção dessa sensação é diferente.

É verdade para os nossos domínios sensoriais. Um cheiro que parece agradável quando é rotulado como "queijo" cheira nojento quando é rotulado como "odor corporal".[7] Mesmo cheiro + contexto diferente = percepção diferente. O humor também muda sua percepção do paladar: sentir-se triste, como no final de um filme choroso, reduz sua capacidade de sentir o gosto de gordura na comida.[8]

É verdade em todos os seus outros sentidos também, não apenas nos cinco básicos que você aprendeu na escola primária. Todos já experimentaram isso com a termorrecepção: imagine que seu carro ficou sem gasolina a 1,5km do posto, em um dia escaldante e úmido feito uma sauna. Você o percorre através do ar pesado. Chega ao posto de gasolina com ar-condicionado, refrigerado a 22°, e sente como se fosse uma explosão gelada, um poderoso alívio do calor. Agora, imagine que seu carro fica sem gasolina no mesmo lugar seis meses depois, e é um dia de muito frio e vento cortante, e você caminha a mesma quilometragem até o posto de gasolina. Os mesmos 22° agora parecem um forno aquecido, um poderoso alívio para o frio doloroso. Contexto.

Também é verdade para a equilibriocepção (senso de equilíbrio): qualquer um que tenha saído de um navio após um cruzeiro de uma semana sabe que nossos cérebros se adaptam ao movimento — você passa dois dias se perguntando por que o chão está se movendo sob seus pés. Nocicepção (sensação de dor): as pessoas que sentiram dor intensa desenvolvem maior tolerância para dores futuras.[9] E cronocepção (sensação de tempo): o tempo realmente parece voar quando você está se divertindo — ou melhor, quando você está em um estado de "fluxo".[10]

Essas mudanças na percepção não estão "apenas na sua cabeça". As pessoas que recebem uma droga que as relaxa e ouvem: "Esta é uma droga que vai relaxar você", não apenas se sentem mais relaxadas em comparação com aquelas que receberam a droga, mas não a informação, mas também *têm mais da droga em seu plasma sanguíneo*.[11] O contexto muda mais do que como você se sente; pode alterar a química do seu sangue.

Também é verdade para estímulos sexuais. No capítulo 2, descrevi como o mecanismo de controle duplo responde a estímulos relacionados a sexo ou a uma ameaça, e falei de como aprendemos quais estímulos entram em qual categoria — lembra do rato com fetiche por limão? Mas, assim como o cheiro do queijo ou o sabor da gordura são influenciados por nosso estado mental e pelas circunstâncias externas, a interpretação de um determinado estímulo como relacionado ao sexo ou como uma ameaça depende do contexto em que o percebemos.

As cócegas são um exemplo disso. Assistir seu parceiro fazer tarefas é outro. Se você se sente apoiada e conectada em seu relacionamento, ver seu parceiro lavando a roupa pode funcionar como uma sugestão para pensamentos eróticos. Mas se você está ressentida porque tem feito uma quantidade desproporcional de tarefas ultimamente, ver seu parceiro lavando roupa pode ser satisfatório — "Já era hora!" — sem se sentir sexy.

O mesmo vale para o caso de algo pisar no freio. Por exemplo, a intensidade com que os os freios sexuais de uma pessoa são acionados por causa do medo de uma IST (Infecções Sexualmente Transmissíveis) mudará dependendo da percepção da probabilidade de infecção e do impacto percebido dessa IST. Usa preservativo? Conhece o histórico de saúde e o histórico sexual de seu parceiro? Confia que vocês dois são monogâmicos? Menos ameaça. Sem preservativo? Sem história? Potencial para traição? Mais ameaça. O mesmo acontece com as consequências sociais: danos potenciais ao seu status social, sua reputação ou seu relacionamento agem como ameaças, dependendo de quão prováveis eles parecem e quão negativos seriam se acontecessem.

Aprender a reconhecer os contextos que aumentam a percepção do seu cérebro sobre o mundo como um lugar sexy e ter habilidades para maximizar os contextos sensuais é a chave para aumentar sua satisfação sexual. No final deste capítulo, você encontrará planilhas para ajudá-lo a pensar em quais aspectos do contexto influenciam sua percepção das sensações. Nessas planilhas, você se lembrará de três experiências sexuais incríveis que teve e três não tão incríveis, e pense concreta e especificamente sobre o que fez dessas experiências o que elas são, tanto em termos de circunstâncias externas quanto de seu estado interno. Reserve um tempo para fazer isso. Pensando em apenas uma experiência incrível e uma não tão boa pode lhe dar uma noção de quais contextos aumentam a tendência do seu cérebro de interpretar o mundo como sexy e quais reduzem essa tendência.

Doloroso ou Erótico?

Seu parceiro bater na sua bunda enquanto você está amarrando os sapatos do seu filho, é irritante. Mas se ele o fizer no meio do sexo, pode parecer muito, muito sexy. O contexto pode fazer com que sensações normalmente percebidas como dolorosas, como palmadas ou chicotadas, sejam eróticas. A "submissão" sexual requer que você relaxe na confiança — tirando o pé do freio — e permitindo que seu parceiro assuma o controle. Neste contexto explicitamente erótico, altamente confiável e consensual, seu cérebro está aberto e receptivo, pronto para interpretar toda e qualquer sensação como erótica. E, em uma cultura em que as mulheres passam tanto tempo pisando no freio, dizendo "não", não é de se admirar que tenhamos fantasias de perder o controle, relaxar na confiança absoluta (tirar o pé do freio) e nos permitir experimentar sensações.

Sexo, ratos e rock'n'roll

Qual é a evidência nerd definitiva do poder do contexto para influenciar a percepção de uma sensação do seu cérebro? Veja o que acontece com cérebros de ratos quando você os interpreta como Iggy Pop:

Imagine que você é um rato de laboratório e está em uma caixa de três câmaras.[12] Os pesquisadores implantaram, sem dor, uma pequena sonda em seu cérebro para que possam eliminar seu núcleo accumbens (Acc), que é uma pequena região no fundo do seu cérebro; sua função é dizer a você em que direção ir — para perto ou para longe de algo no ambiente. Na primeira câmara, você está cercado pela configuração comum que sempre encontra no laboratório — as luzes estão acesas, mas é bastante silencioso. Aqui, se o pesquisador atinge a região superior do Acc, você se envolve em comportamentos de aproximação, como cheirar e explorar. O psicólogo John Gottman chama isso de comportamentos "*O que é isso?*".[13] Curioso. Explorando. Seguindo em direção a. E quando os pesquisadores estimulam a região inferior do seu Acc, você exibe evitação — comportamentos "*Que porra é essa?*", como bater as patas e virar a cabeça. Temeroso.

Evitante. Afastando. E tudo isso é normal e exatamente o que você esperaria, como uma espécie de rato biônico semi-controlado.

Então agora você vai para a próxima câmara, onde as luzes estão apagadas, é quieto e calmo, e tem cheiro de casa. Você adora isso aqui, é como um spa para ratos. Nesse contexto, quando o pesquisador zapeia seu Acc superior, a mesma coisa acontece — comportamentos de abordagem. Mas é aí que fica interessante: quando o pesquisador atinge seu Acc inferior... comportamentos de abordagem! Num ambiente seguro e relaxante, quase todo o Acc ativa a motivação de aproximação!

Assim que você passa para a terceira câmara, luzes ultrabrilhantes se acendem e, de repente, Iggy Pop está tocando — imagine *Live at the King Biscuit Flower Hour* tocando em volumes variados aleatoriamente, para que você não se acostume. Tudo nesse ambiente estressa. Você é como um rato de biblioteca introvertido em uma boate ruim. Agora, quando os pesquisadores apagam seu Acc superior, ele não ativa a curiosidade ou aborda comportamentos, como nos ambientes anteriores; não, no novo ambiente estressante, apagar quase qualquer lugar no Acc gera esquiva, comportamentos "*Que porra é essa?*".

Quando digo que a percepção da sensação depende do contexto, refiro-me ao sentido mais profundo. Quero dizer que partes evolutivamente antigas de seu cérebro (seu "cérebro de macaco") podem responder de maneiras opostas, abordagem ou evitação, dependendo das circunstâncias em que estão funcionando.[14] Em um ambiente seguro e confortável, pouco importa onde você estimula. Você ativará abordagem, curiosidade e *desejo*. E em um ambiente estressante e perigoso, pouco importa onde você estimula; ativará evitação, ansiedade e *pavor*.

"O contexto muda a forma como seu cérebro responde ao sexo" não significa apenas "Defina o clima", como com velas, espartilhos e uma porta trancada do quarto. Isso também significa que, quando você está em um ótimo contexto positivo para o sexo, quase tudo pode ativar sua curiosa abordagem desejosa do sexo "*O que é isso?*". E quando você está em um contexto não tão bom — ou circunstâncias externas ou estado interno do cérebro — não importa o quão sexy seja seu parceiro, o quanto você o ama ou o quão elegante seja sua roupa íntima, quase nada ativará essa experiência curiosa, apreciativa e desejosa.

É completamente normal que o contexto mude a forma como você percebe as sensações. É assim que os cérebros funcionam.

Aqui está um quebra-cabeça:

Merritt, com seus freios sensíveis, lutou muito com o sexo na vida real. No entanto, ela tinha uma imaginação sexual ativa e havia sido leitora e autora de ficção erótica por uma década. Suas histórias favoritas para ler e escrever eram BDSM (Bondage Dominação Sadismo Masoquismo)masculino gay — ela o chama de brincadeira de "Cinquenta Tons de Gay". Parecia haver algo da ideia de dois homens emaranhados em uma intensa dinâmica de poder que realmente capturou sua imaginação erótica.

— Ficar excitado com histórias sobre dois homens fazendo sexo excêntrico, mas perdendo tão facilmente o tesão durante o sexo com a mulher que amo? Como isso faz sentido? Um barulho. Uma unha quando não estou esperando. Um pensamento vago, até. E, no entanto, passo horas todos os dias escrevendo sobre homens fazendo sexo em público, em um cabide ou amarrados em árvores.

— Aprender sobre seus freios sexuais ajudou um pouco, mas foi quando ela e Carol conversaram sobre o contexto — Que contextos despertam você? Que contextos fazem você pôr os pés no freio? —, que elas descobriram que as fantasias eram ótimas para Merritt, enquanto a vida real era… um desafio.

O que faz muito sentido para uma mulher com freios sensíveis. O contexto — circunstâncias externas e estado interno do cérebro — de uma fantasia é muito diferente do contexto da vida real. Quando você está sozinha na cama fantasiando sobre ser dominada por cinco homens grandes e desconhecidos, você está realmente segura, não há ameaça para ativar sua resposta ao estresse e a novidade da fantasia adiciona combustível ao fogo. Ótimo contexto!

Mas se na vida real você estivesse cercada por cinco homens grandes e desconhecidos, seu cérebro provavelmente reagiria com uma resposta de estresse — Corra! Lute! ou Congele! — e essa resposta ao estresse provavelmente atingiria seus freios sexuais. Não é um ótimo contexto.

— Então, o que fazemos sobre isso? — perguntou Merritt.

— Confie — disse. — Soltar os freios é uma questão de confiança.

Merritt balançou a cabeça e olhou para Carol.

— Eu confio em você 150%. Pularia de um penhasco com os olhos vendados se você dissesse que havia uma plataforma de choque no fundo, sem hesitação.

Então Carol disse:

— Isso só deixa mais uma pessoa para você não confiar, hein?

Merritt piscou para nós duas e disse:

— Eu. Eu não confio em mim. É isso que você está dizendo?

Eu disse:

— Confia?

— Eu confio em mim para pagar as contas em dia. Eu confio em mim como mãe. Como escritora. Sim, eu... hum. — Ela então parou e franziu a testa pensativamente para mim.

— Você confia na sua inteligência — disse Carol — e em seu coração. Mas você confia no seu corpo?

Merritt esfregou a mão com força contra a testa e disse:

— Honestamente, não — e por um bom motivo.

E então conversamos sobre o bom motivo. Eu gostaria de passar algum tempo com o córtex mesolímbico. Fica bem nerd aqui — em termos de metáfora do jardim, essas duas próximas seções são como descrever como o solo transforma uma semente em uma muda. Não é algo do qual o jardineiro tenha muito controle e acontece bem abaixo da superfície, além de nossa capacidade de observação direta. Mas especialmente se você acha que cultivar sua sexualidade (ou a de seu parceiro) é um desafio, as próximas páginas podem realmente enriquecer toda a sua compreensão do que está acontecendo nas partes profundas e subconscientes de sua resposta sexual.

Pronta? Então, vamos lá!

Gostar, desejar e aprender

Você provavelmente já leu sobre descobertas empolgantes de pesquisas relacionadas aos "centros de prazer do cérebro". Coloque comida na boca e esses sistemas começarão a funcionar. Beba água, eles dizem. Ouça música, veja arte, injete heroína ou leia um romance, e seu córtex mesolímbico avaliará, aprenderá e motivará ativamente. Assista pornografia, ouça seus vizinhos fazendo sexo ou sinta a mão de seu parceiro segurando levemente seu cabelo, e esses sistemas cerebrais responderão avaliando, planejando e encorajando você a se aproximar... ou mais longe. Para aqueles que mantêm um mapa do mesencéfalo na parede e gostariam de acompanhar em casa, os órgãos envolvidos nesses sistemas são o ventral pallidum, o núcleo accumbens do corpo e a concha (esta é a parte do estudo de Iggy Pop), a amígdala e o núcleo parabraquial do tronco encefálico, entre outros. (Há um ótimo petisco para coquetéis — nada como a frase "núcleo parabraquial do tronco cerebral" para impressionar solteiros sensuais com um dirty martini.)

A questão é que esses não são realmente os "centros de prazer" — ou não *apenas* centros de prazer.

O que frequentemente descrevemos como "centros de prazer" ou "centros de recompensa" do cérebro são, na verdade, muito mais sutis e interessantes do que isso. Chamá-los de "recompensa" ou "prazer" é como dizer "vagina" quando você quer dizer "vulva": o prazer é parte dele, certamente, mas apenas uma parte, e negar às outras partes de seus nomes é negar seu significado e entender mal a natureza da besta multifacetada.

Na verdade, existem três funções entrelaçadas, mas separáveis, nessas partes profundas e evolutivamente antigas do cérebro: *gostar, desejar e aprender*. Esses três mecanismos formam o hardware mamífero universal que faz, como Kent Berridge e Morten Kringelbach descreveram, "Um sistema cerebral hedônico para mediá-los."[15]

Essa é uma referência ao Um Anel da mitologia de *O Senhor dos Anéis*; no contexto original, Um Anel tem o poder de controlar os outros Anéis de Poder. No contexto do seu cérebro emocional, *o* Um Anel processa os seus sistemas emocionais/motivacionais, incluindo respostas ao estresse (medo, agressão e desligamento), nojo, as formas de prazer do físico ao artístico, amor e conexão social e, claro, sexo.[16] Essas emoções funcionam, todas de uma vez, no mesmo lugar: em seu Um Anel emocional.

Portanto, não fique muito impressionada ao ler um artigo de ciência pop que diz:

— As mesmas partes do seu cérebro se iluminam quando você faz sexo e quando usa cocaína.

Claro que sim. Isso é Um Anel. Ele medeia todos. Quando digo "Um Anel" no restante do livro, refiro-me a esse agrupamento de *gostar, desejar e aprender*, onde as suas respostas emocionais — sexo, estresse, amor, desgosto etc. — competem, interagem e influenciam umas às outras.

Veja como os três sistemas funcionam.

Gostar é talvez o mais próximo do que geralmente consideramos "recompensa".

O mecanismo de *gostar* é o "Sim!" ou "Não!" em seu cérebro — ele avalia o "impacto hedônico" de um estímulo: É bom? Quanto é bom? Você se sente mal? Quanto se sente mal? Quando você coloca uma gota de água com açúcar na língua de um recém-nascido, o sistema de *gostos* dele dispara fogos de artifício; o açúcar é gratificante por natureza — nascemos prontos para desfrutar de sabores doces. Sal não é. Esse único sistema gerencia as formas de prazer, incluindo sabores doces, sensações sexuais, percepção da beleza, alegria do amor e emoção de vencer.

Aprender é o processo de vincular o que está acontecendo agora com o que deve vir. Os cachorros de Pavlov salivavam quando um sino tocava porque seu sistema de *aprendizado* conectava o sino com a comida. Os ratos do capítulo 2 relacionaram limões ou jaquetas com sexo devido ao sistema de *aprendizado*. Isso é aprendizado implícito — uma experiência diferente do aprendizado explícito. A aprendizagem explícita é como você memoriza um poema com repetição espaçada e esforço consciente. A aprendizagem implícita é (em parte) o sistema de *aprendizagem* que liga os estímulos ao longo do tempo e do espaço. Não precisamos estudar ou memorizar nada para saber quais alimentos são deliciosos e quais pessoas são más. Aprendemos esses tipos de coisas emocionais implicitamente.

Desejar — mais conhecido tecnicamente como "saliência de incentivo" — é o acelerador genérico do cérebro emocional. Alimenta o desejo de se aproximar de algo ou se afastar dele. Quando o *desejo* é ativado com o mecanismo de resposta ao estresse, buscamos segurança. Quando o *desejo* é ativado com o mecanismo do apego (veja o próximo capítulo), buscamos afeto. E, claro, quando o *desejo* é ativado com nosso acelerador sexual, buscamos a estimulação sexual.

Quando o desejo é ativado, experimentamos o que Kent Berridge chama de "um momento de tentação especial".[17] A experiência de desejo ou anseio urgente é alimentada pelo sistema de *desejo*.

E é dependente do contexto. Lembre-se do rato no spa versus na boate? Os comportamentos "*O que é isso?*" e "*Que porra é essa?*" desencadeados pela estimulação do Acc eram comportamentos de *desejo* — *querer* se aproximar... ou ir mais longe. Qual conjunto de comportamentos foi provocado dependendo de quanto calmo ou estressado o rato estava.

Como esses sistemas funcionam na sexualidade humana? Se algo ativa seu acelerador sexual — digamos, seu parceiro beijando você — o *aprendizado* fez seu trabalho. Como os ratos de jaqueta, seu acelerador aprendeu que o beijo está relacionado ao sexo.

Mas o *aprendizado* é neutro, nem bom nem desagradável, apenas... relevante. Além disso quando a deixa que ativa o *aprendizado* não é apenas relacionada ao sexo, mas ainda agradável (o que depende do contexto), ela também ativa o *gosto*. E quando é bom o suficiente, dá origem ao *desejo*.

A sequência funciona da seguinte maneira: algo relacionado a sexo acontece e seu cérebro diz:

— Ei, isso tem relação com o sexo.

Isso é *aprender*. E se o contexto estiver certo, seu cérebro também diz:

— Opa, isso é legal!

Isso é *gostar*. E se o estímulo for bom o suficiente, seu cérebro diz:

— Ah, consiga mais disso!

Isso é *desejar*.

Você fez isso? Ufa! Essa foi a parte difícil. Bom trabalho. Estarei me referindo a Um Anel de *gostar, desejar* e *aprender* ao longo do livro — como no capítulo 6 aprenderemos que a resposta genital é *aprender* enquanto a experiência consciente de estar "ligado" é *aprender + gostar*. E, no capítulo 8, aprenderemos como focar Um Anel no prazer sexual e como liberá-lo das outras motivações é o caminho para os orgasmos extáticos.

A pesquisa que mede como os três sistemas funcionam na sexualidade humana mal começou. Eu os incluo aqui não porque já vi provas definitivas de como eles afetam o bem-estar sexual, mas porque, quando ensino sobre eles, vejo como as pessoas acham útil saber que desejo, prazer e resposta genital não são a mesma coisa. Seu cérebro pode *gostar* de algo sem *desejar* mais. Pode *aprender* que um tipo de estímulo pode levar ao sexo, e o *aprendizado* pode ativar o desejo — o movimento em direção —, mas também pode ativar o pavor — o afastamento — dependendo do contexto. Seu cérebro pode até desejar algo, mesmo sem *gostar* muito, como veremos com Olivia.

E os três dependem do contexto: se seus substratos de *desejo*, *gosto* e *aprendizado* estão ocupados lidando com estresse ou problemas de apego (que são o tópico do próximo capítulo), então os estímulos relacionados ao sexo podem não ser percebidos como sensuais.

Compreender que esses sistemas são separáveis é tão poderoso quanto aprender que existem freios! Percorreremos os três sistemas em diferentes contextos para ver como eles podem mudar a capacidade de resposta sexual:

Contexto 1: Antes de engravidar. Seu parceiro se deita na cama ao seu lado e você aproveita seu abraço habitual de fim de dia enquanto conversa de seus planos para amanhã. As mãos do seu parceiro começam a passear pelo seu corpo, o que ativa o *aprendizado* e o *gosto*, já que você está em um estado de espírito relaxado e afetuoso, e logo o *desejo* entra na festa. Então você começa a beijar e deixar as mãos vagarem também, e uma coisa leva a outra.

Contexto 2: Dois meses após o parto. Seu parceiro se deita na cama ao seu lado, acordando você de um sono profundo raro e precioso, querendo abraçá-la e conversar dos planos para amanhã. Você se vira em direção aos braços deles e conversa por um tempo, e as mãos dele começam a vagar pelo seu corpo — seu corpo privado de sono, lactante, de formato diferente, com a vagina ainda cicatrizando e pés meio tamanho maiores do que eram há um ano, um corpo que foi constantemente apalpado por mãozinhas de bebê. O toque do seu parceiro nesse seu estranho corpo novo ativa o *aprendizado*... o que enche você de pavor — *deseja* evitar o sexo. Então você se vira e diz:

— Amor, esta noite não.

E seu parceiro pensa — e talvez você também — *"Eu não entendo. Isso costumava ser ótimo."*

Mesmo estímulo, contexto diferente. Resposta diferente do seu Um Anel emocional, levando a resultados diferentes.

Poderíamos substituir "dar à luz" nesse exemplo por "colocar seu pai em cuidados paliativos", "descobrir que seu parceiro estava traindo você" ou "ser demitida do emprego" e obter um resultado um tanto semelhante. Por outro lado, poderíamos substituí-lo por "decidir tentar engravidar", "renovar seus votos" ou "ganhar na loteria" e obter um resultado bem diferente.

Como vimos com os ratos que receberam Iggy Pop, quando seus níveis de estresse estão altos, praticamente qualquer coisa fará com que seu desejo se ative em um evitativo comportamento "*Que porra é essa?*". Mas se você estiver em um contexto de sexo positivo, quase tudo pode ativar o *desejo* de curiosidade: comportamento "*O que é isso?*".

Exatamente o contexto que uma mulher vivencia como sexo positivo varia de mulher para mulher e também ao longo da vida de uma mulher, mas geralmente é um contexto que é de:

- baixo estresse
- alta afeição
- explicitamente erótico

Lembre-se dos estudos sobre o que as mulheres dizem que as excita, desde o início do capítulo. Essas coisas e muito mais. Devido ao Um Anel, que medeia as suas diferentes emoções ao mesmo tempo, unindo-as.

Olivia e Patrick são fabulosos juntos — hilários, charmosos, o tipo de casal cujo amor é contagiante. Quando você os vê juntos, se apaixona um pouco. Eles se abraçam e riem carinhosamente mesmo quando eles estão lutando. Embora tenham apenas 20 anos, você pode dizer que esses dois ainda estarão se agarrando como adolescentes quando tiverem 103 anos.

O principal conflito deles era sobre sexo: Patrick, como cerca de 80 a 90% das pessoas, descobre que o estresse bate em seus freios, desligando todo o interesse por sexo — ele é um "flatliner" (mais disso no capítulo 4). Mas para Olivia, com seu acelerador sensível, o estresse é como combustível — ela é uma "redliner". E como os dois são alunos de pós-graduação, ficam estressados ao mesmo tempo durante o semestre (exames finais), o que significa que quando Olivia está mais interessada em sexo, Patrick está menos.

Mesmo contexto — experiências opostas.

E quando você coloca isso no contexto de um relacionamento, fica pior, porque os dois estilos aumentam um ao outro — quando Patrick se sente estressado com o fato de Olivia querer sexo e ele não, isso aumenta seu estresse, que o freia ainda mais. E quando Olivia se sente estressada pelo fato de querer sexo e Patrick não, isso aumenta seu estresse, o que ativa ainda mais seu acelerador. Eu chamo isso de "dinâmica da perseguição" (mais disso no capítulo 7), mas Olivia tinha seu próprio termo para isso:

— Merda de programa.

Patrick acrescentou:

— E chega em um momento do semestre em que nós dois já estamos muito magros e mal conseguimos nos alimentar, muito menos falar de nossos sentimentos. Como podemos arranjá-lo?

Dei de ombros.

— Fácil. Elabore um plano quando ambos estiverem calmos e use-o quando estiver estressado.

Olivia disse:

— Ah.

Lá estava de novo — a decepção que agitou uma bandeira vermelha gigante de um grande emocional... algo. Da última vez eu perdi. Desta vez eu peguei.

— Você estava esperando por uma resposta diferente? — Perguntei.

— Eu meio que esperava que pudéssemos me consertar.

— Consertar você? Tem algo de errado com você?

— Acho que não — disse ela — mas é que... não é bom, o descontrole. Eu esperava poder controlar essa parte, tanto para meu próprio bem quanto para não colocar Patrick contra a parede.

O que é normal. O contexto de estresse mais sexo não traz consigo um aumento no prazer. Pelo contrário, quando ela está estressada, ansiosa ou sobrecarregada, Olivia disse:

— Sinto esse impulso para o orgasmo, mas é um impulso que me desconecta do meu corpo e de Patrick. Eu odeio isso. É como se eu fosse um visitante em meu corpo. Fora de controle.

É um exemplo perfeito de desejar sem gostar.

— Ah, então é um desafio em seu relacionamento e também é desconfortável para você individualmente — disse. — É muito simples mudar — simples, embora nem sempre fácil.

Ambos disseram:

— Como?

Você não pode forçá-los

Eu uso itálico quando descrevo *desejar, gostar* e *aprender* para deixar claro que não quero dizer querer, gostar ou aprender no sentido usual de:

— Ei, o que você quer para o jantar?

Ou

— Você gostou do filme?

Não há intenção deliberada — e muitas vezes nem mesmo consciência — acompanhando a ativação desses sistemas cerebrais.[18]

Pelo contrário. Em um estudo com viciados em cocaína, os sistemas mesolímbicos dos participantes da pesquisa responderam a imagens relacionadas à cocaína que piscavam em uma tela por 33 milissegundos. Se você perguntasse a eles o que viram, eles não seriam capazes de lhe dizer, porque as imagens piscavam rápido demais para serem "vistas" conscientemente, mas eram longas o suficiente para iluminar os sistemas de *desejo* dos viciados.[19] Os sujeitos da pesquisa não estavam cientes de ter visto as imagens, mas seus cérebros emocionais responderam.

Em termos de jardim, esta é a diferença entre o que o jardineiro faz ao jardim... e o que o jardim faz sozinho. O jardineiro pode capinar, regar e fertilizar, mas, na verdade, não faz as plantas crescerem. Seus sistemas de *desejar, gostar* e *aprender* são os responsáveis por fazerem as plantas crescerem. Todos os tipos de coisas os influenciam, incluindo quão bem você cuida deles, o clima (ou seja, as circunstâncias externas de sua vida) e quão bem suas plantas são adaptadas ao seu solo específico (seu corpo, seus freios e seu acelerador). Mas o jardineiro não sabe ranger os dentes e faz crescer o jardim; ela só pode criar o melhor ambiente possível para o jardim prosperar e, em seguida, deixar o jardim fazer o seu trabalho. Os capítulos 4, 5 e 9 são sobre como criar esse contexto positivo para o sexo.

"Há algo de errado comigo?" (resposta: não)

A excitação sexual, o desejo e o orgasmo mudam o tempo todo. Às vezes, eles mudam de maneiras que nos encantam e, às vezes, mudam de maneiras que nos confundem ou nos preocupam. Às vezes, essas mudanças acontecem em resposta a uma mudança em nosso hardware sexual — nossos órgãos genitais e o mecanismo de controle duplo. Mas, com mais frequência, eles mudam em resposta a uma mudança em nosso contexto — nosso ambiente e nossos estados mentais. Nosso humor. Nossos relacionamentos. Nossa vida.

Essa pode ser a consequência mais importante da compreensão de como o contexto influencia o modo como seu cérebro processa os estímulos relacionados ao sexo: quando o sexo não é bom, não significa que há algo de errado com você. Talvez tenha havido uma mudança em suas circunstâncias externas ou em seus outros sistemas motivacionais (como o estresse) que está influenciando sua resposta sexual. O que significa que você pode criar uma mudança positiva sem mudar *você*.

Outra consequência importante da compreensão do contexto é que isso nos ajuda a entender por que as mulheres são tão diferentes umas das outras. Para muitas mulheres, os contextos mais positivos para o sexo podem não ser os culturalmente aprovados ou prontamente disponíveis — como encontros quando você está na faculdade ou o mesmo sexo pela 1.287ª vez quando você está casado há dez anos. Para algumas mulheres, esses são ótimos contextos, mas, para outras mulheres, um ótimo contexto sexual positivo pode ser uma noite anônima contra uma parede de casacos de outras pessoas, no armário de um estranho em uma festa. Para outros, é o sexo caloroso e afetuoso de um relacionamento sério e duradouro. Para algumas mulheres, é uma ampla gama de contextos e, para outras, é uma janela estreita. Desde que a mulher esteja atenta ao seu bem-estar e ao do companheiro, não importa qual seja o contexto, desde que lhe traga prazer.

Mas se ignorarmos o contexto, qualquer pessoa que ache o sexo sem graça ou cujo desejo diminua pode ser tentada a concluir que tem algo de errado consigo ou que não gosta de sexo... quando, na verdade, tudo o que eles precisam é de um contexto melhor.

No contexto certo, o comportamento sexual é indiscutivelmente a experiência mais prazerosa que um ser humano pode ter. Ele pode nos ligar a nossos parceiros, inundar-nos com substâncias químicas felizes, satisfazer profundos impulsos biológicos e nos transportar para as alturas espirituais. No contexto errado, porém, pode literalmente parecer a morte. Dependendo do contexto, o sexo pode variar quase infinitamente, do delicioso ao nojento, do brincalhão ao doloroso — e, devido ao mecanismo de controle duplo, às vezes são duas coisas conflitantes ao mesmo tempo.

Ao aprender sobre a relação entre o contexto e seu acelerador insensível, Camilla decidiu pensar em seu acelerador de baixa sensibilidade em termos da metáfora do chuveiro — a metáfora do jardim nunca funcionou para ela, mas algo na metáfora do chuveiro parecia um bom ajuste. Ela notou que contextos românticos e afetuosos, emocionantes e novos e de baixo estresse aumentavam a sensibilidade de seu cérebro a sinais sexuais.

Ou, como ela disse:

— Eles aquecem a água e aumentam a pressão.

E o melhor contexto de todos, pensou ela, era quando se sentia perseguida.

O namoro prolongado que caracterizou a primeira parte de seu relacionamento com Henry pode ter sido especificamente organizado em torno dos fatores contextuais que maximizaram seu desejo por sexo.

Ela e Henry conversaram sobre isso e decidiram fazer uma experiência: Ele criava noites inteiras em que cortejava Camilla, galanteava-a e — eventualmente — a conquistava. E eles aprenderam algo com isso que surpreendeu a ambos: não foi a perseguição. Foi a espera que a excitou.

A primeira vez que eles tentaram, foi um pouco estranho porque ela sabia o que estava por vir, então ela continuou tentando mover as coisas, para mostrar que estava de acordo com o plano. Quando ele segurou a mão dela enquanto voltavam do cinema para casa, ela tentou beijá-lo. Mas Henry a deteve, diminuiu sua velocidade. Quando ele a beijou, ela tentou aprofundar o beijo, mas novamente ele a retardou.

— Estou perseguindo você, lembra? — disse ele. — Eu não posso persegui-la se você estiver se movendo em minha direção.

Este foi o momento de descoberta.

Camilla percebeu que o que ela realmente precisava era de tempo para que seu amor crescesse e se expandisse até que finalmente ativasse seu desejo. Eles vinham trabalhando com a hipótese de que era o sentimento de perseguição que a fazia sentir desejo, mas descobriram que o verdadeiro truque não era a experiência de ser perseguida, mas a quantidade de ativação do acelerador que vem com ir devagar, atrasando a gratificação. Para ela, o processo de passar do gosto ao desejo é um pouco como o tique-taque da chama piloto de um fogão a gás — gás insuficiente, insuficiente, insuficiente, até ufa!, ela passar de gostar para desejar.

Ou — voltando à analogia do chuveiro — o acelerador dela era como um aquecedor de água quente que levava muito tempo para aquecer todo o tanque. Funcionou muito bem, só precisava de mais paciência, mas valeu a pena esperar.

Camilla e Henry são pessoas cuidadosas e atenciosas, metódicas e de ritmo lento, e essa abordagem os atrai profundamente. Não funcionaria para todos. Mas um ótimo sexo não é fazer o que funciona para todos, é sobre o que funciona para você e seu parceiro.

Nesta primeira parte do livro, vimos como seu hardware sexual — corpo, cérebro e o contexto influenciam seu bem-estar sexual geral. Aprendemos que os três elementos são feitos das mesmas partes básicas, mas o cérebro, o corpo e o contexto de cada pessoa são únicos. Em outras palavras, cada um tem um "jardim" único no qual cultiva o bem-estar sexual.

A próxima parte do livro é sobre quais fatores específicos influenciam seu contexto, em termos de ambiente e estado cerebral. Estes são como o sol e a chuva e — às vezes — compõem seu jardim. Alguns você controla, outros não, e todos influenciam como seu jardim prospera. No capítulo 4, falarei desses dois sistemas motivacionais primários — estresse e amor — e como eles podem influenciar a resposta sexual de maneiras surpreendentes. E, no capítulo 5, mostrarei como os fatores culturais no ambiente – como a pressão social para parecer ou agir de uma determinada maneira, ou mensagens morais e da mídia do que é "certo" ou "errado" sexualmente – podem influenciar o funcionamento sexual e como para desembaraçar os nós que uma cultura negativa ao sexo amarra em nossas psicologias sexuais.

ml;nl

- A percepção de uma sensação pelo seu cérebro depende do contexto. Como fazer cócegas: se o seu parceiro faz cócegas em você quando já está excitada, pode ser divertido. Mas se ele faz cócegas quando você está com raiva, é simplesmente irritante. Mesma sensação, contexto diferente — portanto, percepção diferente.
- Quando você está estressada, seu cérebro interpreta quase tudo como uma ameaça em potencial. Quando você está excitada, seu cérebro pode interpretar qualquer coisa como relacionada ao sexo. Porque: contexto!
- *Desejar, gostar* e *aprender* são funções separadas em seu cérebro. Você pode desejar sem gostar (desejo), antecipar sem desejar (medo) ou qualquer outra combinação.
- Para a maioria das pessoas, o melhor contexto para o sexo é baixo estresse + altamente afetuoso + explicitamente erótico. Pense em seus contextos com as planilhas a seguir.

Contextos sensuais

Pense em uma experiência sexual positiva do seu passado. Descreva-a aqui, com o máximo de detalhes relevantes de que se lembrar:

Agora, considere quais aspectos dessa experiência a tornaram positiva:

Categoria	Descrição
Bem-estar físico e mental • Saúde física • Imagem corporal • Humor • Ansiedade • Distração • Preocupação com o funcionamento sexual • Outro	
Características do parceiro • Aparência física • Saúde física • Cheiro • Estado mental • Outro	

Características de relacionamento

- Confiança
- Dinâmica de energia
- Conexão emocional
- Sentir-se desejada
- Frequência do sexo

Contexto

- Privado/público (em casa, trabalho, férias etc.)
- Sexo à distância (telefone, chat etc.)
- Ver o parceiro fazer algo positivo, como interagir com a família ou trabalhar

Outras circunstâncias da vida

- O estresse relacionado com o trabalho
- Estresse relacionado à família
- Feriado, aniversário, "ocasião"

Fatores/brincadeiras lúdicas

- Fantasia autoguiada
- Fantasia guiada pelo parceiro ("falar sacanagem")
- Partes do corpo que foram tocadas ou não
- Sexo oral em você/no parceiro
- Relações sexuais etc.

Outro

Contextos sensuais

Pense em uma experiência sexual positiva do seu passado. Descreva-a aqui, com o máximo de detalhes relevantes de que se lembrar:

Agora, considere quais aspectos dessa experiência a tornaram positiva:

Categoria	Descrição
Bem-estar físico e mental • Saúde física • Imagem corporal • Humor • Ansiedade • Distração • Preocupação com o funcionamento sexual • Outro	
Características do parceiro • Aparência física • Saúde física • Cheiro • Estado mental • Outro	

Características de relacionamento

- Confiança
- Dinâmica de energia
- Conexão emocional
- Sentir-se desejada
- Frequência do sexo

Contexto

- Privado/público (em casa, trabalho, férias etc.)
- Sexo à distância (telefone, chat etc.)
- Ver o parceiro fazer algo positivo, como interagir com a família ou trabalhar

Outras circunstâncias da vida

- O estresse relacionado com o trabalho
- Estresse relacionado à família
- Feriado, aniversário, "ocasião"

Fatores/brincadeiras lúdicas

- Fantasia autoguiada
- Fantasia guiada pelo parceiro ("falar sacanagem")
- Partes do corpo que foram tocadas ou não
- Sexo oral em você/no parceiro
- Relações sexuais etc.

Outro

Contextos sensuais

Pense em uma experiência sexual positiva do seu passado. Descreva-a aqui, com o máximo de detalhes relevantes de que se lembrar:

Agora, considere quais aspectos dessa experiência a tornaram positiva:

Categoria	Descrição
Bem-estar físico e mental • Saúde física • Imagem corporal • Humor • Ansiedade • Distração • Preocupação com o funcionamento sexual • Outro	
Características do parceiro • Aparência física • Saúde física • Cheiro • Estado mental • Outro	

Características de relacionamento

- Confiança
- Dinâmica de energia
- Conexão emocional
- Sentir-se desejada
- Frequência do sexo

Contexto

- Privado/público (em casa, trabalho, férias etc.)
- Sexo à distância (telefone, chat etc.)
- Ver o parceiro fazer algo positivo, como interagir com a família ou trabalhar

Outras circunstâncias da vida

- O estresse relacionado com o trabalho
- Estresse relacionado à família
- Feriado, aniversário, "ocasião"

Fatores/brincadeiras lúdicas

- Fantasia autoguiada
- Fantasia guiada pelo parceiro ("falar sacanagem")
- Partes do corpo que foram tocadas ou não
- Sexo oral em você/no parceiro
- Relações sexuais etc.

Outro

Contextos não tão sensuais

Pense em uma experiência sexual não tão boa do seu passado — não terrível, apenas não tão boa. Descreva-a aqui, com o máximo de detalhes relevantes de que se lembrar:

Agora considere quais aspectos dessa experiência a tornaram não tão boa:

Categoria	Descrição
Bem-estar físico e mental • Saúde física • Imagem corporal • Humor • Ansiedade • Distração • Preocupação com o funcionamento sexual • Outro	
Características do parceiro • Aparência física • Saúde física • Cheiro • Estado mental • Outro	

Características de relacionamento

- Confiança
- Dinâmica de energia
- Conexão emocional
- Sentir-se desejada
- Frequência do sexo

Contexto

- Privado/público (em casa, trabalho, férias etc.)
- Sexo à distância (telefone, chat etc.)
- Ver o parceiro fazer algo positivo, como interagir com a família ou trabalhar

Outras circunstâncias da vida

- O estresse relacionado com o trabalho
- Estresse relacionado à família
- Feriado, aniversário, "ocasião"

Fatores/brincadeiras lúdicas

- Fantasia autoguiada
- Fantasia guiada pelo parceiro ("falar sacanagem")
- Partes do corpo que foram tocadas ou não
- Sexo oral em você/no parceiro
- Relações sexuais etc.

Outro

Contextos não tão sensuais

Pense em uma experiência sexual não tão boa do seu passado — não terrível, apenas não tão boa. Descreva-a aqui, com o máximo de detalhes relevantes de que se lembrar:

Agora considere quais aspectos dessa experiência a tornaram não tão boa:

Categoria	Descrição
Bem-estar físico e mental • Saúde física • Imagem corporal • Humor • Ansiedade • Distração • Preocupação com o funcionamento sexual • Outro	
Características do parceiro • Aparência física • Saúde física • Cheiro • Estado mental • Outro	

Características de relacionamento

- Confiança
- Dinâmica de energia
- Conexão emocional
- Sentir-se desejada
- Frequência do sexo

Contexto

- Privado/público (em casa, trabalho, férias etc.)
- Sexo à distância (telefone, chat etc.)
- Ver o parceiro fazer algo positivo, como interagir com a família ou trabalhar

Outras circunstâncias da vida

- O estresse relacionado com o trabalho
- Estresse relacionado à família
- Feriado, aniversário, "ocasião"

Fatores/brincadeiras lúdicas

- Fantasia autoguiada
- Fantasia guiada pelo parceiro ("falar sacanagem")
- Partes do corpo que foram tocadas ou não
- Sexo oral em você/no parceiro
- Relações sexuais etc.

Outro

Contextos não tão sensuais

Pense em uma experiência sexual não tão boa do seu passado — não terrível, apenas não tão boa. Descreva-a aqui, com o máximo de detalhes relevantes de que se lembrar:

Agora considere quais aspectos dessa experiência a tornaram não tão boa:

Categoria	Descrição
Bem-estar físico e mental • Saúde física • Imagem corporal • Humor • Ansiedade • Distração • Preocupação com o funcionamento sexual • Outro	
Características do parceiro • Aparência física • Saúde física • Cheiro • Estado mental • Outro	

Características de relacionamento

- Confiança
- Dinâmica de energia
- Conexão emocional
- Sentir-se desejada
- Frequência do sexo

Contexto

- Privado/público (em casa, trabalho, férias etc.)
- Sexo à distância (telefone, chat etc.)
- Ver o parceiro fazer algo positivo, como interagir com a família ou trabalhar

Outras circunstâncias da vida

- O estresse relacionado com o trabalho
- Estresse relacionado à família
- Feriado, aniversário, "ocasião"

Fatores/brincadeiras lúdicas

- Fantasia autoguiada
- Fantasia guiada pelo parceiro ("falar sacanagem")
- Partes do corpo que foram tocadas ou não
- Sexo oral em você/no parceiro
- Relações sexuais etc.

Outro

Avaliação de pistas sexuais

Leia os seus contextos sensuais e não tão sensuais. O que você percebe como contextos confiáveis para um ótimo sexo e contextos confiáveis para um sexo não tão bom?

Contextos que tornam o sexo ótimo	Contextos que tornam o sexo não tão bom

Identifique cinco coisas que você e/ou seu parceiro poderiam fazer caso decidissem trabalhar para criar um acesso mais frequente e fácil aos contextos que melhoram o seu funcionamento sexual.

	Coisas para fazer	Quanto impacta?	Quão fácil?	Em quanto tempo você pode fazer isso?
1.				
2.				
3.				
4.				
5.				

Agora, selecione os dois ou três que parecem ser a combinação certa de impacto, facilidade e imediatismo, e liste todas as coisas que teriam que acontecer para que essa mudança ocorresse. Seja o mais CONCRETA E ESPECÍFICA possível. Estas devem ser AÇÕES em vez de abstrações, ideias ou atitudes. Questione-se: "*Se decidirmos criar essa mudança, o que vai para nossa lista de tarefas?*"

Mudança 1

Mudança 2

Mudança 3

Por fim, selecione apenas uma alteração que você realmente implementará. Escolham uma data de início juntos que pareça boa. O ideal é que seja no próximo mês. Tracem o seu plano. E FAÇAM!

parte 2

Sexo no contexto

quatro

Contexto emocional

SEXO NO CÉREBRO DE UM MACACO

Mulheres me fazem perguntas e depois me contam suas histórias. Eu tenho uma biblioteca mental cheia delas — histórias hilárias de aventuras sexuais que deram errado, histórias tristes de relacionamentos que não poderiam ser reconstruídos, histórias inspiradoras de sobrevivência e transcendência. Cada uma, em sua individualidade, é uma história de descoberta.

A história de Merritt é sobre sobrevivência.

— Por que devo confiar no meu corpo? — questionou ela. — Durante toda a minha vida adulta, meu corpo não era confiável e estava piorando. Quando fico estressada, tudo simplesmente dá ruim — fico doente, machuco-me, nenhum dos meus sistemas funciona. E isso inclui sexo.

Isso fazia sentido, dado seus freios sensíveis, mas me parecia que havia mais coisas acontecendo.

— Parece que seu corpo está optando pela resposta de estresse "congelar", onde ele simplesmente desliga em vez de tentar escapar ou lutar — disse. — É o que acontece quando uma pessoa sofre de estresse prolongado e de alta intensidade ou está em processo de cura após um trauma. Algum desses parece com você?

— Ambos — Carol e Merritt disseram juntas.

— Você acha que o estresse explica por que tenho dificuldade em confiar no meu corpo? — questionou Merritt.

Eu definitivamente acho.

Este capítulo é sobre estresse e amor e como eles afetam o prazer sexual.

Confie no seu corpo. Ouça-o — não as circunstâncias específicas do momento — mas as mensagens profundas e primordiais de sua herança evolutiva:

> Estou em risco/estou segura.
> Estou quebrada/estou inteira.
> Estou perdida/estou em casa.

Se você já é hábil em ouvir essas mensagens em seu corpo, sinta-se à vontade para pular este capítulo. Mas se, como a maioria de nós, você precisar de ajuda para traduzir os sinais que seu corpo está enviando, achará este capítulo informativo. Porque não são apenas os aspectos sexuais de um contexto que influenciam se você fica excitada. São os outros aspectos emocionais, incluindo seu estado emocional preexistente.

E de todos os sistemas emocionais controlados pelo seu Um Anel emocional, os dois que podem ter o impacto mais imediato no prazer sexual são o *estresse* e o *amor*. O estresse é o processo fisiológico e neurológico que ajuda você a lidar com ameaças. O amor é o processo fisiológico e neurológico que o atrai para sua comunidade.

O estresse está por trás de preocupação, ansiedade, medo, terror, todas as variantes de "Fuja!" Mas também está por trás da raiva — irritação, aborrecimento, frustração, fúria. E, em grande medida, fundamenta o desligamento que caracteriza a depressão. Na primeira seção deste capítulo, apresentarei uma visão do estresse diferente daquela que você já deve ter ouvido falar: a chave para controlar o estresse (para que ele não atrapalhe sua vida sexual) não é simplesmente "relaxar" ou "se acalmar". *Está permitindo que o ciclo de resposta ao estresse seja concluído.* Deixe-o descarregar. Deixe seu corpo passar de "estou em risco" para "estou seguro".

Na segunda parte deste capítulo, discutirei o amor. Amor, para nossos propósitos, é apego, o mecanismo biológico inato que une os humanos. É a base da paixão, do romance e da alegria de encontrar um parceiro com quem você possa se conectar. Mas também está subjacente à dor, ao ciúme e ao desgosto. Às vezes é alegre, como quando você está se apaixonando. Às vezes é agonizante, como quando você está encerrando um relacionamento. Mas sempre o apego nos empurra de "estou quebrada" para "estou inteira".

E, finalmente, na terceira parte deste capítulo, falarei do lugar onde o estresse, o apego e o sexo se sobrepõem — o lugar onde experimentamos tanto a alegria exuberante e apaixonada do amor intenso quanto a agonia da pior discórdia interpessoal. Quando o estresse, o apego e o sexo se ativam juntos no Um Anel emocional, eles chamam: "Estou perdido", para nos motivar a procurar e procurar até nos encontrarmos em um novo lugar: "Estou em casa". Descreverei o sexo alimentado por angústia de apego como "sexo que avança na trama" e apresentarei maneiras pelas quais podemos usar essa dinâmica a nosso favor. O objetivo é ajudá-la a reconhecer como o ciclo de resposta ao estresse e o mecanismo de apego estão integrados em sua capacidade de resposta sexual e oferecer estratégias para permitir que aumentem o prazer sexual, bem como fornecer opções quando estiverem prejudicando-o.

Só podemos entender o bem-estar sexual das mulheres se levarmos em consideração o *contexto* — e a maior parte dele não tem nada a ver com o sexo em si. O que significa que podemos melhorar nosso bem-estar sexual e expandir nosso prazer sem mudar nada diretamente em nossa vida sexual! O que incluí neste capítulo e no próximo são os fatores contextuais que a pesquisa mostrou estarem consistentemente associados a mudanças no bem-estar sexual das mulheres. Melhore seu contexto e seu prazer sexual se expandirá por conta própria.

Ciclo de resposta ao estresse: Lutar, fugir e congelar

Primeiro, separaremos seus estressores de seu estresse. Seus *estressores* são as coisas que ativam a resposta ao estresse — contas, família, trabalho, preocupação com sua vida sexual, tudo isso.

Seu *estresse* é o sistema de mudanças ativado em seu cérebro e corpo em resposta a esses estressores. É um mecanismo adaptativo evolutivo que permite responder a ameaças percebidas. Ou era evolutivamente adaptável, quando nossos estressores tinham garras e dentes e podiam correr a 50km/h. Hoje em dia, quase nunca somos perseguidos por leões e, no entanto, a resposta do nosso corpo a, digamos, um chefe incompetente é praticamente a mesma que seria a um leão. Sua fisiologia não diferencia muito. Esse fato terá implicações importantes para sua vida sexual, como veremos em breve.

O estresse geralmente é ensinado como uma resposta de luta ou fuga, mas, assim como o "centro do prazer" não é apenas prazer, lutar ou fugir não é apenas lutar ou fugir. Vamos chamá-lo de luta/fuga/congelamento. Veja como funciona: Quando seu cérebro percebe uma ameaça no ambiente, você vivencia uma enorme mudança bioquímica, caracterizada por inundações de adrenalina e cortisol em sua corrente sanguínea e uma cascata de eventos fisiológicos, como aumento da frequência cardíaca, frequência respiratória e pressão sanguínea; função imune e digestiva suprimida; dilatação das pupilas e deslocamento da atenção para um estado vigilante, focado no aqui e agora. Essas mudanças são como acelerar o motor antes de uma corrida ou respirar debaixo d'água — preparação para a ação que está por vir.

Qual será a ação depende da natureza da ameaça percebida — ou seja, depende do contexto.

Suponha que a ameaça seja um leão — o tipo de ameaça com a qual estávamos lidando no ambiente em que o mecanismo evoluiu em nossos primeiros ancestrais. O ciclo de resposta ao estresse percebe o leão e grita:

— Estou em risco! O que eu faço?

Um leão, seu cérebro informa em muito menos de um segundo, é o tipo de ameaça que você provavelmente sobreviverá tentando *escapar*.

Então, o que você faz quando vê um leão vindo atrás de você?

Você sente medo e foge.

E então o que acontece?

Existem apenas dois resultados possíveis, certo? Ou você é morto pelo leão, caso em que nada mais importa, ou você escapa e vive. Então imagine que você correu com sucesso de volta para sua aldeia e gritou por socorro, então ajudaram você a matá-lo. Em seguida, todos comeram no jantar, e, pela manhã, você fez um enterro respeitoso com as partes da carcaça que você não usará, dando graças reverentes para o sacrifício do leão.

E como se sente agora?

Aliviada! Grata por estar viva! Você ama seus amigos e familiares!

E esse é o ciclo completo de resposta ao estresse, com começo ("estou em risco!"), meio (ação) e fim ("estou segura!").

Ou suponha que a ameaça seja uma pessoa com uma expressão de raiva no rosto, que está se esgueirando por trás de seu melhor amigo, com uma faquinha na mão? Seu cérebro pode decidir que esta é uma ameaça que você pode sobreviver melhor *conquistando*.

Você sente raiva ("estou em risco!" — como veremos na seção de anexos, as pessoas que amamos são consideradas como "nós mesmos") e briga.

E, novamente, você pode lutar e morrer ou pode lutar e viver; de qualquer forma, você completa o ciclo de resposta ao estresse adotando um comportamento que elimina o estressor e o estresse.

Essas duas respostas, lutar e fugir, são ambas estresse acelerador — o sistema nervoso simpático, o "VAI!" da resposta ao estresse. A luta surge quando seu Um Anel emocional determina que um estressor deve ser vencido. A fuga surge quando seu Um Anel determina que um estressor deve ser evitado.

Mas suponha que o estressor seja aquele que seu cérebro determina que você não pode sobreviver escapando e não pode sobreviver conquistando — você sente os dentes do leão mordendo você por trás. É quando você obtém a resposta ao estresse dos freios — o sistema nervoso parassimpático, o “PARE!” ativado pela aflição mais extrema. Seu corpo desliga; você pode até vivenciar “imobilidade tônica”, onde não consegue se mover ou pode se mover apenas lentamente. Os animais selvagens congelam e caem no chão como um último esforço para convencer um predador de que já estão mortos; Stephen Porges especulou que o congelamento facilita uma morte indolor.[1]

Se um animal sobrevive a uma ameaça tão intensa à sua vida, ele faz uma coisa extraordinária: ele estremece. Ele treme, com as patas vibrando no ar. Dá um grande suspiro. E então ele se levanta, sacode-se e sai trotando.

O que está acontecendo aqui é que o congelamento interrompeu o *VAI!*, resposta ao estresse de lutar ou fugir, deixando todo aquele estresse mediado pela adrenalina para ficar velho dentro do corpo do animal. Quando o animal se sacode, estremece e suspira, seu corpo está tirando os freios e completando o processo de ativação desencadeado por luta/fuga, e purgando o resíduo. Completando o ciclo. É chamado de “término individualizado”.[2]

Uma amiga deu este exemplo de seu filho acordando da anestesia, depois de esperar na sala de emergência por cinco horas para uma pequena cirurgia no dedo:

> — Ele saiu da anestesia “muito angustiado” — disseram as enfermeiras.
>
> Eu traduzo isso como “doido varrido”, o que significa que ele gritou histericamente, e agitou os braços e as pernas descontroladamente, e gritou que me odiava e a todos os outros, e pedalou as pernas como um louco e gritou:
>
> — Eu só quero fugir. Eu só quero fugir!

Pedalar com as pernas e “Eu só quero fugir!” são a fuga. Odiar todo mundo é a luta. A anestesia é um congelamento induzido por medicamentos — animais selvagens anestesiados por pesquisadores experimentam a mesma coisa que o filho da minha amiga. Eu chamo isso de “Sentimentos”, já que é apenas uma coisa que acontece em seu corpo sem nenhuma causa ambiental óbvia. O garoto não estava realmente em perigo, mas ele tinha muitos sentimentos que precisavam ser resolvidos. E sua mãe fez exatamente a coisa certa:

> Eu o segurei, mantive a calma, continuei dizendo a ele que o amava e que o estava mantendo seguro, e ele acabou se acalmando o suficiente para vestir suas roupas (ele literalmente as arrancou) e saiu comigo. No momento em que estávamos entrando no estacionamento, ele estava me dizendo tranquilamente que me amava muito e, quando chegamos em casa, ele caiu no sono.

Ele passou pelo ciclo e chegou ao relaxamento no final — afeição e sono.

Apenas raramente em nossa vida cotidiana o desbloqueio do congelamento assume uma forma tão dramática. Mas, mesmo em sua escala menor, é assim que o ciclo de resposta ao estresse funciona, começo, meio e fim, tudo inatamente construído no sistema nervoso e totalmente funcional — no contexto certo.

Estresse e sexo

Até agora, não parecerá revelador quando eu disser:

— Para ter um sexo melhor e com mais frequência, reduza seus níveis de estresse.

Eu também poderia dizer:

— Exercício é bom para você.

e

— Dormir é importante.

Claro. Você sabe disso.

Na verdade, mais da metade das mulheres relata que o estresse, a depressão e a ansiedade diminuem seu interesse por sexo; eles também reduzem a excitação sexual e podem interferir no orgasmo.[3] O estresse crônico também interrompe ou suprime o ciclo menstrual, diminui a fertilidade e a lactação, e aumenta o aborto espontâneo, além de reduzir a resposta genital e aumentar a distração e a dor durante o sexo.[4]

Como os hormônios e neuroquímicos do estresse interagem com os hormônios e neuroquímicos da resposta sexual, para suprimir ou estimular o comportamento sexual? Ninguém sabe com precisão — mas sabemos algumas coisas.

Sabemos que humanos estressados interpretam mais prontamente os estímulos como ameaças, assim como os ratos sendo atingidos por luzes brilhantes e Iggy Pop.

Sabemos também que o cérebro pode lidar com apenas uma quantidade limitada de informações por vez; na sua forma mais simples, podemos pensar no estresse como uma sobrecarga de informações, então, quando há muita coisa acontecendo, o cérebro começa a triagem, priorizando, simplificando e até mesmo ignorando algumas.

E sabemos que o cérebro prioriza com base nas necessidades de sobrevivência: respirar, escapar de predadores, manter a temperatura certa, manter-se hidratada e nutrida, e permanecer com seu grupo social são prioridades de primeira ordem — e é claro que essas prioridades se classificam com base no contexto. Se você estiver morrendo de fome, estará mais disposta a roubar o pão do vizinho, mesmo que isso arrisque sua participação em algum grupo social. Se você não consegue respirar, não importa há quanto tempo não comeu, você não sentirá fome. E se você geralmente está sobrecarregada com a vida do século XXI, praticamente todo o resto terá prioridade sobre o sexo; no que diz respeito ao seu cérebro, *tudo* parecerá um leão atacando. E, se você está sendo perseguida por um leão, é um bom momento para fazer sexo?

Resumindo:

Preocupação, ansiedade, medo e terror denotam estresse:

— Olha! Um leão! Corra!

Irritação, aborrecimento, frustração, raiva e fúria denotam estresse:

— Olha! Um leão! Mata ele!

Entorpecimento emocional, desligamento, depressão e desespero denotam estresse:

— Olha! Um leão! Finja-se de morto!

E nada disso indica que agora é um bom momento para transar.

Estresse é sobrevivência. E embora o sexo sirva a muitos propósitos, a sobrevivência pessoal não é um deles (exceto quando é — veja a seção de anexos). Portanto, para a maioria das pessoas, o estresse freia com força, acabando com o interesse sexual — exceto para cerca de 10 a 20% de pessoas como Olivia, para quem o estresse ativa o acelerador. (As mesmas partes, organizadas de maneiras diferentes.) Mas, mesmo para essas pessoas, o estresse bloqueia o *prazer* sexual (*gostar*), ao mesmo tempo em que aumenta o *interesse* sexual (*desejo*). O sexo estressado parece diferente do sexo alegre — você sabe, porque: contexto.

Para reduzir o impacto do estresse em seu prazer e interesse sexual, para ter um sexo mais alegre e prazeroso, controle seu estresse.

Sim, mais fácil dizer do que fazer.

Quando Olivia estava estressada, seu interesse por sexo aumentava — e isso era uma fonte de conflito em seu relacionamento com Patrick, desde quando ele era estressado, seu interesse por sexo diminuiu. E pior, às vezes, o interesse sexual causado pelo estresse fazia Olivia se sentir fora de controle.

Como ela pode controlar esse sentimento?

Praticando a conclusão do ciclo.

Minha descrição técnica da experiência fora de controle de Olivia é "comportamento desadaptativo para administrar afeto negativo" — o que significa apenas tentar lidar com emoções desconfortáveis (estresse, depressão, ansiedade, solidão, raiva) fazendo coisas que carregam um alto risco de consequências indesejadas. O comportamento sexual compulsivo é um exemplo. Outros exemplos incluem:

- *ingerir álcool ou usar outras drogas de forma arriscada*
- *relacionamentos disfuncionais — por exemplo, tentar lidar com seus sentimentos lidando com os de outra pessoa*
- *fugir para distrações, como assistir a filmes quando você tem outras coisas que precisa fazer*
- *alimentação desordenada — restrição, compulsão ou purgação*

É claro que muitas dessas coisas podem ser feitas de maneira saudável. É quando os fazemos em vez de lidar com nossos sentimentos — ou seja, em vez de completar o ciclo — que eles trazem o potencial para consequências indesejadas. Algumas dessas consequências são bastante benignas... e algumas são perigosas. E todos pretendem fazer uma coisa: gerenciar os sentimentos subjacentes. Podemos fazer essas coisas quando não sabemos como completar o ciclo ou quando os sentimentos nos geram dor intensa.

Quando adolescente, a alimentação desordenada era a estratégia de enfrentamento desadaptativa de Olivia. Ela comia compulsivamente e depois se exercitava, comia e se exercitava. Ao se recuperar de seu distúrbio alimentar, ela percebeu que seu comportamento não era realmente por conta de seu corpo.

— Eu precisava de algo para culpar por minha ansiedade, e a lavagem cerebral cultural fez meu corpo parecer um bom alvo — disse ela.

Em vez disso, seu comportamento compulsivo era uma tentativa de lidar com sentimentos que pareciam grandes demais para ela.

Os sintomas não a atormentam há anos. Ainda assim, ela me disse:

— Às vezes, passo pelas portas de lado porque acho que sou grande demais para passar. Quando me pego fazendo isso, me obrigo a passar direto, porque o que aprendi é que o que me preocupa não é se o meu corpo é muito grande. É a minha ansiedade.

Agora ela corre, tanto para administrar o estresse quanto como uma saída produtiva para sua intensidade e energia — e ela se limita a uma maratona por ano.

— Porque — diz ela — tendo a exagerar e ajuda se eu estabelecer limites.

— Acho que você está fazendo algo mais profundo do que apenas estabelecer limites — disse. — Acho que você está permitindo que o exercício a ajude a completar o ciclo, em vez de pisar no freio. E você pode fazer a mesma coisa com sexo.

— Posso?

— Sim.

Ela mordeu o lábio e acenou com a cabeça. Então ela disse:

— Não vejo como.

Ela o verá no capítulo 5.

cultura quebrada → ciclos de resposta ao estresse quebrado

A chave para gerenciar o estresse de forma eficaz é fazer esforços para completar o ciclo — desbloquear do congelamento, escapar do predador, matar o inimigo, alegrar-se.

Mas o estresse é mais complexo nos humanos modernos do que em gazelas e gorilas, por vários motivos. Primeiro, na vida moderna, como mencionei, quase nunca somos perseguidos por leões. Nossos estressores são de menor intensidade e duração mais longa — "estressores crônicos", como são chamados, em contraste com "estressores agudos", como a predação direta. Os estressores agudos têm começo, meio e fim claros; completar o ciclo — correr, sobreviver, comemorar — é inerentemente construído. Não é assim com estressores crônicos. Se nosso estresse é crônico e não tomamos medidas deliberadas para completar o ciclo, todo esse estresse ativado fica dentro de nós, deixando-nos doentes, cansadas e incapazes de sentir prazer com sexo (ou com qualquer outra coisa).

Em segundo lugar, nossa cultura de rejeição de emoções é incômoda aos sentimentos. Nossa cultura diz que, se o estressor não está bem na nossa frente, não temos motivos para nos sentir estressadas e, portanto, devemos simplesmente eliminá-lo. Como resultado, a ideia da maioria das pessoas de "gerenciamento do estresse" é eliminar os estressores ou "apenas relaxar", como se o estresse pudesse ser desligado como um interruptor de luz. Nossa cultura é *tão* desconfortável com Sentimentos que podemos até mesmo sedar pessoas que acabaram de sofrer um acidente de carro, impedindo que seu corpo se mova por esse processo natural; esta intervenção médica bem-intencionada tem a consequência indesejada de congelar os sobreviventes de lesões traumáticas, que é como o TEPT se firma no cérebro de um sobrevivente.[5]

Mas terceiro, mesmo sem medicação e uma cultura de rejeição de emoções, nosso cérebro humano ultrassocial é realmente bom em auto-inibição, interrompendo a resposta ao estresse no meio do ciclo porque "agora não é um momento apropriado para sentir". Usamos essa auto-inibição para facilitar a cooperação social — ou seja, não se trata de assustar ninguém. Mas, infelizmente, nossa cultura eliminou *todos* os momentos apropriados para os sentimentos. Nos trancamos, culturalmente, em nosso medo, desespero e nossa raiva. Devemos construir tempo, espaço e estratégias para descarregar nossos ciclos de resposta ao estresse.

Complete o ciclo!

Como?

Bem, assim como você não pode cerrar os dentes e fazer um jardim crescer, não pode forçar a conclusão de um ciclo de resposta ao estresse. Completar o ciclo requer que, em vez de pisar no freio do nosso estresse, retiremos gentilmente o pé do acelerador e dos freios e nos permitamos desacelerar até parar.[6] Para fazer isso, você cria o contexto certo e confia em seu corpo para fazer o que é preciso.

Então, qual é o contexto certo?

Pense no que seu corpo reconhece como comportamentos que a salvam dos leões. Quando está sendo perseguida por um leão, o que você faz?

Você corre.

Então, quando você está estressada para o seu trabalho (ou para a sua vida sexual), o que você faz?

Você corre... ou caminha, ou sobe na máquina elíptica, ou sai para dançar ou dança no seu quarto. A atividade física é a estratégia mais eficiente para completar o ciclo de resposta ao estresse e recalibrar seu sistema nervoso central para um estado calmo. Quando as pessoas dizem: "Exercício é bom para o estresse." Isso é real.[7]

Aqui estão algumas outras coisas que a ciência diz que podem genuinamente nos ajudar não apenas a "nos sentirmos melhor", mas, na verdade, facilitam a conclusão do ciclo de resposta ao estresse: dormir; afeto (mais desse assunto mais adiante neste capítulo); qualquer forma de meditação, incluindo atenção plena, ioga, tai chi, escaneamento corporal etc.; e permitir-se um bom e velho choro ou grito primitivo — embora você deva ter cuidado com este. Às vezes, as pessoas simplesmente se afundam no estresse quando choram, em vez de permitirem que as lágrimas lavem o estresse. Se você já se trancou em seu quarto e chorou por dez minutos, e então no final soltou um grande suspiro e se sentiu tremendamente aliviada, você sentiu como isso pode movê-la de "estou em risco" para "eu estou segura.

A arte, usada da mesma forma, pode ajudar. Quando os profissionais de saúde mental sugerem o registro no diário ou outro autocuidado expressivo, eles não querem dizer que a construção de frases ou a tarefa de desenhar seja inerentemente terapêutica. Em vez disso, eles estão encorajando você a encontrar contextos positivos para descarregar seu estresse, por meio do processo criativo.

Estou inclinada a adicionar cuidados pessoais e outros cuidados com o corpo à lista. Embora eu não esteja familiarizada com nenhuma pesquisa específica sobre isso, conversei com muitas mulheres para quem o banho e os rituais, parte sociais, parte meditativos, de pintar as unhas, pentear o cabelo ou se maquiar... geralmente "se preparando" para sair (ou ficar em casa) — faça a transição completa de um estado de espírito estressado para um estado de espírito social e caloroso. Essas anedotas não são dados, mas estou inclinada a chamá-las de evidências e dizer: sim. Gaste tempo se tratando com carinho.

Tenho uma teoria predileta de que esses rituais e comportamentos estão relacionados à "autobondade", da qual falarei no capítulo 5, mas, que eu saiba, ninguém jamais mediu isso especificamente.[8] De qualquer forma, nossos semelhantes, macacos, comem insetos fora da pele um do outro; talvez bombas de banho e glitter corporal sejam o equivalente humano moderno.

Todo mundo tem algo que funciona — e a estratégia de cada um é diferente. Seja qual for a estratégia que você usar, tome medidas deliberadas para completar o ciclo. Permita-se ir até o fim sem pisar no freio. As emoções são túneis: você tem de percorrer todo o caminho através da escuridão para chegar à luz no final. Digo isso com tanta frequência que meus alunos às vezes reviram os olhos: "Não, o túnel de novo, não!" Sim, o túnel de novo. Porque é verdade.

Enquanto você descobre quais estratégias ajudam, atente-se aos seus padrões de autoinibição e identifique lugares e pessoas que criam espaço para você ter sentimentos. Alguns desses padrões de auto-inibição são importantes e imutáveis — por exemplo, considere cuidadosamente qualquer plano que envolva chorar no trabalho. Mesmo sabendo que alguns deles serão autodestrutivos, e todos precisam de, pelo menos, um lugar na vida onde possam apenas sentir sem se preocupar com julgamentos ou em assustar pessoas. Encontre aquele lugar e aquelas pessoas.

Uma advertência final: muitas vezes, confundimos lidar com os estressores com lidar com o estresse. Há alguns anos, os líderes dos Peer Sex Educators do campus se sentaram em meu escritório, relatando como seus eventos de Sextravaganza foram bem-sucedidos. Eles trabalharam por meses e seus esforços foram recompensados com um sucesso espetacular, mas pareciam exaustos e atordoados e disseram:

— A Sextravaganza acabou! Por que ainda nos sentimos exatamente tão estressados quanto no dia em que tudo começou?!

— Porque você lidou com o estressor — disse —, mas não com o estresse. O corpo de vocês ainda pensa que está sendo perseguido pelo leão.

Solução: Faça coisas que comuniquem ao seu corpo: "Você escapou e sobreviveu!"

- Atividade física
- Compartilhar afeto
- Grito primal ou um bom choro
- Relaxamento muscular progressivo ou outra meditação sensório-motora
- Autocuidado com o corpo, como se arrumar, massagear ou fazer as unhas

O curso de dança escolheu a atividade física, e o curso de mulheres e gênero organizou um grande grupo de gritos primitivos.

Não tenha medo do escuro

Ao longo dos anos, várias pessoas — principalmente mulheres jovens — me enviaram e-mails ou me abordaram nos intervalos durante um workshop para perguntar se poderiam falar comigo em particular. Sem encontrar meus olhos, eles me dizem que têm ansiedade desde criança. Eles me dizem que estão em terapia desde o colégio. informam-me que nunca foram capazes de contar a nenhum terapeuta dos pensamentos sexuais grotescos, perturbadores e, às vezes, violentos que inundam a mente. Uma jovem me disse que os pensamentos ocultos interferiram em seu relacionamento com familiares próximos, de quem ela sentia que precisava esconder os pensamentos a todo custo — mesmo que isso significasse nunca mais ver os entes queridos de sua família imediata.

Pessoas com pensamentos tão intrusivos esperam que eu possa explicar como esses pensamentos não as tornam más. E eu posso!

Tais pensamentos intrusivos são geralmente vistos como um tipo de transtorno obsessivo-compulsivo, com a ansiedade manifestando-se não como comportamentos repetitivos, mas como pensamentos repetitivos. Algumas pessoas têm intrusões violentas, algumas sexuais, algumas repugnantes, algumas religiosas ou imorais. Eles não querem fazer as coisas que pensam; pelo contrário, sua angústia vem do próprio fato de que eles absolutamente não querem fazer essas coisas e estão preocupados que possam ou que os pensamentos signifiquem que alguma parte oculta e terrível deles quer.

Aprendi sobre pensamentos intrusivos com a comediante Maria Bamford, que produziu um programa na Internet com uma música chamada "Don't Be Afraid of the Dark", uma cantiga alegre que celebra como é normal ter coisas sombrias e indesejadas em nossa mente. De fato, a pesquisa descobriu que quase todo mundo experimenta algum tipo de pensamento intrusivo ou indesejado às vezes, e cerca de um terço das pessoas com TOC tem especificamente intrusões sexuais. É a ansiedade se manifestando como todas as coisas que nos ensinaram a temer sobre o sexo.[9]

E existem intervenções eficazes. Uma rápida pesquisa na Internet oferecerá várias abordagens diferentes que geralmente envolvem a redução gradual do nível de ansiedade que as pessoas sentem em resposta aos pensamentos, o que, por sua vez, reduz a frequência, a intensidade e a importância percebida desses pensamentos. Se você tiver pensamentos sexuais indesejados, intrusivos ou obsessivos, saiba que pode divulgá-los a um terapeuta qualificado e obter tratamento baseado em evidências.

Quando o sexo se torna o leão

Além dos estressores do dia a dia da vida estão as feridas profundas que a vida inflige e às vezes não oferece oportunidades de cura. Dada a prevalência de traumas de todos os tipos, especialmente trauma sexual — uma estimativa conservadora é que uma a cada cinco mulheres é abusada sexualmente durante sua vida, e pode ser mais como uma em três[10] — é impossível falar da saúde sexual das mulheres sem gastar algum tempo discutindo traumas. Do abuso sexual infantil à agressão sexual e a todas as formas de violência interpessoal, as mulheres são desproporcional e sistematicamente visadas e, portanto, trazem desproporcionalmente ao seu funcionamento sexual as características emocionais, físicas e cognitivas de uma sobrevivente de trauma. Em outras palavras, se as mulheres têm mais "problemas" do que os homens em relação ao sexo, há um bom motivo.

(Se você é uma sobrevivente e ainda trabalha com sua experiência, pode preferir pular para a próxima seção.)

O trauma ocorre quando uma pessoa tem o controle de seu corpo tirado dela, ela congela e não consegue desbloquear. Quer a causa seja um acidente de carro ou violência sexual, o mecanismo de sobrevivência entra em ação: congelar, o desligamento petrificado caracterizado por dormência e às vezes imobilidade tônica (paralisia) ou uma sensação de desencarne. Algumas pessoas descrevem isso como "entrar em choque". Essa é a resposta ao estresse de ameaça à vida, ativada quando seu cérebro decide que você não pode escapar de um estressor, nem pode combatê-lo. Está reservada para os contextos mais perigosos e violentos.

O estupro foi descrito pelo defensor da vítima e ex-policial Tom Tremblay como "o crime mais violento ao qual uma pessoa pode sobreviver".[11] Aqueles que não foram agredidos sexualmente podem talvez entender mais claramente a experiência de um sobrevivente pensando nele como tendo sobrevivido a uma tentativa de assassinato que usou o sexo como arma.

A violência sexual geralmente não se parece com "violência" como costumamos imaginar — raramente há uma arma ou faca; muitas vezes, não há nem mesmo "agressão" como normalmente pensamos. Há coerção e a remoção da escolha da pessoa visada do que acontecerá a seguir. Os sobreviventes não "lutam" porque a ameaça é muito imediata e inevitável; seu corpo escolhe "congelar" porque é a resposta ao estresse que maximiza as chances de permanecer vivo— ou de morrer sem dor.

O trauma nem sempre é causado por um incidente específico. Pode também surgir em resposta a sofrimento persistente ou abuso contínuo, como um relacionamento em que o sexo é indesejado, embora possa ser tecnicamente "consensual" porque a pessoa visada diz "sim" para evitar ser ferida, ou se sente presa no relacionamento ou está sendo coagida de outra forma. Nesse contexto, o corpo de um sobrevivente gradualmente aprende que não pode escapar e não pode lutar; o congelamento se torna a resposta padrão ao estresse devido ao padrão aprendido de desligamento como a melhor maneira de garantir a sobrevivência.

A experiência de sobrevivência de cada pessoa é única, mas, muitas vezes, inclui uma espécie de irrealidade desengajada. E depois, essa ilusão de irrealidade gradualmente se degrada, desintegrando-se sob o peso da existência física e da memória sobrecarregada. O reconhecimento provisório de que isso realmente aconteceu desbloqueia gradualmente o pânico e a raiva que não conseguiram encontrar o caminho para a superfície antes, enterrados como estavam sob o mandato de sobrevivência.

Mas sobrevivência não é recuperação; a sobrevivência acontece automaticamente, às vezes até contra a vontade do sobrevivente. A recuperação requer um ambiente de relativa segurança e a capacidade de separar a fisiologia do congelamento da experiência do medo, para que o pânico e a raiva possam descarregar, completando finalmente seus ciclos.

Nem Camilla nem Henry tinham um histórico de trauma, mas Henry — o cara legal, o cavalheiro — tem uma ex-namorada que foi abusada sexualmente enquanto eles namoravam.

Não falamos o suficiente de sobrevivência ao trauma e falamos menos ainda sobre co-sobrevivência, o trabalho emocional de apoiar um sobrevivente. Relativamente poucos homens — a pesquisa indica apenas cerca de 5% — cometeram a esmagadora maioria das agressões,[12] *mas muitos homens têm parceiras que sobreviveram a uma agressão. E, no entanto, não fazemos quase nada para ensinar aos homens como apoiar as sobreviventes como parceiros íntimos ou como cuidar de si mesmos como co-sobreviventes.*

Henry mal sabia como o trauma de sua ex-parceira afetou sua abordagem do sexo até que ele e Camilla desenvolveram seu plano de "persegui-la". Parecia estranho para ele porque ele amava seu desejo entusiástico mais do que qualquer outra coisa, mas — lembre-se da luz piloto — Camilla precisava de muito aquecimento antes de poder sentir esse desejo entusiástico.

Como ele poderia saber que ela estava nisso? É realmente desejo e consentimento se ela "quer" sexo, em vez de simplesmente querer sexo?

Camilla o ajudou falando sobre freios e acelerador:

— Não tenho freios sensíveis, tenho um acelerador teimoso. Sou uma van em movimento totalmente carregada, acelerando de um ponto morto no sopé de uma colina. Mas avançar devagar não é o mesmo que desejar parar, certo? Tudo que eu preciso é algo realmente incrível esperando por mim no topo da colina. E você já sabe que eu vou dizer a você quando algo é bom. Certamente você confia em mim para lhe dizer se algo pôr o pé no freio.

— Claro — disse ele.

— Tudo bem então.

E houve um daqueles silêncios — você sabe, quando o cérebro de alguém está revirando uma ideia como uma peça de quebra-cabeça, descobrindo onde ela se encaixa no quadro geral.

— Avançar devagar não é o mesmo que desejar parar — repetiu.

— Você tem um aquecedor de água lento, uma luz piloto de tique-taque.

— Isso mesmo.

— E você vai me dizer se quiser parar.

— Maldito vacilão.

Henry, o cavalheiro, Henry, o nerd, assentiu lentamente.

— Acho que entendi.

(Ele se engana um pouco no capítulo 6, mas prometo que há um final feliz.)

Sexo e o sobrevivente

Sobreviver ao trauma sexual afeta o processamento de informações tanto para o acelerador quanto para os freios. Sensações, contextos e ideias que costumavam ser interpretadas como relacionadas ao sexo podem agora ser interpretadas pelo seu cérebro como ameaças, de modo que os contextos sensuais realmente pisam no freio. E os níveis cronicamente altos de atividade de estresse no cérebro de um sobrevivente em recuperação podem bloquear os estímulos sexuais, classificando-os como de baixa prioridade.

Às vezes, também, os sobreviventes se encontram presos a um padrão de comportamento sexual. Seu cérebro se torna compulsivo para desfazer o trauma, refazê-lo de maneira diferente ou simplesmente entendê-lo. Como morder uma afta ou espremer uma espinha, o cérebro não consegue deixar o trauma sozinho, mesmo sabendo que você se curaria mais rápido se pudesse. O resultado é que o sobrevivente tem múltiplos parceiros, muitas vezes seguindo um padrão habitual, sem se sentir perfeitamente no controle da decisão de ter esses parceiros.

Se você é um sobrevivente de um trauma, é provável que tenha feito muito trabalho emocional para superá-lo ou então tem algum trabalho pela frente. Se o seu trauma é recente ou parece não resolvido (por exemplo, se a leitura da seção anterior fez seu coração bater mais forte), você provavelmente se beneficiará de um nível de apoio mais intenso do que este livro pode lhe oferecer. A terapia possivelmente seria uma ótima alternativa. Existem livros excelentes sobre trauma e cura, o melhor deles, na minha opinião, é *O corpo guarda as marcas*, de Bessel van der Kolk. Todos os sobreviventes e quem os ama aprenderão algo importante com esse livro. E há livros especificamente sobre sexo como sobrevivente, incluindo *Healing Sex: A Mind-Body Approach to Healing Sexual Trauma* [*Cura do sexo: Uma abordagem mente-corpo para curar traumas sexuais*], de Staci Haines, e *The Sexual Healing Journey: A Guide for Survivors of Sexual Abuse* [*A jornada de cura sexual: Um guia para sobreviventes de abuso sexual*], de Wendy Maltz.

Se o trauma não for recente e estiver mais ou menos resolvido, é normal que você experimente efeitos residuais em seu funcionamento sexual, mesmo quando estiver amplamente recuperada. O trauma sexual tende a envolver tantas partes de sua experiência emocional que você o encontra inesperadamente, como uma erva invasora persistente que precisa ser puxada e puxada novamente.

Existem três abordagens amplas para lidar com esses fragmentos residuais de trauma. Podemos chamá-los de "de cima para baixo", ou uma abordagem cognitiva baseada no pensamento; "de baixo para cima", ou uma abordagem somática baseada no corpo; e "lateralmente", uma abordagem baseada em *mindfulness* [*atenção plena*].[13]

De cima para baixo: Processando o Trauma. Existem várias formas diferentes de terapia cognitiva baseada em terapia cognitivo-comportamental, terapia de processamento cognitivo, terapia comportamental dialética etc. Todas envolvem algum grau de reconhecimento do significado que você criou em torno do trauma e desafiam os padrões de crença dentro desse significado, ou reconhecem hábitos comportamentais que você vem praticando desde o trauma e desafiam esses padrões.

Exigem primeiro que você tome consciência dos padrões, seja de pensamento ou de comportamento, e depois desenvolva habilidades para substituir esses padrões por outros novos. Permita-se sentir esses velhos sentimentos, e agora, em vez de se envolver nos padrões habituais de autodefesa, comece a praticar novos padrões. No processo de mudança dos padrões, o trauma residual surgirá. Saiba que você pode sentir o que desejar e ainda estar segura. Saiba que você fez tudo o que pôde naquele momento para se proteger; conceda-se perdão pelas coisas que você ainda pode se culpar, reconhecendo que o trauma é culpa do autor da ação, e apenas dele. E imagine-se como você está agora, segura e completa, sentada em silêncio — ou imagine-se abraçando quem costumava ser, oferecendo a si o conforto e a segurança de que precisava, mas, dessa vez, com a certeza de que sobreviveu, de que sua vida melhorou. Este é o seu novo padrão: permita que os sentimentos se movam através de você.

De baixo para cima: Processando Seu Corpo. Se a ideia de analisar seus padrões de pensamento e comportamento não for atraente para você, pode optar por uma terapia baseada no corpo, como terapia sensório-motora ou Experiência Somática (SE).[14] Essas abordagens podem ser uma maneira poderosa de curar seu relacionamento com seu corpo e sua sexualidade pós-trauma, e também podem complementar outras abordagens.

Quando conversei com a praticante de SE Kristen Chamberlin, ela apontou que as terapias corporais se movem lentamente para a prática convencional porque não temos uma estrutura cultural para o processamento natural do estresse fisiológico pelo corpo (o que chamo de "completar o ciclo"). Como cultura, não confiamos em nosso corpo, então o anulamos, o que nos torna vulneráveis a estratégias de enfrentamento desadaptativas, como Olivia vivenciou.

Na prática de Chamberlin, ela disse, a questão é: "Como trabalhamos com a inteligência orgânica do corpo para curar? Em vez de administrar o que vem do corpo, trabalhamos com ele, confiando em seu propósito e sua direção, mantendo uma estrutura de cura muito particular. O resultado é que o estresse fisiológico pode mudar e libertar." Essa é uma boa notícia, já que tantos obstáculos em nossos relacionamentos sexuais são sintomas de estresse fisiológico não processado. Quando liberamos as respostas de estresse antigas e incompletas, abrimos espaço para novos movimentos onde antes nos sentíamos presas.

E quando você encontrar bloqueio, simplesmente conceda a ele uma atenção gentil, paciente e amistosa. A estagnação mudará com o calor de sua atenção; derreterá como a neve sob o sol. Deixe. As emoções são cascatas fisiológicas que querem completar seus ciclos, e elas os completarão quando você permitir; elas querem ser viajantes, não residentes. Querem seguir em frente. Deixe-as. Você pode tremer ou se abalar ou chorar ou ficar em posição fetal. Você pode notar seu corpo fazendo essas coisas sem o seu consentimento. Seu corpo sabe o que fazer e o fará, desde que você se sente calmamente com ele, como se sentaria calmamente ao lado de uma criança doente ou de luto.

Lateralmente: Mindfulness. Talvez a abordagem mais gentil seja a mais indireta. Sem abordar o trauma diretamente, você pode simplesmente praticar mindfulness e, gradualmente, o trauma deixará seu corpo, como estilhaços deixam uma ferida antiga. Existem livros espetaculares da prática de mindfulness. Um dos meus favoritos é *Mindfulness contra a depressão*, de Mark Williams, John Teasdale, Zindel Segal e Jon Kabat-Zinn. Não deixe que a parte "contra a depressão" a desanime; é um guia prático para lidar com qualquer experiência emocional desconfortável.

Aqui está a versão curta de como praticar a mindfulness:

1. Comece com dois minutos. Durante dois minutos por dia, direcione sua atenção para a respiração: a maneira como o ar entra em seu corpo, e seu peito e barriga se expandem, e a maneira como a respiração sai de seu corpo, e seu peito e a sua barriga desinflam.
2. A primeira coisa que acontecerá é a sua mente vagando para outro espaço. Isso é normal. É saudável. Esse é realmente o ponto. Observe que sua mente vagou, deixe esses pensamentos estranhos irem — você pode voltar a eles assim que os dois minutos terminarem — e permita que sua atenção volte para sua respiração.

Perceber que sua mente vagou e depois voltar sua atenção para a respiração é o verdadeiro trabalho do mindfulness. Não se trata tanto de prestar atenção à sua respiração, mas de perceber no que você está prestando atenção sem julgamento e fazer uma escolha se deseja prestar atenção nisso. O que tem o seu "mindful" [atenção] é tanto a sua respiração *quanto* a sua atenção à respiração. Ao praticar essa habilidade de perceber no que está prestando atenção, você está ensinando a si a controlar seu cérebro, de modo que seu cérebro não controle você.

Essa prática regular de dois minutos resultará gradualmente em momentos periódicos ao longo do dia em que você perceberá em que está prestando atenção e então poderá escolher se é nisso que quer prestar atenção, ou se prefere se voltar para algo diferente. *No que* você presta atenção importa menos do que *como* você presta atenção.

Trata-se uma estratégia lateral para eliminar o trauma do seu jardim. É uma forma de simplesmente perceber uma erva daninha e depois decidir se quer regar ou não, arrancar ou não, adubar ou não, ignorar ou não. As ervas daninhas do trauma desaparecerão gradualmente, desde que, na maioria das vezes, você opte por não alimentá-las. E quanto mais você escolher retirar sua proteção do trauma, mais rápido ele murchará e morrerá.

Mindfulness é bom para todos e para tudo. É para a sua mente o que o exercício e as verduras são para o seu corpo. Se você mudar apenas uma coisa em sua vida como resultado da leitura deste livro, faça disso uma prática diária de dois minutos. A prática concede a oportunidade de "cultivar profundo respeito pelas emoções", diferenciando suas causas de seus efeitos e concedendo a você a escolha de como gerenciá-las.[15]

A origem do amor

Aristófanes, no *Simpósio* de Platão — e para aqueles que compreensivelmente acabaram de adormecer, substitua-o pela música "The Origin of Love - *Hedwig and the Angry Inch*", de John Cameron Mitchell — oferece esta parábola sobre por que os humanos amam:

Os seres humanos costumavam ser redondos, com dois rostos, quatro braços, quatro pernas e dois conjuntos de órgãos genitais. Uns eram dois homens, outros eram duas mulheres, e alguns eram um homem e uma mulher. Mas os deuses queriam ter mais controle sobre nós, então Zeus nos cortou ao meio com um raio e, a partir desse momento, ficamos suscetíveis a um sofrimento que corta, como canta Hedwig: "uma linha reta / para baixo através do coração." [16]

O amor, de acordo com a parábola, é a busca de nossa integridade. Vagamos pela terra em busca de nossa metade perdida. E quando metades se encontram, como diz Aristófanes:

> se perdem no deslumbramento do amor, da amizade e da intimidade, e uma não sai da vista da outra, como posso dizer, nem por um momento: essas são as pessoas que passam a vida inteira juntas; no entanto, sem poder explicar o que desejam uma a outra.

Na verdade, não é por isso que nos apaixonamos, mas está mais perto do que você pode imaginar. O motivo pelo qual nos apaixonamos é o apego, que é uma espécie de busca biológica pela totalidade.

O apego é o mecanismo emocional adaptativo evolutivo que une bebês e cuidadores adultos. Acho que o parto humano se encaixa prontamente na descrição da dor que parece que o indivíduo está sendo separado de uma parte de si. E então, como disse Christopher Hitchens: quando você é pai ou mãe, "seu coração está correndo dentro do corpo de outra pessoa".[17]

Os bebês também se apegam, prova disso é que estão sempre buscando proximidade com os adultos que cuidam deles. Desde o nascimento, o apego é a busca por autointegridade — sermos mantidos em segurança e mantermos a salvo aquela parte nossa que vive no corpo de outra pessoa. Apego é amor.

Quando chegamos à adolescência, nosso mecanismo de apego é cooptado do apego parental para o apego dos pares, em relacionamentos românticos. Existem certos comportamentos de apego nos quais nos envolvemos que ativam inatamente esse mecanismo, seja entre o bebê e o cuidador ou entre dois adultos que se apaixonam: contato visual, sorriso, carícias no rosto, abraços, esse tipo de coisa. Mas com a mudança para a adolescência, o comportamento sexual é adicionado ao repertório de comportamentos de apego.

A pesquisa de imagens cerebrais descobriu que a atividade nos sistemas mesolímbicos (*desejar/gostar/aprender* do capítulo 3) durante uma experiência não angustiante de apego parental é extremamente semelhante àquela durante a experiência de apego romântico — e eles são especialmente vislumbrados na ativação de gostar, em vez da ativação de desejar.[18] Ao mesmo tempo, o apego é o motivo pelo qual experimentamos o "desgosto". Quando bebês, nossa vida literalmente depende de nossos cuidadores adultos virem quando precisamos deles. Quando adultos, essa dependência não existe mais, mas nosso corpo não sabe disso. Nosso corpo tem certeza de que, se nosso objeto de apego não voltar, morreremos.

Então, sim, o amor é bom — "Estou inteira".

Exceto quando dói como se você estivesse morrendo — "Estou quebrada".

Porque: apego.

A ciência de se apaixonar

Na prática, os humanos constroem conexões sociais importantes com várias pessoas, e nosso senso de totalidade emerge tanto de nosso senso interior de totalidade quanto de nossa conexão com os amigos e a família, bem como com o nosso parceiro principal. Mas existe a experiência particular de "se apaixonar" ou "se vincular" a uma pessoa específica que tipifica o que nossa cultura passou a considerar "amor". Se você já teve um filho ou se apaixonou, reconhecerá a narrativa do apego, a série de marcadores comportamentais que caracterizam o processo de apego.

Busca de Proximidade. Você se sente conectada a alguém, de modo que é bom estar perto dela (*gostar*) e deseja (*desejar*) estar o mais próximo possível dela. A maioria dos pais experimentou a busca de proximidade na forma de dedinhos de criança sob a porta do banheiro, enquanto você tenta ter trinta segundos seguidos de tempo sozinho enquanto faz xixi. Nos relacionamentos românticos, a proximidade pode assumir a forma de mídia social, mensagens de texto, telefonemas e e-mails, além de passar pelo armário seis vezes por dia para ver se eles estão lá ou sair do trabalho mais cedo para chegar em casa mais cedo.

Porto Seguro. Quando as coisas dão errado em sua vida, você quer contar tudo ao seu objeto de apego; você o procura para obter apoio. Nos relacionamentos adultos, é o telefonema para o seu parceiro após um longo e difícil dia de trabalho. Quando sua resposta ao estresse é ativada, seu mecanismo de apego diz:

— Acalme seu estresse se conectando com seu objeto de apego.

Essa é a dinâmica de "cuidar e fazer amizade", da qual falarei mais adiante.

Sofrimento de Separação. Quando a pessoa vai embora, você sente dor — você sente falta dela. Para os adultos, é a dolorosa solidão vivenciada enquanto o parceiro está longe em uma conferência. Está tudo bem a princípio... e então tudo parece muito, muito longo, muito distante.

Base Segura. Onde quer que essa pessoa esteja, esse é o seu lar emocional. Qualquer adulto que chegou em casa de uma viagem de negócios e caiu no sofá ao lado do parceiro, para dar as mãos e fazer contato visual enquanto conversava sobre o que aconteceu enquanto estava fora, já passou por isso.

Um exemplo da vida real: o marido de minha irmã Amelia era professor de música no ensino médio e, a cada dois anos, acompanhava seu coral na Europa por uma ou duas semanas. E todos os anos, durante esse período, ela se sentava sentindo uma emoção que chamava de "saudades de casa", embora fosse ela quem estivesse em casa. Porque ele é seu lar emocional, sua base segura. Então ela vivenciava a angústia da separação.

O livro favorito de Amelia é *Jane Eyre*. O Sr. Rochester, o herói dessa história, expressa angústia de apego e separação quando diz a Jane:

> — Às vezes sinto algo estranho por você — especialmente quando você está perto de mim, como agora: é como se eu tivesse uma corda em algum lugar sob minhas costelas esquerdas, firmemente e inextricavelmente amarrada a uma corda semelhante situada no quarto correspondente de seu pequeno corpo. E se aquele turbulento canal [o mar da Irlanda] e duzentas milhas ou mais de terra se abrirem entre nós, temo que o cordão de comunhão seja rompido; e então tenho uma ideia nervosa de que devo começar a sangrar por dentro.

Apego e sexo: o lado sombrio

As palavras do Sr. Rochester indicam o lugar onde o apego e o estresse se sobrepõem: relacionamentos angustiados.

No capítulo anterior, mencionei as histórias de John Gottman sobre mulheres em relacionamentos abusivos, que disse que algumas das melhores relações sexuais aconteciam imediatamente após atos de violência, e Isabel em *What Do Women Want?*, que ansiava por sexo com um ex com fobia de compromisso, mas não sentia desejo por seu incrível namorado atual. Ambos os quebra-cabeças fazem sentido quando entendemos o sexo movido pelo apego *quando o apego é ameaçado.*

Apego é sobre sobrevivência; relacionamentos são sobre sobrevivência. Quando eles são ameaçados, fazemos o que for preciso para segurá-los, porque não há nada mais importante do que nossa conexão com nossos objetos de apego.

Ilustrarei essa ideia com algumas das ciências mais sombrias e perturbadoras que já li — é perturbador precisamente porque nos mostra como o apego afeta poderosamente o bem-estar emocional de mamíferos como nós. Na série de estudos de "mães-monstros" de Harry Harlow, conduzida em meados do século XX, sua equipe de pesquisa inventou "mães" mecânicas às quais macacos rhesus infantis se ligavam. Uma vez que os bebês estavam emocionalmente ligados às mães monstros, os dispositivos mecânicos sacudiam os bebês, cravavam-se neles ou lançavam jatos de ar frio sobre eles, para forçar os bebês a se afastarem.

E o que os filhotes de macaco faziam quando suas "mães" os tratavam mal, sacudiam-nos, rejeitavam-nos?

Correram de volta para suas mães.

Em um episódio do programa de rádio *This American Life*, Deborah Blum, autora de uma biografia de Harlow, *Love at Goon Park*, coloca desta forma:

> Os bebês [macaco rhesus] voltaram e fizeram de tudo para que aquelas mães os amassem novamente. E eles arrulhavam, acariciavam, arrumavam, flertavam, e exatamente o que os bebês humanos fazem com suas mães. E eles abandonariam seus amigos. Eles

> precisavam consertar esse relacionamento. Era muito importante para eles.[19]

Claro que sim. Quando nos sentimos angustiados, nosso objeto de apego é nosso porto seguro. Mesmo — ou talvez especialmente — se nosso objeto de apego for a fonte de nossa angústia.

E assim como os filhotes de macacos rhesus usavam comportamentos de apego para reparar seus relacionamentos com suas mães monstruosas, as mulheres em relacionamentos instáveis podem usar o sexo como um comportamento de apego para construir ou repará-lo. Então, o que Isabel "queria" para responder à pergunta titular de Bergner era a proximidade com seu objeto de apego, diante da ansiedade da separação. Os hormônios dopamina e oxitocina estavam tendo seu caminho perverso com seu sistema de desejo, empurrando-a para o objeto de apego que nunca se comprometeria com ela e que, portanto, ativava cronicamente a necessidade de refúgio seguro de seu sistema de apego.[20]

Este é o lado negro do emparelhamento de estresse e apego: o sentimento "estou perdido", que nos motiva a estabilizar nossa conexão com nosso objeto de apego — "estou em casa". A terapeuta e autora Sue Johnson chama isso de "sexo de consolo", sexo motivado pelo seu desejo de provar que você é amado.[21]

Agora, em um relacionamento com um homem gentil, atencioso e comprometido, o fogo do "estou perdida" de Isabel não está queimando — o que é bom! — e não pode, portanto, acender o desejo. O que não parece tão bom.

Solução? Isabel precisa promover a trama.

Apego e sexo: sexo que promove a trama

Nunca conseguimos ver Jane Eyre e o Sr. Rochester fazendo sexo, mas imagino que seria semelhante ao sexo nos romances modernos, metaforizando a relação pênis-vaginal em termos dessa "busca pela totalidade". Como se o pênis de Edward Rochester fosse a chave para a fechadura da vagina de Jane, que abre a porta para seu coração. Os romances modernos prosperam com esse tipo de coisa.

Sou uma leitora de romance. Trabalho muito com a violência sexual, então exijo "felizes para sempre" em minha vida, e o romance é um lugar onde posso obtê-los. É um gênero escrito principalmente por mulheres, para mulheres, sobre a satisfação sexual e de relacionamento das mulheres. Para esse fim, muitos romances do século XXI não são como *Jane Eyre* ou *Orgulho e Preconceito*. Eles têm sexo neles. Muito sexo. Alguns deles fazem tanto sexo que são basicamente Pornô Para Mulheres. Mas os melhores romances são aqueles em que o sexo não é apenas gratuito por uma questão de entretenimento. Nos melhores romances, o sexo *promove a trama*, carregando o herói e a heroína, contra as adversidades e diante de muitos obstáculos, por meio de um dos marcadores comportamentais do apego.

Para dar apenas um exemplo, a heroína de *Flores da Tempestade* continua tentando deixar o herói e voltar para seu pai, mas conforme ela se afasta, ela fica "mais inquieta a cada quilômetro" (angústia da separação) "até que ela vira as costas para o pai e volta" para o herói (busca de proximidade) e se reúne com ele, com, hum, "vigor bruto".[22]

Os romances são sobre a narrativa do apego estressado, de "estou perdido" a "estou em casa", e o sexo tem um papel principal como comportamento de apego.

Tenho discutido essa ideia de sexo que avança a trama com minhas amigas e, toda vez, seus olhos se arregalam e elas dizem algo como:

— E depois que você se casar, a história é encerrada. Final feliz, sem enredo. Ai.

Qual... sim. Mas torna a solução óbvia. Adicione mais enredo! Então, se você está pensando consigo mesmo: "*Ai, merda, isso significa que apenas em relacionamentos novos ou disfuncionais, o sexo será excitante*", há boas notícias — e também más notícias, e então mais boas notícias.

A primeira boa notícia é que o sexo que você deseja muitas vezes não é o sexo que faz você se sentir bem, lembre-se, *gostar* e *desejar* não são a mesma coisa. Isso é "sexo de consolo", que é "calmante, mas não erótico", em contraste com "sexo isolado", que é "erótico, mas vazio".[23] Mas não confundiremos alívio com prazer.

Tipo, imagine que você precisa muito fazer xixi, muito mesmo, e tem que esperar e esperar, e então finalmente você faz xixi, e é quase prazeroso porque é um alívio tão intenso. Sexo para promover a trama em relacionamentos instáveis é assim. Não é bom quando você sente medo e instabilidade em seu relacionamento, assim como não é bom sentir uma vontade intensa de ter de fazer xixi. Só parece um alívio quando você pode finalmente fazer algo a respeito.

E não queremos que nossos relacionamentos e nossa vida sexual sejam mais do que apenas... alívio?

Portanto, a boa notícia é que, se você está perdendo esse tipo de desejo intenso por sexo em seu relacionamento, não há perda.

A má notícia é que, sim, a maioria de nós achará mais fácil desejar sexo, pelo que isso representa, quando nossos relacionamentos estão instáveis — novos ou ameaçados, seja na realidade ou na imaginação. Mas a segunda boa notícia é que há um monte de pesquisas espetaculares sobre pessoas que fazem um sexo ótimo ao longo de várias décadas. A chave é estar "seguro o suficiente". Falarei dessa pesquisa no capítulo 7, mas primeiro lidaremos com as diferenças individuais que influenciam a forma como você administra o apego em seu relacionamento.

Quando Laurie me contou de seu fiasco nas férias e a surpresa do choro feio, perguntei:

— O que aconteceu depois do sexo quente e cheio de sacanagem?

Ela disse:

— Adormeci por três horas... o que foi quase tão bom quanto o sexo. Eu só queria não ter que chorar para que isso acontecesse.

— Parece que chorar permite descarregar o estresse acumulado que estava pressionando seus freios, o que liberou seu acelerador.

— Ah. Hum. Então você está dizendo que, para fazer mais sexo, devo chorar mais do que já choro?

— Definitivamente parece que você precisa de mais oportunidades para descarregar mais do seu estresse — disse. — Especialmente porque você não tem muito espaço para se livrar de seus estressores. E Johnny é seu objeto de apego, certo? Ele é para onde você se volta quando está estressada, e seu corpo quer dar e receber carinho dele, certo?

— Aham.

— Então, posso dar uma sugestão?

— Sim, por favor. Qualquer coisa.

— Pare. De fazer. Sexo. Faça disso uma regra: sem sexo por... hum, tipo, um mês? Você claramente quer dar, mas também quer receber afeto de seu objeto de apego, mas o estresse de sua vida está pisando no freio, e a preocupação adicional de sentir que deveria fazer sexo só piora as coisas. Portanto, até que você desenvolva estratégias mais eficazes para controlar seu estresse, estabeleça uma regra contra todo toque genital.

— Isso não faz sentido. Como estou ajudando nossa vida sexual se estou acabando com ela?

— Acabando não é a palavra. Você está mudando o contexto.

— O que ainda não faz sentido para mim. Nós vamos embora juntos e ficamos bravos um com o outro. Eu choro em cima do Johnny e ficamos ocupados.

— Amiga, não sou responsável por qual contexto funciona para você — e nem você. Mas o denominador comum aqui é o estresse de todos os tipos, incluindo — especialmente — o estresse do fato de que o estresse está com o pé no freio. Portanto, pare de se estressar com o fato de que o estresse está atingindo seus freios. Aceite isso. Dê as boas-vindas a isso. É completamente normal. Você está apenas em um contexto ruim, então mude o contexto e veja o que acontece.

Ela suspirou, depois foi para casa e conversou com Johnny. Eles tentaram. Falarei do que aconteceu no capítulo 5. Por enquanto, direi apenas que uma maneira poderosa de mudar o contexto é eliminar o estresse da ansiedade de desempenho que vem com a sensação de obrigação de fazer sexo.

Estilo de apego

A quem nos apegamos quando adultos e como nos apegamos — nosso “estilo” de apego — é moldado pela forma como fomos criados.

Em sua forma mais ampla, podemos descrever os estilos de apego como seguros ou inseguros. Lembre-se de que a vida dos bebês depende literalmente de seus cuidadores adultos, portanto, gerenciar com eficácia o possível abandono é um problema sério para os bebês. Nós nos apegamos com segurança quando nossos cuidadores adultos (geralmente nossos pais) estão lá de forma confiável quando precisamos deles. Nós choramos, eles vêm. Nós nos viramos, eles estão lá. Nenhum cuidador adulto está sempre lá, infalivelmente, não importa o que aconteça, mas quando eles estão lá de forma confiável o suficiente, nos apegamos com segurança.

Nessas condições, nossos cérebros aprendem que nossos cuidadores adultos voltarão quando partirem; eles não nos abandonarão.

As crianças que são apegadas de forma segura a seus cuidadores adultos, como adultos, provavelmente se apegarão de forma segura a seus parceiros românticos, e as crianças que são apegadas de forma insegura a seus cuidadores adultos, como adultos, provavelmente se apegarão de forma insegura a seus parceiros românticos.

Mas se os pais estiverem sob estresse extremo ou tiverem muitos outros filhos para cuidar ou tiverem um vício ativo em drogas ou álcool ou humor ou transtorno de personalidade, eles não estarão necessariamente presentes, física ou emocionalmente, quando a criança precisar deles. Quando nossos cuidadores adultos são menos confiáveis, nos apegamos de forma insegura. Cerca de metade das pessoas nos Estados Unidos desenvolve estilos de apego seguros e a outra metade desenvolve estilos inseguros.[24]

Podemos pensar no apego inseguro como se encaixando em duas estratégias diferentes: ansioso e evitativo. Com um estilo de apego ansioso, uma pessoa lida com o risco de que seu objeto de apego possa abandoná-la por agarrar-se desesperadamente a eles. Crianças ansiosamente apegadas ficam com ciúmes e experimentam intensa angústia de separação, o mesmo acontece com os adultos ansiosamente apegados. As pessoas com um estilo de apego evitativo lidam com o risco de que seu objeto de apego possa abandoná-las por não se apegar seriamente a um indivíduo específico. Crianças evitativas não preferem seus pais a outros adultos; adultos evitativos, de acordo com a pesquisa, são mais propensos a aprovar e fazer sexo anônimo.

Para dar-lhe uma noção mais específica de como são os estilos, aqui estão os tipos de afirmações que os pesquisadores usam para avaliar o estilo de apego em adultos:[25]

Apego Seguro	Apego Ansioso	Apego Evitativo
• Sinto-me à vontade para compartilhar meus pensamentos e sentimentos particulares com meu parceiro.	• Tenho medo de perder o amor do meu parceiro.	• Prefiro não compartilhar como me sinto profundamente com um parceiro.
• Raramente me preocupo com a possibilidade de meu parceiro me deixar.	• Muitas vezes me preocupo que meu parceiro não queira ficar comigo.	• Acho difícil depender de parceiros românticos.
• Sinto-me muito confortável estando perto de parceiros românticos.	• Muitas vezes me preocupo que meu parceiro não me ame de verdade.	• Não sinto que meus parceiros românticos me deem uma abertura confortável.
• Ajuda a recorrer ao meu parceiro romântico em momentos de necessidade.	• Preocupo-me que meus parceiros românticos não se preocupem tanto comigo quanto eu me preocupo com eles.	• Prefiro não estar muito próxima de parceiros românticos.

Agora, se você tivesse que adivinhar quem tem uma vida sexual mais satisfatória, pessoas com um estilo de apego seguro ou pessoas com um estilo de apego inseguro, quem você adivinharia?

Claro. Pessoas de apego seguro. Sem dúvida!

Uma revisão de 2012 da pesquisa de relação entre sexo e apego descobriu que o apego seguro estava associado a todos os domínios do bem-estar sexual que você possa imaginar. Apego seguro tem emoções mais positivas durante o sexo, sexo mais frequente, níveis mais altos de excitação e orgasmo e melhor comunicação sobre sexo.[26] Eles são melhores em dar e receber consentimento e são mais propensos a se envolver em práticas sexuais mais seguras, como o uso de anticoncepcionais; eles gostam mais de sexo, estão mais atentos às necessidades de seus parceiros, sentem uma ligação entre sexo e amor, são mais propensos a fazer sexo no contexto de um relacionamento sério e são mais autoconfiantes sexualmente. Apegos seguros têm a vida sexual mais saudável e prazerosa.

As pessoas com estilos de apego ansioso são as mais propensas a se envolver em "sexo de consolo" motivado pela ansiedade — ou seja, usar o sexo como um comportamento de apego — o que pode tornar o sexo intenso sem torná-lo prazeroso. Os apegos ansiosos se preocupam mais com o sexo e, no entanto, também igualam a qualidade do sexo à qualidade de um relacionamento. Eles são mais propensos a sentir dor com o sexo, principalmente em relacionamentos de baixa intimidade. Apresentam, também, dificuldade com práticas sexuais mais seguras — são menos propensos a usar preservativos, mais propensos a ingerir álcool ou usar drogas antes do sexo e, sem surpresa, têm taxas mais altas de ISTs e gravidez indesejada. Os apegos ansiosos experienciam mais dor, ansiedade e riscos à saúde.

Pessoas com estilos de apego inseguros, ansiosos ou evitativos, têm maior probabilidade de se envolver em ambos os lados de um relacionamento sexual coercitivo. Pessoas com apego evitativo começam a fazer sexo mais tarde na vida, fazem sexo com menos frequência, com menos comportamentos não sexuais. Eles têm atitudes mais positivas em relação ao sexo fora de relacionamentos sérios, têm mais casos de uma noite, e são mais propensos a fazer sexo apenas para se encaixar em uma expectativa social, e não porque realmente querem. Eles pouco realizam uma conexão entre o sexo e sua vida e seus relacionamentos.

No final das contas, o apego inseguro coloca o pé no freio. Não podemos entender o bem-estar sexual sem entender o apego, e não podemos maximizar nosso próprio bem-estar sexual sem aprender como administrar o apego em nossos relacionamentos.

Gerenciando o apego: você se sente como um ouriço sonolento

O estilo de apego é um fator inevitável na resposta sexual e na satisfação do relacionamento — e varia não apenas de pessoa para pessoa, mas também de relacionamento para relacionamento.[27] E pode mudar.[28] No entanto, esses padrões emocionais profundos nem sempre são muito tratáveis e às vezes requerem terapia. Muitas pessoas, porém, podem fazer um grande progresso aumentando sua consciência sem o julgamento de suas respostas emocionais e lendo livros excelentes sobre o assunto. Por exemplo, *Love Sense: The Revolutionary New Science of Romantic Relationships [sem tradução no Brasil]*, de Sue Johnson, que desenvolveu a terapia de casais com foco emocional, aborda diretamente o apego no que se refere ao sexo. Mas os casais parecem hesitar em discutir dificuldades sexuais de maneiras específicas. Somos tão ternos em relação a esse assunto, sentimos tanto medo de ferir os sentimentos de nosso parceiro e de não atender às expectativas dele, que precisamos de um conjunto especial de habilidades para nos ajudar a ser tão gentis e gentis um com o outro quanto essa ternura exige.

Passei a pensar em comunicar-me sobre sexo e amor em termos de um modelo de gerenciamento de emoções de "ouriço sonolento". É assim: Pense a respeito dos sentimentos difíceis sobre sexo como ouriços sonolentos que você descobre em lugares inconvenientes em sua casa. Se você encontrar um ouriço sonolento na cadeira em que estava prestes a se sentar, você deve:

1. *Descobrir o nome dele.* "Agora eu sinto... ciúme/raiva/mágoa/etc." Simples, embora geralmente haja vários sentimentos envolvidos ao mesmo tempo. Isso é normal.
2. *Sentar-se pacificamente com ele.* Não fuja dele, não o julgue, não o envergonhe ou fique bravo com ele. Sente-se com ele, como se fosse um convidado bem-vindo.
3. *Ouvir suas necessidades.* A pergunta a fazer é: *O que ajudará?* Se você sentir medo ou raiva, como lidará com a ameaça percebida?

Se você sentir tristeza, mágoa ou sofrimento, como poderá curar a perda? Nem sempre haverá algo que você possa fazer ativamente, além de permitir que o sentimento descarregue e complete seu ciclo. E lembre-se de que não é culpa ou obrigação do seu parceiro; sua ajuda é totalmente voluntária e oferece uma oportunidade para você expressar gratidão por seu apoio.

4. *Comunique o sentimento e a necessidade.* Apresente o sentimento ao seu parceiro.

— Eu sinto x — diz você —, mas acho que o que ajudaria é y.

Por exemplo:

— Me sinto ameaçada pelo tempo que você passa com sua colega de trabalho, então, pensei que poderia pensar em algo para fazer que me desse segurança.

Ou:

— Ainda estou magoada com aquela vez que você fez x, e o que preciso é de algum tempo para passar por esse túnel emocional para que eu possa chegar à luz no fim dele.

Ficar brava com o ouriço ou ter medo dele não ajudará você ou ele, e você certamente não pode simplesmente jogá-lo no colo de seu parceiro, gritando: "*OURICINHO SONOLENTO!*" e esperar que ele lide com os seus espinhos. Pois se trata do *seu* ouriço. Quanto mais calma você estiver ao lidar com isso, menos provável será que faça mal a si ou a outra pessoa.

A metáfora do ouriço também ilustra a importância de tornar a dificuldade algo que você e seu parceiro compartilham e podem colaborar, em vez de um problema que um de vocês precisa "consertar" sozinho para que a outra pessoa fique satisfeita. É preciso que ambos se voltem para essa dificuldade compartilhada com gentileza e compaixão.

Escolha curar

Um amigo terminou um relacionamento que era ruim e postou o seguinte trecho (no Facebook): "Eu escolho não machucar mais. [Ex-parceiro] não pode mais me machucar." A segunda frase é 100% verdadeira e motivo de comemoração. Mas a primeira frase não faz sentido do ponto de vista do apego e da completação do ciclo. Ao sair de um relacionamento ruim, você tem toda essa mágoa reprimida, sente raiva, tristeza e até mesmo medo, ambos ficam trancados dentro de você, e devem ser liberados com segurança.

O que faz mais sentido é: "Escolho permitir que a dor seja curada". A cura sempre envolve dor — se você quebra o dedo, dói, gradualmente menos e menos até que cicatrize. O mesmo vale para a cura de lesões emocionais. Você não pode escolher que seu coração partido não doa, assim como não pode escolher que um osso quebrado não doa. Mas você pode reconhecer a dor como parte da cura e pode confiar em seu coração para curar, assim como confia em seus ossos para curar, sabendo que gradualmente doerá cada vez menos à medida que você se recupera.

Sobrevivente do social

O que me leva a uma resposta de estresse adicional conhecida como "cuidar e fazer amizade", que podemos pensar como o casamento de estresse e apego.[29] Como espécie ultrassocial, nossa sobrevivência depende não apenas de nossa capacidade individual de lutar, correr ou desligar, mas também de nossa capacidade de colaborar com nossa tribo, para que possamos protegê-los e eles possam nos proteger. As mulheres podem ser mais propensas do que os homens a acessar essa resposta de estresse "afiliativa", lidando com ameaças potenciais quando se conectam afetuosamente com as pessoas. Como sempre, até que ponto essa diferença é inata e até que ponto é aprendida não está claro, mas as diferenças começam cedo, com meninas de dezoito meses sendo mais propensas do que os meninos a serem abordadas, em vez de evitadas, por um pai disposto a fazer coisas assustadoras.[30]

Onde o estresse e o apego se sobrepõem, a mensagem do seu Um Anel emocional é: "Estou perdida!" e quando você escapa do leão e corre para seu objeto de apego, a mensagem é: "Estou em casa". Se você já se viu checando seu e-mail obsessivamente quando estava estressada, ou navegando sem parar nas redes sociais, ou mandando mensagens de texto para seu parceiro apenas para dizer "Oi", ou ligando para os seus amigos um após o outro, ou, como Elle em *Legalmente Loira*, correndo para uma manicure de emergência, você pode ter vivenciado a resposta ao estresse de cuidar e fazer amizade. Tanto sentir-se cuidada quanto cuidar dos outros é registrado em sua resposta ao estresse como "completando o ciclo".

Mas, na cultura moderna, há uma contradição embutida nos remédios sociais para o estresse. Por um lado, estar perto de outras pessoas costuma ser uma parte essencial para permitir que nossa resposta ao estresse seja concluída. Por outro lado, pisamos no freio, autoinibindo nossa resposta ao estresse, a fim de nos mantermos socialmente apropriados e não deixarmos as outras pessoas desconfortáveis. Nós nos apegamos à nossa resposta incompleta ao estresse para ter acesso à segurança de estar com a nossa comunidade.

E, claro, essa contradição é mais acentuada para as mulheres, que são a "cabeça do relacionamento" culturalmente sancionadas. Quando as coisas ficam difíceis em um relacionamento heterossexual, geralmente cabe à mulher controlar sua resposta ao estresse, a fim de criar espaço para o homem vivenciar seus sentimentos. Em outras palavras, se houver estresse em um relacionamento, as regras culturais provavelmente afetarão mais a mulher do que o homem, e presumivelmente afetarão seu interesse e sua resposta sexual. E porque ela tem de controlar seu estresse, para que seu parceiro possa liberar o dele, é mais provável que ela fique presa em seu estresse, enquanto ele se move através do dele.

Eu culpo Charles Dickens. Veja a Sra. Cratchit de *Um Cântico de Natal e Outras Histórias*. Seu filho, Tiny Tim, morre, e ela diz aos outros filhos que está chorando porque a cor de sua costura machuca seus olhos e ela "não gostaria de expor ao mundo os seus olhos fracos" para o marido. Quando eu era pequena, costumava pensar como Dickens queria que eu pensasse, que a *Sra. Cratchit é muito corajosa*. Mas agora que sei sobre o ciclo de resposta ao estresse, quero gritar: "Senhora, seu filho morreu! Não é 'fraqueza' chorar! E seus outros filhos merecem saber que é normal sofrer!"

Estar com a tribo não substitui os Sentimentos construídos para completar o ciclo. Precisamos descarregar a resposta ao estresse, completar o ciclo, antes que nosso corpo possa seguir em frente. "Casa" é o lugar — físico e emocional — onde podemos descarregar o estresse sem sermos julgadas, envergonhadas ou informadas de que precisamos apenas relaxar ou esquecer. "Casa" é onde recebemos a "presença amorosa" de nosso parceiro. As pessoas que ouvem com uma presença amorosa são calmas, atentas e sintonizadas calorosamente com a outra pessoa. Nos melhores relacionamentos, podemos vivenciar as formas de estresse — raiva, medo, isolamento — e receber a presença amorosa de nosso parceiro enquanto ele senta quieto e estático durante a tempestade.

Cada cultura tem regras sobre quais emoções são apropriadas em quais circunstâncias. Mas nossa cultura construiu um mundo social onde não há quase nenhum lugar onde possamos nos conectar com os outros enquanto vivenciamos a gama de nossa intensidade emocional. Para muitos, há momentos em que compartilhamos mais prontamente uma presença amorosa por meio da prática espiritual ou com nossos animais de estimação do que com nosso parceiro, que está atolado em seu próprio estresse. Deus e seu cachorro nunca a julgam ou a culpam por ter sentimentos — mas eles não podem fazer amor com você.

Sexo é um comportamento de apego adulto. Quando seu apego é ameaçado ou quando você e seu parceiro compartilham um estressor, o sexo pode ser uma maneira poderosa e prazerosa de se conectar diante dos sinais de "estou perdida", para que você possa encontrar o caminho de casa. Juntos. Mas isso é prazeroso apenas se vocês puderem oferecer tempo e espaço para seus Sentimentos.

A água da vida

Estou em risco/estou segura.

Estou quebrada/estou inteira.

Estou perdida/estou em casa.

À medida que você avança nesses processos biológicos, seu estado mental muda e isso, por sua vez, muda se e como seu cérebro responde a contextos relacionados ao sexo ou a sensações sexualmente prazerosas.

O estresse atua como um freio para a maioria das pessoas, mas como o acelerador para outras — as pessoas variam. Mas, para todos, o estresse muda o contexto em que você experimenta a resposta sexual, o que muda a forma como você percebe as sensações sexuais.

A chave para controlar o estresse de forma que ele não interfira no prazer sexual é aprender a completar o ciclo — desbloquear o congelamento, escapar do predador, conquistar o inimigo. Comemore, como purpurina caindo em um globo de neve.

O sexo é um comportamento de apego, que reforça o vínculo social entre os adultos. Às vezes, assume a forma de sexo apaixonado e alegre entre pessoas que estão se apaixonando. Às vezes, assume a forma de sexo desesperado e ávido entre pessoas cujo apego está ameaçado. Contraintuitivamente, quando o apego é mais seguro e estável — quando seu relacionamento só acarreta satisfação e nenhuma preocupação ou "trama" — pode ficar em segundo plano em sua excitação sexual.

Estresse e amor (na forma de apego) podem ser companheiros do sexo. O sexo fortalece os laços entre parceiros, ajuda cada parceiro a se sentir seguro, querido e apoiado em um mundo onde nem sempre estamos seguros, onde às vezes, nosso único escudo contra o caos e o terror é nossa família escolhida.

As mulheres me contam suas histórias e eu as guardo em uma biblioteca mental. Uma prateleira dessa biblioteca está transbordando: aquela que contém histórias de violência sexual. Como o resto, essas são histórias inspiradoras de descoberta, mas também são as histórias mais sombrias, e as que revelam o quão cruelmente indiferente o mundo pode ser em relação à autonomia sexual das mulheres.

A de Merritt é uma dessas. Eis um resumo: ela era uma líder da aliança gay-hétero do campus, orgulhosa, e ele, ela aprenderia mais tarde, apostou com os amigos que poderia "transformá-la".

É doentio, eu sei. Eu gostaria que ninguém tivesse histórias como essa para contar. Mas acontece. Durante o ataque, seu corpo entrou em modo de sobrevivência — ela congelou. E até aprender sobre a resposta ao estresse dos freios, ela não entendia por que não lutava, corria ou chutava as bolas do cara. Ela tem lutado para confiar em seu corpo desde então, e seu corpo tem lutado para funcionar de forma saudável sem sua confiança.

Quando uma pessoa passa por um trauma, é como se alguém entrasse sorrateiramente no jardim e arrancasse as plantas que ela vinha cultivando com tanto cuidado e atenção. Há raiva. Há tristeza pelo que o jardim costumava ser. E há o medo de que nunca volte a crescer.

Mas voltará. É isso que os jardins fazem.

Merritt gostava da metáfora do jardim. Ela me parou na rua um dia, com o telefone na mão, para dizer:

— Estava pensando no jardim e tenho que ler para você o que minha parceira encontrou!

Ela leu:

> *A água da vida está aqui.*
> *Eu estou bebendo. Mas eu tive que vir*
> *muito longe para descobrir!* [31]

— "A água da vida" — disse ela. — É um poema de Rumi sobre um cara que perde tudo e sai em busca e ele é como Dorothy em O Mágico de Oz, ele tinha o poder o tempo todo. E você? Sabe o que é a água da vida?

— Me diga. (Isso não foi nem de longe a coisa mais estranha que alguém já me parou na rua para me dizer.)

Ela citou:

— "O amor é a água da vida!"[32]

Acho que ela tem razão. Se a sexualidade feminina é um jardim, penso no amor como a chuva, e no estresse como o sol, elevando o jardim, nutrindo e desafiando ao mesmo tempo. Não seria bom ter muito de nenhum dos dois, mas o equilíbrio — pois quando estamos "seguros o suficiente", o jardim prospera.

Algumas plantas querem muita água, outras menos; alguns jardins são sombreados, enquanto outros ficam cheios de sol o dia todo. Olivia, com seu acelerador sensível, tem um jardim ensolarado cheio de plantas que se deliciam com o sol — ela é praticamente um deserto, com árvores de Josué e margaridas florescendo sob um céu quente e sem nuvens. Mas, mesmo para ela, muito de uma coisa boa pode fazer com que seu jardim murche e desapareça. Camilla, por outro lado, com seu acelerador relativamente insensível, tem uma floresta montanhosa de samambaias e musgos de folhas largas que requerem menos luz e mais tempo para crescerem exuberantes.

Enquanto isso, os freios sensíveis de Merritt fazem seu jardim murchar na seca mais amena, e o jardim de Laurie parece ter sido submetido ao aquecimento global, despojado de seu clima nativo mais rápido do que ela e suas plantas podem se adaptar, e ela teme que o jardim esteja morrendo. Ela tem medo de que, se perder seu jardim, possa perder sua parceira.

Ouvir e respeitar as mensagens fundamentais que seu corpo está tentando enviar a você — "estou em risco", "estou quebrada", "estou perdida" — é essencial para criar o contexto certo para o prazer sexual prosperar. Disponibilizar tempo e espaço para que seu corpo se mova durante todo o ciclo, para descarregar o estresse e conectar-se totalmente com seu parceiro, é uma parte essencial da criação de um contexto que garante o máximo acesso ao prazer.

A cultura ocidental não torna isso fácil; constrói muros de vergonha e dúvida entre nós e nosso eu essencial, entre "em risco" e "segura", entre "quebrada" e "inteira", entre "perdida" e em "casa".

Na metáfora do jardim, as mensagens culturais sobre a sexualidade das mulheres são muitas vezes as ervas daninhas, invadindo de maneiras que ninguém escolheu, mas que todo mundo tem que administrar.

E é disso que trata o capítulo 5.

ml;nl

- O estresse reduz o *interesse* sexual em 80 a 90% das pessoas e reduz o prazer sexual em todos — até mesmo em 10 a 20% das pessoas para quem ele aumenta o interesse. A maneira de lidar com o estresse é permitir que seu corpo *complete o ciclo de resposta ao estresse*.
- O cérebro dos sobreviventes de trauma às vezes aprende a tratar os estímulos "relacionados ao sexo" como ameaças, de modo que sempre que o acelerador é ativado, os freios também são acionados. Praticar *mindfulness* é uma estratégia baseada em evidências para desacoplar os freios e o acelerador.
- No contexto certo, o sexo pode nos ligar emocionalmente a novos parceiros ou reforçar laços emocionais em relacionamentos instáveis. Em outras palavras, sexo e amor estão intimamente ligados em nosso cérebro — mas apenas no contexto certo.
- Sexo que aproxima você de seu parceiro "avança na trama", em oposição ao sexo gratuito, por nenhum motivo além do que você pode. Para fazer um sexo melhor e com mais frequência, dê a si mesma um motivo convincente para fazer sexo, algo importante para o qual se mover.

cinco

Contexto cultural

UMA VIDA SEXUAL POSITIVA EM UM MUNDO EM QUE O SEXO É NEGATIVO

Quando Johnny e Laurie seguiram meu conselho e pararam de fazer sexo, algo inesperado surgiu no interior de Laurie.

Todas as noites, antes de dormir, eles se abraçam e se aconchegam por alguns minutos, sem a estranha ansiedade de ter de fazer sexo em seguida.

Certa noite, em meio ao silêncio, Laurie perguntou a Johnny por que ele gostava de fazer sexo com ela.

A sua resposta foi realmente boa. Ele disse:

— Porque você é linda.

Ele não disse: "Porque você está linda" ou "Porque você é minha esposa" ou "Porque o sexo é divertido" ou mesmo "Porque eu te amo". Ele disse: "Você é linda". É uma coisa perfeita de se dizer — até porque ele realmente quis dizer isso.

Ela começou a chorar. Laurie sendo Laurie. Até aquele momento, ela não havia percebido quanta autocrítica carregava consigo todos os dias, quanta vergonha sentia pelas mudanças em seu corpo, ocasionadas pela gravidez; como se essas mudanças refletissem alguma falha moral de sua parte — como se uma verdadeira "boa pessoa" nunca permitisse que seu corpo fosse mudado por uma coisa insignificante como ter um bebê.

Ela começou a listar todas as coisas com as quais se sentia desconfortável — seus seios caídos, sua barriga mole, suas coxas de queijo cottage, as rugas profundas que cercavam sua boca — uma boca que parecia ter uma carranca permanente agora. E Johnny começou a tocar cada uma dessas partes "imperfeitas" do corpo, dizendo:

— Mas eu amo isso.

E

— mas isso é lindo.

Por fim, ele olhou nos olhos dela e disse:

— Você realmente não vê. Você realmente acredita que essas coisas a tornam menos bonita. Querida, seu corpo fica cada dia mais sexy, só por ser o corpo da mulher com quem compartilho minha vida. Sua barriga é nossa barriga. Eu também tenho uma. Você me ama menos por isso?

— Claro que não.

— Exatamente! Claro que não.

E, claro, em seguida, eles fizeram um sexo alucinante, intensificado por:

— Não deveríamos estar fazendo isso!

Acontece que a pressão do que ela "deveria" estar fazendo funciona nos dois sentidos. Quando Laurie me contou sobre isso, ela logo me indagou se era verdade que os homens não se incomodavam tanto com as mudanças corporais quanto as mulheres pensam.

— Sim, já ouvi isso repetidamente de homens — disse a ela — especialmente de homens coparentais. Eles não percebem as mudanças que notamos, ou percebem e não mudam como se sentem, ou percebem e gostam ativamente. Nós subestimamos os homens.

E então ela me contou sua história de "você é linda", enfatizando que durante todo o encontro ela nunca sentiu que ele estava iniciando o sexo. Parecia que ele estava dando amor a ela no momento em que ela precisava.

E sim, ser uma educadora sexual é o melhor trabalho de todos, sobretudo quando as pessoas contam histórias como essa.

Este capítulo é sobre os obstáculos que estavam no caminho de Laurie, sem que ela estivesse totalmente ciente deles, e como ela e Johnny os derrubaram.

Voltemos à metáfora do jardim: você nasceu com um pequeno pedaço de solo rico e fértil, único para você. Seu cérebro e corpo são o solo deste jardim, e diferenças individuais em seu acelerador e freios são características importantes de seu jardim inato, que é feito das mesmas partes que os outros, mas organizado de forma única.

Sua família e cultura plantam as sementes e cuidam do jardim, e ensinam você a cuidar dele. Eles plantam as sementes da linguagem, das atitudes, do conhecimento e dos hábitos sobre amor, segurança, corpos e sexo. E, gradualmente, ao entrar na adolescência, você assume a responsabilidade de cuidar de seu próprio jardim.

Quando isso ocorre, você pode descobrir que sua família e cultura plantaram algumas coisas bonitas e nutritivas. Mas pode descobrir também que plantaram algumas porcarias bastante tóxicas em seu jardim. E todos — mesmo aqueles cujas famílias plantaram coisas muito boas — terão de lidar com as ervas daninhas invasivas de uma cultura negativa ao sexo, cheia de vergonha corporal e estigma sexual. Estes viajam não nas sementes plantadas pelas famílias, mas no subsolo através de suas raízes, como hera venenosa, sob cercas e muros, de jardim em jardim. Ninguém escolheu que eles estivessem lá, mas lá estão eles.

Portanto, se você deseja ter um jardim saudável, um jardim que *você* escolhe, precisa ir linha por linha e descobrir o que deseja manter e cultivar... e o que você almeja desenterrar e substituir por algo mais saudável.

Não é justo que você tenha que fazer todo esse trabalho extra. Afinal, você não escolheu o que foi plantado por sua família e cultura. Ninguém pediu sua permissão antes de começar a plantar as porcarias tóxicas. Eles não esperaram até que você pudesse dar consentimento e depois dizer:

— Tudo bem para você se plantarmos as sementes da autocrítica corporal e da vergonha sexual?

Provavelmente, eles apenas plantaram as mesmas coisas que foram plantadas em seu jardim e nunca lhes ocorreu plantar algo diferente.

Eu estava conversando sobre isso em uma noite de outubro, com poutine (iguaria canadense à base de batatas) e cerveja, com a pesquisadora sexual canadense Robin Milhausen, e ela disse uma coisa brilhante:

— Estamos criando mulheres para serem sexualmente disfuncionais, com todas as mensagens de "não" que estamos dando a elas sobre doenças, vergonha e medo. E então, assim que completam dezoito anos, devem ser astros do rock sexual, multiorgásmicas e totalmente desinibidas. Não faz sentido. Nenhuma das coisas que fazemos em nossa sociedade prepara as mulheres para isso.

Exatamente.

O capítulo 4 foi sobre como o contexto neste momento — sua sensação de segurança em sua vida e sua sensação de integridade em seu relacionamento — afeta seu prazer sexual. Este capítulo é sobre o contexto de larga escala e longo prazo — os anos de "não" — e os padrões profundos de pensamento e sentimento que eles criam, padrões que são reforçados e reiterados ao longo de décadas de vida. Esses padrões enfaticamente não são inatos, mas foram aprendidos cedo. Você começou a aprender essas lições muito antes de ser capaz de pensar criticamente sobre se as desejava. E assim como você as aprendeu, pode desaprendê-las, se quiser, e substituí-las por padrões novos e mais saudáveis, que promovam confiança, alegria, satisfação e até êxtase.

Começaremos com três mensagens culturais centrais da sexualidade feminina com as quais minhas alunas lutam quando suas ideias estabelecidas sobre sexo são desafiadas pela ciência: a mensagem moral (você é má), a mensagem médica (você está doente) e a mensagem midiática (você é inadequada). É muito difícil alguém acreditar totalmente em qualquer uma dessas mensagens, mas elas estão lá, invadindo nosso jardim, e quanto melhor estivermos em vê-las pelo que são, melhor seremos em eliminá-las.

Depois, falarei sobre a autocrítica corporal. Essa questão está tão arraigada na cultura ocidental que a maioria das mulheres dificilmente percebe como ela é onipresente e tóxica. É tão arraigada, de fato, que muitas mulheres acreditam que é realmente importante e benéfica. Falarei da pesquisa que diz o contrário. Se a única mudança que você fizer depois de ler este livro for reduzir sua autocrítica corporal, isso por si só revolucionará seu bem-estar sexual.

E só então, falarei de outra emoção central, como estresse e apego: nojo. Assim como a autocrítica corporal, o nojo está tão arraigado na cultura sexual que é difícil saber como seria nosso bem-estar sexual sem ele. Mas há evidências crescentes de que o nojo está prejudicando nosso bem-estar sexual, assim como a autocrítica corporal, mas há coisas que você pode fazer para eliminá-lo, se quiser.

E é sobre isso que falarei na última seção deste capítulo. Descreverei estratégias baseadas em pesquisas para criar mudanças positivas tanto na autocrítica quanto no nojo: autocompaixão, dissonância cognitiva e alfabetização midiática básica. O objetivo é ajudá-la a reconhecer o que lhe foi ensinado, deliberadamente ou não, a fim de ajudá-la a escolher se deve continuar acreditando nessas coisas. Você pode optar por manter muito do que aprendeu — o que importa é que *você* escolheu, em vez de deixar que suas crenças sobre seu corpo e sexo sejam escolhidas por você pelo acidente da cultura e família em que nasceu. Quando você dedica um tempo para perceber suas crenças não escolhidas e dizer "sim" ou "não" à elas, você se capacita para ter o bem-estar sexual que se adapta a você, feito sob medida.

Três mensagens

Muitos de meus alunos acreditam que sabem bastante sobre sexo, apenas para descobrir, na metade da primeira aula, que meio que não sabem.

O que eles sabem muito — *muito* mesmo — não é sobre o sexo em si, mas sim o que sua cultura acredita do sexo. Eles, nós, todos estamos cercados por mensagens sobre essas crenças, mensagens que não são apenas escassas em fatos, mas também são ativamente contraditórias.

Fiquei intrigada com as falsas crenças que meus alunos trouxeram para a sala de aula, até que comecei a ler manuais antigos de conselhos sexuais. E lá estavam eles em preto e branco, escritos há cem anos ou mais — as mesmas ideias falsas em que meus alunos acreditavam. Os alunos absorveram essas ideias de suas famílias e culturas, sem que nenhum deles tenha lido esses livros.

Um dia, na aula, li em voz alta algumas definições de "sexo". Primeiro, li *O casamento perfeito: é psicologia e técnica [tradução livre]* , de T. H. van de Velde, de 1926. Ele escreveu que "relações sexuais normais" são

> aquelas que ocorrem entre dois indivíduos sexualmente maduros de sexos opostos; que exclui a crueldade e o uso de meios artificiais para produzir sensações voluptuosas; que visa direta ou indiretamente a consumação da satisfação sexual e que, tendo alcançado um certo grau de estimulação, conclui com a ejaculação — ou emissão — do sêmen na vagina, na culminação quase simultânea da sensação — ou orgasmo — de ambos os parceiros.[1]

Então, li no *The Hite Report*, publicado em 1976, no capítulo intitulado "Redefining Sex" ["Redefinindo o sexo"]:

> *Sexo é contato físico íntimo por prazer, para compartilhar prazer com outra pessoa (ou apenas sozinha). Você pode fazer sexo até o orgasmo ou não, sexo genital ou apenas intimidade física — o que parecer certo para você. Não há razão para pensar que o "objetivo" deve ser a relação sexual, tampouco para você tentar fazer o que sente se encaixar nesse contexto. Não existe um padrão de desempenho sexual "lá fora", pelo qual deve medir-se; você não é governado por "hormônios" ou "biologia". Você é livre para explorar e descobrir sua sexualidade, aprender ou desaprender o que quiser e ter relações físicas com outras pessoas, de ambos os sexos, o que quiser.*[2]

E perguntei aos meus alunos:

— Qual destes é mais parecido com o que você aprendeu enquanto crescia?

Sem resposta. *Matrimônio perfeito.*

Muitos absorvem ideias sobre sexo que estão em casa em um manual sexual de um século, embora as pesquisas e mudanças políticas desde então tenham desmantelado cada aspecto dessas velhas ideias. De alguma forma, a cultura não absorveu as ideias mais inclusivas e baseadas em evidências das décadas mais recentes.

As ideias ultrapassadas consistem em três mensagens culturais entrelaçadas de socialização sexual que as mulheres encontram na América moderna. Estas são as três mensagens que mencionei. Eu as chamo de Mensagem Moral, Mensagem Médica e Mensagem Midiática, enviadas por três mensageiros separados, mas interligados. Em graus variados, cada um tem fragmentos de verdade e sabedoria a oferecer e, também, uma agenda de interesse próprio. Todos absorvem pelo menos um pouco de todos, que moldam a história que contamos da nossa sexualidade e a dos outros.

A Mensagem Moral: "*Vocês são bens danificadas.*" Se quer ou gosta de sexo, você é uma vagabunda. Sua virgindade é seu bem mais valioso. Se você teve muitos parceiros ("muitos" = mais do que seu parceiro), deveria se envergonhar. Existe apenas uma maneira certa de se comportar e de se sentir em relação ao sexo — não sentir nada, apenas acomodar o homem a quem seu corpo pertence. O sexo não faz parte do que torna uma mulher adorável; só pode ser parte do que torna uma mulher desagradável. Isso pode torná-la "desejável" — e muitas mulheres tentam ser desejáveis, mas apenas como uma alternativa menor a serem amáveis. Se você é sexualmente desejável, você é, por definição, indigna de amor.

E uma vagabunda.

Eis a mensagem mais antiga, tendo mudado apenas superficialmente nos últimos trezentos anos. Há muitos exemplos para escolher apenas um, mas pegaremos um parágrafo de perguntas retóricas de *Sermons to Young Women*, de James Fordyce, publicado em 1766 e lido em voz alta pelo Sr. Collins para as mulheres no romance *Orgulho e preconceito*, de Jane Austen. A mensagem geral dos Sermões é: "as mulheres são atraentes quando são mansas, ignorantes e puras". Nesta seção, Fordyce está discutindo "diversões públicas" envolvendo "juramentos, imprecações, duplo sentido, tudo obsceno" (ele quer dizer ir ao teatro):

> *Entre o estado de pureza virgem e a prostituição real não há graus intermediários? Não é nada ter a alma desflorada, a fantasia poluída, as paixões lançadas à fermentação?... De fato, alguém poderia pensar que era a opinião daqueles que imaginam que não pode haver mal em uma paixão por locais de entretenimento...*

Tradução: Se você gosta de ser entretida, perderá sua virgindade mental, o que a torna igual a uma prostituta. O que, nem é preciso dizer, tornaria você desagradável.

E uma vagabunda.

Jane Austen sabia que isso não passava de baboseira. Você sabe que isso não é verídico. Mas está na cultura em que você foi criada e se esgueira por baixo da cerca e invade como hera venenosa.

A Mensagem Médica: "Você está doente." O sexo causa doenças e gravidez, o que o torna perigoso. Mas se você está pronta para correr esse risco, o funcionamento sexual deve ocorrer de uma maneira específica — desejo, depois excitação e depois orgasmo, de preferência durante a relação sexual, simultaneamente com seu parceiro — e, quando isso não acontece, há um problema médico que você deve abordar. Medicamente. Com medicação. Ou possivelmente cirurgia. Na medida em que a resposta sexual de uma mulher difere da de um homem, ela está doente — isso não vale para a gravidez, que é para que serve o sexo. Uma mulher até comentou comigo que seu médico disse que seu baixo desejo sexual foi causado porque seu corpo inibia o seu desejo sexual para impedi-la de engravidar. Ela me perguntou se isso é verdade. Resposta curta: Não. Resposta longa: *Claro que não*, e espero que o médico leia o capítulo 7.

Esta é uma mensagem mais recente, datada de meados do século XIX ou mais tarde. Como exemplo, o clássico de Marie Stopes, de 1918, *Amor e casamento*, tem a dizer sobre o assunto da relação sexual:

> Onde [o homem e a mulher] estão perfeitamente ajustados, a mulher atinge simultaneamente a crise de reações nervosas e con-

> vulsões musculares semelhantes às dele. Este orgasmo mútuo é extremamente importante... e é um prazer *mútuo*, não egoísta, mais calculado do que qualquer outra coisa para extrair uma ternura e compreensão indescritíveis em ambos os participantes deste sacramento.

O orgasmo simultâneo pode ser muito bom. Mas você sabe tão bem quanto eu que não é o marcador de uma experiência sexual "perfeitamente ajustada". E, no entanto, quase cem anos depois, a ideia do orgasmo simultâneo durante a relação sexual persiste como um falso marcador cultural de "excelência sexual".

A Mensagem Midiática: "Você é inadequada". Espancamento, jogo de comida, ménages à trois... você fez todas essas coisas, certo? Bem, você teve pelo menos orgasmos clitorianos, orgasmos vaginais, orgasmos uterinos, orgasmos energéticos, orgasmos prolongados e orgasmos múltiplos? E você dominou pelo menos 35 posições diferentes para a relação sexual? Se não tentar todas essas coisas, você é frígida. Se teve poucos parceiros, não assiste pornografia e não tem uma coleção de vibradores em sua mesa de cabeceira, você é uma puritana. Além disso: você é muito gorda *e* muito magra; seus seios são muito grandes *e* muito pequenos. Claramente há algo de errado com o seu corpo. Se não está tentando mudar, você é preguiçosa. Se você está satisfeita consigo, assim como é, você está se acomodando. E se você se atreve a *gostar* de si, você é uma vadia vaidosa. Em suma, você está fazendo isso errado. Faça diferente. Não, isso também está errado, tente algo a mais. Para sempre.

Eis a mais nova mensagem, seguindo de perto os passos da televisão e a pílula anticoncepcional, em meados do século XX. Para ver um exemplo, basta olhar para a caixa de qualquer drogaria, onde as prateleiras de revistas anunciam em fontes sem serifa brilhantes as coisas interessantes que você poderia (e, nem é preciso dizer, *deveria*) fazer na cama.

Você sabe que é apenas para se divertir. Você não está realmente tentando viver de acordo com o padrão definido por personagens em um programa de TV. Mas está lá, afetando seu jardim, quer você o receba ou não.

Camilla havia dito:

— As imagens que vemos — ou não vemos — importam. Elas nos dizem o que é possível.

E isso é tão verdadeiro para as histórias que contamos quanto para as imagens das pessoas nas histórias.

Camilla passou grande parte de sua adolescência lendo romances antigos dos anos 1970 e 1980, que passaram a ser tão parte dela que ela até escreveu sua tese de graduação sobre gênero e política racial na arte efêmera.

Mas agora, tendo descoberto o contexto e o modelo de controle duplo, ela revisitou uma coleção de romances, examinando os contextos que as narrativas criaram para a sexualidade das mulheres.

E esses contextos eram bizarros.

Ela disse a Henry e a mim:

— Então, aqui está a história universal: a heroína é uma Good Girl (garota boazinha) que não tem acelerador e freios sensíveis, que nunca teve a menor sensação sexual até conhecer o Herói. Você pode dizer que ele é o Herói porque de repente o acelerador da Good Girl está enlouquecendo. Mas Good Girl tem que pôr o pé no freio porque o sexo é inerentemente ruim e perigoso, então é claro que o Herói faz sexo com ela de qualquer maneira…

Henry ergueu uma sobrancelha e balançou a cabeça. Eu espalmei o rosto.

— Mas, gradualmente, a pureza e a bondade de sua vagina limpa "domesticam" o Herói e eles se apaixonam e se casam.

Isso é hilário e trágico, porque não é assim que a sexualidade feminina realmente funciona.

Mas aqui estava o insight do próximo nível:

Ela disse:

— Então, o que estou pensando é… e se a forma como o desejo sexual, as emoções e os relacionamentos femininos são representados na mídia for tão distorcida quanto a forma como os corpos das mulheres

são representados? E se tudo sobre como o sexo funciona for tão mal desenhado quanto o Escher Girls? E se basicamente tudo o que a cultura diz sobre sexo for errado, e meu acelerador de tesão lento for, na verdade, normal?

E é claro que é. Ela é feita das mesmas partes que todos os outros, mas organizada de forma única.

Você é linda

No dia em que nasceu, como você se sentiu em relação à gordura na parte de trás das coxas?

Como os adultos ao seu redor se sentiram sobre isso?

Todo bebê precisa de seus cuidadores para segurá-los em seus braços com carinho e alegria, e, na maioria das vezes, esses cuidadores estão explodindo de ânsia de atender a essa necessidade. No dia em que nascemos, a maioria é celebrada e chamada de bonita.

Mas algo acontece entre aquele dia alegre em que cada centímetro, cada grama, cada rolo e cada protuberância do corpo de uma garota é celebrado como perfeito e adorável exatamente como é... bem como no dia em que ela atinge a puberdade.

O que acontece é que ela absorve mensagens do que é ou não adorável em seu corpo. As sementes da autocrítica corporal são plantadas e nutridas, e a autoconfiança corporal e a autocompaixão são negligenciadas, punidas e eliminadas.

Os alunos riem como se eu tivesse feito uma piada quando pergunto:

— O que aconteceria se você encontrasse seus amigos no jantar e dissesse: "Estou me sentindo tão bonita hoje!"?

— Sério, o que aconteceria? — Eu insisto.

— Ninguém faria isso — respondem eles.

— Mas... quantas vezes alguém encontraria amigos no jantar e diria: "Estou me sentindo tão gorda hoje"?

— O tempo todo — dizem eles.

O tempo todo.[3]

As mulheres têm permissão cultural para se criticar, mas são punidas quando se elogiam ou dizem gostamos de si do jeito que são.[4]

Isso está mexendo com nossos orgasmos, nosso prazer, nosso desejo e nossa satisfação sexual. Existe uma troca direta entre o bem-estar sexual e os pensamentos autocríticos sobre seu corpo. Uma revisão de 2012 de 57 estudos, abrangendo duas décadas de pesquisa, encontrou ligações importantes entre a imagem corporal e quase todos os domínios do comportamento sexual que você pode imaginar: excitação, desejo, orgasmo, frequência sexual, número de parceiros, auto-afirmação sexual, autoestima sexual, ingestão de álcool ou uso de outras drogas durante o sexo, envolvimento em sexo desprotegido e muito mais.[5] Os resultados variam um pouco entre diferentes idades, entre mulheres de diferentes identidades e em diferentes grupos raciais, mas o resultado geral é universal: As mulheres que se sentem pior com o corpo experienciam um sexo menos satisfatório e arriscado, sentem menos prazer, mais consequências indesejadas e mais dor.[6]

Acho que ninguém ficará surpreso ao saber que se sentir bem com seu corpo melhora sua vida sexual. É óbvio quando você pensa sobre isso, certo? Imagine fazer sexo se você se sentir insegura e pouco atraente. Como você se sentiria se uma pessoa com quem se importa a tocasse e olhasse, quando pensar em seu próprio corpo a deixa desconfortável? Você prestaria atenção às sensações do seu corpo e do seu parceiro — ou prestaria atenção a todas as coisas que se sente compelida a esconder?

E isso ativa o acelerador ou os freios?

Freios.[7]

Agora imagine fazer sexo quando você se sentir tremendamente confiante e bonita. Imagine como é ter uma pessoa que gosta de tocar sua pele com as mãos e o olhar, quando você ama cada centímetro de si e pode sentir seu parceiro apreciando o quanto você é bonita.

O mecanismo de *desejo* está integrado em ambos os casos — mas no primeiro caso o mecanismo está dividido entre mover-se em direção à experiência sexual e afastar-se de seu corpo. No segundo, quando você gosta de viver dentro da própria pele, o mecanismo se move em direção ao sexo *e* a você, sem conflito.

Então, é claro que a autocrítica corporal interfere no bem-estar sexual. Não podemos entender a satisfação sexual feminina sem pensar na satisfação corporal, assim como não podemos entender o prazer sexual feminino sem pensar no apego e no estresse. E as mulheres não estarão plena e alegremente satisfeitas com sua vida sexual até que estejam plena e alegremente satisfeitas com o próprio corpo.

Então, para ter um sexo mais frequente e melhor, ame seu corpo.

Qual é uma daquelas coisas em que você fica tipo: "Sim!... Mas... como?"

É difícil, porque você nunca escolheu *não* amar seu corpo. E nem muito do que aconteceu com você entre o dia em que nasceu e o dia em que atingiu a puberdade, e é aí que a maior parte da autocrítica do corpo estava criando raízes. Você nunca teve a chance de dizer "sim" ou "não" para a autocrítica sendo plantada em seu jardim.

O que acontece é que muitas mulheres confiam menos em seu corpo do que no que aprenderam, culturalmente, *sobre* seu corpo.

Mas a cultura ensinou coisas que são incorretas e *erradas*. Doloroso. Quero abordar duas coisas que você aprendeu que estão definitivamente erradas e, também, o que é certo: primeiro, que a autocrítica é boa para você e, segundo, que a gordura é ruim para você. Essas coisas são falsas. Aqui está o porquê:

Criticar-se = estresse = redução do prazer sexual

Nós mulheres fomos treinadas para espancar-nos quando falhamos. Nós nos criticamos: "Sou tão estúpida/gorda/louca", "Sou péssima", "Sou uma perdedora" — como um reflexo quando as coisas não saem do jeito que queremos. E nosso cérebro processa a autocrítica com áreas cerebrais ligadas ao comportamento de inibição — freios.[8] Portanto, não é de surpreender que a autocrítica esteja diretamente relacionada à depressão[9] — e a depressão melhora seu bem-estar sexual? Não.

Veja como isso funciona:

Quando você vai direto ao ponto, a autocrítica é mais uma forma de estresse[10], que descrevi no capítulo 4 como uma adaptação evolutiva que nos ajudar a escapar de ameaças – "Estou em risco". Quando pensamos: "Sou uma pessoa inadequada!" é como dizer: "Eu sou o leão!" Literalmente, nossos níveis de hormônio do estresse aumentam.[11] Seu corpo reage a autoavaliações negativas como se você estivesse sob ataque.

A solução é praticar a substituição da autocrítica pela autobondade.

As mulheres tendem a ter uma resposta em duas camadas a essa ideia. Primeiro, eles adoram instintivamente a ideia de serem mais receptivas a si e não se culparem quando a vida não é perfeita. A pesquisa diz às mulheres o que elas já sabem intuitivamente: a autocrítica está associada aos piores resultados de saúde, tanto mental quanto físico, e mais solidão.[12] Isso mesmo: a autocrítica é um dos melhores indicadores de solidão — então não é apenas "estou em risco", é também "estou perdida".

Mas então, quando as mulheres pensam concretamente nisso, começam a descobrir a sensação de que precisam ser autocríticas para se manterem motivadas. Acreditamos que a autotortura nos faz bem, pelo menos, um pouco. Como em:

— Parar de me culpar por não ser perfeita, é como admitir para o mundo — e para mim — que nunca serei perfeita, que sou permanentemente inadequada! Preciso da autocrítica para manter a esperança e me motivar a melhorar.

Dizer a si:

— Não consigo parar de me criticar, senão vou falhar para sempre!

É como dizer:

— Não consigo parar de correr/lutar/fingir de morta, se o fizer, o leão vai me comer!

Isso é exatamente o que nossa cultura nos ensinou, então faz sentido que muitos acreditem nisso. Está tão enraizado em nossa cultura que soa... como algo saudável. Racional, mesmo.

Mas não é.

Pense nisso: o que *realmente* aconteceria se você parasse de fugir de si ou de se chicotear? O que aconteceria se você largasse o chicote com o qual se açoita há décadas?

Quando você para de se chicotear — quando você para de se ferir novamente — o que acontece é... *você começa a se curar.*

A autocrítica é uma erva invasora no jardim, mas muitas foram ensinadas a tratá-la como uma flor preciosa, mesmo quando estrangula plantas nativas de nossa sexualidade. Longe de nos motivar a melhorar, a autocrítica nos adoece mais e mais.

Mais adiante neste capítulo, descreverei três maneiras baseadas em evidências para mudar os padrões de autocrítica, mas, por enquanto, deixe-me apenas apontar que você não consegue parar de se criticar caso se açoite enquanto pratica a autocrítica. Caso perceba que está pensando: "*Aff, eu sou péssima*" e logo em seguida pense: "*Droga. Emily me disse para parar de fazer isso! Eu sou* péssima*!*", isso não é de grande ajuda, não é?! Então, quando você perceber que está pensando: "*Aff, eu sou péssima*", ou o que quer que você diga a si quando as coisas não saem do seu jeito, apenas observe que se trata de uma erva daninha. Você não a colocou lá — ela se esgueirou por baixo da cerca. Então, aproveite o momento para plantar uma semente de algo positivo. Por exemplo, quando você pensar: "*Aff, eu sou péssima*", plante o pensamento: "Estou bem". Como em "estou segura", "estou inteira" ou "estou em casa". Você está bem.

E veja a mudança acontecer — ela acontece o tempo todo!

Deixe-me falar de minha amiga Ruth. Estávamos sentadas uma tarde, conversando sobre sexo (um assunto inevitável, se você falar comigo por muito tempo), e ela me disse:

— Sabe, já passei por muitas coisas, mas minha sexualidade realmente se abriu e tem estado muito melhor ultimamente.

— Isso é maravilhoso — disse — O que mudou?

— Me sinto mais confiante em mim, no meu corpo! Agora, sei que é incrível estar comigo e posso me divertir com isso.

— Isso é *ótimo*! Como você fez isso?

Ela disse:

— É como se um dia eu decidisse que era tudo besteira. Quem são eles para me dizer que não sou incrível exatamente como sou?

Sim. Exatamente.

Saudável em todos os tamanhos

O peso é apenas um dos gatilhos da autocrítica (especialmente das mulheres), pode até ser o mais universal, com metade das meninas de até 3 anos de idade preocupando-se com a possibilidade de serem "gordas"[13] — e está certamente entre os gatilhos mais perigosos e desnecessários.

As pessoas desejam perder peso por dois motivos: saúde e beleza. Se você pode medir a beleza em uma escala, eu não sei,[14] mas sei que você definitivamente não pode medir a saúde dessa forma, e estou determinada a acabar com esse mito agora, de uma vez por todas.

Eis o mito da maneira mais clara que consigo resumir: se eu sei quanto você pesa, sei algo sobre sua saúde.

Isso é um equívoco. O fato é que o peso por si só não nos diz quase nada sobre saúde. A pesquisa é dolorosamente clara, embora muitas pessoas tenham dificuldade em aceitá-la — houve controvérsia dessa pesquisa na grande mídia e até mesmo entre os acadêmicos, porque ela contraria o que todos dizem e, de alguma forma, sentem receio de dar às pessoas permissão para não odiar o próprio corpo (apesar do fato de que a pesquisa que citei na seção anterior prova que as pessoas são mais saudáveis quando não se odeiam). Mas se você pensar nisso logicamente por dois segundos, você verá como obviamente é verdade que o peso nada mais é do que uma medida da *gravidade*. Perceba:

- Quer perder cinco quilos sem dieta ou exercício? Corte a perna na altura do joelho! Garanto que da próxima vez que você subir em uma balança, vai pesar menos.
- Ou, ei, quer perder cinco quilos de gordura? Remova seu cérebro — sua massa é quase 100% gorda!
- Você sabe quem está sempre magro? Pessoas que vivem em prisões!

- Perda de peso rápida e fácil! Voe em um avião! Melhor ainda, vá para o espaço! Eles não usam o termo "sem peso" por nada!

Se isso soa superficial, ótimo. Acho estúpido e destrutivo que "especialistas" nos digam que podemos medir nossa saúde medindo algo que podemos mudar removendo um membro, torturando-nos ou nos medindo enquanto voamos de avião. Você pode atingir seu "peso ideal" clinicamente definido sem melhorar sua saúde; na verdade, isso pode até prejudicar substancialmente a sua saúde!

Caso isso não seja convincente o suficiente e você queira uma opinião médica, permita lhe contar esta história. Em uma noite, durante a conferência onde aprendi sobre Health at Every Size (HAES), na verdade, era um encontro com um cardiologista. Contei a ele da conferência e perguntei sobre essa estatística específica que um palestrante mencionou.

Eu perguntei:

— Dr. Date, é verdade que pode ser mais saudável ter 30kg acima do seu "peso ideal" clinicamente definido do que 2kg abaixo dele?

E o Dr. Date disse:

— Não sei se usaria esses números precisos, mas essa ideia está correta. Por diferentes razões, estar apenas um pouco abaixo do peso traz maior risco do que o sobrepeso.

O encontro não deu muito certo, e dois anos depois me casei com um cartunista e seus dois gatos, mas o Dr. Date e eu tivemos um bom jantar e ele verificou que o peso não é o que importa, mas sim os *comportamentos saudáveis*.

Minha amiga Kelly Coffey pesava mais de 130 quilos quando se formou em Smith College. Ela estava muito infeliz e pensou que seu peso era o culpado. Então fez uma cirurgia bariátrica e perdeu metade do peso corporal.

— Eu me senti feliz por algumas semanas, e então a depressão, o ódio de mim, tudo isso voltou à tona. — disse ela.

Então, quando as coisas mudaram para ela?

— Quando percebi que não era *o* peso — diz ela. — Foi sobre aprender a respeitar a mim e ao meu corpo e a tratá-lo com amor.

Não se trata de peso, tamanho ou gordura — peso é uma medida de gravidade e nada mais —, trata-se de viver alegremente dentro do seu corpo, como ele é hoje.

O que me leva a Health at Every Size. HAES é, como o nome indica, uma abordagem para viver dentro de seu corpo com base na saúde e não no peso. Lindo Bacon literalmente escreveu um livro sobre HAES — *Health at Every Size: The Surprising Truth about Your Weight* [sem publicação no Brasil] — com base em décadas de pesquisa sobre nutrição, exercícios e saúde. Existem quatro princípios principais, de acordo com "The HAES Manifesto": (1) aceite seu tamanho, (2) confie em si, (3) adote hábitos de vida saudáveis, incluindo atividade física alegre e alimentos nutritivos, e (4) abrace a diversidade de tamanho.[15]

É quase simples demais: dê as boas-vindas ao seu corpo como ele é, ouça as próprias necessidades internas e faça escolhas saudáveis em relação à alimentação e atividade física. Assim, você até pode perder peso (provavelmente não vai), mas o ponto é que com certeza ficará mais saudável e feliz.

Sério?! Feliz e saudável sem perder peso?

Sério.

Você quer que seja verdade?

Essa é outra história.

O que importa é se está disposta a experimentar a possibilidade de que você já é bonita e se está pronta para priorizar a saúde real em vez de se conformar a algum padrão cultural de como seu corpo "deveria" ser.

Eu sei que a consciência intelectual do impacto negativo da autocrítica e a falta de relação entre saúde e peso não podem desfazer instantaneamente as décadas de vergonha que tantas mulheres absorveram. Na minha experiência, as mulheres relutam em abrir mão de seus pensamentos críticos e do ideal cultural de magreza, mesmo quando acreditam que tudo isso é um absurdo — e realmente é — e hesitam ainda mais em acreditar que já são bonitas — e realmente são.

Mais adiante, descreverei três estratégias baseadas em evidências para mudar de maneiras autocríticas de viver em seu corpo, para maneiras compassivas e saudáveis. Mas, no final, tudo se resume a uma decisão: parar de cultivar as ervas daninhas da autocrítica e, em vez disso, nutrir as flores da confiança *hoje* — e refazer essa decisão a cada dia.

"Sujo"

Enquanto tive um escritório, mantive uma cesta de embalagens de lubrificante de uso único. Eles eram de cores diferentes, então parecia um pouco com uma cesta de doces ou brilho labial. Chegando pela primeira vez ao meu escritório, um aluno colocou o dedo na cesta, atraído pelas cores, e perguntou:

— O que é isso?

— Diferentes tipos de lubrificante — disse. — Sinta-se à vontade para levar quantos você quiser.

Cerca de metade dos alunos responde:

— Legal!

E vasculha por alguns de que gosta. E a outra metade retira a mão como se eu tivesse acabado de dizer que eram pacotes de bolhas de meleca.

Eis a repulsa sexual. Trata-se de uma resposta de abstinência aprendida de coisas que são "nojentas". Todos têm algo que gera repulsa sexual, e o "eca" de cada um é diferente. É fato que ninguém *precisa* usar lubrificante embalado (embora eu recomende; você verá por quê no capítulo 6) — vivemos sem ele por algumas centenas de milênios —, então pode não importar muito se o lubrificante estiver na sua lista de nocautes.

Mas o que acontece quando esse mesmo desgosto sexual é ativado pelo próprio corpo?

— Meu parceiro quer…

Participei de inúmeras conversas que terminaram em um silêncio embaraçoso. Em um caso particular, a aluna continuou:

— … Ele quer fazer sexo oral comigo —, e então ela ficou vermelha.

— Tudo bem —, disse. E eu esperei.

— Bem... Quero dizer... — e ela parou de novo, sem fazer contato visual.

— *Você* gostaria que ele fizesse sexo oral em você? — perguntei.

— Eu... — disse ela, estremecendo. — Quero dizer... continuou ela. — Não é... — finalmente perguntou — sujo? Lá em baixo? Com o cabelo? O... muco...?

Eu gostaria que fosse eficaz responder a essa pergunta com:

— Claro que não, é lindo lá embaixo! Parabéns por ter um parceiro que aprecia esse fato!

Às vezes isso é eficaz. Mas muitas vezes há um enorme nó resistente de crenças que precisa ser desatado antes que a pessoa possa chegar lá.

Felizmente, a pesquisa me forneceu uma faca científica projetada para cortar esse nó específico: a Teoria dos Fundamentos Morais. Jonathan Haidt e sua equipe descobriram que existem seis "fundamentos morais" no cérebro humano, cada um dos quais é uma solução para um determinado problema evolucionário que nossa espécie enfrentou.[16] Dos seis, considero o fundamento moral de "santidade/degradação" o mais relevante para o sexo.

A base da santidade é evitar contaminantes e é movida pelo desgosto. Os seres humanos generalizaram a partir da evitação de contaminantes (somos inatamente enojados por cadáveres em decomposição) para evitar contaminantes conceituais (podemos nos sentir enojados apenas com as palavras "cadáveres em decomposição"). Você pode visualizar a santidade como um eixo vertical, com comportamentos estigmatizados e tabus descritos como "baixos" e "sujos" e comportamentos socialmente sancionados como "altos" e "puros".

Julgamos errado qualquer coisa associada à baixeza.

Na ética judaico-cristã, os corpos são baixos e o espírito é alto, os instintos animais são baixos e a razão humana é alta, e muitas vezes as mulheres são baixas e os homens são altos. O sexo atrai a atenção para baixo, para o básico, o animal, o desprezível e, portanto, desencadeia a reação de repulsa.

Isso não é verdade em todas as culturas ou sistemas de crença, muito pelo contrário.[17] E mesmo tradições religiosas notoriamente "negativas em relação ao sexo" podem ver o sexo como sagrado sob certas condições "sancionadas". Uma amiga fundamentalista religiosa na pós-graduação me surpreendeu depois de casada com sua ânsia de aprender sobre prazer e exploração, para que ela pudesse compartilhar com o marido. Ela teve que aprender a pensar de forma diferente em relação ao seu corpo nesse novo contexto, mas uma vez que ela fez a mudança, toda a sua experiência foi revolucionada.

No contexto correto, sexo e corpos não são "inferiores" ou "degradantes", eles podem ser santificados e gloriosos.

Mas muitos foram criados em culturas que dizem que nosso corpo sexual é nojento e degradante, assim como os fluidos, sons e cheiros que os corpos produzem, assim como uma grande variedade de coisas que podemos fazer com nosso corpo e de nosso parceiro. "Evite sexo! Sexo é nojento, além de perigoso!"

Se um comportamento sexual ou uma parte do seu corpo é considerado "baixo", você acha que ativa o acelerador?

Não. O nojo pisa no freio.

A repulsa é fisiologicamente distinta da resposta ao estresse, mas é mais semelhante ao "congelamento" parassimpático do que ao "lutar ou fugir" simpático. A repugnância freia no Um Anel emocional — ela desacelera sua frequência cardíaca, para seu intestino e obstrui sua garganta. Não importa se é ativado pelo fedor do gambá ou da hipocrisia, pela visão do sangue ou da crueldade, a fisiologia é basicamente a mesma.[18]

Enquanto Merritt pensava mais sobre seus freios e sua falta de confiança em seu corpo, ela chegou a esta conclusão: "Quero aprender a confiar no meu corpo".

Isso ficou claro quando ela e Carol sentaram juntas, conversando sobre o quê e como ensinar sua filha adolescente sobre sexo. Fizeram uma lista das coisas que queriam que ela acreditasse e experimentasse, incluindo:

- *Reconhecer a própria beleza de corpo e espírito*

- *Sentir-se no controle de quem toca seu corpo, como e quando*
- *Saber como se proteger contra consequências como infecções e gravidez*

Quando Carol (integrante do grupo feminista de conscientização nos anos 1980) perguntou:

— E quanto ao prazer? Eu adoraria que ela soubesse como se dar prazer e aproveitar seu corpo —, essa foi difícil para Merritt. Não é que ela não queria isso, ela só.... não poderia... realmente...

Raro é o responsável americano que se sente à vontade para conversar com suas crianças sobre o prazer sexual — raro, mas não inexistente. Minha história favorita de um responsável sexualmente positivo veio de um cara que me disse que na primeira vez que ejaculou (esfregando a pélvis contra o colchão), ele correu para a mãe, com medo de ter se machucado.

— Mãe! Mãe! Esse treco branco saiu do meu pênis enquanto eu o esfregava!

A sua mãe era incrível. Calmamente, explicou o que havia acontecido, que era normal, e como lidar com isso no futuro.

Quando contei essa história para Merritt e Carol, Carol riu e disse:

— Eu amo essa mãe! — mas Merritt empalideceu.

— Se eu fosse aquele menino — disse ela — eu teria queimado meus lençóis antes de contar para minha mãe.

Merritt, lembre-se, não cresceu em um ambiente positivo para o sexo. Mas, na América, cada geração está derrubando rapidamente velhas ideias de controle social e sexo. Ela é a primeira da família a ir para a faculdade e apenas a segunda geração a ganhar a vida fazendo outra coisa que não agricultura. E junto com a revolução social e econômica que ela representa, também é a primeira lésbica assumida — e a primeira em sua família a discutir com um cônjuge sobre como ensinar o prazer sexual à filha.

— Meus pais me ensinaram muitas coisas valiosas sobre compromisso e lealdade, e sobre ser uma pessoa gentil e amorosa —, disse ela. — Mas

também que se eu fizesse sexo fora do casamento iria para o inferno, e mesmo agora, depois de quase vinte anos em que Carol voltou para casa comigo no Natal, eles ainda não conseguem olhá-la nos olhos.

— Parece que eles não queriam te ensinar a sentir vergonha, mas foi o que você aprendeu — disse.

— E quando você se assumiu — disse Carol —, foi atacada.

— Portanto, não é de admirar que você não sinta que pode confiar totalmente em seu próprio corpo — disse.

Merritt fechou os olhos e sacodiu a cabeça.

— Eu não gostaria que Julia sentisse que havia algo errado com qualquer parte de seu corpo. Não estou sendo um modelo para ela.

E assim, é claro, ela passou a mudar o seu relacionamento com o corpo e a confiar em si — relaxar no prazer e nadar na água da vida. Descreverei como no capítulo 8.

Quando alguém "eca" seu "humm"

A repulsa pode funcionar como uma emoção social — isto é, aprendemos que aspectos do mundo (incluindo nosso corpo) são repugnantes ao ler as respostas das pessoas ao nosso redor. Por exemplo, os bebês evitarão um brinquedo que seu cuidador adulto olhe com uma expressão de nojo.[19]

Previsivelmente, a experiência de nojo é sensível ao contexto — ficamos menos enojados com coisas relacionadas ao sexo enquanto estamos sexualmente excitados.[20] E as mulheres tendem a ser mais sensíveis do que os homens ao nojo aprendido, particularmente no domínio sexual,[21] embora ainda não esteja claro o porquê.[22]

Podemos ver como o processo de aprendizagem do nojo pode se desenrolar, momento a momento, na vida de uma pessoa se imaginarmos, para efeito de argumentação, um par de gêmeas idênticas separadas no nascimento. Vamos chamá-las de Jessica e Theresa.

Imagine que tanto Jéssica quanto Theresa, talvez com 5 ou 6 anos de idade, tenham o hábito de se masturbar em seus quartos na hora da soneca. (Se você notou uma reação de repulsa em si com a ideia de uma jovem masturbando-se, acabou de experimentar o que estou prestes a descrever!)

Então, um dia, Jéssica está masturbando-se em seu quarto na hora da soneca, quando seu cuidador adulto entra e a vê com a mão dentro da calça. O pai recua em uma resposta involuntária de nojo e diz:

— Para com isso!

Nesse mesmo dia, em outra casa, Theresa também se masturba, e seu cuidador adulto entra e a vê com a mão na calça. Mas aquele pai diz calmamente:

— Vamos para a casa da sua tia em alguns minutos. Calce os sapatos.

O cérebro de Jéssica aprende a associar a vergonha e a angústia (freios) comunicada por seu pai com qualquer excitação sexual (acelerador) que ela estava sentindo no momento em que seu pai a repreendeu.

O cérebro de Theresa, ao contrário, não aprende tal associação.

Este incidente pode não ter nenhum impacto duradouro. Se não houver outros incidentes para reforçar este, a associação no cérebro de Jéssica será dissociada.

Mas imagine que vinte anos se passaram e as experiências de Jéssica e Theresa rotineiramente reforçaram esses padrões. O cérebro de Jéssica aprendeu a associar excitação sexual com estresse, vergonha, repulsa e culpa. Theresa aprendeu a associar a excitação sexual com prazer, confiança, alegria e satisfação.

Qual delas tem uma vida sexual melhor?

Jéssica se sentirá em conflito com suas sensações sexuais — elas são prazerosas... e não são, ao mesmo tempo. E ela não terá uma ideia clara de por que se sente culpada, envergonhada, deprimida ou mesmo com dor física quando está sexualmente excitada.

Se uma garota tem um sistema de freios particularmente sensível, um incidente pode ser o suficiente para criar um nó emaranhado em seu processo de excitação. Para muitas mulheres, no entanto, é necessário um reforço consistente de uma mensagem negativa para que ela seja incorporada à resposta sexual, e um reforço consistente tem uma cultura sexual negativa.

Em outras palavras, isso acontece o tempo todo.

Frequentemente, o desgosto é reforçado de maneiras sutis, mas às vezes podemos lembrar-nos de um momento específico em que a mensagem foi esclarecida. Conversei com uma avó — uma educadora sexual fodona do Sul, para ser específica — que me contou desse momento vivido quando ela era uma adolescente. Ela estava sentada na varanda da frente beijando o namorado, mas quando entrou, sua mãe veio até ela com desgosto em cada linha de seu rosto e disse:

— O que você estava fazendo aí fora? Isso é *sexo*!

E essa avó de 60 e poucos anos me disse:

— Levei muito, muito tempo para entender por que ficava tão ansiosa com relação ao sexo com meu marido — e quero dizer nauseada e ansiosa — e quando finalmente descobri, fiquei com raiva por cerca de dez segundos, e então fiquei tão triste por minha mãe.

Ela continuou:

— Agora, quando faço educação em saúde em minha igreja, apenas digo em voz alta: "Eu gosto de sexo!" Simplesmente quero que todos saibam que está tudo bem!

Eu amo essa mulher.

Para os educadores sexuais, a regra é: "Não estrague o 'humm' de ninguém". E como não podemos saber quais são os "humms" dos outros, não "ecamos" nada. Sabemos que o nojo é uma emoção social e que nossos alunos já foram expostos a muitas pessoas que associam nojo ao sexo.

É por isso que os educadores e terapeutas sexuais passam por um processo educacional de exposição intensiva, deliberadamente projetado para minimizar o julgamento, a vergonha e as reações de repulsa, para que possamos responder com neutralidade aberta a tudo o que os alunos ou clientes trazem para a sala. Esse treinamento muitas vezes assume a forma de uma Reavaliação da Atitude Sexual, um treinamento de vários dias que inclui exercícios de esclarecimento de valores, painéis de convidados e palestrantes, além (na minha experiência) de uma variedade de pornografia que surpreenderia a maioria das pessoas em sua variedade, intensidade e criatividade, seguida de reflexão e processamento de nossas reações a tudo isso.

A menos que você se torne uma educadora sexual, nunca precisará passar por um processo como esse. Tudo o que você precisa fazer é começar a reconhecer onde sua reação de repulsa aprendida está interferindo em seu prazer sexual e decida se é algo que você prefere abrir mão. Seus órgãos genitais e de seus parceiros, seus fluidos genitais e de seu parceiro, sua pele e seu suor e as fragrâncias de seu corpo, tudo isso é saudável e bonito — não para mencionar elementos *normais* da experiência sexual humana. Você pode escolher se se sente enojado por eles.

A pesquisa nos diz que o nojo, como uma resposta aprendida ao sexo, prejudica o funcionamento sexual das mulheres e está especialmente associado a distúrbios de dor sexual.[23]

Na próxima seção, descreverei três estratégias para tornar suas escolhas do que é ou não nojento — são as mesmas estratégias que você usa para fazer suas escolhas sobre autocrítica. Mas o primeiro passo é começar a perceber quando você experimenta uma abstinência involuntária de coisas relacionadas ao sexo e, então, tentar a possibilidade de que a visão, os cheiros, os sons, a viscosidade do seu próprio organismo sexual são partes gloriosas e belas do ser humano.

Porque e se tudo isso for realmente lindo e glorioso? E se seu corpo for motivo de comemoração?

(P.S. Certamente é.)

A cultura negativa do sexo nos treinou para sermos autocríticos e críticos de nosso corpo e nossa sexualidade, e está interferindo em nosso bem-estar sexual. Então sejamos práticas. Como criamos uma bolha de positividade sexual para nós, onde podemos explorar, celebrar e maximizar nosso potencial sexual? Como maximizamos o "humm", em um mundo que tenta convencer-nos de que somos nojentas? Aqui estão três estratégias baseadas em evidências que podem genuinamente criar mudanças positivas.

Maximizando "humm"... com ciência! Parte 1: autocompaixão

Às vezes, apegamo-nos à autocrítica. Pensamos: "*Se eu parar de me chicotear, vou ficar complacente e preguiçosa e nunca mais vou mudar*!"

E, então, apegamo-nos ainda mais aos autojulgamentos — afinal, essas são questões *morais*, envolvendo se você é uma pessoa boa, decente, digna ou uma pessoa ruim, nojenta e sem escrúpulos. Pensamos: "*Aceitar-me como sou seria aceitar que sou uma pessoa imperfeita, má e que tem algo de errado comigo, e abandonar a esperança de que um dia eu poderia ser boa o suficiente para merecer amor.*"

Lembre-se de que se chicotear é o equivalente emocional do Um Anel de se tratar como seu leão interior, vendo-se como uma ameaça que precisa ser evitada (o que é impossível), conquistada (o que é literalmente autodestrutivo) ou evitada por meio do desligamento (o que é contraproducente, para dizer o mínimo).

E é por isso que precisamos de autocompaixão.

A autocompaixão é o oposto da autocrítica e do autojulgamento. Em seu livro *Autocompaixão: Pare de se torturar e deixe a insegurança para trás*, a pesquisadora e educadora Kristin Neff descreve os três elementos-chave da autocompaixão:

- *A autobondade* é a nossa capacidade de nos tratarmos gentilmente e com cuidado. Na Escala de Autocompaixão (SCS), uma pesquisa usada para avaliar autocompaixão, a autobondade é descrita com itens como: "Quando estou passando por um momento muito difícil, ofereço-me o carinho e a ternura de que preciso." Em contraste, seu oposto, o autojulgamento, é avaliado com: "Sou intolerante e impaciente com os aspectos da minha personalidade de que não gosto".
- A *humanidade comum* vê nosso sofrimento como algo que nos conecta com os outros, em vez de nos separar. É avaliado na SCS com itens como: "Quando me sinto inadequada de alguma forma, tento me lembrar que sentimentos de inadequação são com-

partilhados pela maioria pessoas." Seu oposto, *isolamento*, é avaliado com "Quando eu falho em algo que é importante para mim, tendo a me sentir sozinha em meu fracasso."

- *Mindfulness* é não julgar o que quer que esteja acontecendo no momento. Falei sobre mindfulness no capítulo 4 e voltarei a falar no capítulo 9, pois é importante. No SCS, é avaliado com itens como: "Quando algo doloroso acontece, tento ter uma visão equilibrada da situação". Seu oposto é a *superidentificação*, como na superidentificação com seus fracassos e seu sofrimento, agarrando-se à dor e sendo incapaz de deixá-la ir. É avaliado com itens como: "Quando estou me sentindo mal, tendo a ficar obcecada e me fixar em tudo que está errado".

O autojulgamento, o isolamento e a superidentificação transformam você em seu leão, sendo sua própria ameaça — "estou em risco". E eles são normais — todos os experimentamos. Autocompaixão não significa nunca senti-los, mas ser gentil consigo quando o faz.

Gosto de visualizar o leão da autocrítica corporal como um doce gatinho que tem sido maltratado e precisa de mim para dar-lhe carinho e ternura. Isso é o que me ajuda a perdoar minha cultura por me ensinar essas besteiras. Uma mulher que conheço prefere imaginá-lo como um inimigo e visualiza-se dando uma surra nele. Ela perdoa a sua cultura (e a si, por ter acreditado em sua cultura) por meio de um sentido de conquistar o inimigo. O que quer que funcione!

Nós completamos o ciclo de resposta ao estresse com atividade física, carinho, um bom choro, autocuidado, ou qualquer outra estratégia que lide com o estresse em si, como descrevi no capítulo 4. Deixamos nosso corpo saber que escapamos com sucesso do leão — "Estou segura. Estou inteira. Estou em casa."

Autocompaixão é enfaticamente *ausência* de autoestima, o qual se baseia em autoavaliação, seu valor percebido como ser humano, que muitas vezes depende de seu senso de sucesso pessoal em comparação aos outros. A autocompaixão, ao contrário, é incondicional e não avaliativa. Podemos ter autocompaixão quando estamos indo bem e quando estamos lutando — porque a vida nos tratou com dureza ou porque cometemos um erro.[24]

A autocompaixão também não é o mesmo que a autoindulgência, que é o que você faz para atenuar a dor emocional, em vez de permitir que ela complete o ciclo. Os momentos de sexualidade compulsiva de Olivia são um exemplo extremo, mas, para a maioria, a autoindulgência se apresenta através de ações como: maratonar séries da Netflix ou comer uma caneca de Ben & Jerry's de uma só vez porque: não nos permitimos sentir nossos sentimentos. A autoindulgência é uma forma de congelar, sedando o leão em vez de escapar ou conquistá-lo.

A dor emocional é exaustiva e, às vezes, é necessário fazer uma pausa, adormecer por um tempo. Apenas se lembre do que acontece quando o leão sedado sai da anestesia. O ciclo tem que completar, ele *quer* completar. Autocompaixão é ser paciente consigo durante esse processo — e ser paciente consigo quando precisa fazer uma pausa.

Aqui está um exercício para ajudar a aumentar a autocompaixão:[25]

1. Descreva uma situação pela qual você está se culpando — pode ser qualquer coisa, desde um aspecto de seu funcionamento sexual até seu relacionamento romântico (ou falta dele), seu trabalho, corpo ou qualquer outra coisa. Certifique-se de incluir os pensamentos autocríticos com os quais você está se agredindo.
2. Em seguida, escreva o nome de uma boa amiga no topo da página e imagine que ela está descrevendo esse problema. Imagine que ela está pedindo sua ajuda e escreva o que você diria a ela. Imagine que você está no seu melhor estado de espírito, mais empático, calmo e solidário, e diga a ela coisas que ela precisa ouvir.
3. Agora releia o que você escreveu. Só que para você.

A versão abreviada deste exercício é: Nunca se diga nada que não gostaria de dizer ao seu melhor amigo ou a sua filha.

Olivia me contou sobre como descobriu como parar de pisar no acelerador quando estava estressada.

Uma noite durante a semana de exames, Olivia tentou iniciar o sexo na hora de dormir.

Patrick, previsivelmente, estava muito cansado e disse isso.

Na esteira de sua gentil recusa, a dúvida inundou Olivia como um rio que sobe rapidamente. E se seu forte desejo sexual não fosse legal, sexy, divertido ou empoderado? E se ela estivesse apenas tentando desesperadamente — pateticamente — chamar a atenção da única maneira que podia? E se na verdade ela estivesse apenas tentando controlar as pessoas com sua sexualidade? E se... — seu coração estava acelerado e ela sentiu que não conseguia respirar.

Na escuridão, ela estendeu a mão para seu parceiro.

— Patrick?

— Oi.

— Estou tendo um colapso.

— É a semana das finais. Acontece. Respira fundo.

— Não, estou tendo um colapso por causa de sexo.

— Amor, estou tão cansado...

— Não, eu sei, não estou dizendo isso! — Ela explicou sem fôlego e em pânico da inundação de dúvidas, acrescentando sua lembrança repentina de que sua teoria sobre a testosterona e seus órgãos genitais e sua sexualidade foi equivocada. — E se todas as coisas que eu me disse sobre minha sexualidade fossem apenas uma invenção para mascarar a verdade que na verdade eu sou totalmente apenas isso, uma pessoa que faz bullying consigo usando a própria sexualidade para manipular você? E se eu estiver fora de controle e for tipo, um perigo para mim e para os outros?

Patrick acendeu a luz e olhou para ela.

— Uau, eu não fazia ideia de que você tinha sofrido essa lavagem cerebral cultural e muito menos que ainda estava enterrada em seu cérebro. É como se a parte ansiosa do seu cérebro acreditasse seriamente em todas as mulheres que veem sexo como coisa do diabo, e quando você está estressada, todas aquelas crenças vêm a tona — mesmo que a versão

calma do seu cérebro saiba totalmente o quão incrível você é. Continue respirando, querida, você está segurando sua respiração.

E lá estava.

Quando ela estava feliz e relaxada, tinha um conjunto de opiniões sobre si: autoconfiante e autocompassiva. Quando ela era oprimida, tinha um conjunto totalmente diferente de opiniões sobre si: autocrítica e até autoabusiva.

E as opiniões negativas que ela tinha quando estava estressada apenas adicionaram outro nível de estresse e agravaram a situação, o que a fez se sentir ainda mais autocrítica, o que acabou ativando suas estratégias de enfrentamento menos adaptativas. Era como tentar apagar um incêndio jogando gasolina.

Solução?

Pare de adicionar combustível ao fogo. Perceba que você está fazendo isso e faça outra coisa. Deixe o fogo se extinguir.

Ela já havia percebido que o exercício a ajudava a completar o ciclo, interrompendo o ciclo de estresse biológico sem pisar no freio ou no acelerador. No próximo capítulo, ela aprenderá a fazer o mesmo com o sexo.

Maximizando "humm"... com ciência! Parte 2: dissonância cognitiva

No capítulo 1, recomendei que você desse uma boa olhada em seus órgãos genitais e notasse as coisas de que gosta. Agora eu estou sugerindo que você tire todas as suas roupas — ou quantas você conseguir tirar — e visualize o seu corpo em um espelho. E então liste o que você vê... o que você gosta.[26]

Claro que a primeira coisa que acontecerá é o seu cérebro ser preenchido com a autocrítica e o nojo que você tem mantido esses anos. Lembre-se de que, no dia em que você nasceu, seu corpo era motivo de comemoração, de amor incondicional, e isso é verdade hoje assim como era. Deixe esses pensamentos autocríticos e os julgamentos irem e observe apenas as coisas de que você gosta.

Faça isso repetidamente — todos os dias, se puder. No começo será difícil e haverá muitas emoções complicadas e conflitantes. Será barulhento em sua cabeça. Mesmo agora, ao pensar em fazer isso, você pode estar percebendo muitos "Mas Emily!" em sua cabeça. Tudo bem. Doerá do jeito que suas mãos doem quando você volta do frio — gradualmente elas ficam mais quentes e depois em perfeito estado. O psicólogo e autor Christopher Germer chama isso de "backdraft", referindo-se à explosão que ocorre quando você adiciona ar fresco a um fogo privado de oxigênio.[27] Você precisa permitir que a dor passe pelo processo, deixe-a completar seu ciclo.

Pratique ignorar os pensamentos de autocrítica e julgamento e focar os pensamentos de autoapreciação. E aos poucos ficará mais fácil celebrar o seu corpo como ele merece ser celebrado, tratá-lo com o respeito e carinho que merece, e abordar o sexo com confiança e alegria, que é o ponto!

Maximizando "humm"... com ciência! Parte 3: nutrição da mídia

A exposição à mídia que reforça a autocrítica corporal aumenta a insatisfação, o humor negativo, a baixa autoestima e até distúrbios alimentares.[28] Isso talvez seja mais claramente ilustrado por um estudo de vários anos do impacto da mídia ocidental — especialmente a televisão — sobre as mulheres jovens em Fiji.[29] Em uma cultura onde havia "uma clara preferência por uma forma robusta"[30] após três anos de exposição à televisão americana do final dos anos 1990 (pense em *Melrose Place e Beverly Hills, 90210*), a taxa de distúrbios alimentares entre as adolescentes aumentou de 13% para 29%, com 74% relatando que "se sentem muito grandes ou muito gordas", em nítido contraste com a cultura pré-TV. E isso não foi apenas um pontinho — dez anos depois, as taxas de distúrbio alimentar ainda pairava em torno de 25 a 30%.[31]

Se houvesse um alimento que sempre a deixasse doente, você pararia de comer? Portanto, se há mídia que faz você se sentir mais autocrítica, pare de procurar isso.

Enquanto assiste a filmes, televisão, pornografia, revistas ou mídias sociais, pergunte-se: "*Depois de ver isso, vou me sentir melhor com meu corpo* como está hoje *ou pior?*" Se a resposta for "melhor!", então faça mais disso! Aumente sua exposição na mídia que ajuda você a celebrar seu corpo!

Mas se a resposta for "pior", pare com isso. Você não precisa ficar brava e escrever uma carta para o editor ou qualquer coisa (mas se quiser, fique à vontade!), apenas preste atenção em como revistas, programas de TV e videoclipes fazem você se sentir mal, então pare de comprar qualquer coisa que faça você se sentir pior. Você não precisa ser treinada em alfabetização midiática e as maneiras pelas quais você está sendo manipulada com alteração digital de imagens para saber quando algo está fazendo você se sentir melhor ou pior consigo.

E se isso faz você se sentir pior, as evidências sugerem que está interferindo no seu bem-estar sexual — mesmo que você tenha sido ensinado a acreditar que se sentir pior em relação ao seu corpo "motiva" você a "melhorá-lo". Essa é uma armadilha psicológica na qual você nunca precisa ser pega novamente. Pare de regar as ervas daninhas.

Ao limitar sua exposição à mídia que faz você se sentir pior consigo, você não está apenas melhorando a própria vida sexual, também está votando com seus olhos, seus ouvidos e seu dinheiro. Você está se juntando a um público que prestará atenção apenas às coisas que fazem as mulheres se sentirem melhor sobre elas mesmas. Não seria incrível viver em um mundo onde performers, artistas e meios de comunicação estivessem competindo para fazer o maior número de mulheres se sentirem fantásticas com seu corpo *agora*? Em nome das mulheres, em todos os lugares, obrigada por qualquer coisa que você faça para tornar isso real!

Você faz você

Começamos este capítulo com três mensagens culturais às quais fomos expostas de uma forma ou de outra ao longo de nossa vida: a *Mensagem*

Moral, a *Mensagem Médica* e a *Mensagem Midiática*. Todas as três estão mescladas em nossa psique individual; ninguém vive com apenas um e nem acredita totalmente em nenhuma delas. Elas foram colocadas em camadas umas sobre as outras em nossa cultura, cada uma absorvendo parcialmente as outras. As contradições inerentes as três são uma fonte de confusão das mulheres sobre como o sexo deve funcionar.[32] Sua comunidade de fé lhe diz uma coisa, a cultura midiática lhe diz outra, e seu médico parece ter uma atitude totalmente diferente.

Então, em quem você deve acreditar? Em quais mensagens você pode confiar para promover o próprio bem-estar sexual?

A resposta é: em você.

Ouça a sua voz interior, que ouve todas essas mensagens e, em algum lugar bem no fundo de você, soará um alarme quando perceber uma besteira. Somos diferentes, então o que parece verdadeiro e o que parece absurdo variam de pessoa para pessoa. A única resposta possível é: Escolha o que parece certo para você e ignore o que não parece.

Escolher a dedo informações como essa é uma má ideia na ciência e no moralismo. Os sistemas científico e moral, embora diferentes um do outro em quase todos os aspectos, compartilham a qualidade de desenvolver estruturas de significado onde uma ideia paira sobre as outras, a maneira como os laços de metal mantêm juntas as armaduras de cota de malha. Quando você está trabalhando em uma estrutura científica ou moral, uma ideia deve ocupar seu lugar no contexto em que foi pretendida.

Mas a maioria está apenas tentando viver da melhor maneira possível. Quando se trata de investigar e compreender a própria sexualidade individual, por favor, escolha a dedo. Os pontos de vista morais podem ser sinceros, a mídia empolgante, os médicos aparentemente são especialistas, mas você não precisa aderir a nenhum sistema para criar uma narrativa coerente de seu próprio eu sexual. Você não precisa acreditar que irá para o inferno se fizer sexo antes do casamento para decidir se esperar para fazer sexo é uma boa escolha para você. Não precisa acreditar que está doente ou que tem algo de errado com você para desejar tomar uma pílula e querer sexo do nada. E você não precisa acreditar que a chave para um ótimo sexo é um lubrificante com sabor, um vibrador gigante e a capacidade de engolir fundo para desejar explorar, experimentar novos brinquedos, novos truques e novos parceiros.

E mesmo que eu adorasse que você encontrasse significado em cada página, cada parágrafo deste livro, escolha a partir daqui também. Somos diferentes, então, o que é relevante para você definitivamente, absolutamente não é o mesmo que é relevante para mim ou para qualquer uma das muitas centenas de mulheres que ensinei.

Pegue o que é relevante. Ignore o que não é; esteja lá para alguém que precisa. Trate as mensagens culturais sobre sexo e seu corpo como uma salada. Pegue apenas as coisas que atraem você e ignore o resto. Nós acabaremos com uma coleção diferente de coisas em nossos pratos, mas é assim que deveria funcionar.

Só dá errado quando você tenta aplicar o que escolheu como certo para sua sexualidade à sexualidade de outra pessoa.

— Ela não deveria comer aquelas beterrabas; beterrabas são nojentas.

Podem ser nojentas para você, mas talvez ela goste de beterraba. Algumas pessoas gostam. E nunca se sabe, talvez um dia você as experimente e descubra que gosta. Ou não, isso está tudo bem também. Você faz você.

— Ela não deveria ter comido tantas coisas fritas e empanadas — ela vai acabar tendo um ataque cardíaco!

Ela pode e ela não pode, mas de qualquer forma trata-se do coração e da escolha dela. Você faz você. Absorva o que parece certo e sacuda o que parece errado. Deixe cada um ser cada um, absorvendo o que parece certo para eles e abandonando o que parece errado.

A história de Laurie e Johnny sobre "Você é linda" soa como uma história de imagem corporal ou nojo, mas, na verdade, é sobre amor. A vergonha do corpo de Laurie não era apenas sobre as mudanças em seu corpo. Ela tinha absorvido crenças culturais do que essas mudanças significaram sobre ela como pessoa. E porque ela acreditava que seu corpo era uma evidência de que ela era de alguma forma uma pessoa inferior, ela se escondeu atrás de uma parede emocional, para que ninguém pudesse ver aquelas partes das quais ela se sentia envergonhada. Mas aquela parede também se interpunha entre ela e o amor pelo qual ansiava.

Construímos muros por vários motivos. Para proteger partes vulneráveis nossas. Para esconder coisas que não queremos que os outros vejam. Para manter as pessoas fora. Para nos mantermos dentro.

Mas uma parede é uma parede — uma barreira indiscriminada. Se você se esconder atrás de uma parede para se proteger da dor da rejeição, então você também bloqueia a alegria. Se você nunca deixar os outros verem as partes que deseja ocultar, eles nunca verão as partes que você deseja que eles conheçam.

Quando Laurie abaixou o muro, o amor veio à tona.

Nenhuma menina nasce odiando seu corpo ou sentindo vergonha de sua sexualidade. Você teve de aprender isso. Nenhuma menina nasce preocupada em ser julgada se alguém descobrir de que tipo de sexo ela gosta. Teve de aprender isso, também. Você tem de aprender, também, que é seguro ser amada, seguro ser seu eu autêntico, seguro ser sexual com outra pessoa, ou mesmo seguro estar sozinha.

Algumas mulheres aprendem essas coisas em suas famílias de origem. Mas mesmo que você tenha aprendido coisas destrutivas, pode aprender coisas diferentes agora. Não importa o que foi plantado em seu jardim, não importa como você está cuidando dele, você é a jardineira. Você não conseguiu escolher o seu pequeno pedaço de terra — seu acelerador e seus freios e seu corpo — e você não pode escolher sua família ou sua cultura, mas você escolhe todas as outras coisas. Você decide quais plantas ficam e quais plantas vão, quais recebem atenção e amor e quais são ignoradas, podadas até o nada, ou desenterradas e jogadas na pilha de compostagem para apodrecer. Você pode escolher.

Nesta segunda parte do livro, descrevi como o contexto — suas circunstâncias externas e seu estado interno — influenciam seu bem-estar sexual. Falei sobre estresse, amor, imagem corporal e repulsa sexual e descrevi algumas estratégias baseadas em evidências para administrar tudo isso de maneira a maximizar seu potencial sexual.

A próxima parte do livro se concentra em desmascarar alguns velhos e destrutivos mitos de como o sexo funciona. Esses mitos fazem parte do contexto em que funciona o bem-estar sexual das mulheres. Ao eliminá-los, meu objetivo é capacitá-lo a assumir o controle total de seu contexto e abraçar sua sexualidade como ela é, perfeita e completa, agora. Mesmo que você ainda não acredite que isso seja verdade.

ml;nl

- Todos crescem ouvindo mensagens contraditórias sobre sexo, e agora muitos experimentam ambivalência em relação a isso. É normal. Quanto mais consciente você estiver dessas mensagens contraditórias, mais escolha você tem para acreditar nelas.
- Às vezes, as pessoas resistem a deixar de lado a autocrítica — "Eu sou péssima!" — porque pode parecer como perder a esperança de que você poderia se tornar uma pessoa melhor, mas é o oposto de como funciona. Como realmente funciona é que, quando você para de se agredir, começa a se curar e depois cresce como nunca.
- De verdade: sua saúde não é prevista pelo seu peso. Você pode ser saudável — e bonita — não importa o seu tamanho. E quando você aproveita a vida em seu corpo hoje e trata-se com gentileza e compaixão, sua vida sexual melhora.
- A repulsa sexual pisa no freio. E a repulsa sexual é aprendida, não inata e pode ser desaprendida. Comece a perceber suas respostas "eca" e pergunte-se se essas respostas estão melhorando ou piorando sua vida sexual. Considere deixar de lado os "eca" que estão interferindo em seu prazer — veja o capítulo 9 para saber como.

parte 3

Sexo em ação

seis

Excitação

LUBRIFICAÇÃO NÃO É CAUSA

Quando você é uma educadora sexual, recebe telefonemas como este:

— Oi, é a Camilla. Posso fazer uma pergunta sobre sexo?

— Claro.

— Você não vai ficar enojada?

— Claro que não.

— Certo! Então... Henry e eu estávamos brincando, até que eu disse: "Estou pronta, e eu quero você", e ele respondeu: "Não, você não está molhada, está apenas me estimulando." E eu disse: "Não, estou pronta!" E ele não acreditou em mim porque eu não estava molhada. Então... devo consultar um médico? É hormonal? O que está errado?

— Se você sente dor, deve consultar um médico, caso contrário, provavelmente está bem. Às vezes, o corpo não responde com excitação genital de uma forma que corresponda à experiência mental. Diga a ele

para prestar atenção em suas palavras, não em seus fluidos, e também compre um pouco de lubrificante.

— É isso? A resposta genital nem sempre corresponde à experiência, então compre um pouco de lubrificante?

— Sim. Chama-se não concordância.

— Mas não é isso o que... quero dizer, isso é alguma nova descoberta científica?

— Mais ou menos... A pesquisa psicofisiológica mais antiga que li que aborda explicitamente a não concordância da excitação sexual é do final dos anos 1970, início dos anos 1980, embora isso...

— Anos 1980? Por que ninguém me disse isso antes?

Este capítulo responde a essa pergunta e muito mais.

A ideia de que a resposta genital não corresponde necessariamente à experiência de excitação de uma pessoa é contrária à "narrativa padrão" sobre sexo. No que diz respeito à maioria dos pornôs, romances e até mesmo textos de educação sexual, a resposta genital e a excitação sexual são a mesma coisa.

Por muito tempo, pensei que a narrativa padrão estava certa — como poderia não acreditar? Foi o que me ensinaram. Todos acreditamos. Então, eu não tinha ideia do que pensar quando, na faculdade, nos anos 1990, uma amiga me contou de suas primeiras experiências com jogo de poder em um relacionamento sexual:

> *Eu o deixei amarrar meus pulsos acima da minha cabeça enquanto eu estava de pé, então, ele me posicionou de forma que eu ficasse escarranchada nessa barra que pressionava contra minha vulva, você sabe, como um cabo de vassoura. E então ele foi embora! Ele saiu e foi super chato. Quando ele voltou, eu fiquei tipo: "Eu não gosto disso". Ele olhou para a barra, olhou para mim e disse: "Então por que você está molhada?" E eu fiquei muito confusa porque eu não estava a fim, mas meu corpo estava definitivamente respondendo.*

Como todo mundo que já leu um romance sexy, eu tinha certeza de que lubrificação denotava excitação. Tesão. Desejo. "Estar pronta" para o sexo. Então, o que poderia significar os órgãos genitais da minha amiga respondendo, quando ela realmente não se sentia excitada ou com tesão?

O que estava acontecendo?

Não concordância é o que estava acontecendo.

Neste capítulo, descreverei a pesquisa sobre não concordância, incluindo respostas a perguntas como: Quem experimenta a não concordância? (Todos, na verdade.) Como você sabe que seu parceiro está excitado, se você não pode usar seus órgãos genitais como um medidor? (Preste mais atenção!) E como você pode ajudar seu parceiro a entender sua não concordância? Abordarei também três mitos errados, mas sedutores, da não concordância. Esses mitos não estão apenas errados, eles estão *perigosamente* errados.

Quero que todos os que lerem este capítulo comecem a contar ao mundo sobre a não concordância — que é normal, que todos a vivenciam e que você deve ouvir as *palavras* de seu parceiro, não seus órgãos genitais.

Medindo e definindo a não concordância

Coloque seu chapéu de pesquisador sexual novamente e imagine conduzir um experimento como este:[1]

Um cara vem ao laboratório. Você o leva a uma sala silenciosa, senta-o em uma cadeira confortável e deixa-o sozinho em frente à televisão. Ele prende um "extensômetro" (que é exatamente o que parece) em seu pênis, coloca uma bandeja no colo e segura um medidor que pode ajustar para cima e para baixo para registrar sua excitação ("Estou um pouco excitado", "estou muito excitado" etc.). Então ele começa a assistir a uma variedade de segmentos pornográficos. Alguns são românticos, outros são violentos, alguns combinam com sua orientação sexual, outros não. Alguns nem são humanos, são bonobos (chimpanzé-pigmeu) copulando. Ele avalia seu nível de excitação no medidor enquanto assiste, e o dispositivo em seu pênis mede sua ereção. Então você olha para os dados para ver quanta correspondência existe entre o quanto ele ficou excitado — sua "excitação subjetiva" — e o quão ereto ele ficou — sua "resposta genital".

Resultado: haverá cerca de 50% de sobreposição entre sua resposta genital e sua excitação subjetiva. Está longe de ser uma perfeita correlação um-a-um, mas na ciência comportamental é emocionante encontrar um relacionamento tão forte. É altamente significativo em termos estastíscos.

Geralmente, tanto nosso sujeito de pesquisa quanto seu pênis responderão mais à pornografia que corresponda à sua orientação sexual: os órgãos genitais de um homem gay respondem mais à pornografia com dois homens e ele relatará os níveis mais altos de excitação em resposta a isso; os órgãos genitais de um homem hétero respondem mais à pornografia apresentando um homem e uma mulher ou duas mulheres, e ele reportará o mais alto nível de excitação em resposta a isso.

Agora faremos o mesmo experimento com uma mulher. Coloque-a naquela sala silenciosa, numa cadeira confortável, e deixe-a inserir um fotopletismógrafo vaginal (essencialmente uma pequena lanterna do tamanho de um tampão que mede o fluxo sanguíneo genital) e dê a ela a bandeja, o medidor e a variedade de pornografia.

Resultado: haverá cerca de 10% de sobreposição entre o que seus órgãos genitais estão fazendo e o que ela marca como sua excitação.

10%.

Acontece que não há relação preditiva entre o quanto ela fica excitada e o quanto seus órgãos genitais respondem — estatisticamente insignificante. Sua resposta genital será quase a mesma, não importa que tipo de pornografia ela mostre, e sua resposta genital pode corresponder às suas preferências sexuais... ou talvez não.[2]

Chama-se "não concordância de excitação".[3]

Essa pesquisa tem estado muito na mídia. Por exemplo, a pesquisa de não concordância de Meredith Chivers foi descrita no *New York Times* e em vários livros populares.[4] O trabalho de Chivers se baseia na pesquisa de, entre outros, Ellen Laan, cujos estudos de não concordância também foram abordados no *New York Times* uma década antes.[5] Chivers replicou a descoberta de Laan de maior inconformidade de excitação em mulheres em comparação com homens, com a inovação de mostrar aos participantes da pesquisa não apenas uma variedade de vídeos pornográficos e não sexuais, mas também vídeos de primatas não humanos — bonobos, para ser específica — copulando. Acontece que os órgãos genitais das mulheres também respondem ao sexo bonobo, embora não tanto quanto à pornografia.

concordância de excitação masculina

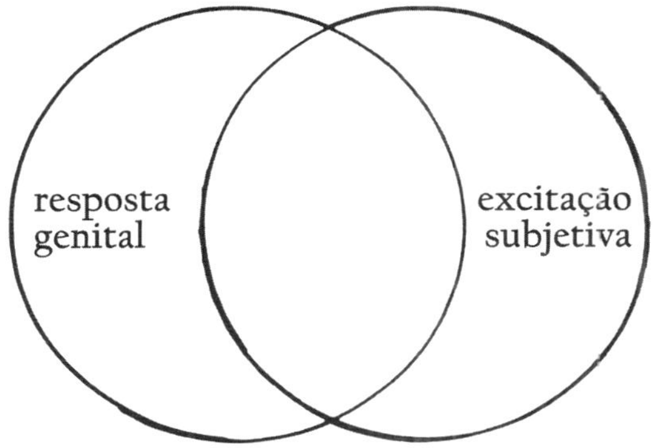

concordância de excitação feminina

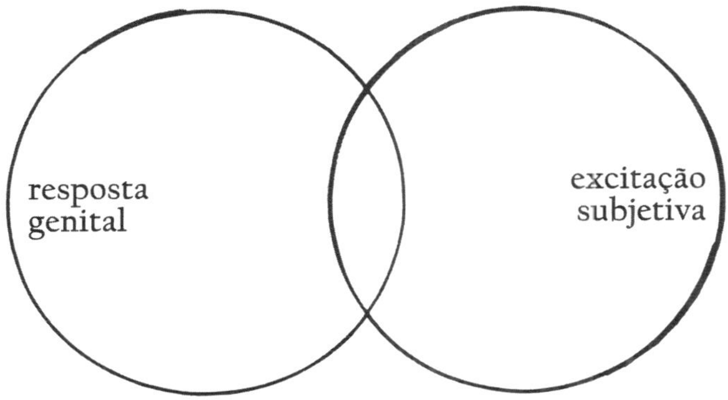

Há cerca de 50% de sobreposição entre o que os órgãos genitais dos homens respondem como "relacionados ao sexo" e o que seu cérebro responde como "sexualmente atraente". E há cerca de 10% de sobreposição entre o que os órgãos genitais das mulheres respondem como "relacionados ao sexo" e o que seu cérebro responde como "sexualmente atraente". Os órgãos genitais dos homens são relativamente específicos no que eles respondem, assim como seu cérebro. Os órgãos genitais das mulheres são relativamente gerais no que respondem, enquanto seu cérebro é mais sensível ao contexto. Observe que um estímulo pode estar "relacionado ao sexo" sem ser atraente.

O que a cobertura da mídia não conseguiu deixar claro é que a resposta genital das mulheres é, na verdade, muito discriminatória, em comparação com outras respostas fisiológicas automáticas. Por exemplo, o reflexo do tendão de Aquiles, a frequência cardíaca e a condutância da pele (suor) aumentarão depois de assistir a um segmento assustador do filme *Cujo* e depois de assistir pornografia. Mas seus órgãos genitais não têm interesse em *Cujo*.[6] Na verdade, os órgãos genitais das mulheres não respondem a nenhum desses vídeos: ondas quebrando na praia, o vídeo "Ain't No Mountain High Enough" do filme *Lado a Lado*, a cena da entrega do telegrama em *Uma Equipe Muito Especial*, ou uma visão em primeira pessoa de uma montanha-russa.[7] A resposta genital é específica a estímulos relacionados ao sexo, independentemente de esses estímulos serem sexualmente *atraentes*.

Os *órgãos genitais* dizem: "Isso está relacionado ao sexo".

A *pessoa* lhe diz: "Isso me excita" ou "Gosto disso" ou "Quero mais, por favor".

Para as mulheres, há cerca de 10% de sobreposição entre "relacionado ao sexo" e "sexualmente atraente". Para os homens, há cerca de 50% de sobreposição.

Um estímulo pode estar relacionado ao sexo e, ainda assim, ser sexualmente desagradável, como experimentou minha colega de faculdade do início do capítulo. Um estímulo pode até ser relacionado ao sexo e ativamente antipático. Lembra da pessoa do capítulo 2, que me mandou um e-mail dizendo que "freios e acelerador ao mesmo tempo" descreveu sua experiência lendo *Cinquenta tons de cinza*? Seus órgãos genitais responderam, mas ela não se sentiu "excitada"; o livro incluía sexo explícito, então era relacionado a sexo, mas a freava porque ela não gostava dos personagens e da história.

O que estamos vendo na não concordância é a diferença entre *aprender* e *gostar*, do capítulo 3. A resposta genital é a resposta automática e treinada a algo relacionado ao sexo. Os cachorros de Pavlov salivavam quando um sino tocava, não porque quisessem comê-lo, mas porque seu sistema de *aprendizado* vinculava o sino à comida. Da mesma forma, seu Um Anel emocional aprendeu o que está relacionado ao sexo (lembra-se dos ratos de jaqueta?), e seu sistema de *aprendizado* ativa respostas fisiológicas para tudo o que aprendeu relacionado ao sexo.

As mulheres variam entre si, mas diferentes mulheres parecem bastante consistentes em seu nível de concordância.[8] Precisamente como os órgãos genitais de uma mulher respondem a estímulos relacionados ao sexo parece variar dependendo da sensibilidade de seus freios e seu acelerador. Freios de baixa sensibilidade e acelerador de alta sensibilidade levam a mais fluxo sanguíneo, e freios e acelerador, ambos de alta sensibilidade realmente levam a menos fluxo sanguíneo, em comparação com outras mulheres.[9] E as mulheres que se sentem atraídas por mulheres tendem a ser mais concordantes do que as heterossexuais... principalmente. Mas é complicado.[10] Mais uma vez, somos feitas das mesmas partes, mas organizadas de maneiras diferentes.

O que acontece quando um homem toma remédios para disfunção erétil?

Aumenta o fluxo sanguíneo para os órgãos genitais durante a estimulação sexual.

O que acontece quando uma mulher toma remédios para disfunção erétil?

A mesma coisa.

E o que acontece quando você aumenta o fluxo sanguíneo para os órgãos genitais femininos?

Quase nada. Motivo: não concordância.

Olivia e Patrick tentaram. Eles tomaram uma pílula para disfunção erétil juntos como um experimento para inverter a dinâmica da perseguição — e por que não? (NB: "Por que não?" inclui nenhum benefício médico conhecido e risco médico desconhecido. Tomar um medicamento prescrito sem a supervisão de um médico é sempre arriscado. Mas sejamos realistas. As pessoas fazem isso. Mas não. Não faz o que você quer que ele faça, como veremos.)

Patrick sentiu como se tivesse tomado um afrodisíaco. Olivia estava irresistivelmente linda e o volume de sua pele parecia maior em suas terminações nervosas, de modo que cada sensação era amplificada, intensificada. Foram tomar sorvete depois de tomar a pílula, para fazer algo enquanto esperavam que fizesse efeito, e tiveram de voltar porque Patrick mal podia esperar para deixar Olivia nua.

Os remédios para disfunção erétil não fazem nada disso; tudo o que fazem é aumentar o fluxo sanguíneo para os órgãos genitais. Tal é o poder do placebo. A mesma coisa acontecia ocasionalmente quando Patrick bebia em casamentos e Olivia era a motorista designada.

Essa rara experiência de ser aquela com menor interesse sexual foi reveladora para Olivia. Como uma mulher que sempre se sentiu impulsionada por seu interesse sexual, aquela com o dever de atrair o parceiro; ser a parte atraída, por assim dizer, foi inspirador. Ela se permitiu receber a atenção erótica de Patrick.

Permitiu que sua excitação aumentasse tão lentamente quanto queria. Permitiu que isso acontecesse, em vez de sentir que a estava arrastando para frente.

As mesmas partes, mas organizadas de maneiras diferentes: "isso é um restaurante"

A não concordância diz respeito à relação entre o sistema periférico — os órgãos genitais — e o sistema central — o cérebro: dois sistemas separados, mas interconectados. E a relação entre eles varia de pessoa para pessoa e de contexto para contexto.

Para ilustrar, imagine que um cérebro e uma vagina são dois amigos de férias juntos, vagando pela rua tentando decidir onde jantar.

Os órgãos genitais percebem qualquer restaurante pelo qual passam, seja de comida tailandesa ou de pub, fast food ou gourmet (ignorando museus e lojas), e dizem:

— Isso é um restaurante. Poderíamos comer aqui.

Não há opinião formada, apenas talento em identificar restaurantes.

Enquanto isso, o cérebro está avaliando os fatores contextuais que descrevi nos capítulos 4 e 5 para decidir se quer conhecer um lugar. "O cheiro deste lugar não parece bom o suficiente" ou "Este lugar não é limpo o suficiente" ou "Não estou com vontade de comer pizza". Os órgãos genitais podem até notar uma loja de animais e dizer:

— Tem comida para animais aqui, eu acho...

E o cérebro revira os olhos e continua andando.

Quando passam por um museu, o cérebro diz:

— Ouvi falar de um ótimo café neste museu.

E os órgãos genitais respondem:

— Isto não é um restaurante.

Mas o cérebro tem muito mais informações do que os órgãos genitais. Então, suponha que os dois amigos entrem no museu e os órgãos genitais vejam o pequeno café ao lado da loja de presentes. Então ele diz:

— Ah, entendo, isso é um restaurante. Poderíamos comer aqui.

E o cérebro diz:

— Sim, isso parece ótimo.

Ambos relevantes *e* atraentes!

Mas nem sempre é assim. Em mulheres lésbicas, é mais assim:[11] os órgãos genitais notam apenas restaurantes específicos — lanchonetes, digamos — e não percebem nada além de lanchonetes. Assim que encontram uma lanchonete, o cérebro diz:

— Uma lanchonete! Como eu adoro jantar!

E os órgãos genitais concordam:

— Isso é uma lanchonete, então poderíamos comer aqui.

A menos que haja algum motivo bastante convincente para não o fazer, como um bando de bêbados brigando do lado de fora. Mesmo assim, se nossos amigos de férias encontrassem aquela lanchonete com uma briga do lado de fora, os órgãos genitais ainda poderiam dizer:

— Isso é um restaurante.

Mesmo quando o cérebro a arrastasse, gritando:

— Vamos dar o fora daqui! Chama a polícia!

Você deve ser capaz de entoar isso enquanto dorme: somos feitas das mesmas partes, mas organizadas de maneiras diferentes. A relação entre o cérebro e os órgãos genitais segue o mesmo princípio.

Em outras palavras, os órgãos genitais podem aprender a associar certos estímulos a determinadas respostas fisiológicas que podem não ter associação com o desejo ou mesmo com o prazer. A pressão na vulva da minha amiga da faculdade — a barra entre as pernas enquanto ela estava amarrada — desencadeou uma resposta genital automática sem desencadear prazer ou desejo.

— Isso é uma lanchonete — diziam seus órgãos genitais, mas seu cérebro não estava interessado.

Não concordância em outras emoções

A não concordância não é apenas uma coisa sexual. Aparece em todos os tipos de experiências emocionais e é um enigma para todos os tipos de pesquisadores de emoções.[12]

Por exemplo, em um estudo sobre os "calafrios" que sentimos quando ouvimos música em movimento, os sujeitos da pesquisa ouviram: "Em Cada Sonho (O Amor Feito Flecha)", tema romântico do *Titanic*. Metade deles relatou sentir calafrios — experiência subjetiva — e 14% exibiram piloereção (seus cabelos ficaram em pé) — resposta fisiológica. Entre aqueles que ouviram "Bittersweet Symphony", do The Verve, 60% experimentaram calafrios — experiência subjetiva — e nenhum exibiu piloereção — resposta fisiológica.[13]

Do ponto de vista científico, é uma simplificação grosseira dizer que as emoções se dividem em "três níveis", mas do ponto de vista de uma pessoa comum, é um atalho útil.

Primeiro, há a resposta fisiológica involuntária — sua frequência cardíaca e pressão arterial, dilatação da pupila, digestão, sudorese, seu funcionamento imunológico. A resposta genital se enquadra nessa categoria, e minha amiga da faculdade que ficou molhada enquanto estava entediada, ocupada esperando que seu parceiro voltasse, vivenciou esse tipo de resposta..., mas nada mais.

Junto com a fisiologia vem a resposta expressiva involuntária a um sentimento. Linguagem corporal — ou, mais precisamente, "paralinguagem" — coisas como inflexão vocal, postura e expressão facial — todas as pistas que usamos para inferir o estado interno de outra pessoa. Um grande jantar será cheio de mudanças fisiológicas e posturas, gestos e expressões inconscientes, enquanto você se pega colocando a mão no braço de seu par, olhando em seus olhos e sorrindo. Estes são frequentemente influenciados pela cultura, mas têm uma grande universalidade e podem ser intencionalmente controlados até certo ponto, mas não tanto quanto você pode pensar. Você escolheu a expressão em seu rosto agora?

Pode até ser verdade que existem diferenças estáveis de gênero na não concordância entre a resposta fisiológica e a experiência subjetiva de outras emoções além da excitação sexual. Por qualquer motivo — cultural, biológico ou ambos (provavelmente ambos) — as mulheres têm mais sobreposição entre suas expressões faciais e sua experiência subjetiva, enquanto os homens têm mais sobreposição entre a condutância da pele (fisiologia) e sua experiência subjetiva.[14] O que essa pesquisa sugere é que as experiências emocionais das mulheres são mais propensas a se alinhar com suas expressões faciais e inflexão vocal, enquanto as experiências emocionais dos homens são mais propensas a se alinhar com seus batimentos cardíacos e seu fluxo sanguíneo.

Quer haja ou não uma diferença de gênero, é justo dizer que o que você vivencia em sua vida emocional não necessariamente se alinha perfeitamente com o que seu cérebro e corpo estão fazendo. Isso não faz de você um mentirosa, nem uma louca e não significa que você está em negação. Significa que você é um ser humano, cujas respostas emocionais e motivacionais podem ser mais complexas do que em qualquer outra espécie. A não concordância aparece em muitos tipos de experiências emocionais, e homens e mulheres vivenciam a não concordância de maneira diferente nessas emoções. Não é uma coisa de sexo; é uma coisa humana.

Você precisa relaxar antes de poder confiar. Mas mulheres que demoram a confiar, como Merritt, não conseguem relaxar até sentirem confiança. É um problema.

A solução veio quando ela estava tentando resolver um problema diferente.

Como uma mulher na casa dos 40 anos, entrando na menopausa, a falta de lubrificação parecia fazer parte de sua vida. Estava mais preocupada com sua parceira. Carol era a mãe biológica de sua filha adolescente e lutava contra dores genitais intermitentes desde o nascimento. Recomendei lubrificante para tornar o sexo manual mais confortável.

Merritt se importava. E tudo o que eu tinha a dizer era:

— Existem vários tipos diferentes de lubrificante, então você pode... — e ela estava na internet, procurando por um pacote de variedades.

A caixa chegou pelo correio. Então marcaram uma data — sexta à noite, com a adolescente em um acampamento — e quando a noite chegou, elas dividiram meia garrafa de vinho e começaram.

Levaram a sério a importância do contexto e começaram com um filme romântico e depois se revezaram recontando uma à outra sua "História de Nós".[15] Este é um truque que elas adaptaram da pesquisa de relacionamento de John Gottman — narram como se conheceram e apaixonaram-se, para lembrarem uma à outra (e a si) do significado de sua vida compartilhada, sua afeição e admiração uma pela outra. Funciona de maneira diferente para cada uma; ativa o acelerador de Carol ao fazê-la se apaixonar e desativa os freios de Merritt ao fazê-la confiar em sua parceira.

Mas a dificuldade de Merritt não era confiar em sua parceira, mas em si. E o que ela aprendeu esta noite é que fica mais fácil confiar em si quando pode ver como seu corpo dá prazer à parceira.

Experimentar os diferentes tipos de lubrificantes transformou o sexo em uma brincadeira, em vez de um problema, que transformou o que ela chama de "cérebro barulhento", onde tudo é percebido como uma ameaça, em "cérebro quieto", onde tudo é percebido com curiosidade e prazer. (Lembra do rato que não gostava de Iggy Pop?)

Ela prestou muita atenção em como Carol experimentou cada tipo de lubrificante.

À medida que relaxava no prazer de observar o prazer de sua parceira, ela descobriu que, quando se conectava com a experiência de dar prazer, seu próprio prazer podia se expandir dentro dela, sem todos os freios e preocupações.

Ela nadou na água.

Aconteceu quando ela mudou o foco de suas próprias preocupações para a tarefa de aumentar o prazer de sua parceira.

O próximo passo, é claro, era desfrutar do próprio prazer. Mas antes que ela pudesse chegar lá, teve de derrubar uma parede em sua mente. Ela fará isso no capítulo 7.

Erro de Lubrificação nº 1: Resposta Genital = Desejo

Percebi três erros de não concordância que perpetuam perigosos mitos culturais sobre a sexualidade feminina. Acabaremos com eles, ok?

A primeira maneira de estar perigosamente errada sobre a não concordância é deixar de reconhecer que ela existe. Chamaremos isso de Erro de Lubrificação nº 1.

A não concordância não é novidade — ou não deveria ser. Os pesquisadores do sexo têm uma ideia cada vez mais clara de que a não concordância existe há uma ou duas décadas. Tem estado nas notícias, tem sido descrito em livros de sexo convencionais... e, no entanto, meus alunos e leitores do blog ficam rotineiramente surpresos ao aprender sobre isso, e tanto a pornografia quanto a cultura dominante continuam a perpetuar o mito de que a resposta genital = desejo e prazer. Agora que você sabe sobre a não concordância, verá pessoas errando em todos os lugares.

Então qual o problema? Por que parece tão novo, quando a cada dois anos sai um livro que fala disso?

Quando fiz essa pergunta em minha aula, uma aluna levantou a mão e disse com uma amargura cômica: "Patriarcado".

Totalmente.

Durante séculos, a sexualidade masculina tem sido a sexualidade "padrão", de modo que, onde as mulheres diferem dos homens, as mulheres são rotuladas de "quebradas". Mesmo os homens que diferem da narrativa padrão são rotulados de "quebrados". Os homens têm, em média, uma sobreposição de 50% entre sua resposta genital e sua excitação subjetiva e, portanto, segundo o mito patriarcal, todos deveriam ter uma sobreposição de 50%.

Mas as mulheres não são versões quebradas dos homens; são *mulheres.*

Se não fosse pelos homens-como-padrão, então todos estaríamos tão propensos a nos perguntar: "O que há com os homens, que eles têm tanta sobreposição?" quanto nos perguntamos: "O que há com as mulheres, que têm tão pouca sobreposição?" Mas ninguém pergunta dos homens. Nenhum aluno, nenhum leitor de blog, nenhum colega educador sexual, ninguém em qualquer lugar me perguntou: "Por que os homens são tão concordantes? Não é esse tipo de...?" As únicas pessoas que fazem essa pergunta são os pesquisadores do sexo.

Quando superarmos esse mito de homens-como-padrão, pararemos de confundir "variado" com "quebrado". Lembremo-nos de que, assim como a altura, conforme descrevi no capítulo 1, as pessoas dentro de um determinado grupo podem variar mais entre si do que em um grupo diferente.

Mas enquanto isso, vou lutar contra o patriarcado com o patriarcado. Vamos tornar a não concordância universalmente reconhecida, entendendo como ela afeta os homens.

Todo homem, em algum momento de sua vida, tem a experiência de querer sexo, querer uma ereção, e a ereção simplesmente não existe. Nesse momento, a ereção (ou falta de ereção) não é uma medida de seu interesse — ele pode até acordar na manhã seguinte com uma ereção, quando não passa de um inconveniente.

Os caras às vezes acordam com ereções, não porque estão excitados, mas porque estão acordando do sono REM (rapid eye movement, ou "movimento rápido dos olhos") e uma das coisas que acontece durante o REM é a "tumescência peniana noturna". As ereções vêm e vão ao longo do ciclo do sono, esteja você sonhando ou não com sexo. Não significa nada, é apenas uma ereção. É não concordante.

A maioria dos meninos, por volta da adolescência, vivenciou uma reação genital indesejada — sentar no fundo do ônibus, notar o corpo de uma professora, suas próprias calças mal ajustadas ou até mesmo uma excitação geral sobre coisas não sexuais (dirigir um carro, comer um donut, realmente *qualquer coisa*) pode ativar as vias relevantes e gerar a resposta fisiológica em um adolescente.

Mas a resposta genital não é desejo; nem mesmo é prazer. É simplesmente resposta. Para todos, independentemente de seus órgãos genitais. Só porque um pênis responde a uma ideia, visão ou história em particular, não significa que a pessoa com o pênis necessariamente goste ou queira. Significa apenas que ativou os caminhos relevantes — *aprendizado*. "Isto é um restaurante." (Lembre-se: a sobreposição de 50% dos homens entre a resposta genital e a excitação é estatisticamente significativa... mas ainda é apenas 50% e as pessoas variam.)

Às vezes, os caras percebem que seus corpos respondem a algo, mesmo quando seus cérebros estão dizendo: "*Isso Não Está Certo*". E eles se sentem em conflito porque, por um lado, é claramente sexual, mas, por outro lado, *Não Está Certo*.

Vou dar um exemplo (e fique à vontade para pular os próximos dois parágrafos se você for acionado por coisas relacionadas a agressão sexual).

Quando eu estava na faculdade, saía com um grupo de amigos, e um deles — vou chamá-lo de Paul — contou uma história de um amigo dele. No final de uma festa, quando havia pessoas dormindo ou desmaiadas por toda a casa, Paul encontrou seu amigo fazendo sexo com uma garota que estava desmaiada, bêbada, inconsciente e claramente sem saber o que estava acontecendo. Digo "fazendo sexo com", mas o termo técnico é "estuprando". E o amigo diz: "Ei, quer tentar?" E meu amigo contando a história diz: "Não. Temos que ir."

A razão disso é tudo o que ele disse, Paul nos contou, em vez de: "O que você está fazendo, seu idiota? Afaste-se dela", era que ele se sentia dividido entre seu instinto de que o que seu amigo estava fazendo era *Muito Grave* e a reação automática de seu corpo à visão de uma relação sexual. Ele teve uma ereção. Ele ficou horrorizado consigo mesmo, com a ideia de que qualquer parte dele pudesse interpretar essa situação *Muito Grave* como erótica.

Quando ouvi essa história, não fazia ideia do que estava acontecendo. A resposta genital era desejo e prazer, pensei. Era semelhante à história da minha outra amiga sobre ficar molhada mesmo estando entediada — embora, neste caso, o cara não estivesse entediado, mas ativamente horrorizado!

O que estava acontecendo?

O que estava acontecendo era *aprendizado* sem *querer* nem *gostar*. Seu corpo reconheceu a visão diante dele como relacionada ao sexo e, seja porque ele estava desinibido pelo álcool ou porque era apenas um cara do tipo que freia pouco, seus freios não impediram que seu corpo respondesse ao estímulo relacionado ao sexo. "Isto é um restaurante", disse-lhe o seu pênis, embora houvesse uma briga acontecendo.

Vamos imaginar uma história diferente, em um mundo onde todos conhecem a não concordância.

Como Paul sabe que o que seus órgãos genitais estão fazendo indica apenas o que é relacionado ao sexo, não o que é sexualmente atraente, ele não apenas não sente vergonha de si mesmo ou se pergunta se ele também pode ser um estuprador, mas a ausência de toda essa vergonha cria espaço em seu cérebro para fazer algo mais proativo para intervir! Ele pode dizer ao amigo para parar porque o que ele está fazendo é um ato de violência, um crime. Ou ele pode chamar a polícia e prender o amigo, e pode levar a garota ao pronto-socorro para coletar provas, administrar a profilaxia do HIV e oferecer contracepção de emergência. Ou pelo menos ele pode encontrar um amigo para ajudá-la. Ele pode ser um herói.

A resposta genital não significa nada além de estar relacionada ao sexo — *aprendizado*, essencialmente um reflexo condicionado — não *gostar*. Não indica desejo, prazer ou qualquer outra coisa. E abrindo espaço, de uma vez por todas, para a não concordância, estamos na verdade tornando o mundo um lugar melhor para *todos*.

No final, o Erro de Lubrificação nº 1 — Resposta Genital = "Desejo" — é na verdade apenas uma metaforização à moda antiga, como os anatomistas medievais do capítulo 1 ("pudendum", porque envergonha!), embora talvez sem a *Mensagem Moral*.

Você sabe que o tamanho do falo de uma pessoa (clitóris ou pênis) não diz nada do quão envergonhadas elas são (ou deveriam ser) de seus órgãos genitais. No máximo, o tamanho do falo muitas vezes — nem sempre — prediz se uma pessoa tem ovários ou testículos. Da mesma forma, o fluxo sanguíneo para os órgãos genitais não diz nada do que a pessoa quer ou gosta (ou deveria querer ou gostar). Não. No máximo, o fluxo sanguíneo para os órgãos genitais muitas vezes — nem sempre — é simplesmente uma informação sobre se uma pessoa foi exposta a algo que seu cérebro interpretou como relacionado ao sexo — sem nenhuma informação sobre se ela *queria* isso.

Erro de Lubrificação nº 2: Resposta Genital = Prazer

Uma segunda maneira, mais científica, de estar perigosamente errado sobre a não concordância é prestar atenção à ciência e depois contar a história errada dela, decidir que os órgãos genitais das mulheres são o "indicador honesto" do que realmente as excita, e as mulheres estão mentindo, em negação ou apenas reprimidas pela consciência de seus próprios desejos profundos. Vamos chamar isso de Erro de Lubrificação nº 2.

Essa explicação tentadora — e errada — para a não concordância se alinha perfeitamente com vários equívocos culturais sobre a sexualidade feminina, como as mensagens morais, médicas e da mídia que descrevi no capítulo 5 e como o mito do homem-como-padrão. Tipo: as mulheres foram socialmente programadas para não admitir que estão realmente excitadas por certas coisas (como sexo violento ou pornografia lésbica), então, quando relatam sua excitação percebida, estão mentindo ou negando seus desejos ocultos, ou possivelmente ambos. Mas o que seus órgãos genitais estão fazendo é o que é *realmente* verdade.

O que realmente as mulheres querem: a ciência e uma nova perspectiva sobre o desejo feminino de Daniel Bergner começa com uma descrição da pesquisa de não concordância, seguida imediatamente por uma descrição da pesquisa do detector de mentiras. A conclusão que os leitores são forçados a tirar é que as mulheres estão mentindo — ou possivelmente apenas negando — sobre sua excitação. Veja como Amanda Hess resumiu em sua crítica no Slate.com: "Mulheres heterossexuais afirmavam responder ao sexo heterossexual mais do que realmente respondem; as mulheres lésbicas afirmavam responder muito menos ao sexo heterossexual do que realmente o faziam; ninguém admitiu uma resposta ao sexo bonobo."[16]

Observe o "afirmavam" e o "realmente" e o "admitiu".

Claro que você sabe que os órgãos genitais das mulheres estavam apenas reagindo automaticamente a uma sugestão relacionada ao sexo — "Isto é um restaurante" — que tem apenas um conhecimento passageiro do que uma mulher "realmente" gosta ou quer. Leitores de *O que realmente as mulheres querem* não aprenderam a lição, no entanto. Eles conseguiram o Erro de Lubrificação nº 2.

Feministas sexo-positivas abraçam a história de que os corpos das mulheres podem estar contradizendo as narrativas culturais ultrapassadas baseadas na moralidade das mulheres serem "menos sexuais" do que os homens: veja o quanto nossos órgãos genitais respondem às coisas! Veja como somos *realmente* sexuais!

Certo? Essa é uma história atraente — como se nossos corpos estivessem nos mostrando um eu secreto e sexualmente selvagem que poderia estar em qualquer coisa se apenas nos dermos a permissão que nossa cultura nos nega há séculos!

E, afinal de contas, as mulheres *foram* submetidas a mensagens culturais opressivas que tornaram vergonhoso para elas reconhecer e prestar atenção afetuosa à sua própria sexualidade — é disso que trata o capítulo 5. Na verdade, todo este livro trata de prestar atenção à sua própria experiência interna e confiar em seu corpo. E o que poderia ser mais "confie no seu corpo" do que "Seus órgãos genitais estão lhe dizendo o que você gosta, mesmo quando você não sabe"?

Ah. É essa palavra "gostar" que é o problema. "Gostar." Tipo, *gostar.*

Mas a resposta genital não é *gostar.* Está *aprender.*

Seus órgãos genitais *estão* lhe dizendo algo e você pode confiar neles. Eles estão dizendo a você que algo está relacionado ao sexo, com base em sua experiência de condicionamento pavloviano. "Isto é um restaurante." Mas isso não é o mesmo que sexualmente *atraente*.

Com certeza, confie em seu corpo. E interprete seus sinais com precisão.

Vemos esse mito — que os órgãos genitais de uma mulher podem nos dizer mais sobre como ela se sente do que ela — em todos os lugares. Por exemplo, como parte de minha pesquisa para este livro, li o romance best-seller *Cinquenta tons de cinza* de E. L. James. E lá estava. Não concordância da excitação na primeira cena de surra. Agora, como leitor do gênero, sei o que deve acontecer na primeira cena de surra de um romance. Nossa heroína deve começar a cena incerta, mas animada, e no final ela deve estar se sentindo como: "Eu sei que não deveria gostar disso, mas eu gosto *tanto*!"

Não é isso que acontece aqui. Nossa heroína, Anastasia, consente com a surra, mas ela não quer e nem gosta. Durante a surra, ela tenta se afastar, grita de dor, e seu "rosto dói, estou muito contraída".[17] Não há uma palavra dela gostando da surra enquanto está acontecendo.

Depois disso, o herói/espancador Christian Grey coloca os dedos na vagina dela. Agora, sabendo o que você sabe de não concordância, ouça o que Grey diz a Ana: "Sinta isso. Veja o quanto seu corpo *gosta disso*, Anastasia. Você está encharcada só para mim" (grifo meu).[18]

Fica pior, no entanto. Em vez de acreditar em sua própria experiência interna, que ela descreve como "rebaixada, degradada e abusada", Ana acredita nele.[19]

O momento parece verdadeiro para muitos leitores, porque muitos de nós fomos criados para acreditar nas opiniões de outras pessoas sobre nossos corpos, mais do que em nossas próprias experiências internas. Certamente há mulheres que se excitam por serem consensualmente rebaixadas, mas toda a trama gira em torno do fato de que Ana não é uma delas.

Então, E. L. James, se você está lendo isto: Lubrificação significa que foi relacionado ao sexo, o que não nos diz nada sobre se era sexualmente *atraente*. Por isso, peço humildemente que, na próxima edição, Christian diga a Ana: "Sinta isso. Veja como seu corpo considera relacionado ao sexo o contato físico com suas nádegas e genitais, Anastasia. Isso não me dá nenhuma informação sobre se você gostou ou não. Você gostou? Não? Que porcaria, deixe-me compensar você lendo o livro de Emily Nagoski sobre a ciência do bem-estar sexual das mulheres, para que eu tenha uma ideia da próxima vez."

Obrigada.

Se você estiver em dúvida de que a resposta genital é uma questão de *aprendizado*, sem necessariamente qualquer conexão com *gostar* ou *querer*, lembre-se disso: O Erro de Lubrificação nº 2 quer afirmar que podemos saber o que as mulheres estão realmente excitadas pelo que seus órgãos genitais respondem. Isso significaria que as mulheres cujos órgãos genitais respondem a imagens de bonobos copulando estão, no fundo, quase tão interessadas em assistir primatas não humanos copulando quanto em assistir pornografia.

Jura? Fala sério.

Mesmo diante de tais absurdos, é um mito incrivelmente persistente. Alain de Botton, em *Como pensar mais sobre sexo*, chega a descrever vaginas lubrificantes e pênis tumescentes como "agentes inequívocos de sinceridade", porque são automáticos e não intencionais, o que significa que não podem ser "falsificados".

Se isso for verdade, então, quando seu médico toca o tendão patelar do joelho e sua perna chuta, isso deve significar que você realmente quer chutar seu médico.

Ou quando você tem uma reação alérgica ao pólen, deve odiar flores.

Ou quando sua boca saliva em torno de um bocado de pêssego mofado e machucado, você deve achar delicioso.

Não me interpretem mal — você pode querer chutar seu médico e pode odiar flores e pode gostar de pêssegos mofados e machucados. Mas seus processos fisiológicos automáticos não são como deveríamos saber. Não. Processos fisiológicos automáticos são, você sabe, *automáticos*, não são sinceros.

E pense nisso da perspectiva de Céline Dion. Ela quer que os cabelos do público fiquem em pé ou ela quer que eles digam: "Estou com calafrios!" mesmo que seus cabelos ficassem lisos? A experiência sempre supera a fisiologia.

Mas fica pior — fica menos engraçado e mais perigoso.

Se persistirmos na falsa crença de que a resposta genital das mulheres reflete o que elas "realmente" querem ou gostam, então temos que concluir que se seus órgãos genitais respondem durante a agressão sexual, isso significa que elas "realmente" queriam ou gostaram da agressão.

O que não é apenas maluco, é perigoso.

"Você disse não, mas seu corpo disse sim" é uma ideia que aparece tanto nas letras de músicas pop quanto nas imagens do Project Unbreakable [Projeto Inquebrável], uma galeria online de sobreviventes de violência sexual segurando cartazes com frases ditas por seus estupradores, suas famílias, ou mesmo respondentes da polícia.[20] Mas você já sabe que os corpos não dizem sim ou não, eles apenas dizem: "Isso é relacionado ao sexo", sem nenhum comentário sobre se é *apreciado*, muito menos se é *desejado* ou consentido. Um pênis na vagina está relacionado ao sexo, embora possa ser desagradável, indesejado e mal recebido. Não há desejo, prazer ou consentimento necessário para a resposta genital. É apenas "Isto é um restaurante", sem comentários de poder ser um bom lugar para jantar.

É uma falácia antiga, essa noção de que a fisiologia pode provar se alguém gosta de algo sexual. Até o século XVIII, as pessoas acreditavam que a concepção era a parte prazerosa do sexo para uma mulher; portanto, se uma mulher engravidasse, ela deveria ter sentido prazer e, se sentiu prazer, o sexo não poderia ser indesejado.[21] Porque "Ela disse não, mas seus ovários disseram sim".

Esse mito tem seu próprio grau de tração, aparecendo no discurso público na corrida ao Senado em 2012 no Missouri, quando o candidato republicano Todd Akin disse: "Se for um estupro legítimo, o corpo feminino tem maneiras de tentar acabar com a coisa toda", que até mesmo o candidato presidencial republicano mórmon Mitt Romney descreveu como "insultuoso, indesculpável e, francamente, errado".[22]

A pesquisadora sexual Meredith Chivers costuma dizer: "A resposta genital não é consentimento". Vamos acrescentar a isso: "E nem a gravidez".

A resposta genital não é mais uma expressão de prazer, desejo ou consentimento do que é a fertilização de um óvulo. Espero que isso seja totalmente óbvio para você agora.

Metaforizamos nossos corpos; usamos descrições de nossa fisiologia para substituir as descrições de nossos estados mentais. "Estou tão molhada" e "estou tão duro" pretende dizer: "estou nessa". Essas metáforas estão tão enraizadas que as pessoas acreditam que são literais. De fato, algumas pessoas realmente querem que acreditemos que as mulheres estão mentindo — seja deliberadamente ou porque fomos oprimidas culturalmente pela capacidade de reconhecer nossos próprios desejos — quando nossos órgãos genitais estão respondendo, mas dizemos que não estamos excitadas.

Espero que agora, seis capítulos deste livro, você saiba melhor. Você sabe que as sexualidades masculina e feminina são feitas das mesmas partes, apenas organizadas de maneiras diferentes, e sabe que não há duas pessoas iguais. Você sabe que o que ativa o acelerador ou pisa nos freios depende do contexto. Você sabe que a sexualidade das mulheres é ainda mais sensível ao contexto do que a dos homens, que fatores de desenvolvimento, culturais e de história de vida moldam profundamente como e quando nossos corpos respondem. Você sabe que sexo e atração sexual não são a mesma coisa.

As mulheres não são mentirosas, em negação ou de outra forma quebradas. Elas são *mulheres*, e não homens, em um mundo que quer que as mulheres acreditem que não conseguem entender a própria experiência interna.

Erro de Lubrificação nº 3: Não Concordância é um Problema

A terceira maneira de estar perigosamente errado sobre a não concordância é decidir que é um sintoma de alguma coisa.

Suponha que você reconheça que existe não concordância, reconhece que está *aprendendo* sem necessariamente indicar estar *gostando* ou *querendo*, e então você lê a pesquisa que mostra uma correlação entre não concordância e disfunção sexual.[23] E então você decide que, como a não concordância está associada à disfunção, a não concordância deve ser um problema.

O que me leva a uma frase que todo aluno de graduação que faz uma aula de métodos de pesquisa vai memorizar: "Correlação não implica causalidade". Refere-se à falácia *cum hoc ergo propter hoc* — "com isso, portanto por causa disso" — o que significa que só porque duas coisas acontecem juntas não significa que uma coisa causou a outra.

O exemplo por excelência no século XXI é a relação entre piratas e aquecimento global.[24] Esta é uma piada feita por Bobby Henderson, como parte do sistema de crenças da Igreja do Monstro do Espaguete Voador. Henderson queria enfatizar a diferença entre causalidade e correlação, então desenhou um gráfico que aparentemente mostrava o aumento da temperatura global com a queda vertiginosa do número de piratas marítimos.

A perda de piratas causou mudanças climáticas globais?

Claro que não. É um absurdo, né? Essa é a questão.

Na verdade, podemos hipotetizar uma terceira variável que influenciou tanto na redução dos piratas quanto na mudança do clima global: a Revolução Industrial.

Assim como essa suposta correlação entre piratas e temperatura global, também há uma correlação entre não concordância e disfunção sexual. A correlação torna fácil pensar que a não concordância está *causando* a disfunção sexual, ou que a disfunção está *causando* a não concordância.

Mas assim como os piratas e a temperatura global podem ser ligados pela Revolução Industrial, a não concordância e a disfunção sexual estão ligadas por uma terceira variável: o contexto.

Como o contexto liga o funcionamento sexual e a concordância?

Mulheres sexualmente funcionais têm freios sensíveis ao contexto, desligando quando estão no contexto certo — o que, lembre-se, significa tanto circunstâncias externas quanto estado mental interno. Os freios das mulheres sexualmente disfuncionais permanecem acionados, mesmo em contextos em que você esperaria que eles desligassem.

Ilustrarei isso com um estudo extraordinariamente inteligente publicado em 2010. Pesquisadores holandeses construíram um "laboratório ambulatorial" — um kit para levar para casa com pletismógrafo, laptop e unidade de controle portátil.[25] As participantes concluíram testes no laboratório semelhantes a outras pesquisas de não concordância — visualizando estímulos eróticos e medindo várias respostas automáticas e conscientes — e levaram o laboratório ambulatorial para casa e se testaram lá também. Dessa forma, os pesquisadores puderam medir como estar no laboratório influenciou os resultados, em comparação com estar em casa. Em outras palavras, eles mediram o efeito do *contexto*. Eles estudaram dois grupos: oito mulheres com funcionamento sexual saudável (o grupo de controle) e oito mulheres que preencheram os critérios diagnósticos para "transtorno de desejo sexual hipoativo" (o grupo de "baixo desejo").

Resultado: a resposta genital do grupo de controle *e* a excitação subjetiva mais que dobraram quando testadas em casa, em comparação com o laboratório. Além disso, elas relataram se sentir "menos inibidas" e "mais à vontade" em casa. A resposta genital do grupo de baixo desejo também dobrou em casa..., mas sua excitação subjetiva não o fez, nem elas relataram se sentir menos inibidas ou mais à vontade. Ou seja, eles eram menos concordantes porque seus freios não desligavam. Apenas estar em casa não foi suficiente para desligar os freios das mulheres de baixo desejo.

As mulheres sexualmente satisfeitas foram mais sensíveis do que as mulheres com baixo desejo à mudança de contexto do laboratório para casa. Para ser mais específico, pesquisas recentes descobriram que mulheres sexualmente saudáveis experimentam mais concordância se tiverem freios *menos* sensíveis.[26]

Sejam as circunstâncias externas ou a experiência interna pisando no freio, o contexto é fundamental para o bem-estar sexual da maioria das mulheres. O contexto é o ponto crucial e a chave. O contexto é a causa.

Aqui está uma coisa que às vezes acontece comigo: uma esposa arrasta o marido até mim e diz:

— Diga a ele o que você me disse.

Laurie fez isso com Johnny em um buffet de almoço.

— Diga a ele o que você me disse. A coisa da excitação. Diga a ele, por favor.

— Ele não acreditou em você?

— Ele acha que eu "devo ter entendido mal".

Então eu disse a ele:

— Tudo bem, Johnny. Sei que isso é o oposto de tudo que você já aprendeu sobre sexo, mas é verdade: o estado da vagina de Laurie não diz necessariamente nada sobre o estado de espírito dela.

Ela deu um tapa no braço dele com as costas da mão e ergueu as sobrancelhas, como se dissesse: "Está vendo?"

Ele olhou para mim e olhou para ela e olhou de volta para mim e abriu a boca para fazer uma pergunta e depois fechou-a de novo.

Então ele disse a Laurie:

— Vá embora, querida.

Ela o fez — não antes de me dar um olhar de cumplicidade.

Em um sussurro confidencial, ele me disse:

— Se eu não posso ir pelos órgãos genitais dela, como vou saber se ela realmente me quer? Porque ela poderia estar apenas dizendo que me quer quando na verdade ela está apenas tentando acabar com isso.

Johnny é um homem branco suburbano, viril, tipo de cara faz-tudo. Eu gosto muito dele, e muitas vezes meu papel é traduzir a ciência do bem-estar sexual das mulheres em uma linguagem que ele entenda. Então, comecei dizendo:

— Pense da seguinte maneira: a excitação não tem a ver com os órgãos genitais, mas com o cérebro.

Em seguida, descrevi o mecanismo de resposta sexual como um conjunto de interruptores liga e desliga, cada um associado a um tipo particular de entrada — sensações genitais, satisfação no relacionamento, estresse, apego etc. — que liga ou desliga um botão. Os mecanismos de resposta sexual de homens e mulheres têm o mesmo conjunto de ponteiros e interruptores, mas tendem a ser sintonizados em diferentes níveis de sensibilidade, de modo que apenas um pouco de estímulo genital ativa um interruptor para os homens, enquanto um pouco de estresse ativa um interruptor para as mulheres. A vida de Laurie, expliquei, estava desligando todos os interruptores.

Ele disse:

— Você está dizendo que recebi essa forte entrada do meu corpo, mas a entrada mais forte dela vem da sua... vida?

— Sim!

— Então, para hackear o sistema, o que eu preciso prestar atenção é nas coisas que estão pisando no freio, porque uma vez desligado, o acelerador assume o controle. É isso que você está dizendo?

— Sim. Você conseguiu — eu disse. — Acho que ela escreveu uma lista de coisas que a atrapalharam...

— Ela fez — disse ele. — Eu já vi. Eu não sabia o que fazer com isso, mas agora... Ele me encarou por um momento, então balançou a cabeça e disse:

— Isso realmente muda tudo. O que isso diz é que a coisa mais sexy que posso fazer não é uma coisa erótica maluca. A coisa mais sexy que posso fazer é tirar o máximo de freios possível, que é... Quero dizer, eu posso fazer isso. Só... por que ninguém me disse isso antes?

"Querido... Eu sou não concordante!"

Se você tem um corpo que nem sempre combina com sua mente, então você tem um corpo que desafia a sabedoria convencional (e errada) e, portanto, pode se encontrar na posição de ter de corrigir o entendimento de seu parceiro. Há três coisas a serem lembradas, que podem resolver qualquer problema que sua não concordância possa gerar.

Primeiro, lembre-se de que você é saudável, funcional e completa. Seu corpo não está quebrado e você não está louca. Seu corpo está fazendo o que os corpos fazem, e isso é uma coisa linda. Viva! Então saiba que você é normal. Diga ao seu parceiro que você é normal. Diga-lhes com calma, alegria e confiança. Não há necessidade de ser defensiva ou agressiva — não é culpa deles que não saibam sobre a não concordância. Na verdade, a culpa é mais minha e de todos os outros educadores e pesquisadores sexuais. Falhamos em comunicar essa ideia claramente ao mundo, e agora você está presa à tarefa de consertar nosso erro. Desculpe por isso. Portanto, peça desculpas por mim, em nome de todos os educadores e pesquisadores sexuais do mundo, e depois conte ao seu parceiro os fatos:

> "Emily Nagoski lamenta que você ainda não saiba que a resposta genital não é um indicador confiável de prazer ou desejo. Mas é verdade. O que meus órgãos genitais estão fazendo não tem necessariamente nada a ver com o que sinto. Trinta anos de pesquisa confirmam isso. Então, por favor, preste atenção às minhas palavras, não à minha vagina."

Na verdade, você não precisa se desculpar por mim; você pode simplesmente me enviar um e-mail e dizer: "Você poderia enviar um e-mail ao meu parceiro pedindo desculpas pelo fato de eles não saberem sobre a não concordância?" e eu mesma farei. Sério, eu vou.

Em segundo lugar, ofereça ao seu parceiro outras maneiras de saber que você está excitada.

Aqui estão algumas coisas alternativas às quais seu parceiro pode prestar atenção se seus órgãos genitais estiverem falando apenas de *aprender*, não de *gostar*:

- Sua respiração. Sua taxa de respiração e seu pulso aumentam com a excitação. Você começa a prender a respiração também, à medida que atinge o nível mais alto de excitação e os diafragmas torácico e pélvico se contraem.
- Tensão muscular, especialmente no abdômen, nádegas e coxas, mas também nos pulsos, panturrilhas e pés. Quando a tensão se move em ondas através de você, seu corpo se curva e arqueia. Para algumas mulheres, em alguns contextos, isso acontece de forma óbvia. Para outras mulheres, ou em outros contextos, é sutil.
- Mais importante, suas *palavras*. Só você pode dizer ao seu parceiro o que deseja e como se sente. Nem todas as mulheres se sentem igualmente à vontade para falar de seu desejo e excitação, mas você pode usar um atalho com "sim" ou "mais".

E lembre-se disso também: não se trata de atender a nenhuma resposta fisiológica, comportamento ou outra pista específica. Trata-se de atender com uma espécie de vigilância ampla e receptiva. Sugira que seu parceiro preste atenção a você não com uma lupa, mas com o lado errado de um telescópio, ou como um mestre de xadrez observa um tabuleiro — procurando padrões e dinâmicas em grande escala. Seu parceiro deve prestar atenção à maneira como um chef prova a comida — não apenas para sabores individuais, mas para a maneira como esses sabores se combinam e criam algo único, novo e delicioso.

Em terceiro e último lugar, lide com qualquer falta de lubrificante sob demanda complementando com o fluido de sua escolha: sua saliva ou de seu parceiro (quando não há risco de transmissão de infecção), fluidos genitais de seu parceiro (idem), lubrificante comprado em loja, qualquer que seja.

Para que serve o lubrificante? Reduzindo o atrito, o que pode aumentar o prazer, e sempre diminui o risco de rompimento e dor. E *sempre* use lubrificante se estiver usando barreiras protetoras como camisinhas ou *dental dam's* (protetor para sexo oral). O lubrificante aumenta sua eficácia e os torna mais agradáveis. O lubrificante é seu amigo. O lubrificante tornará sua vida sexual melhor.[27]

Às vezes, as pessoas se sentem desconfortáveis ao introduzir fontes externas de lubrificante em sua conexão sexual. Essa hesitação pode resultar de vários eventos da vida ou da simples inexperiência com isso ou da sensação de que usar lubrificante significa que você é de alguma forma inadequado. Lembre-se do fundamento moral da santidade: coisas relacionadas ao sexo são categorizadas como "sujas", mesmo quando é uma garrafa cheia de algo que você encontra em muitos produtos para cabelo.

Mas agora você sabe que o fluxo sanguíneo genital tem sua própria maneira de estar no mundo, que pode ou não ter nada a ver com seu prazer ou desejo sexual. Você sabe que o lubrificante é importante porque reduz o atrito, o que aumenta a saúde e o prazer. E você sabe que pode escolher quais crenças você nutre e quais você elimina.

Se você decidir tentar usar lubrificante, aqui estão algumas dicas para conversar com seu parceiro sobre isso:

- *Brincadeira, Curiosidade e Humor.* É literalmente impossível se sentir estressado e ansioso com algo quando sua abordagem é divertida, curiosa e bem-humorada. Que seja um pouco bobo; que seja divertido. Isso é sobre prazer, lembra?
- *Faça seu parceiro se sentir como um super-herói.* Comunicar-se sobre sexo às vezes parece arriscado porque, acima de tudo, você não quer ferir os sentimentos de seu parceiro. O atalho mais simples para contornar os sentimentos feridos é conversar de todas as coisas que seu parceiro faz bem, todas as maneiras pelas quais ele pode aumentar seu prazer além de suas alturas já vertiginosas e todo o prazer que você espera adicionar incorporando esse novo elemento à sua conexão sexual.
- *Escolha seu lubrificante com sabedoria.* Nem todo lubrificante é criado igual. Frequentemente, é uma boa ideia escolher o lubrificante junto com seu parceiro — compre juntos e escolha algo com o qual ambos se sintam bem, para que ambos invistam igualmente nisso.

Camilla explicou a não concordância a Henry. Para ela, a não concordância era um exemplo perfeito de como a narrativa cultural havia falhado em lhe dizer a verdade, e ela ficou muito satisfeita em encontrar outra maneira de ser, mais uma vez, totalmente normal.

Foi um pouco mais complicado para Henry, porque ele ainda estava descobrindo toda a coisa de desejo/querer. Ele estava tentando se sentir confortável com a diferença entre a versão dos freios de não querer — "Eu quero que isso pare" — versus a versão do acelerador de não querer — "Gosto disso, mas não sinto vontade de procurar mais".

Ele disse:

— Eu entendo que a resposta genital não me diz o que te excita. Você me diz o que te excita, e eu acredito em você. Mas o que eu não entendo é como você fica excitada sem primeiro querer aquilo que te excita."

A resposta à pergunta de Henry é: o prazer vem primeiro — antes do desejo, quero dizer.

E o desejo é o assunto do capítulo 7.

ml;nl

- O fluxo sanguíneo para os órgãos genitais é uma resposta a estímulos relacionados ao sexo (*aprendizado*), que não é a mesma coisa que *gostar* ou *querer*, muito menos consentir.
- Homens e mulheres parecem ser diferentes na concordância de sua resposta genital e excitação subjetiva. Mas, como em todos os outros capítulos, essa diferença entre mulheres e homens não significa que as mulheres estão quebradas; significa que são *mulheres*.
- A não concordância da excitação não é um sintoma de nada; é apenas uma parte normal de como o sexo funciona às vezes. Se precisar de lubrificante, use lubrificante!
- A melhor maneira de saber se alguém está excitado não é perceber o que seus órgãos genitais estão fazendo, mas *ouvir suas palavras*.

sete

Desejo

ESPONTÂNEA, RESPONSIVA E MAGNÍFICA

É um fato básico do relacionamento deles que Olivia quer sexo com mais frequência do que Patrick, então ela acaba iniciando na maioria das vezes. Mas a experiência de Olivia de ser o alvo da luxúria desenfreada alimentada por placebo de Patrick na noite anterior deu a ela um insight poderoso: Era bom estar aberta ao sexo, sem se sentir forçada a fazer sexo. Foi bom permitir que o desejo sexual a puxasse gradual e suavemente, em vez de sentir que a estava pressionando.

Então, como próximo passo em seu experimento, eles tentaram inverter sua dinâmica usual. Eles marcaram uma "noite de encontro" e depois não fizeram nada para se preparar; eles simplesmente apareceram naquela noite em seus estados de espírito habituais — Olivia pronta para partir, Patrick não estava desinteressado, mas também não estava ativamente interessado.

E eles fizeram Olivia seguir o exemplo de seu parceiro, enquanto Patrick começou a explorar que tipo de coisas ele poderia fazer para deixa-lo ativamente interessado. Eles passaram muito tempo "pré-aquecendo o forno": beijando e conversando e massageando — e, surpreendentemente, um pouco de aventura, passando do quarto para a cozinha para alimentar um ao outro. Quando Patrick estava no comando com total permissão para fazer o que lhe ocorresse, eles tentavam coisas novas juntos. Eles aprenderam muito sobre qual contexto funcionou para Patrick, porque ele teve que criar esse contexto, teve de pedir o que parecia certo.

Eles aprenderam uma coisa surpreendente de Olivia também: Quando ela ficou parada o suficiente para se mover no ritmo de Patrick em vez de seu próprio ritmo naturalmente mais rápido, o acúmulo gradual e a excitação sustentada e a necessidade de se conter criaram um contexto que não era tão bom quanto o contexto que funcionava para ela. Foi incrivelmente melhor.

Olivia me disse:

— Uma das regras que definimos era que eu tinha de pedir permissão antes de ter um orgasmo. E ele nem sempre dizia sim quando perguntado. Nós, vamos fazer isso de novo.

— O que havia de bom nisso? — Perguntei.

A expressão de Olivia ficou séria, mas com brilho. Ela disse:

— Foi como... quando nos permitimos sincronizar e nós dois estávamos subindo em direção ao orgasmo no mesmo ritmo deliberado, nós, tipo... como se eu pudesse sentir o prazer dele em meu corpo. Eu podia até sentir meu próprio prazer dentro do corpo dele. Isso parece loucura?

— Nem um pouquinho — eu disse.

A criação de um ótimo contexto sexual positivo para o parceiro de menor desejo resultou em um contexto alucinante, quase dolorosamente erótico, para o parceiro de maior desejo.

Este capítulo é sobre por que e como isso funciona.

Imagine um mundo onde todos tenham plantas do deserto em seus jardins — plantas de babosa e dragoeiros e fiddlenecks e yuccas — e todos sabem como cuidar: muito sol, pouca água.

E imagine que você tenha um tomateiro em seu jardim.

Todo mundo "sabe", neste mundo desértico, que as plantas precisam de pouquíssima água, então você rega seu tomateiro com moderação... e ele lentamente morre. Você se pergunta: "Talvez eu esteja regando com muita frequência? Talvez não haja sol suficiente? E você continua a regar e observar, e se pergunta: "Por que está morrendo? Estou fazendo o que devo fazer!"

Uma pequena mudança no conhecimento — o simples fato de que os tomateiros se adaptam melhor a um clima subtropical do que a um deserto, então elas prosperam com mais água — pode mudar a forma como você cuida do seu jardim... o que pode trazer seu tomateiro de volta à vida.

Agora, se alguém aparecer e oferecer esse fato, haverá quem diga: "As plantas não precisam de muita água, isso faz parte do que significa ser uma planta saudável!" Outros dirão: "Os tomateiros são loucos — problemáticos! — por precisarem de toda aquela água!" Alguns procurarão um remédio para o tomateiro, para torná-lo mais parecido com uma babosa. E haverá plantadores de tomates que simplesmente não conseguem abandonar a ideia de que deveriam ser capazes de produzir frutos abundantes quase sem água, e farão de tudo para ter um tomateiro que prospere no deserto.

Mas você tenta. Você dá mais água ao seu tomateiro.

E você vai de "Por que está morrendo?" para "Uau!" pois você é recompensado com frutas abundantes e verduras exuberantes e perfumadas. Tudo por conta de uma pequena mudança no conhecimento.

Este capítulo é sobre uma pequena mudança no conhecimento, que pode mudar seu relacionamento com seu bem-estar sexual de "Por que está morrendo?" para "Uau!"

A narrativa padrão do desejo sexual é que ele apenas *aparece* — você está sentado na hora do almoço ou andando na rua, talvez você veja uma pessoa sexy ou tenha um pensamento sexy e *zás!* você está dizendo para si mesmo: "Eu gostaria de um pouco de sexo!" Esse é o estilo usual de Olivia. Esse é o desejo "espontâneo".

Mas algumas pessoas descobrem que começam a querer sexo apenas depois que coisas sensuais já estão acontecendo. Em vez de esperar ansiosamente pelo sexo, eles podem ter uma motivação pragmática para aparecer às 19h no sábado à noite, porque a noite do encontro está em seu calendário. Eles colocam o corpo na cama, deixam a pele tocar a pele do parceiro... e o corpo acorda e diz: "Ah, certo! Eu gosto dessa pessoa! Eu gosto disso!" Isso é desejo responsivo. Onde o desejo espontâneo aparece em *antecipação* ao prazer, o desejo responsivo surge em *resposta* ao prazer.

E é normal. Pessoas com desejo responsivo não têm desejo "baixo", não sofrem de nenhuma doença, nem desejam iniciar, mas sentem que não podem. Seus corpos só precisam de algum motivo mais convincente do que "Sexo geralmente é divertido" ou "Olhe aquela pessoa atraente bem ali" para desejar sexo. Eles podem estar sexualmente satisfeitos e em relacionamentos saudáveis, mas nunca desejam sexo do nada. Essa é a Camilla. A falta de desejo espontâneo de sexo não é, em si, disfuncional ou problemática! Deixe-me repetir: o desejo responsivo é *normal e saudável*.

Mas realmente? Acontece que o desejo sexual de todos é responsivo. *Parece* mais espontâneo para alguns e mais responsivo para outros, porque, embora sejamos todos feitos das mesmas partes, as diferentes organizações dessas partes resultam em experiências diferentes.

A pesquisa sugere que cerca de metade das mulheres podem ser categorizadas como uma ou outra, espontânea ou responsiva.[1] O estilo de desejo da maioria das pessoas provavelmente — por favor, rufem os tambores — depende do contexto. Essas são Merritt e Laurie. E são normais também. Essas são pessoas que, no estágio de paixão intensa de um relacionamento, podem querer sexo aparentemente do nada, mas dez anos e alguns filhos depois, é preciso um pouco mais de esforço deliberado para fazê-las se interessar por sexo.

Portanto, neste capítulo, explicarei o que é desejo, como funciona, como aproveitá-lo ao máximo e o que fazer se você e seu parceiro tiverem estilos de desejo diferentes.

Começaremos com a origem do desejo: o desejo é o prazer no contexto.[2] Passaremos algum tempo conversando do que provavelmente não causará problemas de desejo — hormônios e monogamia — e o que é muito mais provável de causar problemas de desejo — cultura sexo-negativa e a dinâmica de perseguição. E vamos encerrar o capítulo com um desvio do mero "desejo" para o que mais importa: sexo que vale a pena querer.

Desejo = Prazer no contexto

Embora os detalhes variem de pessoa para pessoa, podemos experimentar o desejo de várias maneiras, dependendo do contexto e da sensibilidade de nossos freios e aceleradores. Para ilustrar, vamos pensar em três cenários diferentes, cada um com o mesmo estímulo, os mesmos freios e aceleradores, mas contextos diferentes.

Cenário 1. Você está se sentindo muito calma, feliz e confiante, sem fazer nada em particular, e seu parceiro se aproxima e toca seu braço com carinho. O toque viaja do seu braço, sobe pela sua coluna, até o seu cérebro. Nesse estado de espírito, seu sistema nervoso central está muito quieto, há pouquíssimo tráfego e a sensação do toque de seu parceiro diz: "Ei, então isso está acontecendo. O que você acha?" E seu cérebro diz: "Afeto é bom". O estímulo continua, seu amado parceiro toca seu braço afetuosamente, e a sensação viaja até seu cérebro e diz: "Isso está acontecendo um pouco mais. O que você acha?" E seu cérebro diz: "Afeto é *muito* bom", e volta sua atenção mais para essa sensação. Então seu parceiro começa a beijar sua garganta, e essa sensação chega ao seu cérebro emocional e diz: "Agora isso também está acontecendo. O que você acha?" E então o cérebro diz: "Isso é fantástico! Vá buscar mais disso!" Nesse contexto, o desejo sexual parece *responsivo*.

Cenário 2. Você está estressada, exausta ou sobrecarregada, há muito barulho em seu cérebro, há tráfego intenso, muitos gritos e buzinas de todas as coisas que a estão estressando. O toque afetuoso do seu parceiro viaja do seu braço, sobe pela sua coluna, até o seu cérebro, e diz: "Isso está acontecendo. O que você acha?" E seu cérebro diz: "O QUÊ? NÃO CONSIGO TE OUVIR COM TODO ESSE BARULHO!" E então a sensação acabou. (As sensações são um pouco como o Snapchat.) Se seu parceiro continua tocando você, a sensação continua perguntando ao seu cérebro: "Isso ainda está acontecendo. O que você acha?" E, enfim, pode chamar a atenção do seu cérebro, e seu cérebro pode dizer: "VOCÊ ESTÁ BRINCANDO COMIGO? EU TENHO TODO ESSE OUTRO BARULHO PARA ENFRENTAR!" E se a sensação for notada o suficiente para se expandir para fora do Um Anel emocional do seu cérebro, ela aparecerá na forma de "Agora não, querido".

Cenário 3. Seu parceiro muito sexy está ausente há duas semanas, mas vocês têm trocado mensagens de texto frequentes, que começaram flertando, mas foram aumentando gradualmente em clareza e intensidade à medida que vocês se envolvem cada vez mais em provocar e atormentar um ao outro. No final das duas semanas, apenas o som do seu telefone recebendo uma mensagem de texto faz você suspirar e tremer. Há barulho em seu cérebro, mas tudo está entoando: "Parceiro muito sexy!" No momento em que seu parceiro chega em casa e toca seu braço afetuosamente, você está pronta para explodir como um foguete. Nesse contexto, o desejo sexual parece *espontâneo*.[3]

Em todos os três cenários, o estímulo vem primeiro, seja o toque do seu parceiro ou apenas a ideia do toque do seu parceiro. Se o contexto estiver correto, o estímulo é bom e leva ao desejo. Todos os três cenários são sexualidade normal e saudável.

Às vezes, o estímulo pode não ser bom, mas ainda assim pode levar ao desejo — querer sem prazer. Isso também pode ser uma sexualidade normal e saudável, mas, como veremos no final do capítulo, desejo sem prazer não é a sexualidade de pessoas que fazem sexo ótimo ou mesmo bom.

O que tudo isso significa é que, se você deseja expandir seu acesso ao desejo espontâneo, tudo o que precisa fazer é procurar os contextos que o facilitem. Volte aos questionários do capítulo 3 e considere quais características do parceiro, características do relacionamento, cenário, fatores lúdicos e outras circunstâncias da vida criam prazer que leva ao desejo urgente. Então veja quais deles você pode alterar em sua vida para criar desejo espontâneo. E se sua vida atualmente não permite o contexto que facilita o desejo espontâneo, você sabe que é normal. Você pode desfrutar do desejo responsivo até encontrar o caminho para uma vida cotidiana que permita o desejo espontâneo.

Assim, o desejo sexual surge em resposta ao prazer.

Quando funciona.

O que às vezes não acontece.

O que faz com que o desejo se comporte mal e o que você faz quando isso acontece? Os próprios relatos das mulheres do por que seu desejo diminui provavelmente soarão familiares para você: exaustão, problemas de saúde mental e física, mudanças na imagem corporal, sensação de sobrecarga por seus muitos papéis e obrigações e sensação de ansiedade e preocupação com o sexo em si — preocupações que vão desde gravidez indesejada a "demorar muito" para se excitar, não atendendo às expectativas do parceiro.[4]

Nas próximas seções, falarei dos improváveis culpados pelos problemas de desejo (hormônios e monogamia) e os culpados mais prováveis: mensagens culturais que pisam no freio e a questão do relacionamento que chamo de "dinâmica da perseguição". E então falarei sobre a pesquisa de mudança de paradigma de pessoas que têm vidas sexuais *extraordinárias*, mantendo conexões sexuais por muitos anos.

Camilla e Henry haviam abraçado seu "aquecedor lento" erótico e estavam colaborando para encontrar contextos que ativassem o acelerador dela. Mas Henry ficou com um desconforto persistente por se sentir forçado a fazer coisas para excitar Camilla quando ela ainda não estava "no clima". Parecia de alguma forma não natural.

Às vezes, você pode observar um fato cair no cérebro de uma pessoa como tinta na água. Eu vi isso acontecer quando expliquei para Camilla e Henry que, na verdade, seu estilo de desejo era totalmente normal.

— O prazer vem primeiro, antes do desejo — para todos, não apenas para Camilla — eu disse.

— O prazer vem primeiro? — disse Henry.

— Sim. O desejo surge quando o prazer ultrapassa o limiar individual da pessoa. Camilla, você tem um limite alto, mas é o mesmo processo básico para todos.

— Você está brincando comigo — disse Camilla. — Sério, a cultura pop acertou alguma coisa sobre sexo?

Henry não me deu chance de responder — isso era importante para ele, a solução para seu dilema excitar-Camilla-quando-ela-ainda-não-"quer"-sexo.

— Você está dizendo que apenas temos limites diferentes, certo?

— Certo.

Para Henry, às vezes, só de ver Camilla andando depois do banho era todo o prazer necessário para ativar o desejo. Ele disse:

— E eu gosto disso! Eu gosto de vê-la andando toda úmida e nua. Eu não gostaria que ela parasse de fazer isso só porque eu não estava excitado antes de vê-la. Então... se o equivalente for verdadeiro para você — ele se virou para Camilla — eu não preciso me sentir desconfortável criando contextos equivalentes para você, certo?

— Eu também quero você! — disse Camilla. — Provoque minha luz piloto! Aumente a pressão da água!

Então foi isso que eles decidiram fazer. Henry transformou tudo em preliminares discretas, sem pressão e sem expectativa, do jeito que ela andava depois do banho era uma espécie de preliminar de baixo nível para ele. Abraçar e tocar. Beijos lentos. Flores. Atenção carinhosa. Como quando eles se apaixonaram pela primeira vez — um fluxo constante e estável de lembretes de que "esse cara é incrível!"

Henry adora o desejo entusiástico de Camilla, e tudo o que é preciso para levá-la até lá é prazer suficiente, construído gradualmente.

Esta não é uma história que vemos muito na cultura pop porque não se trata de tensão e ambivalência. Mas acontece que é assim que funciona para muitos casais que mantêm uma forte conexão sexual a longo prazo.

Boas notícias! Provavelmente não são seus hormônios

Se você está sentindo dor durante o sexo, converse com um médico — pode haver problemas hormonais envolvidos, juntamente com uma variedade de fatores neurológicos e fisiológicos. Mas se você está com pouco desejo, os hormônios são os culpados menos prováveis.[5] Lori Brotto e seus colegas testaram seis fatores hormonais para determinar qual previa mais ou menos disfunção em mulheres com baixo desejo, e nenhum deles era significativamente preditivo de baixo desejo.[6]

Então, se não são seus hormônios, o que a pesquisa descobriu ser preditivo de baixo desejo? De acordo com Brotto, "história do desenvolvimento, história psiquiátrica e história psicossexual". Em outras palavras, todas as coisas dos capítulos 4 e 5 — estresse, depressão, ansiedade, trauma, apego etc.

As pessoas às vezes se sentem mais à vontade com a ideia de que seu desejo sexual tem tudo a ver com sua química e nada a ver com sua vida. Afinal, hoje em dia é fácil mudar sua química! Mas os hormônios são uma pequena — muitas vezes insignificante — parte do contexto que molda o bem-estar sexual de uma mulher, então mudá-los pode ter apenas um pequeno — muitas vezes insignificante — impacto. Estresse, autocompaixão, história de trauma, satisfação no relacionamento e outros fatores emocionais têm muito mais influência no desejo sexual de uma mulher do que qualquer hormônio.

Se às vezes você sente falta de desejo, a menos que haja algum problema médico interferindo, é provável que você não precise *se* consertar — você não está quebrada — apenas mudar seu contexto.

Não é um Impulso

A maioria de nós está acostumada a pensar no desejo sexual como um impulso, como a fome. Um impulso é uma experiência interna desconfortável que a leva a resolver um problema. E qual é a consequência se você não resolver o problema? Em última análise, você morrerá. A fome é um impulso. A sede também. Termorregulação. Sono — você pode literalmente morrer de privação de sono.

Durante séculos, os cientistas pensaram que o sexo era um impulso. Provavelmente é como você pensa dele também. É como eu pensei sobre isso por um longo tempo.

Acontece que não.

É fácil provar que o sexo não é um impulso: como disse o especialista em comportamento animal Frank Beach em 1956, "Ninguém jamais sofreu dano tecidual por falta de sexo".[7] Colocando mais coloquialmente, ninguém nunca morreu porque não conseguiu transar. Talvez eles quisessem, mas isso é frustração, e as pessoas não morrem literalmente de frustração.[8]

Se não é um impulso, o que é? É um "sistema de motivação de incentivo".[9]

A maioria das pessoas associa a palavra "incentivo" à ideia de um prêmio, algo pelo qual vale a pena trabalhar. O significado biológico é semelhante. Enquanto os impulsos são movidos por uma sensação interna desconfortável, os sistemas de motivação de incentivo são puxados por um estímulo externo atraente. A curiosidade é o exemplo por excelência de um sistema de motivação de incentivo, tão natural para nós quanto a fome, mas sem a ameaça de morte real.[10]

Quando você ouvir "impulso", pense em "sobreviver".

Quando você ouvir "motivação de incentivo", pense em "prosperar".

Isso é importante por pelo menos dois motivos:

Primeiro, se o sexo fosse um impulso, como a fome, então as pessoas que raramente ou nunca experimentam desejo espontâneo por sexo seriam... bem, como chamaríamos uma pessoa que nunca experimentou fome espontânea de comida, mesmo quando não comia há dias, semanas ou meses? Essa pessoa está definitivamente doente! E quando você acredita que está doente, sua resposta ao estresse entra em ação. E sabemos como o estresse é ótimo para o prazer e o desejo sexual, certo?

O mito de que sexo é um impulso é ruim para a vida sexual das pessoas.

Mas há uma razão mais importante pela qual é relevante que o sexo seja como a curiosidade e não como a fome: Se alguém rouba um pedaço de pão porque está morrendo de fome, em algum nível podemos ter simpatia e misericórdia; mesmo quando roubar é errado, reconhecemos que as pessoas fazem o que precisam para sobreviver. Mas se alguém rouba um pão simplesmente porque está curioso para saber o gosto do pão de outra pessoa... temos a mesma simpatia, a mesma misericórdia?

Porque o sexo não é um impulso, não é uma "necessidade" biológica e ninguém tem direito a ele, e ninguém jamais tem permissão para roubá-lo de ninguém, sob quaisquer circunstâncias.

Mais boas notícias! Também não é monogamia

Muito se tem falado recentemente da "não naturalidade" da monogamia e a morte da conexão erótica quando as pessoas se comprometem com um relacionamento sexual exclusivo de longo prazo. A essa altura, você provavelmente pode antecipar minha visão do assunto: é o contexto que importa e não há duas pessoas iguais. Alguns casais monogâmicos criam um contexto que sustenta e aviva o desejo, e alguns casais... não. O mesmo é verdade para pessoas em relacionamentos abertos. Não é que a monogamia ou o poliamor sejam inerentemente bons ou ruins para o desejo, é a maneira como as pessoas *praticam* a monogamia ou o poliamor que pode matar o desejo.

Se a monogamia é sua estrutura de relacionamento preferida, esta seção é para você. Vou enquadrá-los como a escola Esther Perel e a escola John Gottman, embora isso seja apenas um atalho para uma questão muito mais rica e complexa.

Em *Sexo no cativeiro*, Esther Perel apresenta uma contradição no núcleo dos relacionamentos modernos: a atração antitética entre o familiar versus o novo, o estável versus o misterioso. Queremos amor, que tem a ver com segurança, proteção e estabilidade, mas também queremos paixão, que tem a ver com aventura, risco e novidade. Amor é ter, desejo é querer, e você só pode querer o que ainda não tem, segue o raciocínio.

Se o problema é que o amor de longo prazo é antitético à paixão de longo prazo, então a solução, diz Perel, é manter a autonomia, um espaço de erotismo dentro de si, como forma de manter a distância necessária para deixar o *querer* emergir. Como Perel coloca, "No desejo, queremos uma ponte para cruzar".[11] Isso significa adicionar intencionalmente uma distância que cria uma instabilidade ou incerteza nervosa, uma leve e agradável insatisfação.

Em contraste, John Gottman, em *The Science of Trust* [sem publicação o Brasil], diz que o problema não é a falta de distância e mistério, mas a falta de aprofundamento da intimidade. Desse ponto de vista, conversas íntimas, afeto e amizade são fundamentais para a vida erótica de um relacionamento de longo prazo. Gottman relata as descobertas de um estudo de 100 casais, todos com 45 anos ou mais, metade com boa vida sexual e metade com vida sexual ruim. Aqueles que relataram ter uma boa vida sexual, escreve ele, "mencionaram consistentemente: (1) manter uma amizade próxima, conectada e confiável; e (2) fazer do sexo uma prioridade em suas vidas".[12] Em outras palavras, sustentar o desejo não é ter uma ponte para cruzar, mas construir uma ponte juntos.

"Vire-se para os desejos um do outro", diz Gottman.

"Mantenha uma distância confortável", diz Perel.

Você está se perguntando quem está certo?

Ambos estão — dependendo, eu acho, de como você conceitua "desejo". Lembra-se do capítulo 3, da distinção entre *querer* e *gostar*? Para Perel, o desejo é *querer*. Anseio. Busca. Desejo. A busca de redução de discrepância de um objetivo, para colocá-lo em termos românticos.[13]

E para Gottman e os casais da pesquisa que ele cita, "desejo" tem mais a ver com *gostar*. Segurar. Saborear. Permitir. Explorar esse momento juntos, perceber como é e *gostar*. O estilo de desejo *Sexo no cativeiro* é a adrenalina mais alta; é inerentemente excitante. Apreciamos esse tipo de ciclo perpétuo de coceira-coça-alívio-coceira. *Gostamos* tanto de *querer* que nem sempre conseguimos separar a experiência de *querer* da experiência de *gostar*. É um bom ajuste para a narrativa existente que diz que o desejo espontâneo é a maneira certa de experimentar o desejo. O estilo de desejo da *Science of Trust* é menos adrenalina, mais uma celebração da sensação no contexto, uma celebração da união.

O estilo de Perel é sobre a fome, como o molho secreto que torna uma refeição deliciosa. O de Gottman é de chegar em casa do trabalho e preparar o jantar com seu parceiro, tomar uma taça de vinho enquanto cozinha, alimentar um ao outro com todos os morangos que pretendia guardar para a sobremesa, depois se sentar juntos e saborear cada garfada. No estilo Perel, você chega ao seu parceiro com o fogo já aceso. No estilo Gottman, vocês alimentam o fogo um do outro.

Minha inclinação pessoal é mais para o estilo de Gottman, enquanto minha irmã gêmea disse: "Por que a proximidade faria alguém querer mais proximidade? *Espaço!*" Conheço pessoas que juram por um ou por outro. Conheço pessoas que estão exaustas demais para tentar. Conheço pessoas que estão convencidas de que um é o Verdadeiro Caminho para desejar, embora eu ache que eles se beneficiariam em tentar o outro. É uma questão de encaixe. E acho que, no final das contas, ambas são estratégias para atingir o mesmo objetivo geral: aumentar a ativação do acelerador e diminuir os freios.

As duas abordagens são mais parecidas do que parecem na superfície, e é em suas semelhanças que encontramos a verdade mais profunda: ambas deixam claro que a paixão não acontece automaticamente em um relacionamento monogâmico de longo prazo. Mas ambos também sabem que a paixão *acontece* — desde que o casal assuma o controle deliberado do contexto. Para alguns casais, esse contexto parece criar proximidade. Para outros, parece criar espaço.

Após a revelação de Johnny sobre os ponteiros e interruptores e o que Laurie é sensível, eles decidiram tentar uma dessas caixas de assinatura. A cada poucos meses, uma caixa chegava pelo correio — como se fosse um Clube de Frutas do Mês, só que em vez de frutas eles ganharam kits com uma espécie de fantasia sexy pré-fabricada. Ambos temiam que fosse meio cafona, mas também acharam que valia a pena tentar. Eles estavam prestando atenção ao contexto e, embora o contexto de Johnny fosse: "Me dê dois minutos para escovar os dentes", o de Laurie era: "Tire-me do modo mamãe ou nunca vou chegar ao modo hey-sexy-lady."

Então a caixa chegou e eles abriram juntos.

A primeira impressão deles foi... bem, decepção.

— Foi muito dinheiro para alguns materiais de artesanato — foi como Laurie disse.

— Já temos um vibrador — foi como Johnny disse.

Mas eles pensaram: Que diabos. Pagamos por esses materiais de artesanato. Colocamos sua mãe de babá. Fizemos uma reserva de hotel. Vamos embora, e o que quer que aconteça (ou não), acontecerá (ou não).

A caixa incluía instruções, descrevendo a noite e algumas regras, mas eles não seguiram as regras. Eles conversaram sobre tudo no carro a caminho do hotel, rindo o tempo todo.

Pediram que entregassem uma pizza e continuaram falando disso, e falando sobre outras coisas também — trabalho, filho, família. Eles apenas conversaram sobre coisas e lembraram o quanto se gostam. Em seguida, Laurie tomou um banho de espuma, levando consigo para a banheira um livro de histórias eróticas.

Vou avançar pelo resto da noite sugerindo que você cante "Can You Feel the Love Tonight?" para si mesmo por alguns minutos.

Em que ponto da noite Laurie começou a sentir algo que ela descreveria como "desejo" real? Na metade da massagem que Johnny lhe fez quando ela saiu da banheira e caminhou até a cama vestindo apenas um sutiã de renda e uma loção corporal perfumada.

Em que ponto Johnny começou a sentir desejo? No carro a caminho de lá.

Mas funcionou muito bem.

Foi uma noite cara, e exigiu uma quantidade significativa de planejamento com antecedência, mas tirou Laurie do estado de espírito da vida-de-maternidade-chefe-estudante-OMG e entrou em um estado de espírito de hora-sexy-para-Johnny-e-eu que lhe permitiu que seus estressores deslizassem para as sombras de sua atenção por um tempo, enquanto hey-sexy-lady estava no centro das atenções.

E tudo o que eles mudaram foi o contexto.

"Por que não posso simplesmente tomar um comprimido?"

Quando você acredita que há algo errado com você, sua resposta ao estresse entra em ação. E quando sua resposta ao estresse entra em ação, seu interesse por sexo evapora (para a maioria das pessoas). Insistir que o desejo espontâneo é o único desejo "normal" é insistir que uma pessoa saudável com desejo responsivo está doente. Diga isso com bastante frequência e, afinal, eles acreditarão em você. E quando eles acreditam em você, de repente é verdade. O mito deixa as pessoas doentes.

Isso é exatamente o que eu vi durante a aprovação da droga Flibanserin pela FDA, uma droga para tratar o "baixo desejo". É uma pílula que você toma todos os dias. Para que benefício? De acordo com a análise dos dados pela FDA, as mulheres que tomaram a droga tiveram menos de um "evento sexual satisfatório" adicional por mês, em comparação com aquelas que tomaram placebo; no geral, aproximadamente 12% das participantes do estudo foram "pelo menos minimamente melhoradas" em relação ao placebo, o que significa que cerca de 88% das participantes não vivenciaram *nem mesmo um benefício mínimo* em relação ao placebo.[14] (Sem surpresa, não foi uma pechincha).

Uma segunda droga, aprovada em 2019, é uma injeção abdominal que você aplica a si mesma cerca de uma hora antes do sexo. Em ensaios clínicos, não aumentou a frequência sexual, nem aumentou a satisfação sexual relatada pelas participantes. Ele *aumentou* a pontuação das participantes em uma pesquisa geral do funcionamento sexual — uma pesquisa desenvolvida pela indústria farmacêutica.[15] (Esta droga também não era uma pechincha. Sem surpresa.)

Mas a verdadeira história por trás dessas drogas não é simplesmente que elas não "funcionam" — ou seja, não aumentam o desejo espontâneo ou a frequência sexual, exceto talvez em uma pequena minoria de mulheres. A verdadeira história é que mesmo as mulheres para quem as drogas "funcionam" nunca tiveram um problema em primeiro lugar.

Uma mulher que teve uma ótima experiência com Flibanserin durante a fase de teste contou a *Cosmo* como era sua vida sexual antes de começar a usar a droga.[16] Ela disse: "Depois que comecei, não era um problema. Isso me fez começar.

Soa familiar? Isso é desejo responsivo. Saudável e normal.

Outra participante disse algo semelhante: "Sinto muita falta de querer transar. Eu odeio ter de 'me chatear' para fazer isso. Isso me faz mal. É preciso um esforço realmente dedicado para eu estar lá fisicamente e mentalmente."[17]

Repetidas vezes na cobertura da grande mídia, as participantes da pesquisa descreviam o desejo *responsivo* intacto.[18] O que é saudável e normal! Seus relacionamentos eram fortes e sua saúde era boa — ambas as coisas tinham que ser verdadeiras para que as mulheres se qualificassem para participar do teste de drogas — mas elas acreditavam que seu desejo responsivo era uma doença. E então elas se sentiram mal.

Claro que elas se sentiram mal. Elas aprenderam a mesma coisa que o resto de nós aprendeu, a mesma coisa que até seus médicos aprenderam, sobre o desejo sexual: que "deveria" ser espontâneo. Que uma pessoa que não deseja apenas sexo espontaneamente está doente.

Sentir-se doente e mal ativa o acelerador?

Estamos começando a entender que dizer às mulheres que elas estão mal é uma ótima maneira de deixá-las mal?

O exemplo mais claro disso, para mim, veio durante a audiência da FDA para Flibanserin. O membro do painel da FDA e urologista Dr. Phil Hanno perguntou por que as mulheres no estudo estavam tendo, em média, dois a três "eventos sexuais satisfatórios" (SSEs) por mês *antes do início do teste da droga*.[19] Se elas não tinham desejo, por que estavam fazendo sexo?

Tudo... bem, Dr. Hanno. Posso te chamar de Phil? Phil. Às vezes as mulheres fazem sexo porque estão entediadas. Às vezes elas fazem sexo porque seus parceiros querem fazer sexo e elas amam seus parceiros, então com certeza querido, vamos fazer isso. Às vezes é para acabar com uma briga. Às vezes é porque elas se sentem tão amorosas que querem expressar esse amor, e talvez o sexo seja uma maneira de fazer isso.[20]

Mas aqui está o que um apresentador da farmacêutica disse em resposta:

"Depois que elas se envolvem em atividades, é prazeroso."

Queixo caído. O que a farmacêutica estava dizendo — explicitamente! Bem na cara do FDA! — é que eles estavam tentando "tratar" *mulheres saudáveis*. Porque se você sentir prazer no contexto de um "evento sexual" mutuamente consentido, isso é uma vida sexual normal e saudável. Período.

Não é de admirar que as drogas sejam ineficazes. Elas estão tentando consertar algo que não tem defeito. A única coisa defeituosa é a cultura que diz às mulheres que elas têm uma doença.

Deixe-me dizer isso categoricamente: as empresas farmacêuticas gostariam muito que você acreditasse que o desejo responsivo é uma doença. Não é. Quando querem medicar alguém que diz: "Depois que começamos, está tudo ótimo; é só começar que dá muito trabalho", eles estão tentando medicar alguém que é normal e saudável.

Infelizmente, apenas 3 dos 24 participantes do painel da FDA eram pesquisadores, terapeutas ou educadores sexuais, de modo que o painel acreditava no mesmo velho mito com o qual a maioria de nós foi criado — esse desejo deve ser "espontâneo".

Eles estão errados.

Estou trabalhando para ajudar terapeutas, educadores e médicos de todos os tipos a parar de acreditar que o desejo deve ser espontâneo. Se o seu médico ou terapeuta achar que o desejo deve ser espontâneo, sinta-se à vontade para sugerir que leiam este livro; muitos médicos realmente encaminham seus pacientes e clientes para o livro, uma vez que eles também aprendem que o desejo não precisa ser espontâneo. Algumas escolas de medicina até atribuem *Muito prazer* como um texto, e espero que você consiga um desses médicos. Mas, enquanto isso, é provável que você encontre profissionais de ajuda que não integraram o desejo responsivo em sua compreensão do desejo normal e saudável.[21] (As empresas farmacêuticas têm um orçamento de relações públicas muito maior do que pesquisadores, terapeutas e educadores sexuais.)

Por favor, diga a todos que você conhece: Se você tem desejo responsivo, você já é normal. Ninguém precisa "desejar" sexo do nada para ser uma pessoa totalmente saudável.

Se você quiser experimentar um desejo mais espontâneo, apenas por diversão, não precisa mudar *você*, pode apenas mudar seu contexto, o que você aprendeu a fazer no capítulo 3. Mas você não precisa experimentar o desejo espontâneo para ser saudável e normal.

Pode ser a dinâmica de perseguição

Lembre-se dos tomates e das babosas: nossa expectativa de as pessoas serem todas de um jeito só tornará algumas pessoas "certas" e outras "erradas", quando não há nada de errado que um contexto diferente não conserte — e nada certo que o contexto errado não poderia quebrar.

Isso nos leva ao problema mais comum para o qual os casais procuram terapia sexual: baixo desejo. Baixo desejo é, por definição, um problema de relacionamento. O parceiro com desejo "baixo" é aquele que deseja sexo com pouca frequência para a satisfação do outro parceiro. Não é que o desejo sexual de uma pessoa seja inerentemente "muito baixo" ou o da outra seja "muito alto". Eles são apenas diferentes — pelo menos no contexto atual.

Mas não é o diferencial em si que causa o problema; é assim que o casal consegue. Dinâmicas problemáticas surgem quando os parceiros têm diferentes níveis de desejo *e* acreditam que o nível de desejo de uma pessoa é "melhor" do que o da outra. Por exemplo, digamos que o parceiro A tenha um desejo mais espontâneo e o parceiro B seja mais responsivo. Nesse cenário, o parceiro A pode se sentir rejeitado e indesejável porque quase sempre inicia, e então o parceiro B pode começar a se sentir pressionado e julgado e, portanto, resistirá mais. O parceiro A pergunta, pergunta, pergunta e se sente rejeitado, magoado e ressentido porque o parceiro B continua dizendo não, não, não; e o parceiro B se sente na defensiva, mas também culpado e magoado, porque apenas ser questionado faz com que o parceiro B sinta que deve haver algo *errado* com eles. Enquanto isso, o parceiro A pode até começar a se perguntar: "Eu tenho um problema? Quero muito sexo? Sou sexualmente obcecado ou compulsivo?" É uma bagunça.

Eu chamo isso de "a dinâmica de perseguição".

E como você "conserta" a dinâmica de perseguição?

Já sabemos a resposta: o problema não é o desejo em si, é o contexto. Você precisa de mais estímulos relacionados ao sexo acionando o acelerador e menos coisas pisando no freio. A dinâmica de perseguição pisa no freio.

Para interrompê-la, tire a perseguição. Tire o sexo completamente da mesa. Nada de sexo — o que quer que "sexo" signifique em seu relacionamento, mas geralmente nada de contato genital e nada de orgasmos com a outra pessoa presente.

O objetivo é remover qualquer traço de expectativa ou exigência de que o sexo resultará de qualquer contato físico entre vocês. Pode também haver outras coisas que você coloca fora dos limites — qualquer coisa que o parceiro B de baixo desejo resista por se sentir pressionado. Sem o pavor de "Ugh, e se esse beijo perfeitamente agradável se transformar em uma expectativa de sexo que eu ainda não quero?" vocês dois podem relaxar e desfrutar da intimidade física que compartilham.

Por quanto tempo? Um mês. Ou duas semanas, ou três meses. Tempo suficiente para sentir que há uma barreira substancial.

Quando você tira o sexo da mesa para quebrar a dinâmica de perseguição, ambos os parceiros devem concordar total e igualmente que estão criando a dinâmica juntos. Nenhum dos parceiros é o problema; a dinâmica em que eles estão presos é o problema.

Após a fase sem sexo, você pode aumentar gentilmente a intimidade de seu contato físico, mas, em última análise, a solução é mais atitudinal do que comportamental. Sentir que há algo errado com você (ou com seu parceiro) ou sentir que seu parceiro sente que há algo errado com você — esses são contextos que matam o desejo, sempre.

Então veja, eu tenho uma mensagem para o Parceiro B, aquele que se sente perseguido. Vou dizer uma coisa e você vai acreditar em mim porque todas as evidências científicas estão do meu lado. Na verdade, você vai acreditar em mim porque o que estou prestes a dizer é *verdade*. Porque no fundo do seu coração, você sempre soube que é verdade. É isso:

Você não está mal. Você é saudável. E há esperança.

Você pode se sentir presa. Você pode estar exausta. Você se sente deprimida, ansiosa, esgotada pelas demandas de cuidar de todos os outros e com uma necessidade desesperada e extrema de renovação. Você pode estar cansada de sentir que precisa se defender e cansada de desejar que seu corpo faça algo diferente. Você pode desejar que, por um tempo, alguém a defenda para que você possa baixar a guarda e apenas ser. Só por um tempo.

Essas são circunstâncias; elas não são *você*. Você está bem. Você é saudável. Existe dentro de você uma sexualidade que a protege, retraindo-se até que os tempos sejam propícios.

Entendo perfeitamente como pode ser terrivelmente frustrante que o corpo de seu parceiro pareça que os tempos são propícios *agora*, enquanto seu corpo ainda está cauteloso. E é ainda pior porque quanto mais pronto o corpo do seu parceiro parece, mais cauteloso ele se torna. É uma merda, para vocês dois.

Mas está aí, sua sexualidade. Faz parte de você, tanto quanto sua pele, seu batimento cardíaco e seu vocabulário. Está lá. Está esperando. Só porque você não foi chamada para usar as palavras "calefaciente" ou "fervoroso" ultimamente, não significa que elas não estejam mais disponíveis para você. Se surgir a oportunidade, lá estarão elas, prontas, esperando. Como seu melhor amigo, seu desejo sexual está esperando que sua vida permita que ele apareça e brinque. Deixe, sempre que se sentir segura o suficiente.

E uma breve mensagem para o parceiro A — aquele que quer sexo e continua pedindo por isso: sei que pode parecer que o parceiro B está se negando e sei que isso pode ser *profundamente horrível*. Seu papel em desfazer os nós do relacionamento é muito difícil porque exige que você deixe de lado suas mágoas e seja amoroso com a pessoa que, às vezes, parece ser a fonte dessas mágoas. Rapaz, é tão difícil.

Sei, também, que às vezes você pode se preocupar que deseja sexo com muita frequência, que está fazendo exigências irracionais ou que está doente por querer sexo tanto quanto deseja. Não, você apenas tem um nível mais alto de interesse sexual do que seu parceiro — suas partes são organizadas de maneira diferente. É normal. Nenhum de vocês está mal, vocês só precisam colaborar para encontrar um contexto que funcione para vocês dois.

Dê ao Parceiro B espaço e tempo longe do sexo. Deixe o sexo desaparecer de seu relacionamento — por um tempo — e esteja lá, totalmente presente, emocional e fisicamente. Esbanje seu parceiro com carinho, entendendo que o afeto não é um preâmbulo para o sexo. Seja caloroso e generoso com seu amor. Você não vai ficar sem.

Simplificando, a melhor maneira de lidar com o desejo diferencial é: *Sejam gentis um com o outro.*

Lembre-se do ouriço sonolento. Desfazer os nós da dinâmica sexual em um relacionamento leva tempo, paciência e prática.

Como as dificuldades de desejo são o problema sexual mais comum, dedico muitas planilhas a elas no *Come As You Are Workbook* [sem publicação o Brasil], que você pode explorar sozinho, com um parceiro ou com um terapeuta. Mas talvez a ferramenta mais poderosa que você pode usar durante seu hiato sexual seja perguntar um ao outro — e a si mesmo: "Que tipo de sexo vale a pena querer?"

Os freios são o grande desafio de Merritt, então ela experimentou um truque que aprendeu em seus dias de organização política: conecte um comportamento à sua identidade.

— Não apenas corra, seja uma corredora — ela me disse. — Se você corre porque precisa ou sente que deveria, e não porque faz parte de quem você é, não correrá muito longe ou com muita frequência e provavelmente não gostará muito quando correr. Idem se eu fizer sexo porque sinto que devo. Então, que tal tentar a identidade de uma mulher que adora sexo?

— Vale a pena experimentar! — Eu respondi.

Então ela tentou. E a primeira coisa que aconteceu foi que ela ficou muito brava.

— Por que eu deveria amar sexo? — ela esbravejou com Carol. — Por que não posso ser apenas uma mulher que não quer sexo? Estou cansada de toda a pressão para querer sexo mais do que eu quero e ser uma pessoa que não sou!

Então ela fez uma coisa notável. Ela fez disso sua identidade: "Sou uma mulher que não quer sexo". Por um tempo, ela construiu sua identidade dizendo não. Com raiva.

Você se lembrará do capítulo 4 que a raiva é uma resposta de estresse de "luta" e que as respostas de estresse são ciclos que precisam ser concluídos.

A vida de Merritt proporcionou muitas oportunidades para iniciar esses ciclos, mas não oportunidades suficientes para completá-los. Ela simplesmente ficava com raiva e depois se fechava, ficava com raiva e se fechava, pisando no freio no meio do ciclo. Portanto, ela tinha um grande acúmulo de ciclos incompletos de resposta ao estresse.

Gloria Steinem disse: "A verdade o libertará. Mas primeiro, te deixará irritado." O que ela não disse é como passar de chateada a livre. A maneira de fazer isso é completar o ciclo, caminhar pelo túnel.

Então Merritt se permitiu experimentar sua raiva, porque pela primeira vez ela estava com menos medo da raiva em si do que poderia acontecer com ela se mantivesse a raiva trancada dentro dela para sempre. Ela soltou tudo.

E ela fez uma escolha fantástica de onde colocar toda aquela raiva inespecífica: ela a canalizou em sua escrita, permitindo que seu personagem principal matasse brutalmente um inimigo — e ela tremeu e chorou, cerrando os dentes, enquanto escrevia. Ela poderia igualmente tê-la canalizado em sua caminhada matinal, deixando-se ficar agressiva com as grandes colinas... ou poderia tê-la canalizado de forma inadequada para sua família, pegando sua raiva inespecífica e tentando torná-la especificamente sobre eles, usando sua raiva como uma arma contra outros. Mas ela é mais esperta do que isso. Ela fez da escrita sua saída.

E a raiva fez o que faz quando você permite que ela sopre através de você como um vento forte: ela se extinguiu. Demorou algum tempo e foi desconfortável. Ela tinha várias décadas de coisas acumuladas para terminar e até algumas semanas de Não! foram apenas um começo. Mas o que mais importava era que ela havia se dado permissão para sentir a raiva e estava aprendendo a habilidade de permitir que ela se movesse através dela, em vez de segurá-la. Ela não fez nada com isso, não a direcionou para ninguém, apenas a lançou ao mundo; ela apenas permitiu. Merritt confiou em seu corpo para liberar toda aquela raiva reprimida. Ela a visualizou se acomodando no buraco na camada de ozônio.

Então, um dia, sua raiva explodiu em quietude e, nesse silêncio, ela pôde perguntar: "Então, se eu não quero sexo, o que eu quero?"

Ela se lembrou da noite de lubrificação, como era bom dar prazer, e as respostas vieram rápidas e furiosas. Ela queria dar prazer, se conectar, receber prazer e compartilhá-lo com o amor de sua vida. Experimentar prazer — todos os tipos de prazer, mas especialmente os prazeres de seu próprio corpo — sem as defesas que a mantinham segura em um mundo inseguro.

Não que ela nunca tivesse tido prazer em sua vida antes, mas estava tão cercada por sua autoproteção que não podia se expandir além de um pequeno domínio aprisionado dentro dela.

Quando ela se concentrou no prazer de sua parceira, seus freios não foram ativados. Ela sabia disso. Como ela deixaria ir e experimentaria o prazer por si mesma?

Orgasmo.

Mas esse é o capítulo 8.

"Sexo que vale a pena querer"

Quando ensino sobre o desejo responsivo, muitos alunos se sentem subitamente aliviados e otimistas. Eles param de se culpar por não "desejar" sexo e, em vez disso, ficam ocupados criando contextos que permitem que seu cérebro acesse prazer suficiente para que o desejo surja em resposta.

Mas uma vez eu estava com amigos e eles perguntaram, super casualmente:

— Então, ei, Emily... como os casais mantêm uma conexão forte a longo prazo? — Eles eram um jovem casal com dois filhos pequenos, e ambos trabalhavam em tempo integral.

Eu disse o que sempre digo. Expliquei o desejo responsivo e concluí:

— Então você aparece. Você coloca seus corpos na cama, deixa sua pele tocar a pele de seu parceiro e…

Mas quando eu disse isso, a parceira de baixo desejo se afastou da mesa com uma expressão de desgosto no rosto.

— Ok, uau — eu disse suavemente. — Então o problema não é que você não deseja sexo. O problema é que você não *gosta* do sexo. Diga-me o que você não gosta no sexo.

E ela falou sobre se sentir ignorada por anos.

Ignorada!

Por *anos*!

Claro que ela não gostou do sexo! E se ela não gostou, claro que não desejou! Em todos os meus anos lendo a pesquisa de desejo sexual e conversando com casais, terapeutas, cientistas e médicos, não vi chave mais poderosa para tratar "problemas" com desejo do que entender que *é normal não querer sexo do qual você não gosta*.

Como escrevem Peggy Kleinplatz e sua equipe, "Talvez muito do que é atualmente diagnosticado como distúrbios do desejo sexual pode ser melhor entendido como uma resposta saudável ao sexo sombrio e decepcionante".[22]

Quando casais com pouco desejo veem Kleinplatz, uma terapeuta sexual e pesquisadora, ela pergunta: "Que tipo de sexo vale a pena querer?"

Lembra do capítulo 4, "Sexo Que Avança Na Trama"? É o sexo que move você em direção a um objetivo maior, impulsionado por mais do que apenas o ciclo de resposta sexual. Esse é o tipo de sexo que os clientes da Kleinplatz descrevem como "vale a pena querer". As pessoas não querem apenas orgasmo, elas querem *mais*.

E ela os ajuda a encontrar o caminho para mais.

Ela lidera uma equipe de pesquisadores que passou anos estudando pessoas que se identificam como tendo vidas sexuais extraordinárias. Essas pessoas vêm de todas as origens imagináveis, todas as orientações sexuais e todas as identidades de gênero; algumas são excêntricas, outras são simples, algumas são monogâmicas, outras não. Elas têm muitas idades diferentes, com diferentes estados de saúde e diferentes corpos. O que elas compartilham é uma capacidade inspiradora de acessar uma sensação de conexão e prazer por meio da sexualidade. Os resultados da pesquisa estão descritos em *Magnificent Sex* [sem publicação no Brasil], de autoria de Peggy Kleinplatz e Dana Ménard. Elas relatam que as pessoas que têm essas "experiências sexuais ideais" descrevem isso com esses oito componentes principais:

- *Estar presente, focado e incorporado.* Esta é a experiência de desacelerar, deixar de lado as distrações e inibições e prestar atenção ao que está acontecendo agora, excluindo todo o resto.
- *Conexão, alinhamento, fusão, estar em sincronia.* Sentir-se alinhado com seu parceiro foi descrito por muitos participantes como essencial para um sexo extraordinário.
- *Profunda intimidade sexual e erótica.* Não apenas durante o sexo, mas em todo o relacionamento, essas pessoas sentiam profundo respeito mútuo, aceitação e carinho genuínos e uma confiança profunda e penetrante em seus parceiros.
- *Comunicação extraordinária, empatia elevada.* Amantes extraordinários também são, necessariamente, comunicadores extraordinários, o que significa que são extraordinariamente empáticos, sintonizados com o mundo interior de seus parceiros.
- *Autenticidade, ser genuíno, desinibido, transparência.* Sexo extraordinário envolve nudez emocional e uma expressão sem vergonha de prazeres e desejos sexuais, o que geralmente requer passar por um processo de rejeição dos roteiros sexuais e dos "deverias" com os quais fomos criados.
- *Transcendência, bem-aventurança, paz, transformação, cura.* Sim, o sexo extraordinário pode incluir a sensação de que você está se fundindo com o universo e se conectando com o divino de uma forma que muda você, cura você e realmente torna sua vida e relacionamento melhores. Quando nossas vidas diárias exigem muito estabelecimento de limites, nossas vidas sexuais são transformadas quando estamos dispostos e capazes de dissolver nossos limites com um parceiro de confiança.

- *Exploração, tomada de riscos interpessoais, diversão.* Isso é muito parecido com os "fatores lúdicos" do capítulo 3 — o contexto da brincadeira, investigação curiosa, descoberta, experimentação, criatividade e riso.
- *Vulnerabilidade e rendição.* O sexo extraordinário também é caracterizado por uma confiança profunda, sem represálias dos parceiros, onde o seu eu autêntico é recebido por outra pessoa como um presente querido.

As experiências desses participantes nos mostram que um ótimo sexo não é sobre o que você faz com seu parceiro, nem de quais partes do corpo vão para onde ou com que frequência, ou por quanto tempo, mas sobre como você compartilha sensações no contexto de profunda confiança e conexão. O que soa surpreendente, certo? Mas esta pesquisa não trata de estabelecer um padrão impossivelmente alto para o resto de nós alcançar, trata-se de reconhecer a diferença entre o que é realmente um ótimo sexo e o que a maioria de nós espera que seja um ótimo sexo.

Por exemplo, notou alguma coisa faltando nessa lista?

Que tal o desejo?

Acontece que o desejo não é uma grande parte do sexo extraordinário. Não foi mencionado pela maioria dos participantes e raramente foi enfatizado como um aspecto necessário de um ótimo sexo. "Luxúria, desejo, química, atração" era, no máximo, um componente menor do sexo ideal. Mesmo entre pessoas que fazem sexo extraordinário, o desejo responsivo é normal.

E eles não estão sozinhos. O sexo "ótimo" é notavelmente semelhante ao "bom sexo" descrito por sobreviventes de violência sexual infantil, incluindo qualidades que os pesquisadores identificaram como "comunicação", "abertura, vulnerabilidade", estar "presente no momento" e ser um "participante, ativo assertivo".[23] Em outro estudo, que pediu a vinte mulheres que descrevessem "sexo bom", apenas três participantes mencionaram estar "no clima" ou "querer" como marcas de sexo "feliz e alegre".[24] O mais comum nas narrativas de sexo bom e feliz dessas mulheres era o conforto e a naturalidade, o prazer básico e, acima de tudo, a conexão emocional.

Mas o sexo magnífico vai mais longe e mais fundo. Como Kleinplatz e Ménard colocaram: "O sexo magnífico requer crescer além dos roteiros convencionais que a maioria das pessoas aprende na juventude. Vidas sexuais decepcionantes podem mudar. O objetivo aqui não é simplesmente descartar a culpa, a vergonha e a inibição relacionadas ao sexo. Em vez disso, é descartar todo o pacote aspiracional de sexo pintado por números".[25] Pessoas que fazem sexo magnífico não aparecem simplesmente e colocam seus corpos na cama — por exemplo, sexo bom. Eles cultivam deliberadamente um contexto que é "seguro o suficiente" para ousar os saltos de fé que eles dão aos lugares selvagens de suas almas. Isso é sexo magnífico. E o desejo inesperado não tem quase nada a ver com isso. Quando as pessoas que fazem sexo magnífico querem sexo, elas não querem apenas o sexo que vemos na grande mídia ou na pornografia. Eles querem conhecer a si mesmos e a seus parceiros mais plenamente, e querem ser vistos e conhecidos mais plenamente, sentidos mais profundamente, mantidos mais de perto. Isso é o que chamo de "desejo magnífico".

Como Gottman e seus colegas descobriram, os casais que mantêm uma forte conexão sexual a longo prazo priorizam o sexo — mas também é normal que haja momentos em que o sexo saia da lista de prioridades. Quando você tem um novo bebê, quando está cuidando de um pai moribundo, quando ambos estão sobrecarregados com o trabalho, às vezes realmente não há tempo ou energia para fazer uma pausa e se voltar um para o outro com intenção erótica. Você pode permitir que isso seja verdade, sabendo que é uma fase da vida pela qual vocês passarão juntos e encontrarão o caminho de volta um para o lado do outro.

E vale a pena considerar o que cada um encontrará lá, do outro lado de seu período de seca compartilhado. É brincadeira, conexão, exploração ou paz? Ou é mais como uma tarefa ou uma obrigação ou trabalho penoso? Se você teme a ideia de aparecer e colocar seu corpo na cama, a falta de desejo não é o problema. A falta de prazer é o problema.

Querer sexo pode ser querer os prazeres rotineiros do corpo e da diversão. Às vezes, porém, é para querer algo *mais*. Precisamente o que é esse "mais" varia de pessoa para pessoa e muda ao longo de nossas vidas, mas as pessoas que fazem sexo magnífico descrevem o sexo que lhes dá muito mais do que prazer. Isso os sintoniza com seu parceiro em um nível fisiológico profundo. Ele revela seus próprios desejos para si mesmos e os desafia a revelar esses desejos a um parceiro. Isso os leva mais fundo em sua própria personalidade, até mesmo em sua própria divindade, e os leva mais fundo no mundo interno de seus parceiros.

Pergunte a si mesmo: Que tipo de sexo vale a pena querer? E até onde você iria para criar isso em sua vida?

Compartilhando seu jardim

Assim como as mulheres costumam ser ensinadas a confiar mais nas mensagens culturais sobre seu corpo do que em seu próprio senso interno do que é saudável, muitas vezes confiamos nas opiniões e ideias de nossos parceiros de nossa sexualidade mais do que nas nossas. Especialmente se a sexualidade de nosso parceiro for mais compatível com a narrativa padrão sobre como o sexo "deveria" funcionar, estamos prontas para acreditar que estamos mal.

Mas você sabe melhor agora e sabe como aproveitar ao máximo qualquer estilo de desejo. Abrace o desejo responsivo. Adore-o. Ele pede que seu parceiro o ajude a criar bons motivos para você ficar excitada.

Casais que mantêm uma forte conexão sexual por várias décadas têm duas coisas em comum: são amigos que priorizam o sexo. Vamos deixar claro que é normal haver momentos em seu relacionamento em que o sexo não é uma prioridade e, em alguns relacionamentos, nunca é uma prioridade.

Mas quando o contexto está certo, você deseja receber alguém em seu jardim. Ao fazer isso, lembre-se de que eles estão acostumados a trabalhar em seu próprio jardim, e o jardim deles é diferente do seu. Seu corpo, seus freios e acelerador, as sementes que sua família e cultura plantaram, a maneira como foram ensinados a cuidar do jardim podem ser semelhantes aos seus ou podem ser totalmente diferentes.

Se você e seu parceiro são diferentes um do outro, lembre-se de que *nenhum de vocês é melhor ou pior* — mesmo que um de vocês esteja mais de acordo com o padrão cultural. Um fazendeiro de batata estaria completamente errado ao sugerir que suas rosas deveriam crescer no subsolo. O que funciona para a babosa não funcionará para os tomates.

Espero que qualquer pessoa que você goste e respeite o suficiente para convidar para o seu jardim goste e respeite você também. Assim como você gostaria de ajudar o jardim deles a prosperar, eles também devem querer ajudar o seu jardim a prosperar. Eles simplesmente podem não saber como fazê-lo.

Então você tem de ensinar seu parceiro sobre o desejo responsivo. Você não está mal, você é um tomateiro em um mundo que espera que seja uma babosa. Se você gosta de mais água, conte ao seu parceiro e celebrem juntos.

Diga ao outro quais contextos ativam seus aceleradores e quais contextos acionam seus freios. Fale sobre o sexo mais sexy que vocês tiveram juntos e o que você pode fazer para que isso aconteça novamente.

Coisas boas acontecem quando você cria espaço em seu relacionamento para um desejo responsivo. Quando Olivia e Patrick viraram seus estilos de desejo de cabeça para baixo, fazendo de Patrick, com seu estilo de desejo sensível ao contexto, o iniciador, ele teve de descobrir que coisas excitantes o levariam de ocioso a interessado. Olivia pacientemente deu a Patrick espaço e tempo para explorar seu desejo, e ela foi recompensada com uma intensidade de experiência erótica que seu próprio estilo espontâneo raramente permitia.

Esse nível de aceitação mútua e autoaceitação é em si uma característica específica e vital do contexto mais exuberantemente positivo para o sexo. Requer não apenas estar ciente de como funciona a sexualidade de cada pessoa, mas também aceitar e acolher essas sexualidades, assim como elas são. Não é como sua sexualidade funciona que importa; é como você se sente sobre sua sexualidade. Como seu parceiro se sente sobre a dele. E como vocês dois se sentem um sobre o outro.

Aqui está o contexto sexual positivo definitivo. E é disso que trata o capítulo 9.

Mas antes de chegarmos lá, precisamos falar do orgasmo.

ml;nl

- Algumas pessoas têm um estilo de desejo espontâneo — elas querem sexo do nada. Alguns têm um estilo de desejo responsivo — eles querem sexo apenas quando algo bastante prazeroso já está acontecendo. O restante, cerca de metade das mulheres, vivencia alguma combinação dos dois, dependendo do contexto.
- Se os parceiros têm diferentes níveis de desejo sexual, o parceiro de maior desejo não tem a quantidade "certa" de desejo e o parceiro de baixo desejo não tem a quantidade "errada" de desejo e vice-versa. As pessoas variam.
- Se o desejo espontâneo desaparece, é porque o contexto mudou, não porque alguém está "mal". Para trazer de volta o desejo espontâneo, mude o contexto.
- A coisa mais importante a saber sobre o desejo é que não é isso que importa. *Prazer* é o que importa. Se você criar um contexto que permita ao seu cérebro interpretar o mundo como um lugar seguro, divertido, sexy e prazeroso, você criará *sexo que vale a pena desejar.*

parte 4

Êxtase para todos

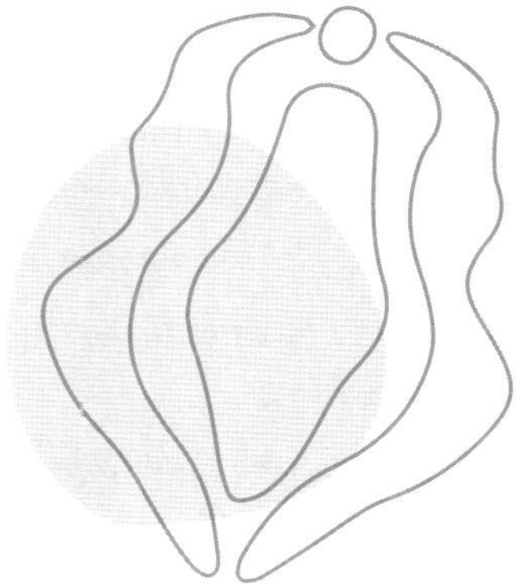

oito

Orgasmo

O PRAZER É A MEDIDA

Spectatoring é a arte de se preocupar com seu corpo e seu funcionamento sexual enquanto você faz sexo, e Merritt era uma praticante mestra. Em vez de prestar atenção nas coisas agradáveis e formigantes que aconteciam em seu corpo, sua cabeça se enchia de pensamentos ansiosos em como seus seios estavam se movendo ou como ela não teve um orgasmo na última vez que fizeram sexo ou o que sua incapacidade de focar no prazer significava para ela como uma pessoa sexual. Ela se preocupava com o sexo que estava fazendo, em vez de gostar do sexo que estava fazendo. E a preocupação é o oposto do prazer. A preocupação pisa no freio.

E quando os freios estão acionados, o orgasmo não acontece.

É por isso que ela podia facilmente contar o número de orgasmos que teve com Carol em suas duas décadas juntas.

E também por isso decidiu que o orgasmo era a forma perfeita de praticar o prazer — e a confiança em si mesma que o prazer exigia — que queria construir em sua vida.

— Ok, então me diga como! — ela disse para mim. — Como faço para o orgasmo acontecer?

— Ah, você não faz o orgasmo acontecer. Você permite — eu disse.

Ela assentiu — então negou com a cabeça. — Não sei o que isso significa.

Recomendei que ela lesse Descobrindo o prazer de Julia Heiman e Joseph LoPiccolo. Embora tenha sido escrito para mulheres que nunca tiveram um orgasmo, é realmente o guia por excelência para todas as mulheres que lutam contra isso. Merritt pegou o livro, leu e fez alguns exercícios... e então fez outra coisa notável. Ela decidiu não tentar ter orgasmos com Carol afinal.

"Para mim, fazer sexo até ter um orgasmo seria como correr até perder peso. Simplesmente não funciona dessa maneira, e nem é o ponto. Então vou parar de tentar."

Uma vez por semana, ela e Carol trocavam massagens, beijos e sexo oral. Elas apenas jogaram e prestaram atenção em como se sentia, e não foram direcionadas ao objetivo.

E adivinhe o que aconteceu?

Sim.

Este capítulo é sobre o orgasmo, toda a gama de experiências orgásticas disponíveis para as mulheres e as barreiras que se interpõem entre as mulheres e o prazer extático. Os freios sensíveis de Merritt tornavam o orgasmo — especialmente orgasmo com outra pessoa — indescritível. Ela usou a ciência que descrevo neste capítulo para desligar o que broxa e encontrar o caminho para uma experiência de orgasmo mais profunda do que ela pensava que jamais vivenciaria.

Vários anos atrás, apoiei uma amiga quando ela começou seu primeiro relacionamento sexual, nunca tendo se masturbado em sua vida, muito menos tido um orgasmo. Ela me fazia perguntas de vez em quando, e uma delas era: "Como sei quando tive um orgasmo?"

Eu disse a ela que os orgasmos são diferentes para todos e que os orgasmos podem variar um do outro, dependendo do modo de estímulo, se você tem um parceiro com você, talvez até mesmo onde você está em seu ciclo menstrual — uma série de fatores. Às vezes você sente uma pulsação rítmica do músculo ao redor da vagina, às vezes não. A principal coisa que a maioria das mulheres descreve na maioria das vezes é uma sensação de "pronto", uma sensação de que você cruzou um limite e algo foi concluído. Muitas vezes há um pico de tensão onde seus músculos se contraem e seu coração bate forte. Orgasmos são como arte, eu disse a ela. Você conhece só de olhar. Pode não ser o que você espera, mas será diferente de tudo.

Ela assentiu com a cabeça ansiosamente e disse: "Acho que eu tive isso!"

E então, um dia, ela se aproximou de mim, com um sorriso de orelha a orelha, e disse: "Não foi o que eu esperava, mas você estava certa. Foi inconfundível."

Essa grande variedade e variabilidade tornam o orgasmo quase impossível de definir — embora os cientistas gastem milhares de palavras tentando entendê-lo. Mas quando você reduz ao essencial universal, eis o que você obtém: o orgasmo é a liberação repentina e involuntária da tensão sexual.[1]

Observe o quanto está faltando nessa definição: órgãos genitais, contrações musculares, comportamento sexual, prazer ou mesmo qualquer coisa que especifique como é ou como aconteceu. Os orgasmos variam — de pessoa para pessoa e de contexto para contexto. Eles acontecem enquanto você está fazendo amor — e às vezes não. Eles acontecem enquanto você está se masturbando — e às vezes não. Eles podem acontecer a partir de estímulo do clitóris, estímulo vaginal, estímulo da coxa, estímulo anal, estímulo dos seios, estímulo do lóbulo da orelha ou estímulo mental sem nenhum contato físico — ou nem assim. Eles podem acontecer enquanto você está dormindo, enquanto se exercita ou enquanto está em uma variedade de outras situações completamente não sexuais. Eles podem ser deliciosos, monótonos, espirituais, irritantes, extáticos, divertidos ou frustrantes. Às vezes eles são incríveis. Às vezes não são. Às vezes você os quer. Às vezes não.

Neste capítulo, estamos em uma missão para explorar toda a paisagem da experiência orgástica, para que possamos encontrar nosso caminho para o jardim secreto no centro de tudo. Para começar, vou dizer o que o orgasmo não é: não é uma resposta genital, "de prazer" ou hierárquica. Vou estender um tapete vermelho de estatísticas e uma multidão entusiasmada de histórias de mulheres, para normalizar sua experiência (ou falta dela) de orgasmo. Em seguida, descreverei o que é necessário para superar a dificuldade com o orgasmo, seja aprendendo a ter aquele primeiro orgasmo ou aprendendo a ter orgasmo em diferentes contextos. E vou te dizer como encontrar dentro de você o tipo de orgasmo que faz as estrelas explodirem em arco-íris.

Quero provar a você que o que quer que seus orgasmos sejam (ou não) é normal, e quero capacitá-la a ter os orgasmos mais profundos e intensos de que você é capaz, orgasmos que viram o universo do avesso. É possível para todos, acredito, mas apenas quando você abre mão de todas as coisas que o orgasmo não é.

O que fazer se você se encontrar como espectador

Os seres humanos, ao contrário de todas as outras espécies, podem controlar seus cérebros, em vez de serem controlados por eles. Podemos perceber o que estamos pensando ou sentindo e podemos fazer algo a respeito. Essa é a chave para administrar qualquer forma de ansiedade de performance, incluindo *spectatoring*: observe no que você está prestando atenção e, em seguida, desloque sua atenção para a coisa em que deseja prestar atenção.

Isso é mais fácil falar do que fazer no início, mas com a prática torna-se mais fácil fazer do que falar. Veja como:

Suponha que você esteja na fila do supermercado ou sentado no ônibus. Permita-se observar sua respiração. Inspire. Pausa. Expire. Pausa. Inspire. Pausa. Expire. Pausa. Duas respirações, assim mesmo. Observe e sorria. Observe cinco a dez vezes por dia.

E observe, acima de tudo, quando sua atenção divaga durante essas duas respirações — o que acontecerá, isso é normal. Quando perceber que sua mente está vagando, sorria para esses outros pensamentos, deixe-os ir e gentilmente volte sua atenção para onde deseja que ela esteja. Essa habilidade aí? Isso é atenção plena. Perceber quando sua atenção se desvia da coisa que você está tentando notar é a habilidade que o ajudará a parar o spectatoring, porque você aprenderá a percebê-lo e a redirecionar sua atenção para as sensações em seu corpo.

Não concordância — agora com orgasmos!

A primeira coisa que o orgasmo *não é*, é uma "resposta genital".

No capítulo 2, descrevi a pesquisa de Masters e Johnson medindo a fisiologia do ciclo de resposta sexual. Havia certas pistas que a pesquisa usou para marcar quando o orgasmo aconteceu, particularmente contrações do músculo do assoalho pélvico na entrada da vagina.

Sim, não é tão simples.

Lembra-se da não concordância do capítulo 6 — o que seus órgãos genitais estão fazendo não corresponde necessariamente ao que você está vivenciando? Há evidências de que isso também é verdade para o orgasmo — pelo menos entre as mulheres que conseguem atingir o orgasmo em um laboratório enquanto sua resposta genital está sendo medida.

Por exemplo, em um estudo, as participantes da pesquisa foram solicitadas a se masturbar até o orgasmo no laboratório e depois "classificar" seu orgasmo em uma escala de 1 ("fraco ou ruim") a 5 ("mais poderoso ou excelente").[2] Resultado? Não houve relação entre as notas que as mulheres davam a seus orgasmos e as respostas genitais tradicionalmente tratadas como "marcadores" de orgasmo, como o número de contrações dos músculos do assoalho pélvico.

Essas contrações rítmicas e involuntárias talvez sejam o marcador fisiológico mais universal do orgasmo — mas mesmo isso não é confiável o tempo todo. Em um estudo, duas de onze mulheres não exibiram contrações musculares vaginais no orgasmo.[3] E em outro estudo, algumas mulheres exibiram contrações musculares sem orgasmo.[4]

Em outras palavras, marcadores fisiológicos genitais de orgasmo nem sempre são preditivos da experiência subjetiva de orgasmo de uma mulher. O que faz todo o sentido se você reconhecer que o orgasmo — assim como o prazer — não tem a ver com o que acontece em seus órgãos genitais, mas com o que acontece em seu cérebro.[5]

Não há dois iguais

O que nos leva à segunda coisa que o orgasmo não é: "um auge do prazer".

Orgasmo é muito parecido com cócegas. Às vezes pode ser divertido, outras vezes é irritante e às vezes parece quase nada. O prazer é a *percepção* de uma sensação, e a percepção depende do contexto. Isso é tão verdadeiro para o orgasmo quanto para as cócegas. Mas ninguém nunca me pergunta: "Por que muitas vezes quando meu parceiro me faz cócegas é divertido e prazeroso, mas outras vezes não?" Todos sabemos intuitivamente que a percepção das sensações de cócegas depende do contexto. Há um tempo e um lugar para fazer cócegas.

E, no entanto, as pessoas me perguntam o tempo todo: "Por que às vezes meus orgasmos são ótimos e outras vezes não são?" É como se acreditássemos que os orgasmos são de alguma forma diferentes de outras sensações, que deveriam ser sentidos de uma certa maneira, não importa o contexto.

Todos os orgasmos são a liberação repentina da tensão sexual. A *sensação* dessa liberação depende do contexto. É por isso que alguns orgasmos são incríveis e outros… realmente não. Um punhado de exemplos:

- Uma mulher me disse, com o rosto vermelho, que teve um orgasmo durante a aula de ginástica. Ela estava muito envergonhada para sentir qualquer prazer, e ela estava confusa tanto pelo orgasmo quanto pela falta de prazer.[6]

- Uma amiga com depressão grave disse que poderia ter orgasmos, mas não sentia prazer com eles. Eu disse a ela que isso era normal, que o prazer vem do contexto, e o contexto dela era cinza e sem graça. Normal para uma pessoa com depressão.
- Uma estudante de graduação estava ficando cada vez mais pálida durante minha palestra sobre agressão sexual. Eu havia mencionado brevemente que às vezes as mulheres têm orgasmos durante o estupro e que isso é basicamente apenas um reflexo, não significa prazer ou consentimento. Ela veio até mim depois e disse que eu mudei a vida dela com aquela frase.[7]
- Uma mulher periodicamente tinha um orgasmo durante o sono e acordava no meio dele, às vezes de um sonho, às vezes não, mas sempre intrigada com o calor e a pulsação que não eram necessariamente acompanhados por nenhum prazer particular.[8]

Orgasmos diferem uns dos outros porque o contexto para esses orgasmos é diferente. A qualidade de um orgasmo é uma função não do orgasmo em si, mas do contexto em que ocorre.

Todas as mesmas partes...

A terceira coisa que o orgasmo não é: hierárquico. Todos os orgasmos são diferentes e não existe um tipo "certo" ou "melhor" de orgasmo. É até difícil dizer que existem diferentes tipos de orgasmo — porque todos são feitos das mesmas partes básicas (liberação repentina da tensão sexual) organizadas de maneiras diferentes.

Em vez de pensar em "tipos" de orgasmo, podemos pensar em diferentes *maneiras* de ter um orgasmo. Aqui está uma pequena amostra dos orgasmos altamente prazerosos que as mulheres descreveram para mim:

- Orgasmo por estímulo do clitóris.
- Orgasmo por estímulo vaginal.
- Orgasmo apenas com o estímulo dos seios.
- Orgasmo por chupar os dedos dos pés.

- Orgasmo quando seu parceiro penetrou seu ânus (bem lubrificado) com um dedo, enquanto a prendia na cama pelos cabelos. A sensação mais erótica, ela especificou, era a palma da mão quente descansando suavemente em suas nádegas.
- Orgasmo quando seu parceiro acariciou lenta e suavemente as pontas dos dedos para cima ao longo de seus lábios externos... de novo... e de novo... e de novo. Ela disse: "O que começou como um aperitivo se transformou no prato principal".
- Orgasmo sem qualquer estímulo genital, enquanto praticava sexo oral com o parceiro. Ela estava tão sintonizada com sua excitação que, quando ele gozou, ela também.

Esses são orgasmos de clitóris, orgasmos vaginais, orgasmos de mama, orgasmos de dedo do pé, orgasmos de nádegas, orgasmos de lábios e orgasmos orais?

Não. Apesar dos esforços minuciosos de revistas femininas e até de pesquisadores para identificar e rotular os vários tipos de orgasmos que poderíamos ter — orgasmos do ponto G, orgasmos mistos, orgasmos uterinos, vulvares e todo o resto[9] — só pode haver um. (Como *O Highlander*.) Há apenas a liberação repentina da tensão sexual, gerada de diferentes maneiras. Anatomicamente, fisiologicamente, até mesmo evolutivamente, não faz muito sentido falar de tipos de orgasmos com base em quais partes do corpo são estimuladas.[10]

É verdade que os orgasmos gerados pelo estímulo do clitóris muitas vezes *parecem* diferentes dos orgasmos gerados pelo estímulo vaginal. Mas também é verdade que os orgasmos estimulados pela vagina são diferentes uns dos outros, e os orgasmos estimulados pelo clitóris são diferentes uns dos outros. Orgasmos com um parceiro podem parecer diferentes de orgasmos sem parceiro, e orgasmos com um parceiro em particular podem parecer diferentes de orgasmos com um parceiro diferente, e orgasmos com um parceiro podem parecer diferentes de encontro sexual para encontro sexual. Se fôssemos categorizar os orgasmos de acordo com a sensação, precisaríamos de uma nova categoria para cada orgasmo que uma mulher tem.

Assim como todas as vulvas são normais e saudáveis como são, também todos os orgasmos são normais e saudáveis, independentemente do tipo de estímulo que os gerou ou de como se sentem. O valor de um orgasmo não vem de como ele surgiu ou se ele atende a algum critério arbitrário, mas de se você gostou e quis.

Chega a isso: *O prazer é a medida*. O prazer é a medida do seu orgasmo — não que tipo de estímulo o criou, nem quanto tempo leva para chegar lá, nem quanto tempo dura ou com que força os músculos do assoalho pélvico se contraem. A única medida do seu orgasmo é o quanto você gosta dele.

Orgasmos não eram o problema de Laurie. Uma vez que ela começou, ela achou o orgasmo bastante confiável. Não, o problema de Laurie era que o estresse em sua vida construía um muro de pedra entre ela e qualquer tipo de prazer sexual. Ela e Johnny estavam aprendendo a derrubar aquela barreira mudando o contexto... mas seguindo seu sucesso "Can You Feel the Love Tonight?", Johnny ficou arrogante. Ele abusou da sorte. Ele começou a perguntar, pressionar e perseguir, o que fez Laurie se sentir cada vez mais pressionada, e logo ela começou a se ressentir por ele estar perguntando, especialmente porque ele sabia — ele sabia — que quando ela se sentia pressionada, seu interesse evaporava. Era como se ele estivesse tentando arruiná-lo.

Uma maneira perfeitamente normal e muito tentadora de Laurie pensar nessa situação seria dizer: "Olhe, minha vida está fora de controle, portanto, meu interesse sexual está fora de controle. Que assim seja. Nada de sexo para mim." Muitas mulheres pensam a mesma coisa todos os dias e ficam satisfeitas em esperar até que suas vidas melhorem antes de tentar colocar suas vidas sexuais de volta no lugar. É uma questão de prioridades. E, de fato, o principal motivo de Laurie continuar tentando querer mais sexo não era porque ela realmente queria sexo, mas porque Johnny queria que ela o desejasse.

Frustrada, ela o expulsou de casa durante o dia, mandou-o com Trevor para a biblioteca para que ela pudesse ter o luxo da casa só para ela, lavar roupa, fazer algum trabalho e talvez, se ela fosse muito sortuda, tirar uma soneca.

E uma vez que eles se foram... ela sentia falta deles.

Frequentemente, a melhor parte do dia era a hora do banho do filho — longe de ser uma tarefa exaustiva ou um aborrecimento, ela adorava espirrar água e brincar com ele. E agora ela se viu ansiosa pelo retorno deles, porque... hora do banho!

E então ela comparou seu sentimento sobre o prazer sexy com seu sentimento do prazer da mamãe. Ela pensou: "Não é egoísmo da minha parte gostar de estar com meu filho — aproveitar isso me torna uma mãe melhor! Então, como posso me dar permissão para ter esse prazer, mas não posso me dar permissão para desfrutar de outros tipos de prazer?"

Algo estalou. Ela teve todos os tipos de percepções sobre ter sido ensinada que ser mãe era a melhor coisa de ser mulher, mas fazer sexo não era bom, que o prazer de uma comida deliciosa era bloqueado pela culpa sobre seu corpo... muitas coisas. Mas no final, algo simplesmente clicou e ela soltou um monte de coisas. Ela começou a se perguntar se talvez o sexo também pudesse ser para seu prazer, em vez de algo "para Johnny".

Laurie se lembrou de Johnny dizendo: "Talvez seja de como nos sentimos, não sobre onde estamos ou o que estamos fazendo". Talvez ela pudesse tentar isso, tentar prestar atenção em como é, independentemente do que esteja acontecendo.

Sua vagina está bem, de qualquer maneira

Muitas pessoas me perguntam sobre o orgasmo durante a relação pênis-vagina, então vamos dedicar um pouco de tempo a isso. Como vimos no capítulo 1, o clitóris é a sua Grand Central Station para sensações eróticas. A predominância do clitóris nos orgasmos femininos explica por que 80% a 90% das mulheres que se masturbam normalmente o fazem com pouca ou nenhuma penetração vaginal, inclusive quando usam vibradores.[11]

Mas, sabe, existe um velho ditado: "Não é o tamanho do barco, é o movimento do oceano".

A sabedoria que isso tenta transmitir é que não é o tamanho do pênis que penetra na vagina, é o estímulo colaborativo entre os parceiros (ou possivelmente a habilidade de um ou outro "marinheiro") que cria prazer e orgasmo para uma mulher durante a relação sexual.

O fato é que não é o tamanho do barco e também não é o movimento do oceano. As mulheres apenas variam. Apesar do que você aprendeu com filmes, romances ou pornografia, na realidade, menos de um terço das mulheres atingem o orgasmo de forma confiável apenas com a penetração vaginal, enquanto os dois terços restantes ou mais às vezes, raramente ou nunca atingem o orgasmo apenas com a penetração.[12]

No entanto, as mulheres me perguntam o tempo todo: "Por que não consigo ter um orgasmo durante a relação sexual?" A razão pela qual eles não conseguem é muito provavelmente a mesma razão pela qual a maioria das mulheres não consegue: a relação sexual não é uma maneira muito eficaz de estimular o clitóris, e o estímulo do clitóris é a maneira mais comum de fazer um orgasmo acontecer. Na verdade, a pesquisa descobriu que uma das razões pelas quais as mulheres variam em quão confiantemente chegam ao orgasmo com a penetração é a distância entre o clitóris e a uretra.[13] É essencialmente uma questão de engenharia anatômica.

Portanto, a questão não é tanto por que algumas mulheres não têm orgasmo com a penetração vaginal, mas por que algumas mulheres *têm*. Existem várias hipóteses, mas provavelmente as duas melhores são: (a) estímulo através da parede frontal da vagina da esponja uretral (o homólogo feminino da próstata e a fonte hipotética original do "ponto G"); ou (b) os bulbos vestibulares, estendendo-se até a boca da vagina desde a cabeça do clitóris. Mas, no final, a resposta é: Pessoas variam.[14] As pessoas variam no layout de seus órgãos genitais e na sensibilidade do tecido. Meu palpite é que ambas as hipóteses têm mérito, mas você pode imaginar como é desafiador conseguir financiamento para fazer pesquisas sobre o orgasmo feminino, então pode demorar um pouco até termos certeza.

Agora, se os orgasmos com penetração são relativamente incomuns, por que as mulheres perguntam disso com tanta frequência? Por que é tão frequentemente visto como "o caminho certo para o orgasmo"?

E a resposta é, claro, "Ugh, patriarcado". Homens-como-padrão novamente. Séculos de médicos e cientistas do sexo masculino — Freud é frequentemente apontado como um dos principais ofensores aqui, e com razão — afirmaram que os orgasmos de estímulo vaginal são do tipo certo, bom e normal, e os orgasmos do clitóris são "imaturos".

Mas é o padrão masculino de uma maneira diferente de como funcionava com excitação e desejo. A cultura sanciona o desejo espontâneo como o tipo "esperado" de desejo porque é assim que os homens experimentam o desejo (embora nem todos o façam, é claro), e a cultura sanciona a excitação concordante como o tipo esperado de excitação porque é assim que os homens experimentam a excitação (embora, novamente, nem todos o façam)... mas se o tipo de orgasmo esperado pelas mulheres é o que os homens vivenciam, então deveriam ser orgasmos de estímulo do clitóris, já que anatomicamente o clitóris é o homólogo do pênis. Dizer que as mulheres devem ter orgasmos com a penetração vaginal é anatomicamente equivalente a dizer que os homens devem ter orgasmos com o estímulo prostático ou perineal. Certamente muitos homens *podem* ter orgasmo com esse tipo de estímulo, mas não os julgamos se não o fizerem, e eles geralmente não se perguntam se estão com problemas se não o fizerem.

Então, aparentemente, de acordo com o mito cultural, as mulheres devem ser exatamente como os homens — com excitação concordante e desejo espontâneo — até começarmos a ter relações sexuais, e então devemos funcionar de maneira exclusivamente feminina, tendo orgasmos de um comportamento que também faz os homens gozarem de maneira confiável. O prazer dos homens é o prazer padrão.

Camilla, com seu acelerador sexual relativamente insensível, sempre foi lenta para o orgasmo e não estava muito interessada em ter mais deles. Eles davam muito trabalho na maior parte do tempo e não eram recompensadores o suficiente para incomodar. Ela se masturbou muito raramente em sua vida, mais por curiosidade do que por desejo. E muitas vezes ela não estava muito interessada em ter um orgasmo quando fazia sexo com Henry.

Henry, cavalheiro que era, teve dificuldades com isso.

— Se você não tem um orgasmo, como posso saber se te satisfiz? — ele perguntaria.

— Você pode dizer porque eu digo que estou satisfeita! Se eu comer menos pizza que você e disser que estou cheia, você duvida de mim? Se eu tomar duas taças de vinho e me sentir tão embriagada quanto gostaria, devo tentar aumentar minha tolerância? Se eu leio um romance, mas não me sinto compelida a ler a continuação, há algo de errado nisso?

— Claro que não — foi a resposta para as três perguntas.

— Então, por que — disse Camilla, — você precisa que eu experimente algum reflexo fisiológico para sentir que me diverti muito?

— Porque esse reflexo é como eu sei que você ficou satisfeita!

Foi um daqueles desentendimentos em que o ponto de vista de cada pessoa é tão óbvio para cada pessoa, mas tão estranho para a outra pessoa que nem sabia por onde começar. A solução deles foi o tipo de solução de problemas que me mostra que eles ficarão juntos por décadas. Eles literalmente trocaram de lugar — eles trocaram de assentos — e assumiram o ponto de vista da outra pessoa. Camilla defendeu Henry e ele a defendeu.

Camilla disse:

— Se você não tiver um orgasmo, não posso ter certeza de que você realmente gostou e quis o sexo que fizemos.

Henry disse:

— Se eu não tiver um orgasmo, isso significa que comi a pizza que eu queria, foi ótimo e agora está tudo certo.

E então ele disse:

— Ah.

Camilla continuou:

— Mas pizza não é o mesmo que sexo. O sexo tem um destino, um objetivo, um 'Verdadeiro Final Supremo', e se você não tem isso, então eu falhei com você!

E então ela disse:

— Ah.

Henry disse:

— A única maneira de você me decepcionar é se não puder me aceitar do jeito que sou.

Camilla disse:

— Seu orgasmo me diz que você me aceita do jeito que sou.

E os dois disseram:

— Ah.

E então ela saiu da cadeira de Henry para se sentar ao lado dele com a cabeça em seu ombro.

— Meu orgasmo realmente significa tanto para você? — ela perguntou.

Henry respondeu:

— Se eu fizer uma pizza especial para você e você comer apenas uma fatia, como posso não me perguntar se você não gostou?

— Hm. Teremos de ver se conseguimos pensar em uma solução lógica — disse Camilla.

Eles fazem, no capítulo 9.

Dificuldade com orgasmo

Bem no início da pós-graduação, duas colegas e eu nos sentamos juntas antes da aula em uma tarde de outono, conversando sobre — o que mais? — sexo. Uma delas se casou recentemente, mas ainda não tivera um orgasmo com o novo marido.

— Posso ter orgasmo sozinha, mas de alguma forma, quando ele está comigo, não consigo chegar lá — disse ela, com as sobrancelhas tristes e a boca curvada em confusão. — Sei que ele se sente rejeitado e leva para o lado pessoal, mas eu o amo, *quero* ter um orgasmo com ele. Eu simplesmente não posso.

Ela se culpou. Seu marido se culpava. Ambos se sentiram envergonhados, derrotados e ansiosos por nunca terem uma experiência de sexo “normal”.

Na época, eu não fazia ideia do que estava acontecendo, mas não muito tempo depois comecei um estágio clínico onde aprendi que tais desafios são comuns e eminentemente solucionáveis.

A angústia sobre o orgasmo é a segunda razão mais comum pela qual as pessoas procuram tratamento para problemas sexuais (depois do desejo), ocorrendo em cerca de 5% a 15% das mulheres.[15] Dificuldade ou ausência de orgasmo em certos contextos é muito comum. Por exemplo, apenas 11% das universitárias relatam ter tido um orgasmo na primeira vez que "ficam" com um novo parceiro, em comparação com 67% das universitárias que fazem sexo no contexto de um relacionamento de mais de seis meses de duração.[16] Cerca de 12% das mulheres não tiveram um orgasmo, ou não têm certeza se tiveram um orgasmo, aos 28 anos.[17] E provavelmente há algumas mulheres que nunca vivenciaram o orgasmo — a pesquisa indica algo como 5% a 10%.[18] Conheci uma mulher em Boston que me disse que teve seu primeiro orgasmo de sua vida aos 70 anos, então estou convencida de que qualquer um pode ter um orgasmo, embora para algumas pessoas realmente exija apenas o contexto certo para que isso aconteça.

O orgasmo é, de certa forma, como andar de bicicleta — é mais natural para algumas pessoas do que para outras, e se você não estiver motivado o suficiente para continuar tentando até descobrir, nunca aprenderá. E é rara a pessoa que realmente precisa aprender a andar de bicicleta.

A maioria dos problemas com o orgasmo se deve ao excesso de estímulo nos freios — muitas preocupações, muito estresse, ansiedade, vergonha ou depressão, incluindo todos esses fatores *sobre* o orgasmo.[19] E se você pode gozar agora em um contexto *ideal*, é provável que você possa ter um novo e diferente contexto positivo — com seu parceiro.

Nunca Tive um Orgasmo... Até Onde Ela Sabe

As alunas riem quando acrescento "até onde ela sabe", mas várias vezes falei sobre como é a masturbação infantil até o orgasmo — apertar as pernas em torno de um poste de balanço ou balançar a vulva contra um bichinho de pelúcia, bem como tocar os órgãos genitais com as mãos ou pressionar a pélvis contra o colchão — e as pessoas dizem: "Ah! Então era isso que eu estava fazendo!" As lembranças do orgasmo infantil costumam ser mais parecidas com orgasmos durante o sono ou com exercícios; elas não são particularmente eróticas. Você não está tendo fantasias sexuais para acionar seu acelerador, mas também não tem uma década ou mais de vergonha cultural para pisar no freio.

A palavra mais comum que as mulheres usam para descrever sua luta com o orgasmo é "frustrada".[20]

Então, como funciona a frustração?

Imagine uma pequena monitora, como uma árbitra, sentada ao lado do Um Anel emocional do seu cérebro.[21] Ela tem dois empregos:

1. Ela observa para ter certeza de que o mundo está se comportando de acordo com suas expectativas (expectativas definidas por todas as suas experiências anteriores com o mundo).
2. Ela dirige a investigação quando há alguma discrepância entre o mundo e suas expectativas.

Quando o mundo atende às suas expectativas, a monitora fica satisfeita. Não falta nada. Mas às vezes há uma lacuna entre o mundo e as expectativas — alguma ambiguidade precisa ser resolvida, alguma novidade precisa ser explorada para ver onde ela se encaixa na ordem esperada das coisas, ou algum estímulo muito atraente precisa ser abordado e obtido.[22] Quando isso acontece, ela entra em modo de comando. Ela faz da *redução da discrepância* seu propósito na vida. Seu mundo inteiro é feito dessas três coisas:

- O objetivo de preencher a lacuna — o que pode significar resolver a ambiguidade, explorar o novo, abordar o incentivo ou simplesmente concluir a tarefa.
- O esforço que você está investindo na busca desse objetivo – a atenção, os recursos e o tempo que está alocando para isso.
- O progresso que você está fazendo em direção a esse objetivo.

Assim, a pequena monitora acompanha quanto progresso você está fazendo em relação a quanto esforço está investindo. Ela registra sua proporção de esforço para progredir e tem uma opinião forte de qual deve ser essa proporção. Essa opinião é chamada de "critério da velocidade".[23] E é aqui que fica realmente interessante.

Quando a monitora sente que você está fazendo um bom progresso — quando está igualando ou superando o critério da velocidade — ela fica satisfeita, motivada, ansiosa. Mas quando a monitora sente que você não está progredindo o suficiente, ela fica frustrada e pede que aumente seus esforços para se aproximar de seu objetivo. Se você ainda não está progredindo o suficiente para satisfazer a pequena monitora, ela começa a ficar com raiva... e então enfurecida! E possivelmente, se você continuar falhando, em um determinado ponto a pequena monitora desiste e a empurra de um penhasco emocional para o "poço do desespero", pois a monitora se convence de que a meta é inatingível. Você desiste em desolação sem esperança.

Quando você está continuamente "falhando" em atingir o orgasmo, sua pequena monitora fica frustrada e depois irritada e ocasionalmente desesperada.

Quando eu ensino sobre a pequena monitora, os olhos das minhas alunas se arregalam e elas ficam de queixo caído. A pequena monitora é uma parte crucial do seu bem-estar sexual, mas ela aparece em quase todos os domínios da vida. Se você sentiu a emoção de vencer uma corrida ou um jogo, essa é a sua pequena monitora tendo seu critério da velocidade atendido — proporção de esforço-para-progresso alcançada ou superada! Se você vivenciou a raiva na estrada, esse é o critério da velocidade de quanto-tempo-esta-viagem-deveria-levar da sua pequena monitora não atendida — proporção esforço-para-progresso muito grande! Se você já desmoronou sem esperança diante do fracasso, essa é a sua pequena monitora reavaliando uma meta como inatingível, incontrolável. A pequena monitora e suas opiniões de como as coisas devem ser difíceis é a base de uma ampla gama de frustrações e satisfações, entre elas o orgasmo.

Pequenas monitoras impacientes

Nossa cultura nos ensina absolutamente a ter pequenas monitoras impacientes, com critérios da velocidade tão pequenos quanto possível, o que significa que muitas de nós ficamos facilmente frustradas, enraivecidas e, eventualmente, desesperadas quando não conseguimos alcançar facilmente nossos objetivos — incluindo o orgasmo. Se você sente que já deveria ter tido um orgasmo, mas não teve, começará a ficar frustrada... e essa frustração facilitará a liberação dos freios?

Muito pelo contrário.

A pequena monitora é um gremlin da ironia.

Ao contrário do Um Anel e dos freios e acelerador, podemos criar mudanças intencionais na pequena monitora. Na verdade, os humanos podem ser a única espécie que pode fazer algo deliberado desse tipo de frustração, e aposto que se você pensar criticamente sobre isso por um minuto, poderá descobrir como fazê-lo. Existem três alvos potenciais de mudança, certo?[24]

- Este é o objetivo *certo* para mim?
- Estou colocando o tipo certo de *esforço*, bem como a quantidade certa?
- Sou realista em minha *expectativa* no quão difícil esse objetivo deve ser?

Suponha que o objetivo seja o orgasmo em dez minutos ou o orgasmo da relação sexual vaginal. Se o orgasmo não acontecer tão rapidamente ou a partir desse tipo de estímulo — o que não acontece com a maioria das mulheres — sua monitora começará a ficar frustrada.

E a frustração aciona seu acelerador... ou ela pisa nos freios?

Sim. Freios.

A abordagem central para as dificuldades do orgasmo é mudar o objetivo, tornando o *prazer* o objetivo, não o orgasmo. Quando você começar a se sentir frustrada, lembre-se de que é a sua pequena monitora sentindo que não está progredindo em direção ao orgasmo. Essa é a hora de se lembrar de que você já está no objetivo, desde que esteja sentindo prazer.

Orgasmo não é o objetivo. O prazer é o objetivo.

Para as mulheres que às vezes (ou sempre) lutam contra o orgasmo, incluí instruções passo a passo para praticar as habilidades de prestar atenção ao prazer e deixar de lado o objetivo, incluindo maneiras de adaptar a habilidade para ter orgasmo com seu parceiro (consulte o apêndice 1).

Vibradores

Pelo menos metade das mulheres nos Estados Unidos já usou um vibrador, e essas mulheres são mais propensas a relatar melhor excitação, desejo e orgasmo.[25] Oitenta a noventa por cento dessas mulheres relatam não ter vivenciado efeitos colaterais, e daquelas que relataram efeitos colaterais como dormência ou irritação, quase todas disseram que durou menos de um dia.

Um pequeno estudo sobre mulheres que usavam vibradores como parte da terapia sexual descobriu que estas variavam muito em sua resposta ao vibrador e tinham uma ampla gama de sentimentos sobre a experiência.[26] A resistência inicial ("Eu deveria ser capaz de ter orgasmo sem ter de usar uma 'ferramenta'") e as preocupações sobre se o uso do vibrador de alguma forma atrapalha a conexão sexual com um parceiro ("Estou traindo-o com isso?") muitas vezes deu lugar a uma sensação de liberdade e exploração. Embora houvesse muita variedade, mesmo em uma amostra de apenas dezessete mulheres, a experiência geral foi um novo tipo de prazer e abriu sua perspectiva em relação a ideia de autonomia sexual.

Você reconhecerá a preocupação de que não seja "natural" como o fundamento moral da "santidade" que descrevi no capítulo 5. A ideia de que existe uma maneira pura, boa e natural de ter um orgasmo e uma maneira errada, ruim e não natural de ter um orgasmo é uma classificação cultural da experiência moldada por essas três mensagens — Moral, Médica e Midiática — do capítulo 5.

A preocupação que as pessoas mais me trazem dos vibradores é que elas ficarão "viciadas" neles, mas isso não acontece. Aqui está o que acontece: o orgasmo com vibradores ocorre relativamente rápido para muitas mulheres porque um vibrador fornece uma intensidade muito alta de estímulo. E algumas mulheres ficam muito confortáveis com a rapidez com que atingem o orgasmo com o vibrador, o que as leva a esquecer quanto tempo demorou sem o vibrador. E quando ficam frustrados com o tempo que isso leva, a frustração faz com que demore ainda mais. Mas, a esta altura do capítulo, você provavelmente já sabe a resposta para este problema: frustração = pequena monitora impaciente. Então mude o objetivo, mude o esforço, mude o critério da velocidade. Prazer, não orgasmo, é o objetivo. Se demorar cinco minutos, são cinco minutos de prazer. Viva! Se demorar trinta minutos, são trinta minutos de prazer! Viva também!

Orgasmo extático: você é um bando!

Orgasmos certamente podem acontecer em contextos subideais ou mesmo adversos, mas o tipo de orgasmo que derrete o cérebro, enrola os dedos dos pés e transforma as estrelas em arco-íris só acontece em um contexto espetacularmente bom.

E qual é exatamente esse contexto?

A resposta a essa pergunta é a mesma para esta: por que usar meias facilita o orgasmo?

Algumas alunas me perguntaram isso enquanto eu almoçava e conversava com elas. Brittany, Tiffany e eu estávamos conversando sobre ciência sexual, como sempre.

— Huh? — Eu disse com a boca cheia de salada.

— Li sobre isso na internet. As meias facilitam o orgasmo — disse Brittany.

— Oh! Bem, se você leu na internet, deve ser verdade — brinquei.

— Não, eu li também! — disse Tiffany. — Acho que era verdade. Vou encontrá-lo e te mandar o link.

Ela conseguiu, e era verdade... mais ou menos. Acontece que colocar meias tornou mais fácil para os participantes da pesquisa chegar ao orgasmo enquanto se masturbavam em uma máquina de imagem cerebral.

Você deve se perguntar por quê. Todos os participantes de pesquisas sexuais com imagens cerebrais são fetichistas secretos de pés? Tem algo a ver com o redirecionamento do fluxo sanguíneo?

Nada tão misterioso. Gert Holstege, o pesquisador que liderou o estudo, disse que os participantes da pesquisa "estavam desconfortáveis, porque tinham pés frios".[27]

Coloque meias, tenha pés mais quentes e tenha orgasmos mais fáceis. Mesmo no ambiente nada erótico de um laboratório de pesquisa, uma mudança tão pequena pode fazer a diferença.

E esse tipo de mudança é a chave para passar de orgasmos muito bons para orgasmos premiados. Aqui está a ciência que diz como.

Todos os seus estados internos — seu conforto físico, fome, sede, sonolência, solidão, frustração etc. — interagem profundamente no Um Anel emocional do seu cérebro e influenciam-se mutuamente em um processo chamado "integração".[28] Quando um estado — como pés frios — interfere em outro estado — como excitação sexual — isso é "integração subtrativa".

E quando um estado reforça ativamente outro estado, isso é "integração aditiva". Foi isso que Laurie e Johnny vivenciaram quando estavam tentando não fazer sexo e Johnny também contou a ela os motivos pelos quais adorava fazer amor com ela. A busca de proximidade de seu mecanismo de apego se misturou com sua motivação sexual, e ambas foram intensificadas.

A integração aditiva pode ser um bem absoluto em sua experiência sexual... e, às vezes, a integração aditiva também pode levá-la a uma dinâmica prejudicial. A tendência de Olivia de se sentir "conduzida" ao orgasmo quando está estressada é um exemplo. O estresse aumenta sua motivação sexual de uma forma prejudicial à saúde. E as mulheres na pesquisa de John Gottman que experimentaram sexo intenso depois que seus parceiros foram fisicamente abusivos estavam vivenciando integração aditiva: a ameaça ao apego tornava importante que elas se relacionassem com seus parceiros. O sexo é um comportamento de apego crucial para adultos humanos, então os dois estados — ansiedade de separação mais estímulo sexual — reforçam um ao outro, para dar origem a uma experiência sexual intensa, mas, em última análise, insegura e doentia.

Você pode visualizar o efeito da integração se pensar em seu cérebro como um bando de pássaros.

Sabe como funciona um bando? Não há um líder, nenhum indivíduo que controle o grupo e diga: "Ei, pessoal, vamos voar por aqui!" Em vez disso, cada ave segue individualmente um conjunto de regras, como "Evite predadores, voe em direção ao polo magnético e fique também perto de seus vizinhos". Quando todos os pássaros estão seguindo essas regras, o bando surge sem que ninguém tenha de estar no comando.

Se você pensar em seu cérebro como um bando, então cada "pássaro" é um sistema diferente de motivação ou incentivo — estresse, apego e pertencimento social, apetite por comida, curiosidade e exploração, sede, sono, planos para o futuro, bagagem emocional do passado — todos os seus papéis e identidades concorrentes na vida estão lá no bando. Você também pode pensar em seu acelerador sexual e freios como pássaros no bando.

Em última análise, o "você" que está conscientemente atento a ser um "eu", um indivíduo distinto de outros indivíduos, é um eu composto, um holograma construído desses múltiplos processos motivacionais e cognitivos, todos engajados com o ambiente e uns com os outros, em um cabo de guerra barulhento, confuso e multidirecional. Como uma pessoa capaz de desejar várias coisas ao mesmo tempo — comida, sono, sexo, calor, ser deixado sozinho etc. — você é um *coletivo de motivações*. Um bando.

Coisas complexas podem acontecer em um bando porque não há líder. Se um pássaro percebe um predador, ele voará para longe (seguindo a regra "evite predadores"), então todos os pássaros ao seu redor o seguirão, puxados como se por uma força magnética, não por um predador, mas porque eles estão seguindo a regra "fique perto de seus vizinhos".

E se seu cérebro é um bando, então o orgasmo é um destino para o qual o bando pode voar — um polo magnético — e o prazer sexual é *o próprio bando*. O prazer sexual surge, como comportamento de bando, da interação de todos esses diferentes pássaros.

Quanto mais pássaros você tiver voando em direção ao orgasmo, maior será o prazer que você vivenciará. Se alguns dos pássaros estão voando em direção ao orgasmo, mas outros estão tentando atingir algum outro objetivo — como você está tentando se masturbar até o orgasmo, mas seus pés estão frios — o "bando" que é seu cérebro não se moverá simultaneamente na mesma direção. Alguns dos pássaros podem chegar ao orgasmo, mas a experiência não será a mesma como se *todos* os pássaros chegassem lá.

A "integração subtrativa" acontece quando os pássaros que voam em direção ao calor dos pés puxam ativamente os pássaros que, de outra forma, voariam em direção ao orgasmo. Coloque as meias e esses pássaros estarão livres e poderão se mover em direção ao orgasmo. A "integração aditiva" acontece quando os pássaros voando em direção a um objeto de apego (seu parceiro sexual) puxam seus vizinhos para voar mais rápido e com mais entusiasmo. Apaixone-se loucamente, e seu bando pode correr para o orgasmo ao menor estímulo.

A linguagem técnica para o que estou descrevendo aqui é que o prazer sexual é uma propriedade emergente de um sistema dinâmico complexo. Mas tudo o que você precisa lembrar é que o pico do prazer sexual acontece quando todo o coletivo trabalha junto, quando todos os pássaros estão voando na mesma direção, quando todos os seus sistemas de motivação são coordenados e sintonizados com o ambiente de uma forma que dá origem a todos os sistemas se movendo coletivamente em direção ao orgasmo. Conecte-se a tudo o que te excita e desconecte-se do que te broxa. Livre-se de todos os predadores e acumule diferentes tipos de incentivos no polo magnético: apego, curiosidade, prazer expansivo — todas as motivações que o orgasmo pode preencher. Quanto mais o sistema todo se move na mesma direção, mais o orgasmo toma conta de toda a sua consciência, com cada célula do seu corpo focada na mesma coisa: o prazer. O pico do prazer sexual requer *tudo de você*.

Os orgasmos mais prazerosos acontecem quando cada parte de você está presente e colaborando na busca de um objetivo comum: o êxtase.

Se você ainda não percebeu, Olivia — a maratonista, a intensa, motivada e sensível mulher aceleradora — é uma perfeccionista. Então aqui está o que ela disse quando soube sobre a pequena monitora:

— Bem, isso explica... você sabe, toda a minha vida.

Os perfeccionistas estabelecem metas que são impossíveis e, se de alguma forma conseguem atingir uma meta, assumem que essa meta não tem valor e estabelecem outra meta ainda mais impossível. O que os coloca em estado de perpétua insatisfação.

— E então eu sou meu próprio leão, tipo, o tempo todo — disse Olivia. — E quando você adiciona a lavagem cerebral cultural, isso me coloca naquele lugar fora de controle com o sexo.

— Jesus — acrescentou ela.

Sua experiência de se mover no ritmo mais lento de Patrick mostrou a ela o potencial de desacelerar e permitir que mais de si mesma se alinhasse com o objetivo de vivenciar prazer sexual — assumir o controle da pequena monitora, para que ela não assumisse o controle dela.

Como experiência, numa tarde de sábado, Olivia tentou meditar enquanto fazia uma massagem erótica em Patrick. Ela praticou manter a mente quieta e focada no presente. Sempre que um pensamento perdido entrava em sua mente, ela o reconhecia rapidamente e o deixava ir, voltando sua atenção para a sensação da pele de seu parceiro sob suas mãos. Ela percebeu que estava ficando excitada e notou que seus pensamentos estavam cada vez mais voltados para o orgasmo, pois sua pequena monitora interna ficava impaciente para atingir seu objetivo. Mas cada vez que ela se sentia puxada para o orgasmo, ela respirava fundo e voltava sua atenção para Patrick.

Ela não pisou no freio, apenas tirou o pé do acelerador.

Após o orgasmo de Patrick, eles trocaram, e Olivia manteve sua atenção sintonizada com as sensações de seu corpo. À medida que sua excitação crescia, ela continuou a respirar profunda e lentamente, não permitindo que seus músculos abdominais ficassem muito tensos.

O resultado foi um orgasmo que durou vários minutos enquanto seu corpo estremecia e rolava, e Patrick ficou com ela, abraçando-a e beijando-a, os dedos pressionados contra sua vulva. Terminou com lágrimas de alegria e uma espécie de tagarelice borbulhante, bem diferente do eu pós-orgástico usual de Olivia. Ela se sentia aberta, crua e terna.

Ela me disse mais tarde:

— Era como estar bem no centro do oceano, quando eu costumo surfar na praia. Maior e mais lento… e mais assustador também, em alguns aspectos. Eu estava totalmente aberta. Eu tive que abrir mão de todo o controle. Eu achava que era uma potência erótica porque podia ter muitos orgasmos e porque queria sexo com frequência. Mas acontece que meu maior poder erótico só surgiu quando parei de pressionar para o orgasmo e apenas permiti que o prazer ainda estivesse dentro de mim.

Nem toda mulher quer experimentar esse tipo de vulnerabilidade radical com sua sexualidade. Nem toda mulher confia em seu parceiro o suficiente para se permitir deixá-lo ir tão completamente. Nem toda mulher tem uma vida que permita o tempo — uma hora, geralmente, para a maioria das pessoas — e o relaxamento necessário para chegar lá.

Mas, dado o contexto certo, acredito que toda mulher é capaz disso e, na minha opinião, toda mulher merece a oportunidade de experimentar. Mesmo que você não vivencie minutos de êxtase oceânico, ainda assim será uma hora bem gasta!

Como medicar um bando?

O filme cult cafona de 1968, *Barbarella*, imagina um século XLI em que as pessoas tomam "pílulas de transferência de exaltação" para ter orgasmos, para evitar a bagunça e o incômodo de fazer sexo. Você toma a pílula, senta, dá as mãos ao seu parceiro e, em um minuto, seu corpo pulsa e seu cabelo se enrola. Boom. Feito.

Você pode ver o apelo. Quero que o êxtase seja fácil e instantâneo também, como tomar uma pílula. Muitos de nós vivemos vidas de constante tensão, dúvida, obrigação e esforço. O prazer não poderia, de todas as coisas, simplesmente acontecer, sem que tivéssemos de trabalhar para isso?

O mais próximo que podemos chegar disso no século XXI é um vibrador. Este decerto fornece uma intensidade de estímulo para o seu acelerador que você simplesmente não pode reproduzir com nenhum estímulo não mecânico. Mesmo que seus freios ainda estejam acionados — você está estressada, ansiosa, triste ou frustrada — um vibrador costuma ser intenso o suficiente para gerar um orgasmo muito mais rápido do que o estímulo manual.

Um vibrador não necessariamente persuadirá todos os pássaros a voar na mesma direção. Ele fornece estímulo de alta intensidade para as partes do cérebro que respondem a estímulos relacionados ao sexo; pode ligar como ninguém, mas não desliga.

A ideia de prazer como uma propriedade emergente das interações de um coletivo de desejos (também conhecido como bando) é o que torna tão difícil medicar o prazer, a excitação, o desejo e/ou o orgasmo. Uma droga teria de manipular não apenas o acelerador e os freios, mas também o estresse, o amor, a imagem corporal, a história do trauma, a confiança no relacionamento e outras coisas que sabidamente afetam o bem-estar sexual das mulheres. Puxar um pássaro para o orgasmo não ajudará se o restante dos pássaros estiver ocupado evitando predadores.

O prazer é uma propriedade emergente da interação de múltiplos sistemas — é um *processo*, não um estado, uma *interação*, não uma área específica do cérebro ou do corpo. O prazer é todo o bando. O prazer é tudo de você.

Voando em direção ao êxtase

O que a ciência nos dá é o seguinte: para ter mais e melhores orgasmos, desligue-se de tudo que te broxa e diminua a velocidade com que te excita. Dê tempo ao seu cérebro para entrar no trem do orgasmo.

Mas o que a ciência não pode lhe dar é *permissão* para experimentar o prazer extático. No final, essa é a chave para orgasmos espetaculares. E só você pode te dar isso. A ciência não pode lhe dizer como se sentir sobre seus orgasmos. A ciência pode dizer apenas que a maneira como você se sente em relação aos seus orgasmos muda seus orgasmos. A ciência pode lhe dizer que sentir vergonha, julgamento, frustração e medo do orgasmo diminuirá sua experiência orgástica, enquanto aceitação, acolhimento, confiança e alegria irão expandir sua experiência orgástica. A ciência pode dizer que seu cérebro é como um coletivo de desejos, e quanto mais o coletivo colabora, mais você pode se mover em direção ao êxtase.

Mas nenhuma palavra dessa ciência a torna mais ou menos merecedora do prazer de sua própria pele, mente e coração. Seus orgasmos pertencem a você, e toda a ciência do mundo não pode deixá-la mais encantada com eles, com mais medo ou mais curiosa sobre eles. A ciência não pode fazer isso. Só você pode.

Você nasceu com direito a todo o prazer que seu corpo pode sentir. Você nasceu com direito ao prazer de qualquer maneira que seu corpo o receba, em qualquer contexto que o proporcione e em qualquer quantidade que desejar. Seu prazer pertence a você, para compartilhar ou manter como quiser, explorar ou não como quiser, abraçar ou evitar como quiser.

Então, se você quisesse, como encontraria o caminho para o êxtase? Como você faria todos os pássaros voarem juntos na mesma direção?

Paciência, prática e um contexto positivo para o sexo.

Você já sabe como criar um contexto sexo-positivo. E você sabe como construir paciência — treinando sua pequena monitora para garantir que você tenha o objetivo certo, o tipo e a quantidade certa de esforço e o critério da velocidade certo.

O que nos deixa com a parte "prática".

Praticar o quê?

Pratique se desligar do que te broxa. Veja como:

Os estados cerebrais que estão arrastando partes de seu bando para longe do orgasmo — estresse, preocupação, observação, se perguntar cronicamente se seu filho vai bater na porta, ou até mesmo literalmente pés frios ou outro desconforto físico — precisam ser levados a sério e ter suas necessidades atendidas. Eles precisam ser respeitados e tratados como o ouriço sonolento do capítulo 4.

Seja bom e gentil com cada uma das coisas que broxam, ouça o que eles precisam para se sentirem satisfeitos e depois os satisfaça. Volte para suas planilhas de contexto: o que te faz pisar nos freios? Considere as coisas em seu ambiente e também seus próprios pensamentos e sentimentos. Que contexto você precisa para se desligar do que é broxante?

A maioria das coisas broxantes que as mulheres experimentam não tem nada a ver com sexo, e muitos deles têm soluções diretas e pragmáticas. Estressado cronicamente? Complete o ciclo com um bom choro, uma caminhada rápida, um grito primitivo ou outra liberação física, conforme descrito no capítulo 4. Reserve 20 a 60 minutos sólidos para permitir que o estresse do dia diminua com quaisquer rituais ou práticas que ajudem. Banhos, caminhadas, exercícios, culinária, meditação, ioga, uma taça de vinho, o que quer que funcione.

Constantemente monitorando passos no corredor? Organize um horário em que ninguém mais esteja em casa.

Cansado? Tire uma soneca ou apenas descanse por 20 minutos. Incomodado por areia nos lençóis? Mude-os! Pés frios? Coloque meias! Às vezes é realmente tão simples.

Outras falhas são mais complexas e requerem soluções de longo prazo, como as que abordei anteriormente: pensamentos autocríticos ou outros desafios de imagem corporal, falta de confiança em seu relacionamento, história de trauma, repulsa sexual. Demorou décadas de plantio e cultivo para criar o jardim que você tem atualmente. Não vai mudar da noite para o dia. Dê a si mesma permissão para progredir gradualmente e celebre todas as etapas incrementais entre onde você está agora e onde gostaria de estar.

E a prática de desligamento mais importante de todas: a autobondade. Muitas vezes, as mulheres ficam presas em seu crescimento sexual porque não conseguem superar a crença de que algo "não deveria" pisar no freio. Não deveria ter que se desligar de algo para ter as luzes acesas, elas não deveriam ficar tão preocupadas com seus corpos. "Deveria" é tudo do que você está "fazendo de errado".

Questionário: a crença de que você está fazendo algo errado com o sexo pisou no acelerador... ou nos freios?

Sim.

Então, quando algo pisa no freio, o que você faz? Você leva isso a sério. Escute isto. Seja gentil com ele, como um ouriço sonolento. Mesmo que você deseje que algo como ter as luzes acesas não pise no freio, o fato é que pode, e tudo bem. Não há também problema em desejar que não. Mas acreditar que "não deveria" apenas pisa mais no freio. Reconhecer isso libera você para fazer algo a respeito — algo como fazer sexo com velas apagadas no quarto por uma semana ou duas, depois com uma vela acesa, depois duas, depois três...

Veja bem, o sexo não depende do contexto — o sexo pode acontecer mais ou menos em qualquer lugar. O prazer depende do contexto. Crie um contexto onde você possa experimentar o prazer, e o êxtase sexual se seguirá, com tempo, prática e soluções genuínas para se desligar do que é broxante.

O Apêndice 2 oferece instruções para alcançar o êxtase. Tente! Lembre-se: Cada membro do bando tem suas próprias necessidades e motivações. Se desligue de tudo que te broxa e se ligue em tudo que te excita.

Merritt acreditou durante toda a sua vida que o orgasmo deveria ser fácil, e que sua luta com ele a tornava uma aberração. Ela acreditava que deveria ter uma certa sensação e ter um certo efeito. Mas ela queria aprender a confiar em si mesma, para poder abrir a porta ao prazer. Então ela parou de comparar sua experiência com suas expectativas e simplesmente permitiu que sua experiência fosse o que é. Ela apenas gostou do sexo que estava fazendo, em vez de se preocupar se era o sexo que ela "deveria" fazer. Ela criou um ambiente de aceitação, onde as partes de sua mente que precisavam se preocupar, que precisavam evitar que algo ruim acontecesse, pudessem se mover em direção a algo bom. Demorou. E pratique. E positivo não julgar.

Funcionou? Para ela, sim.

Merritt é escritora e foi criada religiosamente, o que pode explicar o e-mail que ela me enviou perto do fim de sua experiência de não ter um orgasmo com Carol. Ou talvez não. Muitas pessoas começam a falar de Deus e experiências espirituais quando encontram o caminho para o êxtase. A linguagem da experiência humana mundana, anatomia, fisiologia e até relacionamento não parece grande o suficiente para contê-la.

De qualquer forma, isso é o que ela escreveu:

Nenhuma tempestade pode abalar minha calma interior
Enquanto a essa rocha estou agarrado.
Visto que o Amor é o senhor do céu e da Terra,
Como posso parar de cantar?

É de um hino chamado "How Can I Keep from Singing?" Pete Seeger e Enya e muitos outros a gravaram. É sobre o que acontece quando você faz contato com a paz no centro e no âmago de si mesma, que é a mesma paz no centro e no âmago do universo, e isso ressoa através de você, como se você fosse um sino tocando.

Isso é o que acontece quando você desativa todos os aspectos negativos e permite que todos se concentrem em um objetivo comum: o prazer.

ml;nl

- Orgasmos acontecem em seu cérebro, não em seus órgãos genitais.
- Menos de 1/3 das mulheres têm um orgasmo confiável apenas com a penetração vaginal. Os mais de 70% restantes são às vezes, raramente ou nunca orgásticos apenas com a penetração. A ma-

neira mais comum de as mulheres chegarem ao orgasmo é pelo estímulo do clitóris. E somos todas normais.

- Todos os orgasmos são criados iguais. Não importa qual estímulo os gere, a qualidade de um orgasmo só pode ser determinada pelo quanto você gosta dele.
- Para ter orgasmos maiores e melhores, se desligue mais do que te broxa e se ligue no que te excita mais gradualmente.

nove

Ame o que é verdade

O CONTEXTO FINAL DO SEXO-POSITIVO

Laurie e Johnny haviam testado todos os truques. Mas, no final, o que fez a diferença foi quando Laurie escolheu o prazer — o próprio.

Armada com a decisão de começar a focar apenas no que sente, Laurie foi a um retiro de mindfulness de fim de semana chamado algo como Awakening the Feminine Divine, onde praticou ioga e dormiu nove horas por noite. Comeu e respirou conscientemente. Compartilhou seus sentimentos com estranhos, fez novos amigos e encontrou uma sensação renovada de que não estava sozinha em suas lutas. E, deixe-me enfatizar, porque Laurie gostaria que eu o fizesse: ela dormiu nove horas por noite.

Concentrou-se por 21 horas (o tempo em que não estava dormindo) em realmente perceber como era estar viva e mover-se pelo mundo. E regressou uma nova mulher.

— Não posso ser uma fonte de alegria na vida das pessoas que amo se não puder ser uma fonte de alegria para mim — anunciou ela. — E

o que eu quero, mais do que tudo, é ser uma fonte de alegria na vida das pessoas que amo.

— Espere um segundo, Johnny, eu e todos os outros que amam você, nós estamos dizendo isso há meses — disse. — O que eles fizeram com você naquele retiro?

— Eu experimentei o Olhar Divino de Lakshmi, a Deusa da Auspiciosidade, e senti meu poder e minha beleza — disse ela seriamente. Então abriu um sorriso e continuou. — Você provavelmente vai me dizer que é apenas uma metáfora para ativar uma coisa ou outra no meu mesolímbico, sei lá, mas eu não dou a mínima para a ciência. Funcionou pra caralho.

Este capítulo é sobre a ciência que Laurie não dá a mínima.

Mas funciona.

Aqui estamos no capítulo final. Até agora, aprendemos que, de algumas maneiras importantes, sua resposta sexual pode não seguir a "narrativa padrão" do funcionamento sexual:

- Você pode ter freios mais ou menos sensíveis e um acelerador mais ou menos sensível.
- Sua resposta genital pode não prever sua experiência subjetiva de estar "excitada".
- Seu desejo sexual pode surgir em resposta ao prazer, e não em antecipação ao prazer.

Tudo isso pode ser uma surpresa se você estiver entre os 10% a 20% das mulheres cuja resposta sexual é semelhante à "narrativa padrão". (Também aprendemos que as pessoas, especialmente as mulheres, variam muito umas das outras e mudam substancialmente ao longo da vida.)

O que me traz confiança e alegria.

"Confiança e alegria" é uma frase que uso muito há muitos anos, mas não se tornou o cerne do meu trabalho até que, em um semestre, uma aluna levantou a mão no meio de uma palestra e disse:

— Espera, Emily. Você poderia, por favor, definir esses termos? O que são confiança e alegria?

— Humm... — disse. — Deixe-me ver isso melhor para você.

E eu fui para casa e pensei nisso por uma semana. Eu leio muita ciência.

Eu reli muitas de minhas postagens no meu blog. Observei meus cachorros brincando no quintal. E quando cheguei à aula na semana seguinte, foi isto que disse aos meus alunos:

Confiança é *entender o que vale* para seu corpo, sua mente, sexualidade e vida. Entender que seus órgãos genitais são feitos das mesmas partes que os outros, organizados de forma única. Entender sobre os freios e acelerador. Entender o contexto e a diferença entre gostar, desejar e aprender. Entender sobre a não concordância da excitação e o desejo responsivo. Entender o que é realmente verdade, mesmo quando não é o que você aprendeu que "deveria" ser. Entender o que é verdade, mesmo quando não é o que você gostaria que fosse.

Alegria é *amar o que é verdadeiro* em seu corpo, sua mente, sexualidade e vida. Amar seus órgãos genitais, seus freios e seu acelerador e a maneira como seu cérebro responde ao contexto. Amar o contexto em si. A excitação amorosa desperta a discordância e o desejo responsivo. Amar o que é verdadeiro, mesmo quando não é o que você aprendeu que "deveria" ser. Amar o que é verdadeiro, mesmo quando não é o que você gostaria que fosse verdade.

Eu disse tudo isso para minha classe, e a aluna que originalmente me pediu para definir meus termos levantou a mão novamente.

Ela disse:

— Alegria é a parte difícil.

Nos anos seguintes, os alunos e participantes do workshop concordaram: a alegria é a parte difícil.

Felizmente, a pesquisa nos mostra uma prática que pode nos ensinar, bem... como alegrar-se. Este capítulo é sobre essa prática. Começaremos explicando por que a confiança por si só não é suficiente e, em seguida, descreveremos o processo de "verificação da realidade" para passar da confiança à alegria. Concluiremos com uma exploração de "não julgar", a principal habilidade que se une à alegria... ao acesso duradouro e sustentável ao êxtase.

Por que a confiança não é suficiente

Considere "Sra. B.", cuja história abre um artigo do *New York Times* sobre medicina sexual feminina. O artigo começa assim:

> *Desde que a Sra. B. entrou na casa dos quarenta anos, diz ela, o sexo tem sido mais de fumaça e espelhos do que trovões e relâmpagos. Ela raramente ou nunca está interessada o suficiente para tomar a iniciativa com seu parceiro, com quem se relaciona há dez anos, e não atinge o clímax durante o ato.*
>
> *Ela gostaria que fosse diferente.*[1]

Tendo chegado até aqui no livro, você reconhecerá que o estilo de desejo da Sra. B. pode ser responsivo em vez de espontâneo, e parece que ela não tem um orgasmo confiável com a relação sexual. Ambos a colocam diretamente na maioria.

E ela gostaria que fosse diferente.

O que é perfeitamente compreensível. Imagino que ela tenha aprendido (como a maioria de nós) que o desejo espontâneo e os orgasmos com penetração são normais e, como não é isso que ela está experimentando, ela acredita que é anormal. Que há algo de errado com ela. Se eu acreditasse que tem algo de errado comigo, desejaria que fosse o contrário também.

Mas não há nada de errado, ela é normal — na verdade, ela é uma mulher comum. E que efeito deseja que sua sexualidade normal tenha em seu bem-estar sexual? Deve ativar o acelerador ou pisar no freio?

O resultado é que ela mesma se descreve como "sexualmente morta".

E não fica muito pior do que isso.

Para alguém que se sente tão mal com sua sexualidade normal, o conhecimento por si só (e a confiança que vem com ele) geralmente é insuficiente.

Já vi a confiança cair aquém de pelo menos três maneiras diferentes. Primeiro, você pode saber que algo é verdade, mas ainda acredita que é uma falha. Um leitor do meu blog aprendeu sobre o desejo responsivo, mas comentou: "Acho que você está encobrindo o fato de que 'desejo responsivo' é um desejo menor do que o desejo [espontâneo]".

A maioria das mulheres tem "um desejo menor?" Aff.

A construção do desejo responsivo como "menor" não é um "fato", é claro; é um juízo de valor, uma opinião. "*Eu não deveria ter de me esforçar tanto*", você pensa. "*O desejo deve simplesmente* surgir." E por trás desse pensamento está o sentimento: "*Eu não deveria ser assim. Não sou como as outras pessoas.*"

E a sensação de "não sou como as outras pessoas" ativará o acelerador ou pisará no freio?

Certo.

Uma segunda forma de confiança por si só é insuficiente: às vezes, a confiança sexual é como a aceitação do corpo. Você o recebe com entusiasmo ao aprender sobre ele e depois tenta colocá-lo em prática. Você olha para o seu corpo no espelho e escreve tudo o que vê que gosta... mas então sai para o mundo e algum idiota misógino zomba de você e sussurra alguma sacanagem. Não importa o quanto pratique voltar-se para o seu corpo com gentileza e compaixão, alguma parte do mundo ainda dirá que há algo de errado com você. E talvez essa parte do mundo seja seu parceiro, seus amigos, sua família ou até mesmo seus médicos. É difícil manter o que você sabe em mente quando todos ao seu redor estão dizendo que está errada.

E uma confiança de terceira via é insuficiente: não são apenas vozes externas protestando que ainda há algo de errado consigo. Você passou décadas internalizando mensagens — morais, midiáticas e médicas — sobre como há algo de errado com você, como é diferente e doente. Parte de você pode ter se convencido de que é uma fracassada nojenta que nunca pode mostrar seu verdadeiro eu sexual a ninguém. Você pode "saber" que não é verdade, mas aquela pequena parte de você, encolhida em um canto de sua psique, não pode ser persuadida por nenhuma ciência.

Se você sabe que algo é verdade, mas se ressente, julga, odeia ou sente vergonha, isso não pode atingir seu bem-estar sexual. Se você sabe que é verdade, mas pessoas importantes em sua vida discordam, a confiança pode escapar de suas mãos como sabonete no banho. E se você sabe que algo é verdade, mas parte sua foi tão ferida que o conhecimento por si só não pode curá-la, então a confiança por si só não pode ser a porta de entrada para o êxtase. Você também precisa de alegria. Você precisa amar o que é verdadeiro.

O primeiro passo para passar de entender o que é verdadeiro para amar o que é verdadeiro é expandir o que significa "entender o que é verdadeiro".

Passo 1: seus sentimentos são sempre verdadeiros

Além dos fatos de sua sexualidade estão os fatos de seus sentimentos sobre sua sexualidade.

Observe como você se sente.

Quando o simples fato de saber que algo é verdadeiro não é suficiente para livrá-la dos mitos e das mentiras, você pode voltar ao monitorzinho encarregado de sua frustração ou satisfação. Quando você vivencia sua sexualidade da maneira que seu monitor espera, ela se sente bem. Quando você vive sua sexualidade de uma forma que cria uma discrepância entre sua experiência e as expectativas do monitor, este gradualmente fica frustrado... e depois irritado. Por fim, ela o empurra de um penhasco emocional para o poço do desespero, pois desiste e decide que você não pode atingir seu objetivo.

Vimos no capítulo 8 que existem três maneiras de lidar com a lacuna entre onde você está e onde espera estar. Você pode se perguntar: "Este é o *objetivo* certo para mim?" ou, "Estou colocando a quantidade certa do tipo certo de *esforço*?" ou "Minhas *expectativas* de quanto esforço esse objetivo específico exige são realistas?" Todos os três são tipos diferentes de *verificações da realidade*.

Vimos essas verificações da realidade em ação ao longo do livro: no capítulo 5, quando Laurie decidiu parar de tentar querer sexo com Johnny e simplesmente se permitiu não fazê-lo, ela fechou a lacuna entre onde estava e onde queria estar, o que abriu a porta para o afeto sem demanda de desempenho. No capítulo 8, quando Olivia meditou em direção a um orgasmo prolongado, ela estava praticando estar presente como ela era, em vez de avançar para algum objetivo. Ela manteve o mesmo objetivo — êxtase — mas mudou o tipo de esforço que estava investindo. E no capítulo 7, quando Merritt, em vez de experimentar a identidade aspiracional de uma mulher que ama sexo, abraçou a identidade de uma mulher que não queria sexo, ela estava mudando o tipo de esforço que investia para atingir seu objetivo de confiar em si mesma. O resultado não foi afundar para sempre em um estado de não querer sexo — pelo contrário! Permitir-se estar onde estava abriu a porta para onde ela queria ir.

Em contraste, a pequena monitora da Sra. B. está profundamente insatisfeita, convencida de que existe um grande abismo entre onde ela está e onde deveria estar — e, além disso, ela se sente totalmente impotente para fazer qualquer coisa a respeito. Ela está no poço do desespero. Ela caiu na dor desesperada que surge quando a pequena monitora está convencida de que um determinado objetivo é inatingível. Ela tentou criar mudanças e falhou e tentou novamente e falhou novamente, ou, quando sua sexualidade ficou aquém da marca (uma marca estabelecida por padrões culturais que nada têm a ver com a realidade), seu corpo foi direto para o desligamento? Não sei. Mas eu sei que sua pequena monitora pode aprender, e a Sra. B. pode ensiná-la — se ela quiser. Ela pode mudar seu objetivo, seu esforço ou suas expectativas.

Por exemplo, suponha que você não tenha um orgasmo confiável com a relação sexual. Por ter lido o capítulo 8, você sabe que é normal e aprendeu sobre outras formas de ter orgasmos, especialmente pela estimulação do clitóris. Conhecimento! Mas e se você ainda se sentir frustrada com a falta de orgasmos durante a relação sexual? Ou envergonhada? Ou triste? Ou crítica? Isso tornará mais fácil ou mais difícil experimentar novas maneiras de acessar o prazer e o orgasmo? Sim. É quando é hora de uma verificação da realidade. Qual é o teu objetivo? Que esforço você está investindo? Quais são suas expectativas de quanto esforço será necessário para atingir esse objetivo?

Para muitas de nós, os objetivos que temos em mente — como desejo espontâneo ou orgasmo com relação sexual — não são objetivos que escolhemos conscientemente para nós mesmas. Nós os absorvemos de nossa cultura na forma de roteiros sexuais. Esses roteiros fornecem a estrutura para as crenças pelas quais interpretamos o mundo sexual. Esses roteiros, muitas vezes, são barreiras entre nós e a alegria.

Nas últimas décadas, a pesquisa acompanhou como os roteiros sexuais mudaram na cultura ocidental. Os roteiros de cenários culturais recentes podem incluir: "A sexualidade masculina é simples e a sexualidade feminina é complexa" ou "As mulheres não têm um desejo sexual tão forte quanto os homens" ou "O orgasmo é fundamental para um encontro sexual positivo".[2]

Os roteiros são escritos em seu cérebro cedo, por sua família e cultura — lembra-se da Mensagem Moral, da Mensagem Médica e da Mensagem Midiática do capítulo 5?

Mas os roteiros não são a respeito do que acreditamos intelectualmente ser verdade. Eles agem como um modelo para nosso Um Anel emocional e para nossa pequena monitora filtrar e organizar informações. Você pode discordar de um roteiro e ainda assim se comportar de acordo com ele e interpretar sua experiência de acordo com ele.

O termo técnico para esse processo de organizar sua experiência de acordo com um modelo preexistente é "modelo generativo probabilístico". Isso significa que a informação — qualquer coisa que você vê, ouve, cheira, toca ou prova — vai primeiro para o seu cérebro emocional, onde o aprendizado anterior (possivelmente de limões ou pequenas jaquetas de ratos, possivelmente sobre imagem corporal ou repulsa sexual) mais seu estado cerebral atual (estresse, amor, autocrítica, nojo etc.) se combinam para moldar as decisões iniciais que seu cérebro toma sobre se deve se aproximar ou se afastar dessa informação. Essa decisão inicial desencadeia uma série de expectativas do que mais pode ser verdade e o que pode acontecer a seguir.

Acho que uma maneira mais simples de o entender é em termos de mapas versus terrenos.

O mapa e o terreno: uma ferramenta para verificar a realidade

Um mapa é uma representação abstrata de algo que existe na realidade. É uma imagem simplificada de um lugar real que existe. Um lugar que não se parece com o mapa. Se pensarmos em nossos roteiros sexuais como um "mapa", podemos começar a compará-los com o terreno — o que realmente existe, que o mapa supostamente representa. Você tenta navegar no mundo sexual seguindo o mapa.

Se o mapa não corresponde ao terreno, o terreno está errado?

Não. O mapa é o problema. Os cartógrafos cometeram um erro ou basearam o mapa em outro mapa que viram, em vez de no próprio terreno, ou podem até querer enganá-lo deliberadamente. Os mapas podem estar errados e isso deixa você olhando do mapa para o terreno e para o mapa novamente, sentindo-se perdido.

Infelizmente, os mapas sexuais da maioria das pessoas estão extremamente desatualizados. Somos como o personagem de Brendan Fraser no filme *De Volta para o Presente*. Seus pais o criam em um abrigo antiaéreo, acreditando erroneamente que houve um ataque nuclear em 1962, e quando ele finalmente sai ao mundo 35 anos depois, ele está navegando por uma paisagem que quase nada tem a ver com o que lhe foi ensinado. Como ele, temos este mapa em nossas cabeças e pisamos no terreno esperando encontrar um caminho em um lugar e, em vez disso, nos perdemos instantaneamente.

Como vimos no capítulo 5, nossos mapas podem conter lugares com mais de 35 anos de atraso.

Mas talvez o maior desafio seja que, quando o mapa e o terreno não combinam, nossos cérebros tentam tornar o mapa verdadeiro, forçando nossa experiência na forma do mapa. "Não, não, esta é a trilha", dizemos enquanto tropeçamos no meio do matagal. "Está escrito no mapa."

Alguns anos atrás, conversei com uma jovem que havia aprendido a maior parte do que sabia — ou melhor, o que achava que sabia — sobre sexo assistindo pornografia. Ela ficou genuinamente surpresa quando nada em seus primeiros encontros sexuais aconteceu da maneira que ela esperava. Ela pensou que os orgasmos viriam com facilidade e frequência. Ela pensou que o estímulo direto do clitóris sempre a faria ver estrelas. Ela pensou errado. Mas ela continuou tentando fazer sua experiência corresponder ao mapa. Ela continuou se comportando da maneira como as pessoas nos vídeos se comportam, assegurando-se de que, por estar fazendo o que deveria estar fazendo, a sensação que estava tendo devia ser de prazer.

Passaram-se meses antes que a dissonância entre o que ela esperava experimentar e o que ela realmente estava experimentando se tornasse clara para ela.

Foi quando ela veio até mim, convencida de que devia estar com algum problema.

Quando eu disse a ela que as mulheres têm mais chances de ter orgasmos mais tarde em um relacionamento do que na primeira vez que fazem sexo com um novo parceiro, ela realmente não acreditou em mim, tão convencida que estava de que o mapa estava certo e o terreno — seu corpo — estava errado.

Eu também disse a ela que o prazer depende do contexto, de modo que mesmo o estímulo do clitóris não é bom a menos que esteja no contexto certo.

— Como fazer cócegas — eu disse. — Se não parece bom, isso significa apenas que você ainda não tem o contexto certo. Quando o estímulo do clitóris não é bom, não é porque seu clitóris não funciona, geralmente é porque você ainda não está excitada o suficiente.

O primeiro passo para a alegria é reconhecer uma incompatibilidade entre o mapa e o terreno, sabendo que o terreno é sempre certo.

Olivia é Um Grande Sim quando se trata de sexo, que tem o potencial de criar um êxtase profundo... ou profunda dúvida e ansiedade, para não mencionar a dinâmica de perseguição. E tudo depende de como ela se sente em sua capacidade para o Sim.

No início do primeiro capítulo, Olivia descobriu que seu "mapa" não era verdadeiro — a história que ela contou a si mesma de querer sexo por conta de seus hormônios era uma metaforização que a protegeu contra as mensagens culturais que diriam que ela é uma valentona.

Mas ela desenhou um novo mapa — fundamentado na ciência e na atenção sem julgamento de sua própria experiência interna. Ela percebeu que seu acelerador sensível poderia se unir a sua pequena monitora para criar aquela sensação de descontrole, e eles também poderiam se unir para criar um prazer alegre. Ela teve a sensação de descontrole quando permitiu que a espiral de estresse/autocrítica/estresse aumentasse. Ela teve o prazer alegre quando aprendeu a desescalar, permitindo que o estresse seguisse seu curso, sem pisar no freio ou no acelerador.

— Desacelere. Fique parada. — Esse é o conselho de Olivia para todos os parceiros de alto desejo. — Não persiga, não force e nem recue. Seja como a pessoa com a vassoura em um time de curling. Abra o caminho para o sexo.

Quando não há pressão para atuar, Patrick é criativo, curioso, brincalhão e descaradamente experimental. Ele sabe como o acelerador sensível de Olivia pode ser um dom, e está ciente dos desafios que isso apresenta.

Então, quando Olivia terminou seu mestrado, ele montou uma espécie de caça ao tesouro sensual para ela, envolvendo a maior parte de sua coleção de brinquedos, dois tipos de lubrificante, pelo menos uma vez sendo carregada, nua, algemada e com os olhos vendados, pelo corredor para outro apartamento em seu prédio, e vários de seus bons amigos. (Que pode ser a melhor história de "a ciência tornou minha vida sexual melhor" que já ouvi.)

No final, durante um banquete, Olivia, nadando em endorfinas e oxitocina, pediu a Patrick em casamento — estava brincando.

Em geral.

Algumas pessoas não acreditam em mim quando conto esta história, que compartilho com permissão. Estranhamente, é a única história em que eles não acreditam, como se uma celebração aberta e não convencional de prazer fosse a única causa real de ceticismo em relação à sexualidade feminina. Mas está lá fora, prazer e exploração indisciplinada e parceiros que adoram todo o ser sexual de uma mulher, desde as feridas de seu passado até a selva de sua imaginação. Histórias como essa me dão esperança de que mais e mais mulheres se curem da vergonha e encontrem o amor que envolve todo o seu ser, erotismo e tudo.

Olivia é Um Grande Sim. É um dom. É um desafio. Ela maximiza seu potencial sexual quando permite que sua resposta sexual atinja sua capacidade, sem forçar em nenhuma direção específica.

Desacelere. Fique parada. Não force e nem recue. Permita que a sensação assuma o controle.

Sua melhor fonte de conhecimento de sua sexualidade é sua própria experiência interna. Quando você perceber desacordo entre sua experiência e suas expectativas do que você "deveria" estar vivenciando — e todo mundo percebe, em algum momento — sempre assuma que sua experiência está correta.

Você também pode presumir que a experiência de todos é diferente da sua — assim como as ideias de todos sobre como "deveriam" ser suas experiências. O terreno e o mapa de todos são diferentes dos de todos os outros. Quando o mapa não se encaixa no terreno, o mapa está errado, não o terreno.

Usei gêmeos hipotéticos algumas vezes ao longo do livro, mas desta vez posso usar gêmeos da vida real para ilustrar meu ponto. Minha irmã Amelia e eu somos gêmeas idênticas. Temos o mesmo DNA, nascemos com poucos minutos de diferença, crescemos na mesma casa, frequentamos as mesmas escolas, assistimos aos mesmos programas de TV e lemos muitos dos mesmos livros. E, no entanto, quando começamos nossa vida sexual, tínhamos mapas muito diferentes em nossas cabeças.

Eu tinha minha própria versão única da Mensagem Midiática em minha cabeça. Eu acreditava que a Mulher Sexual Ideal era uma mulher aventureira e barulhenta que os homens cobiçavam por sua habilidade e entusiasmo. Ela era — é claro! — facilmente orgástica com a penetração, experienciava desejo espontâneo e sua vagina ficava *muito molhada*. Qualquer mulher que não quisesse experimentar coisas novas era uma puritana, irremediavelmente desligada e neurótica.

Observe que a Mulher Sexual Ideal não desfruta necessariamente de muito prazer; ela apenas parece sentir prazer. Isso é o que uma mulher sexual deveria ser, tanto quanto minha cultura me ensinou, e foi isso que eu fiz. Quando comecei minha primeira relação sexual, eu era um produto sexual, processado e embalado para o prazer dos outros.

Esse mapa era tão potente e persuasivo que eu não conseguia separar o que eu acreditava que deveria estar vivenciando do que eu realmente estava vivenciando. Aos 18 anos, em minha primeira relação sexual — com um homem que mais tarde se tornaria meu perseguidor e ameaçaria me matar — eu sonhava que meu parceiro estava me machucando e, em meu sonho, eu ria. Eu ria até não saber se gostava de ser machucada.

Na época, eu não tinha ideia de como isso estragou tudo.

Foi no final desse relacionamento (que terminou quando chamei a polícia) que olhei pela primeira vez para minha vulva e chorei.

Tive a improvável sorte de iniciar minha formação como educadora sexual no mesmo semestre em que entrei naquele relacionamento abusivo. Ao mesmo tempo em que me promovia como um produto sexual, de acordo com minhas instruções em revistas femininas, romances e pornografia, eu estava aprendendo a verdade em relação ao bem-estar sexual. Na década seguinte, ganhei um vasto estoque de conhecimento, mas o mais importante, ganhei uma atitude radicalmente mais saudável: o corpo de uma mulher e seu prazer pertencem a ela e a mais ninguém; que é possível dizer não à relação sexual sem dizer não a todas as outras coisas que vêm com ele, o amor, o carinho, o prazer e a diversão; e que minha própria experiência interna era um guia legítimo para saber se eu queria ou não tentar algo.

Talvez o mais convincente de tudo, reconheci que é normal que minha experiência interna às vezes seja autocontraditória (sou um bando!), quanto mais gentileza e paciência presto atenção em toda a profundidade de minha própria experiência interna — especialmente se for gentil e paciente com os sentimentos desconfortáveis — mais sentirei confiança e alegria.

Amelia, em contrapartida, tinha sua própria versão única da Mensagem Moral na cabeça quando chegamos à adolescência. Garotas inteligentes não queriam sexo, ela acreditava. Garotas espertas estavam interessadas em mentes, não em corpos; apenas garotas estúpidas eram governadas por seus "instintos animais básicos". Esta é uma atitude vitoriana clássica da classe média. Ela acreditava que a Mulher Sexual Ideal era mais ou menos assexuada e considerava sua própria falta de interesse por sexo uma prova de que era inteligente.

E então ela começou a fazer sexo e, por acaso, até gostando! Então ela abriu uma nova área no mapa, explorou um novo território. Ela criou espaço para a ideia de sexo como recreação, uma coisa divertida para se fazer em uma noite de sexta-feira, desde que *Arquivo X* não estivesse passando. Ela redesenhou o mapa para permitir ser inteligente e aproveitar o sexo como uma fonte de prazer, mas ainda navegando por uma faixa bastante estreita de terreno.

Foi somente quando conheceu o homem com quem acabaria se casando que começou a experimentar o sexo como algo por meio do qual poderia descobrir a conexão humana e um prazer mais profundo do que o mero entretenimento, um prazer ligado à sua personalidade.[3] Esse era um mapa totalmente novo, que incluía um terreno que ela nunca soube que existia — embora estivesse lá o tempo todo, inexplorado.

Ela está com o mesmo parceiro há décadas e teve muitos dos mesmos prazeres e lutas que tantas mulheres vivenciam em relacionamentos duradouros. E enquanto eu tive a grande sorte de me tornar uma educadora sexual, ela teve a sorte de ter uma educadora sexual como irmã, então ela poderia estar entre as mulheres que me ligaram ou me enviaram um e-mail para dizer: "Isso é normal?" Ela é como muitas mulheres, desejo sensível ao contexto e excitação incongruente. E então, como muitas mulheres, ela enviou minhas postagens de blog para o marido e disse: "Isso! Viu?"

Somos um exemplo de como mesmo os jardins geneticamente idênticos, plantados com sementes muito semelhantes, podem crescer em terrenos muito diferentes. Acontece que ela tem freios um pouco mais sensíveis do que eu, e eu tenho um acelerador um pouco mais sensível. Então, talvez a Mensagem Midiática fosse um ajuste um pouco melhor para minha sexualidade nativa e a Mensagem Moral um ajuste um pouco melhor para a de Amelia, e então ideias diferentes criaram raízes e cresceram.

Para nós duas, quando começamos a fazer sexo com parceiros, tínhamos algumas ideias definidas de como essa experiência deveria ser. E nós duas, como quase todas as mulheres, passamos por um período de percepção de como estávamos mal preparadas e reaprendemos o que significava ser uma mulher sexual.

Para nós duas, a educação sobre a ciência do bem-estar sexual nos ajudou a desenhar mapas que representam melhor nossos terrenos sexuais, o que, por sua vez, nos permitiu comunicar sobre nosso bem-estar sexual de maneira mais eficaz com nossos parceiros. Nos ajudou também a deixar de julgar outras mulheres por terem experiências que contradiziam as nossas — porque acontece que todo mundo é realmente diferente. Mas foi nossa vontade de acreditar em nossa própria experiência interna, mesmo quando ela não correspondia ao que pensávamos que "deveríamos" estar experimentando, que nos capacitou a abraçar essa ciência — a ciência deste livro.

Mas aprender o que é verdade, redesenhar o mapa, não foi a parte mais difícil — nem para nenhuma de nós, nem para a mulher que aprendeu sobre sexo na pornografia e nem para a maioria das mulheres com quem converso.

Ao saber que são normais, muitas mulheres se sentem instantaneamente liberadas e satisfeitas com sua sexualidade de uma forma que nunca sentiram antes. A luz acende e elas dizem: "Meu mapa estava errado o tempo todo e na verdade sou normal!" Mas algumas mulheres, embora possam aceitar que seu desejo responsivo ou orgasmos não penetrantes sejam normais, não podem aceitar que esse novo tipo de normalidade seja algo que valha a pena ser. Saber como funciona a sua sexualidade é importante. Mas acolher sua sexualidade como ela é, sem julgamento ou vergonha, é mais importante. E essa é a parte difícil para muitas mulheres.

E quando é, é aí que entra o não julgamento.

Passo 2: a parte difícil (ou, como "não julgar")

Se você está ansiosa sobre sua sexualidade, ou está com raiva de si mesma por sentir (ou não sentir) uma certa maneira, ou está envergonhada, o que você fará com frequência é colocar esse sentimento de sua sexualidade em uma caixa e escondê-lo em algum lugar dentro de você. E o sentimento fica naquela caixa, esperando para completar seu ciclo. Você não se livrou dele, apenas o colocou em espera. Mas provavelmente ele tem que completar seu ciclo.

Suponha que, em vez de colocá-lo em uma caixa, você esteja ciente de seus sentimentos sobre sua sexualidade e tenha curiosidade neles, ou apenas seja gentilmente afetuoso com eles, como seria com um recém-nascido choroso ou um gatinho triste e tímido. Ou suponha que você esteja simplesmente observando de forma neutra do lado de fora de sua própria experiência interna. Esses tipos de autoconsciência compassiva criam um contexto que não pisa no freio e, em vez disso, permite que seu estado interno complete seu ciclo.

Eu costumava pensar que era a *consciência* do seu estado interno que importava, mas estudo após estudo, a "observação" do estado interno não é um preditor significativo de bem-estar. Em vez disso, a variável mais importante é "não julgar".[4]

As pessoas com pontuação baixa nas avaliações de atenção plena que medem o não julgamento concordam com afirmações como: "Digo a mim mesma que não deveria estar pensando da maneira que estou pensando" e "Quando tenho pensamentos ou imagens angustiantes, julgo-me boa ou má, dependendo do que se trata o pensamento/imagem." As pessoas que não julgam dizem o contrário: quando têm pensamentos angustiantes, simplesmente reconhecem que é isso que está acontecendo, sem julgá-lo como bom ou ruim, certo ou errado. Em outras palavras, o não julgamento permite que você sinta o que sente, faça sentido ou não para você, seja confortável ou não, seja ou não o que você acredita que deveria sentir. Não julgar é perceber de forma neutra seus próprios estados internos. Com o não julgamento, não importa como você se sente; o que importa é como você se sente sobre como você se sente. E a maneira de se sentir mais promotora do bem-estar é... neutra.

Vou ilustrar isso com meu trabalho de pesquisa favorito no assunto, um pequeno estudo que analisou o papel da atenção plena nas experiências das pessoas com transtorno de ansiedade generalizada.[5] Os pesquisadores mediram, entre outras coisas, os sintomas de ansiedade das participantes e o grau de interferência com a vida diária causada por esses sintomas, juntamente com as respostas das participantes no Five Facet Mindfulness Questionnaire [Questionário das *Cinco Facetas* de *Mindfulness*] (FFMQ). Duas das cinco facetas são "observar" — perceber sua experiência interna — e "não julgar" — não categorizar sua experiência interna como boa ou ruim.

Então, entenda isso: as participantes da pesquisa que foram menos afetadas por seus sintomas não experimentaram menor frequência ou gravidade dos sintomas, nem estavam mais conscientes de seu estado interno — o fator "observar". Não. As pessoas que foram menos afetadas por seus sintomas foram aquelas que não julgaram! Em outras palavras, não são os sintomas que preveem o quanto a ansiedade atrapalha a vida de uma pessoa, é como a pessoa se sente em relação a esses sintomas. Não é como você se sente — nem mesmo está ciente de como você se sente. É como você se sente sobre como você se sente. E as pessoas que não julgam seus sentimentos se saem melhor.

O corpo de pesquisa que mede especificamente o não julgamento em relação ao funcionamento sexual está crescendo constantemente. Em um pequeno estudo inicial de terapia sexual sensório-motora, as mulheres do grupo de tratamento relataram que a terapia as ajudou a se sentirem menos como se "devessem" estar experimentando algo em particular e mais capazes de serem gentis e indulgentes consigo mesmas.[5] (Parece que qualquer coisa, digamos, do capítulo 5? Lembra da autocompaixão?)

Mas a verdadeira vitória em pesquisas recentes em relação ao não julgamento e sexo é o desenvolvimento da Medida de Consciência Sexual, baseada no FFMQ. Esse desenvolvimento descobriu que a atenção sexual — consciência sem julgamento — prediz a satisfação sexual, especialmente em mulheres.[7] Observe, porém, que não é a consciência em si que faz as diferenças. Por exemplo, a consciência geral do corpo não afeta a não concordância da excitação — não é que as pessoas estejam "inconscientes" de que seus corpos estão fazendo algo.[8] É que as pessoas podem estar conscientes e não julgar, ou podem estar conscientes e julgar, com medo, vergonha, frustradas, ressentidas ou desesperadas. É o não julgamento que faz a diferença.[9]

Vejamos cinco situações em que não julgar pode ajudar: sentimentos que acontecem "sem um bom motivo", curar traumas, resolver a dor, aumentar o prazer e lamentar os "deveria".

O que diz: "Você é incrível na cama!" mais claramente do que o orgasmo do seu parceiro?

Seu parceiro não consegue evitar de ter um orgasmo — especialmente se esse parceiro tiver um acelerador um pouco teimoso.

Camilla pensou no problema "Se eu fizer uma pizza para você e você comer apenas uma fatia, como isso me fará sentir?" logicamente chegou a uma conclusão inteligente:

Eles fizeram uma regra contra ela ter orgasmo.

Eles podiam fazer o que quisessem, mas Camilla não tinha permissão para ter nenhum orgasmo. É um truque de psicologia reversa que você nunca esperaria que funcionasse na vida real — "Você não quer ter um orgasmo? Bem. Você não tem permissão para ter um orgasmo!" — mas na verdade tem.

A regra fez duas coisas. Primeiro, tirou genuinamente a pressão de desempenho de Camilla e frustrou as expectativas de Henry. Ambos podiam relaxar e esquecer isso, o que os fazia se sentirem melhor.

Também teve outro impacto. Henry já havia mudado a maneira como pensava nas preliminares e estava pensando em todo o relacionamento deles como uma oportunidade de provocar a chama piloto de Camilla. A nova regra levou isso a outro nível.

Veja, tirar o orgasmo da mesa colocou a pequena monitora de Camilla em uma situação intrigante. Se Henry estivesse, digamos, gozando com ela, e ela se sentisse tão excitada que pensasse que poderia ter um orgasmo, ela se lembraria de que não deveria ter um orgasmo, e então a pequena monitora continuaria verificando seu nível de excitação e compará-lo com seu objetivo de não ter um orgasmo, o que significa que sua monitora continuaria pensando sobre o orgasmo e quão perto ela estava dele.

Embutido no pensamento "Não tenha um orgasmo" está "... tenha um orgasmo. E se eu disser a você: "Não pense em um urso", qual é a primeira coisa que acontece?

Os orgasmos não são tão automáticos quanto os pensamentos, mas no contexto certo e positivo do sexo, se você fizer do orgasmo algo contra as regras e depois der à pessoa muito tempo para tentar não ter um orgasmo... Vou apenas dizer que é um jogo divertido e você pode querer experimentá-lo algum dia.

O que a leva ao orgasmo que seu parceiro não consegue evitar.

Henry é quase tão inteligente quanto Camilla. Eu sei disso porque um dia ela me ligou e disse que ele cumpriu o acordo melhor do que ela — ele estava usando um vibrador nela e ela estava quase lá e realmente queria ter um orgasmo, mas ele parou antes que ela chegasse lá.

Ela estava frustrada. E até um pouco chateada. Mas ei, a regra foi ideia dela. Ele estava sendo um cavalheiro.

Ele fez isso mais duas vezes — a deixou quase lá e depois recuou.

Porque ele é um cavalheiro.

E, por fim, ele a aproximou tanto que ela realmente não conseguiu evitar o orgasmo. O que é um truque legal — as mulheres não têm um "ponto sem volta" para o orgasmo da mesma forma que os homens têm para a ejaculação. Fazer com que uma mulher seja incapaz de se impedir de gozar exige um alto nível de excitação persistente.

E sim, novamente, ser um educador sexual é o melhor trabalho do mundo quando as pessoas contam histórias como essa.

Não julgue - Parte 1: "sem um bom motivo"

Aqui está algo que ouço muito: "Se não há solução para um sentimento desconfortável, não adianta senti-lo".

Claro que adianta!

O objetivo de sentir um sentimento do qual você não pode fazer nada é deixá-lo descarregar, completar o ciclo, para que ele possa terminar.

Eu estava conversando sobre a pesquisa de não julgamento com minha colega Jan, e ela me disse que teve uma experiência relevante no fim de semana. Ela notou que estava ficando desproporcionalmente furiosa com uma coisa pequena — perder um selo ao tentar enviar uma carta — e mais tarde ela fez a conexão de que sua raiva não era realmente sobre o selo. A raiva havia sido ativada na noite anterior, quando ela assistiu a um filme de um idiota misógino, que desencadeou sua própria história com um idiota misógino de duas décadas atrás.

— Então, o que você fez com a raiva? — Perguntei.

— Eu disse a mim mesma que não precisava ficar com raiva, porque o idiota se foi da minha vida agora.

— Você julgou? Você pisou no freio?

— O que mais eu deveria fazer? Ficar com raiva de um cara que não vejo há vinte anos?

A ameaça — o idiota misógino — não estava mais por perto para lutar ou fugir... e ainda assim ela tinha esses sentimentos. Então, o que ela poderia fazer com eles?

Ela poderia completar o ciclo. Os Sentimentos existem em seu corpo, sem referência ao idiota que ela deixou para trás com sucesso.

Mas esse não é o hábito que a maioria de nós aprende cedo na vida e requer prática. Quando temos sentimentos dos quais não podemos fazer nada e não sabemos como nos deixar simplesmente sentir sem fazer nada, nosso cérebro procura alguma situação sobre a qual *possa* fazer algo e tenta impor os sentimentos daquela situação.

Portanto, não fique bravo com o cara que já se foi. Apenas permita que a raiva se mova através de você. Não importa do que se trata, são apenas sentimentos aleatórios, remanescentes do passado, que precisam se resolver. Não pise no acelerador, mas também não pise no freio. Observe a raiva e permita-a. Fique quieta e ela passará por você como um vento quente do deserto ou um tufão.

Não julgue - Parte 2: curando o trauma

Quando uma pessoa passa por um trauma, é como se alguém invadisse seu jardim e arrancasse as plantas que estavam sendo cultivadas com tanto cuidado e atenção. É particularmente terrível quando quem destrói o jardim não é um estranho, mas alguém em quem a pessoa confia. Há raiva e traição, há tristeza pelo jardim como era e há medo de que nunca volte a crescer.

Mas voltará a crescer. É isso que os jardins fazem.

E você facilita esse crescimento permitindo que o jardim seja o que é, em processo, em vez do que era ou do que você gostaria que fosse. Sabe como? Autocompaixão: autobondade, humanidade comum e mindfulness. Paciência. Sentir-se bem com não se sentir bem.

O ato de curar machuca. Caso quebre a perna, não haverá estágio no processo de cicatrização em que a perna esteja melhor do que depois de cicatrizada. Há dor, coceira e perda de força. A partir do momento em que sua perna está quebrada, ela continua a se sentir mal... até que, gradualmente, comece a melhorar. A dor é apropriada.

Se você entorpecer a dor física, a cura ainda pode acontecer. Infelizmente, se tentarmos "entorpecer" a dor emocional, conseguiremos pausar a dor..., mas a cura também será pausada. Pessoas mais evoluídas do que eu podem passar por emoções como tristeza e pânico sem sofrer, mas, para a maioria, a cura do coração não acontece sem sofrimento. Desculpe. Trabalhei com uma sobrevivente de violência sexual que estava no início de seu processo de cura. Ela estava alternadamente irritada, desesperada e congelada — e ela estava com medo o tempo todo. Embora praticasse meditação há muito tempo, a intensidade de suas emoções parecia demais para permitir que elas se movessem através dela; simplesmente engasgaram em seu interior. Sentia-se em pânico e presa na dor. Gostaria de saber o que fazer com seus sentimentos, como corrigi-los. Gostaria de saber como parar de sentir dor e quanto tempo esperaria até que cessasse.

— Tudo o que posso dizer — disse — é que o que você está vivendo, esses sentimentos contraditórios e essa dor, é uma parte normal do processo de cura. Todo mundo passa por isso de maneira diferente e não há como saber quanto tempo vai durar. É uma droga por um tempo e, gradualmente, melhora. Mas posso dizer uma coisa com certeza: todos os sobreviventes que já conheci encontraram seu caminho para superar.

Ficamos sentadas em silêncio enquanto ela absorvia a ideia de não saber quando a dor cessaria e ter de simplesmente confiar em seu corpo e coração para curar no próprio tempo. Por fim, ela disse:

— Parece que... Estou sentada com um pássaro atordoado na palma da minha mão. Se eu ficar tensa e tentar apressá-lo, ele ficará congelado. Mas se eu ficar quieta e for paciente por tempo suficiente, o pássaro vai acordar e voar para longe.

Sim. É isso.

Não julgue - Parte 3: dor

Existem apenas duas experiências sexuais que estou disposta a chamar de "anormais": falta de consentimento e dor indesejada. Se todos os envolvidos estiverem contentes por estarem lá e livres para sair quando quiserem, então tudo o que fizerem será normal. E se todos estão vivenciando as sensações que desejam e gostam, tudo o que fazem é normal. Mas a dor indesejada durante o sexo — dor com penetração, com contato genital ou qualquer dor indesejada — não é normal.

E uma chave para tratar essa dor é a consciência sem julgamento dessas sensações.

Isso é complicado porque, por um lado, a consciência sem julgamento é a chave para a cura da dor sexual, mas, por outro, muitas mulheres ouviram ao longo da vida que a dor no sexo é normal, é apenas parte da vida; tome um copo de vinho, por que você está reclamando?!, supere isso. Podemos estar cientes de nossa dor sem julgamento e também levá-la mais a sério do que nossa cultura nos ensinou a acreditar que "deveríamos"?

Tive a oportunidade de conversar com Caroline Pukall, coautora de *When Sex Hurts: A Woman's Guide to Banishing Sexual Pain* [sem publicação no Brasil]. Ela apontou que algumas mulheres toleram a dor do sexo "só porque acreditam que 'é de se esperar alguma dor'".

Ela continuou:

— Há algo sobre as mulheres suportarem a dor por mais tempo do que o necessário.

Talvez em outros domínios de sua vida, assim como no sexo. Elas toleram a dor porque acham que é sua única opção, que tratamentos eficazes não estão disponíveis (estão!), ou que o incômodo de procurar tratamento não vale o benefício potencial (vale!). E os profissionais médicos às vezes reforçam essa tendência não levando a dor a sério ou presumindo que, se não houver infecção ou lesão, a dor está "na cabeça dela".

Se as mulheres (e nossos médicos) tivessem a mesma velocidade de critério em relação à nossa dor genital que os homens têm sobre a própria dor genital, as mulheres nunca hesitariam em procurar tratamento. Nossa disposição de tolerar um esforço maior — neste caso, a dor — é aprendida. E pode ser alterada, simplesmente tomando consciência dela e permitindo a possibilidade de que possa ser diferente.

Este é o tipo de história que me enche de raiva justificada: uma mulher em uma cadeira de rodas se aproximou de mim depois de uma palestra pública e me disse que minha apresentação foi a primeira vez que ela ouviu falar que existem tratamentos eficazes para o vaginismo, tensão crônica do músculo do assoalho pélvico, o que torna a penetração na vagina impossível ou muito dolorosa. Seus médicos nunca haviam mencionado que seu vaginismo poderia ser tratável.

Por que não lhe contaram? Será que os médicos não sabiam? Ou não se sentiram à vontade para falar de sexo com qualquer mulher de 20 e poucos anos? Será que não lhes ocorreu que uma mulher em uma cadeira de rodas tem tanto direito a uma vida sexual satisfatória quanto qualquer outra? Não sei. Mas não posso deixar de me perguntar se aqueles médicos teriam ignorado as queixas de disfunção sexual e dor de um homem de 20 e poucos anos em uma cadeira de rodas.

Aqui está uma cartilha ultracurta sobre a natureza da dor:

Toda dor é criada no cérebro, em resposta aos sinais do corpo de que existe algum tipo de ameaça.[10]

A dor é um sinal de que seu cérebro percebe uma ameaça e você pode precisar de ajuda. Se você usar sua experiência interna, em vez de velocidades de critério impostas culturalmente, como sua fonte mais precisa de conhecimento sobre sexo, será capaz de ouvir o sinal de seu cérebro de que precisa de ajuda e levará isso a sério.

Parte do que complica nossa compreensão da dor sexual das mulheres é que existem muitas "ameaças" potenciais diferentes, desde danos teciduais bem compreendidos, como lacrimejamento durante o parto ou dermatite alérgica de contato, até alterações hormonais menos compreendidas como a menopausa que levam à secura e atrofia, para novos domínios de estudo, como hipersensibilidade do sistema nervoso central em resposta a abuso ou negligência na infância.[11]

Isso é o mais literal possível: não é como você sente (dor). É como você se sente (tolerante ou não) sobre como você se sente. Não julgar não significa resignação. Significa voltar-se para o verdadeiro com bondade, sem autocrítica. Com o processo "não julgue", você pode pedir ajuda.

Não julgue - Parte 4: prazer

Falamos sobre praticar o não julgamento com experiências como frustração, dor e trauma. Mas, para alguns, a experiência mais difícil de aceitar é o prazer — e quanto maior o prazer, mais o encerramos com "deveria".

Lembra-se da metáfora do bufê de saladas do capítulo 5? Que você pode pegar o que quiser e deixar o restante, e todo mundo virá para a mesa com um prato diferente? Muitas mulheres fazem suas escolhas não com base no que gostam, mas no que acreditam que seu parceiro gosta ou no que disseram que "deveriam" gostar. Você deveria querer couve e molho sem gordura, mas não as nozes-pecã confitadas, e se você trouxer um prato cheio de alimentos tabus para a mesa, será julgada. Então você nega preventivamente as coisas que lhe trazem prazer. E se você sofre como consequência, bem... levante a mão se sua família ou cultura lhe ensinou que o sofrimento é de alguma forma uma virtude.

O sofrimento não é uma virtude e o prazer não é um pecado. Mentiram para nós durante toda a nossa vida.

Na minha experiência, as mulheres lutam mais com o prazer de não julgar do que com o desconforto de não julgar. Fechamos o prazer tão intuitivamente que nem percebemos que o fizemos. Há muitos anos, tive uma aluna que estava saindo de vários meses de depressão, começando a ter acesso a momentos de prazer ao sol, amigos e escola.

— Parece errado — disse ela. — Não parece certo me sentir bem quando grande parte do mundo está uma bagunça.

Eu a lembrei das conversas que tivemos sobre não julgar como uma forma de lidar com sua depressão.

— Essa habilidade se aplica ao prazer também. Não julgue. Não é certo ou errado, é apenas o que está acontecendo em seu corpo agora. Você não precisa ter vergonha disso, não precisa se preocupar que, quando passar, nunca mais volte, não precisa fazer nada além de cumprimentá-lo e deixá-lo ser o que é. — Ela me olhou com ceticismo e, quando conversamos novamente algumas semanas depois, ela disse:

— Então, tentei aquela coisa de prazer e alegria sem julgamento e, hum... — Ela mordeu o lábio e seus olhos se encheram de lágrimas.

Eu esperei.

Depois de um longo silêncio, ela fungou e disse:

— Se você não julgar, isso cresce.

Eis uma estranha verdade sobre o não julgamento. Quando você se volta para o sofrimento sem julgamento, o sofrimento diminui à medida que as feridas cicatrizam. Quando você se volta para o prazer sem julgamento, ele se expande para preencher o espaço de julgamento uma vez preenchido. Não sei por que isso é verdade, mas é um fato essencial sobre não julgar.

— Você não me avisou sobre isso — acusou ela.

— Se eu tivesse avisado, você teria tentado?

— Ai, inferno, não — concordou ela. — Mas... Eu também gosto disso.

— E como você se sente com o fato de gostar de prazer? — perguntei.

Ela revirou os olhos — para si ou para mim, ainda não sei — e disse:

— Bem, quando você coloca dessa forma, parece bastante normal.

É normal. Mas isso não significa que seja fácil ou simples. Muitos foram ensinados que o prazer é egoísta, pecaminoso, uma perda de tempo ou algo para se envergonhar. Como ousamos dar atenção ao que é bom, quando devemos atender às necessidades de outras pessoas ou de nosso parceiro ou garantir que atendamos às expectativas de outras pessoas?

Mas aqui está a verdade: o prazer é um portal para acessar sua personalidade mais completa e verdadeira. O prazer é onde você encontra uma conexão sem barreiras consigo e com aqueles que você mais ama. Por que? Porque o prazer só acontece em um contexto em que seu cérebro se sente seguro o suficiente para ser completa e inteiramente você, sem vergonha, desempenho social ou "deverias". O êxtase vem até nós quando deixamos para trás tudo o que não nos encanta ou desperta curiosidade. O êxtase vem quando nos entregamos ao prazer sem reservas. Você tem permissão para gostar de prazer. E o primeiro passo para isso é simplesmente percebê-lo sem julgamento.

Merritt é a rainha de não fazer do jeito que você espera que ela faça. Ela começou a confiar em si não quando pôde se dar prazer, mas quando pôde dar prazer ao parceiro. Abraçou-se como uma mulher sexual... quando se permitiu não ser sexual. Ela afundou na luz do intenso prazer... quando ela deixou de tentar sentir prazer.

— É como sentir seus dedos quando você volta do frio. Dói por um tempo, mas depois ficam quentes. — Foi assim que ela descreveu a experiência de abrir mão da sexualidade que achava que deveria ter e abrir espaço para a sexualidade que tinha. — Você pensaria que uma lésbica de meia-idade saberia que não deveria aceitar o que o mundo diz sobre como a sexualidade feminina funciona. Mas abrir mão de tudo isso é difícil.

— Você tem freios sensíveis — disse — e provavelmente os tem há muito mais tempo do que a política feminista.

Uma última história:

Merritt e Carol se casaram pouco depois de sua filha se formar no ensino médio. Essa criança — uma educadora sexual em sua escola, é claro — organizou um chá de panela para suas mães que incluía, entre os presentes mais pragmáticos: cartões-presente de loja de jardinagem e toalhas novas, um kit de sua filha contendo cidra espumante, velas perfumadas, e óleo de massagem, num bonito cesto com laço.

— Não acredito que minha filha está dando para as mães uma parafernália para encontros noturnos — disse Merritt.

— Oh, por favor. Não é como se eu estivesse te dando um vibrador e um chicote!

Diante disso, Merritt e Carol, ambas com os rostos vermelhos e rindo, tentaram mandá-la para a cozinha para lavar a louça.

Mas a filha delas continuou:

— Quero dizer, vamos lá, é o século XXI. Você está aqui, você é queer, vocês ficam nuas juntas às vezes porque estão apaixonadas uma pela outra. Acostume-se com isso."

E é exatamente isso que ela tem feito desde então, lado a lado com Carol.

Não julgue - Parte 5: lamentar os "deveria"

Para algumas pessoas, saber o que é verdade é suficiente para libertá-las dos velhos mitos opressivos. Outras pessoas precisam saber o que é verdade e também perceber seus sentimentos de julgamento do que é verdade. Quando percebem que estão abrigando julgamentos sobre si mesmas, podem liberar essas atitudes e adotar sentimentos mais neutros ou até positivos sobre o que é verdadeiro.

E para algumas pessoas, não é tão simples apenas liberar essas atitudes. Elas sabem o que é verdade. Elas percebem seu julgamento do que é verdade. E seus corpos, mentes e corações parecem se apegar a esse julgamento pela vida, recusando-se a abandonar as velhas ideias e, em vez disso, abraçar o que é verdadeiro.

Por que?

Nossos roteiros ou mapas incluem ideias claras sobre qual é o objetivo, o esforço e os cronogramas do que nossa sexualidade "deveria" ser — facilmente orgásticos, com desejo espontâneo, todos esses mitos. E o que significa se não funcionamos da maneira que "deveríamos"? Isso significa que temos um problema. Às vezes, para algumas pessoas, ter uma sexualidade que não combina com o mapa não significa apenas que você é diferente, mas também um fracasso. Uma aberração. "Anormal." Doente, nojento, inadequado, todas essas palavras terríveis que significam que não somos normais. Vinculamos nossas identidades à nossa sexualidade, nosso senso de ser uma "boa mulher" ou uma "boa menina". Se for o seu caso, abrir mão dos mitos pode ser semelhante a abrir mão da autocrítica, como descrevi no capítulo 5. Em algum nível, sentimos que abrir mão dessas metas é perder a esperança; parece um fracasso. Isso é tão verdadeiro para objetivos relacionados ao sexo, como estilo de desejo, orgasmo e prazer, quanto para objetivos no resto da vida — terminar um relacionamento, decidir não se formar ou fazer pós-graduação, aceitar que a forma do seu corpo não corresponde ao ideal cultural.

Abandonar os "deveria" — sentimentos e pensamentos como "eu não deveria ser assim" e "eu gostaria que minha sexualidade fosse diferente" — requer que sua pequena monitora reconheça que seu objetivo anterior é inatingível e então... cair no poço do desespero que encontramos quando nossa monitora decide que uma meta não é alcançável. Resumindo, requer uma espécie de "fracasso", aceitando que você provavelmente nunca será a pessoa sexual que lhe ensinaram a ser durante toda a sua vida.

Isso é o que pode tornar tão difícil mudar seu mapa e pode ser o maior obstáculo entre as mulheres e seu próprio bem-estar sexual ideal. Abraçar o prazer pode exigir que reconheçamos desejos, curiosidades e sensações que nos ensinaram durante toda a vida que eram vergonhosas. Abraçar o desejo responsivo pode exigir que abandonemos toda a esperança de que algum dia nos conformaremos com o modelo de relacionamento sexual que sempre acreditamos ser o único tipo "certo" de relacionamento sexual. Depois de saber o que é verdadeiro, você pode deixar de lado o que é falso? Você pode abandonar os objetivos aos quais ligou aspectos de sua identidade? Requer uma jornada pelo poço do desespero, lamentando o mapa que estava errado e todos os lugares que perdeu como resultado.

Como as pessoas podem sobreviver a esse tipo de aparente "fracasso"? Para onde elas vão, uma vez que estão naquele buraco?

A maneira de superar isso é ficar muito quieta, perceber todos os aspectos de sua identidade que estavam ligados às mentiras que lhe contaram, perceber toda a dor que sente ao abrir mão do eu que passou a vida tentando ser. Observe também a raiva que sente por ter mentido por tanto tempo. Observe tudo isso sem julgamento. Permita que sejam verdadeiros.

Como vimos no capítulo 4, as emoções são túneis: você precisa atravessar a escuridão para chegar à luz no fim. Às vezes isso é bastante fácil, mas às vezes dói para caralho. Às vezes, abrir mão de um objetivo específico parece que você precisa abrir mão de toda a sua identidade. Não é um processo fácil; partes dele são totalmente desconfortáveis. Mas vale muito a pena, porque no fim do túnel está a recompensa final: você.

"Sentir-se normal"

Voltemos à Sra. B. do início do capítulo. Qual você acha que é o objetivo dela? É prazer? Conexão com seu parceiro? Autodescoberta?

Pelo pouco que sabemos dela (e pelo que sabemos da maneira como as mulheres são socializadas em torno do sexo), parece provável que seu objetivo inconsciente seja se conformar ao ideal esperado. Ter desejo espontâneo, ter orgasmos durante a relação sexual. Em suma, para se sentir "normal".

Já sabemos que o normal não existe — ou melhor, que somos todas normais. Somos todas feitas das mesmas partes que todas as outras, organizadas de uma forma única. Não há duas iguais.

E, no entanto, o que a maioria de nós deseja é se sentir normal.

(Na verdade, uma das coisas normais sobre sua sexualidade é se preocupar às vezes se você é normal. Sim, preocupar-se em ser normal é... normal.)

Mas por que "normal" é o objetivo? O que as pessoas realmente querem, quando desejam ser normais?

Não tenho evidências científicas diretas para o que estou prestes a dizer — nem tenho certeza de como seriam essas evidências — mas direi o que sei com base em décadas de interações com estudantes, médicos, jornalistas, e estranhos de todo o mundo: acho que se sentir normal é sentir que você *pertence*. Lembre-se do que Camilla disse no capítulo 1: "Estamos todos apenas tentando pertencer a algum lugar". Queremos saber se estamos seguras dentro dos limites da experiência humana compartilhada, que o que está em nosso mapa é o mesmo que está nos mapas de outras pessoas.

Se nos encontrarmos em um lugar que não podemos encontrar em nosso mapa — isso isto é, se tivermos uma experiência para a qual não temos um quadro de referência, nenhum roteiro — sentimo-nos perdidos. Um território desconhecido parece arriscado, perigoso — lembre-se do capítulo 4: "Estou perdida/estou em casa". Em território desconhecido, sentimos: "Estou em risco!" Nossa resposta ao estresse entra em ação e somos como aquele rato de Iggy Pop: tudo parece uma ameaça em potencial.

Mas então, se alguém chega e diz: "Você está bem — veja, eu tenho este lugar aqui no meu mapa. Isso definitivamente faz parte do território", podemos relaxar. Sabemos que ainda estamos em casa, seguros dentro dos limites. Nós pertencemos aqui.

Quando as pessoas me perguntam: "Sou normal?", na verdade, estão perguntando: "Eu pertenço?"

A resposta é sim. Você pertence ao seu corpo. Ao mundo. Desde o dia em que nasceu, esta é a sua casa. Você não precisa ganhá-la conformando-se a algum padrão sexual imposto externamente.

Se você mudar seu objetivo de "normal" para "onde quer que eu pertença", então sempre terá sucesso porque já está lá.

Por muitos anos, mantive uma pequena história em quadrinhos colada na porta do meu escritório. Mostra um velho monge budista sentado ao lado de um jovem monge budista. O mais velho está dizendo: "Nada acontecerá. É isso."

Sendo mais nerd do que freira, vejo isso como um comentário sobre o ciclo de feedback que reduz a discrepância e a velocidade do critério, sobre a importância de treinar seu pequeno monitor para aproveitar o presente em vez de constantemente avançar para o futuro. E se… esta é uma ideia radical, mas apenas me acompanhe: e se você se sentisse assim — "É isso" — sobre o seu funcionamento sexual? E se a sexualidade que você tem agora for a sexualidade que você tem? E se for isso?

Quando faço essa pergunta, as mulheres têm uma gama tremendamente ampla de respostas, desde sorrisos radiantes até ondas repentinas de desespero soluçante.

Se você fica radiante com a ideia de que sua sexualidade, como é agora, *é incrível*. Espero que a ciência deste livro lhe ajude a expandir e estimular seu bem-estar sexual.

Se a sua sexualidade lhe causasse tristeza, vergonha, desespero, raiva, incerteza, frustração ou medo só por representar o que representa, pode ser que antes de explorá-la com alegria, você deva superar o medo, a raiva ou tristeza que está entre você e a luz quente da compaixão. E isso não é fácil. Mas é possível — e acredito que vale a pena. Lembre-se sempre disso: no dia em que você nasceu, o mundo tinha uma escolha sobre o que lhe ensinar a respeito de seu corpo. Poderia ter lhe ensinado a viver com confiança e alegria dentro dele. Poderia ter lhe ensinado que seu corpo e sua sexualidade são lindos presentes. Mas, em vez disso, o mundo lhe ensinou a se sentir crítica e insatisfeita com sua sexualidade e seu corpo. Você foi ensinada a valorizar e esperar algo de sua sexualidade que não corresponda ao que sua sexualidade realmente é. Contaram-lhe uma história sobre o que aconteceria em sua vida sexual, mas essa história era falsa. Você foi enganada. Estou chateada, em seu nome, com o mundo por essa mentira. E estou trabalhando para criar um mundo que não minta mais para as mulheres em relação ao seu corpo.

Não posso mudar o ferimento que o mundo lhe infligiu, nem você.

O que você *pode* fazer é curar.

Assim como seus órgãos genitais, sua sexualidade é perfeita e bela exatamente como é. Você é normal. Linda. Então, quando você perceber que está insatisfeita com sua sexualidade, quando sentir vergonha, frustração ou tristeza, permita-se direcioná-los para longe e concentre as emoções na cultura que lhe contou a história errada. Raiva direcionada não a si, mas à cultura que mentiu para você. Não chore por sua discrepância de um "ideal" fictício que é, na melhor das hipóteses, arbitrário e, na pior, um ato de opressão e violência; chore pelo mundo compassivo que você nasceu merecendo... e não conseguiu.

O propósito de se permitir sentir essas sensações não é mudar algo no mundo. Sinta-as para que elas possam descarregar, liberar e criar espaço para algo novo dentro de você. Quando permite que essa dor se mova através de si, você está deixando de lado a pessoa sexual que lhe disseram que "deveria ser", um eu fantasma que ocupou espaço em sua mente por muito tempo. E abrir mão desse fantasma cria espaços para a pessoa sexual que você *é*. E quando praticamos isso, o mundo muda, pessoa por pessoa.

A sexualidade que você tem agora *é isso*. E é linda, mesmo — especialmente! — se não for o que você aprendeu que deveria ser.

Não sei se você é mais parecida com Olivia, Camilla, Merritt ou Laurie, ou nada parecida com alguém que já conheci. Não sei com que facilidade você descobre e cria contextos que geram prazer e desejo.

Não sei como você se sente em casa com sua sexualidade, seu jardim particular. Mas eu sei que você é o jardineiro. E sei que quanto mais você trabalhar *nas* características inatas do seu jardim, mais saudável e abundante ele crescerá. Sei que você é linda do jeito que é, totalmente capaz de fazer um sexo confiante e alegre. Eu sei que você é normal.

Laurie e Johnny viveram felizes para sempre — ou, na maior parte do tempo, depois daquilo. A vida é complicada e Laurie ainda tem momentos em que é sugada pela exaustão e opressão, momentos em que seu corpo parece bloquear as fontes potenciais de prazer. Mas três coisas mudaram permanentemente.

Primeiro, ela praticou prestar atenção às sensações sem julgar, o que a ensinou a ser tão gentil e generosa consigo quanto com quem amava. Ela aprendeu a perceber e celebrar o prazer e a alegria, permitindo-se sentir-se bem.

Em segundo lugar, embora não houvesse muito o que ela pudesse fazer para reduzir os estressores reais em sua vida, ela reduziu seu estresse fazendo um esforço mais deliberado para descomprimir e completar os ciclos de resposta ao estresse que a vida ativava. Permitiu-se chorar. Desacelerou seus banhos, prestou atenção à sensação da água em sua pele e, em vez de aplicar loção corporal como se estivesse untando uma forma de pão, prestou atenção em como era agradável e como sua pele estava saudável. Enquanto se exercitava, ela visualizava seu estresse como aquele monstro laranja do desenho animado do Pernalonga — aquele que Pernalonga faz as unhas — e se imagina fugindo do monstro, passando pela porta da frente e caindo nos braços de Johnny. Ela começou experimentando a descarga de estresse como prazerosa — ou, pelo menos, não como uma fonte de sofrimento.

E, finalmente, ela se tornou muito mais gentil consigo quando percebeu que estava sendo autocrítica em relação ao seu corpo ou se sentindo culpada pelo prazer. Ela não disse para si: "Pare com isso!" Ela apenas pensou: "Sim. Há pensamentos autocríticos novamente." E praticou o não julgamento.

Talvez essas três mudanças não tivessem durado tanto se Johnny não reconhecesse a oportunidade em tudo isso.

Uma vez que ele focou a ideia de tirar o pé do freio, começou a perceber mais e mais coisas que poderia fazer para ajudar Laurie a também retirar o pé de lá. Às vezes era uma coisa simples como lavar a louça e limpar os balcões da cozinha. Às vezes era: "Vamos tirar uma noite de folga para nos preocuparmos se vamos fazer sexo e apenas deitar juntos e conversar". Às vezes, era marcar um encontro noturno com bastante tempo para ela relaxar.

Os parceiros de desejo mais elevado podem pensar: "Ela deveria querer isso tanto quanto eu!" Eles têm sentimentos negativos sobre os sentimentos sexuais de seus parceiros. Mas Johnny percebeu que não se trata apenas de querer sexo, mas de criar um contexto — na verdade, trata-se de criar uma vida — que abra espaço para as necessidades de ambas as pessoas. Ele trouxe um senso de curiosidade para o quebra-cabeça de se desligar do que lhe brocha. Ele trouxe uma sensação de admiração à maneira surpreendente como a sexualidade de Laurie pode brotar e florescer do solo de inverno. Ele trouxe uma sensação de admiração à maneira extática como sua paixão transborda pelas paredes do jardim, sob a chuva quente e amorosa e o sol do contexto certo.

Alegrar-se é a parte difícil. Na verdade, até mesmo escrever este capítulo sobre alegria foi a parte mais difícil do processo de escrita. A alegria não é óbvia ou simples. Não é um destino ao qual você chega e não é "a jornada". É como você se sente sobre sua caminhada em direção ao seu verdadeiro eu erótico. Você tem permissão para amar sua sexualidade como ela é agora mesmo — especialmente — se não for o que outra pessoa diz que "deveria" ser.

Sou uma criatura de evidências e métodos; quero entender o mecanismo cerebral subjacente à alegria — e descobri alguma ciência disso, não me interpretem mal. Se você também precisa de provas, fiz tudo o que pude para oferecê-las aqui. Mas a ciência só pode nos levar ao limite do que é conhecido. O que aprendi em um quarto de século como educadora sexual é que alegria é o que acontece quando você pula do limite do que é conhecido para a aventura do que é verdadeiro.

Eu já disse isso várias vezes neste livro: confie em seu corpo. Confie tão completamente a ponto de estar disposta a pular com ele para o desconhecido. Esse salto é alegria.

ml;nl

- A coisa mais importante que você pode fazer para ter uma ótima vida sexual é aceitar sua sexualidade como ela é, agora mesmo, mesmo que não seja o que você queria ou esperava que fosse.
- Abandonar velhos e falsos padrões culturais requer um processo de luto, passando pelo poço do desespero da monitora.
- Para facilitar esse desapego, desenvolva a habilidade de "não julgar".
- Quando você se permite ser e sentir o que quer que seja e sinta, seu corpo pode completar o ciclo, mover-se pelo túnel e chegar à luz no final.

Conclusão

Você é o ingrediente secreto

Então, o que aprendemos?

Aprendemos que somos todas feitas das mesmas partes, organizadas de maneiras diferentes — não há duas iguais. Essa resposta sexual é o processo de se ligar no que te excita e se desligar do que te broxa. Esse contexto — seu ambiente e seu estado mental — influencia como e quando os liga e desliga são ativados.

Aprendemos que a resposta genital e estar "ligado" nem sempre são a mesma coisa. Esse desejo pode ser espontâneo ou responsivo, e ambos são normais. Que algumas mulheres têm um orgasmo bastante confiável na relação sexual, a maioria não, ambos são normais e nenhum deles é mais importante do que você deseja.

Acima de tudo, aprendemos que não é como sua sexualidade funciona que determina se sua vida sexual é caracterizada por preocupação e angústia… ou pela confiança e alegria. É a sua capacidade de acolher sua sexualidade como ela é agora.

Para chegar lá, discutimos anatomia, fisiologia, psicologia comportamental e comparativa, psicologia evolutiva, psicologia da saúde, psicologia moral, estudos de gênero, estudos de mídia e muito mais. Usei metáforas, histórias, meu quarto de século de experiência como educadora e um século ou mais de ciência.

A profundidade e a complexidade da sexualidade feminina exigem tudo isso e muito mais.

Por que eu escrevi este livro

Como muitas de vocês, aprendi todas as coisas erradas enquanto crescia. Então, quando cheguei à idade adulta, cometi todos os erros. E passei muitos anos tropeçando com uma sorte indescritível em ambientes onde poderia aprender como fazer "certo" — ambientes como o Instituto Kinsey e um dos poucos programas de doutorado com uma concentração formal na sexualidade humana.

Escrevi este livro para compartilhar o que aprendi — o que me ajudou e o que vi ajudar outras mulheres. Escrevi para minha irmã e minha mãe, para as enteadas de minha irmã, para minhas sobrinhas e, acima de tudo, para minhas alunas. Escrevi para compartilhar a ciência que me ensinou que eu, minha irmã, minha mãe e minhas amigas somos todas normais e saudáveis. Escrevi para nos conceder permissão para sermos diferentes umas das outras.

Escrevi porque cansei de viver em um mundo onde as mulheres mentem sobre seus corpos; onde as mulheres são objetos de desejo sexual em vez de sujeitos de prazer sexual; onde o sexo é usado como arma contra as mulheres; e onde as mulheres acreditam que seus corpos estão com problemas, simplesmente porque esses corpos não são masculinos. E cansei de viver em um mundo onde as mulheres são treinadas desde o nascimento para tratar seus corpos como inimigos.

Escrevi este livro para ensinar as mulheres a viver com confiança e alegria.

Se você puder se lembrar de pelo menos uma das ideias deste livro — não há duas iguais, freios e acelerador, contexto, excitação não concordante, desejo responsivo, qualquer uma delas — e usá-la para melhorar seu relacionamento com sua própria sexualidade, você estará me ajudando com esse objetivo. E se você compartilhar qualquer uma dessas ideias com apenas mais uma pessoa, estará expandindo o espaço global no qual as mulheres podem viver com confiança e alegria.

De certa forma, é um objetivo pequeno. Não estou tentando prevenir o câncer ou resolver a crise climática ou construir a paz no Oriente Médio. Estou apenas tentando ajudar as pessoas a viver com confiança e alegria dentro de seus corpos — e talvez, apenas talvez, se um número suficiente de pessoas aprender a viver com confiança e alegria, possamos finalmente viver em um mundo onde a autonomia sexual de todas seja respeitada.

Onde procurar por mais respostas

Não tenho todas as respostas — não tenho nem metade das respostas. A ciência está crescendo e se expandindo constantemente, quanto mais entendimento, mais clareza virá. Neste livro, apresentei algumas das respostas que vi para ajudar as mulheres e espero ter feito isso de uma forma que cure, renove e expanda sua sexualidade.

Todas nós estamos engajadas no processo contínuo de cultivar nossos jardins — arrancando as ervas daninhas e cuidando das plantas que esperamos que floresçam. Muitas vezes é uma experiência alegre; às vezes é doloroso; sempre é profundamente pessoal. E enquanto cuidamos de nossos jardins, todas nós procuramos fora de nós mesmas a confirmação de que o que estamos vivenciando é normal. Procuramos consolo em nossa comunidade quando estamos angustiadas. Procuramos especialistas em busca de respostas que não conseguimos encontrar sozinhas. Todo mundo faz isso, desde a criança que cai enquanto está aprendendo a andar até o meditador talentoso tateando seu caminho para a recuperação de uma agressão sexual. Todos nós olhamos para cima de nossa própria experiência, olhamos para o mundo e dizemos: "Isso dói. Estou bem? Estou fazendo certo?"

(Você está fazendo certo. Você está bem. Quando você machuca, você cura.)

E da mesma forma que nossa fisiologia de resposta ao estresse fazia muito sentido quando nossos estressores típicos tinham dentes e garras afiadas, então essa prática de olhar para fora de nós mesmos para a confirmação de que estamos bem pode ter feito mais sentido quando "fora de nós mesmos" significava nossa comunidade local e pessoas que realmente conhecíamos na vida real, em vez de pessoas que conhecemos apenas através da mídia de massa.

Vivemos em um mundo de Top 5 Dicas, onde há doze novas técnicas para sexo oral alucinante a cada mês, seguidas por seis novas posições sensuais que ele sempre quis experimentar. Este mundo está cheio de coisas de entretenimento, divertidas e emocionantes que atraem e prendem nossa atenção.

Mas a estrutura da verdade é mais silenciosa, mais lenta, mais pessoal e *muito* mais interessante do que o mero entretenimento. E vive exclusivamente *dentro de você*, nos momentos tranquilos de alegria, nos momentos chocantes de preocupação, nos momentos dilacerados em que o bando que é você tenta simultaneamente fugir de uma ameaça e voar em direção a um prazer.

Então, quando notar algo inesperado dentro de você e quiser olhar para fora para ver se é normal, se você está bem, lembre-se de mim dizendo isso: *Você está bem*. Deixe este livro ser um espelho: quando você olhar para cima, veja a si mesma. E você é bonita.

Confie no seu corpo.

Ouça a vozinha dentro de você que diz: "Sim. Sim, mais" ou "Não. Pare." Ouça especialmente quando essa voz está dizendo as duas coisas ao mesmo tempo. Quando isso acontecer, seja compassiva consigo mesma. Vai devagar.

Quando você olhar "lá fora", encontrará inspiração e entretenimento, além de ciência e suporte incríveis. Mas você não encontrará a verdade de seu próprio bem-estar sexual — o que *você* deseja, o que *você* gosta, o que *você* precisa. Para descobrir isso, olhe para dentro.

Acho que muitas vezes as pessoas participam de workshops como os que eu ensino, ou leem um livro como este, esperando encontrar o "ingrediente secreto", o todo-poderoso oculto, alguma coisa que colocará o aparente caos de suas vidas sexuais em algum tipo de ordem significativa.

Então, qual é o ingrediente secreto?

Bem.

Você já viu o filme *Kung Fu Panda*?

É uma animação sobre um panda chamado Po, que se torna um mestre de kung fu por meio de esforço diligente, o apoio de seu professor e a sabedoria do Pergaminho do Dragão, que contém "a chave para o poder ilimitado" — em outras palavras, o ingrediente secreto.

Quando Po olha pela primeira vez para o pergaminho, ele fica desapontado ao descobrir que não há nada escrito nele. É um espelho — reflete seu próprio rosto.

E então vem sua epifania: "Não há ingrediente secreto. É só você."

Então. Mais uma vez, para constar:

Sim, você é normal. Na verdade, você não é apenas normal. Você é incrível. Sedutora. Corajosa. Deliciosa. Todo o caminho até gritar entusiasmada. Seu corpo é *lindo* e seus desejos são *perfeitos*, exatamente como são.

O ingrediente secreto é *você*.

A ciência diz isso.

E agora você pode provar isso.

Apêndice 1

Masturbação terapêutica

Se você está frustrada por conta do orgasmo — seja porque está aprendendo a como ter, a ter orgasmo com um parceiro ou a ter mais controle sobre ele — ofereço-lhe estas instruções:

1. Encontre seu clitóris (instruções no capítulo 1).
2. Crie um ótimo contexto. Suas planilhas do capítulo 3 podem ser de grande valia. Em geral, será um contexto em que você não se preocupa em ser interrompida por cerca de trinta minutos, em que se sente segura, protegida e sem distrações por preocupações externas.
3. Toque seu corpo e observe como se sente. Toque seus pés, pernas, braços, mãos, pescoço e couro cabeludo. A princípio, quando estiver aprendendo a ter um orgasmo, pare aqui. Gaste seus trinta minutos apenas fazendo isso. Faça isso algumas vezes por semana durante algumas semanas. Incorpore gradualmente seus seios, seu abdome inferior e a parte interna das suas coxas.

4. Agora estimule seu clitóris indiretamente. A estimulação mais indireta é simplesmente pensar no seu clitóris. Apenas dê-lhe uma atenção calma e amorosa. Tente balançar ou girar os quadris para chamar a atenção para a pélvis. Você pode ou não perceber algumas emoções surgindo enquanto cuida do seu clitóris. Isso é normal. Permita quaisquer sentimentos e pratique sentir-se afetuosa e compassiva consigo, com seus órgãos genitais e sentimentos.

Quando se sentir pronta (e você pode não se sentir pronta por dias ou semanas — tudo bem), passe para a estimulação "distal", o que significa estimulação indireta e simulação de rotunda. Tente qualquer um, ou o que mais parecer certo:

- Aperte suavemente os lábios entre os polegares e os indicadores, estique os lábios e puxe de um lado para o outro. Isso colocará uma pressão muito indireta no clitóris e moverá a pele sobre ele (o capuz do clitóris).
- Com a palma da mão sobre seu Monte de Vênus, pressione um pouco para baixo e puxe para cima, em direção ao abdome. Novamente, isso fará uma leve pressão no clitóris e moverá a pele ao redor dele. Experimente pressões diferentes, diferentes velocidades de puxão (por exemplo, um puxão longo e lento, vários puxões rápidos seguidos) ou gire a palma da mão em um círculo.
- Coloque as palmas das mãos contra a parte interna das coxas, de modo que as bordas externas dos polegares pressionem os lábios vaginais, possivelmente até mesmo apertando-os. Balance os quadris contra a pressão das mãos.

Algumas pessoas preferem a estimulação indireta à direta. Você pode notar, ao testar essas técnicas, que os músculos dos braços, das pernas, do bumbum e/ou abdômen ficam tensos. Essa é uma parte normal do processo de excitação do corpo. Você pode até sentir que não quer parar de fazer um determinado tipo de estimulação. Eu humildemente sugiro que você siga seu instinto; não pare. Continue enquanto for bom, apenas continue prestando atenção às sensações prazerosas sem tentar mudá-las ou mesmo entendê-las.

5. Experimente a estimulação direta. Para a maioria das pessoas, isso é prazeroso apenas quando já há excitação; portanto, quando você estiver sentindo bastante prazer e o corpo quente, tente um destes:

   - Com a ponta de um, dois ou três dedos, toque levemente a cabeça do clitóris com um movimento constante de vaivém. Tente devagar, rápido ou de qualquer maneira intermediária que seja boa, e com toque leve, escovado, pressão leve, pressão profunda. . . tente diferentes combinações de velocidades e pressões.
   - Com quantas pontas dos dedos for confortável, esfregue círculos diretamente sobre o clitóris — rápida ou lentamente, toque leve ou pressão profunda, ou qualquer coisa intermediária.
   - Novamente com um número variável de dedos e com diferentes pressões e velocidades, puxe o clitóris para cima, a partir do capuz do clitóris.
   - Com qualquer variação de dedos, velocidade e pressão que você queira tentar, toque para cima logo abaixo da cabeça do clitóris.

   À medida que seu nível de excitação muda, perceba e observe o que acontece com seu corpo. Não tente fazer isso mudar. Se você perceber que seu cérebro começa a zumbir com ansiedades ou medos, observe também, saiba que você pode se preocupar com tudo isso em outro momento, libere esses pensamentos e volte sua atenção para as sensações dentro de seu corpo.

6. Continue respirando. À medida que você experimenta o prazer sexual, seus músculos ficam tensos e muitas vezes as pessoas se pegam prendendo a respiração ou respirando de forma mais superficial. Verifique periodicamente sua respiração, relaxe os músculos abdominais e permita-se respirar.

> Não tente fazer nada acontecer, apenas permita-se perceber como é e deixar seu corpo fazer o que quiser. Se você se sentir preocupado por estar perdendo o controle de seu corpo, relaxe com esse medo, assegure-se de que está seguro, saiba que pode parar a qualquer momento que quiser. E, claro, se for demais, fique à vontade para parar quando quiser. Quanto mais você continuar, mais o prazer e a tensão se espalharão pelo seu corpo, e ele cruzará um limiar intenso e explodirá. . . eventualmente.

Se você está aprendendo a ter orgasmo com um parceiro, faça tudo isso sozinho por uma semana (ou três), depois faça com uma foto de seu parceiro sentado ao seu lado. Faça isso por uma semana (ou três). Em seguida, faça isso com ele, talvez no telefone ou na sala ao lado. Depois com eles na sala, mas longe, no escuro, com os olhos vendados e olhando para o outro lado. Aumente gradativamente a sua proximidade e uniformize a luz.

Depois de ter um orgasmo com seu parceiro na cama com você, comece a mostrar a ele o que é bom para você. Mova as mãos do seu parceiro em seu corpo para mostrar a ele o que você gosta.

E sempre, observe se você está ficando frustrado e lembre-se que você já está no objetivo: o prazer.

Apêndice 2

Orgasmo prolongado

Ampliar e expandir seus orgasmos é uma espécie de meditação. Se você nunca meditou de maneira não sexual, pode ser mais fácil começar praticando fora do contexto da sexualidade. Veja como.

Comece com um exercício respiratório simples, como o que descrevi na seção de espectadores, no capítulo 8:

Inspire pelo nariz por cinco segundos.

Em seguida, expire pela boca por dez segundos.

Faça isso oito vezes, por dois minutos.

Conforme você respirar, sua mente perambulará por outras situações. Isso é normal e saudável! O objetivo não é impedir que sua mente divague, mas perceber quando isso acontece, deixar esses pensamentos de lado por um momento e voltar suavemente a atenção para a respiração.

Respiração é bom para você, mas perceber que sua mente divagou e voltar a atenção para a respiração é uma habilidade crucial.

Faça isso todos os dias e, gradualmente, você perceberá em que está prestando atenção com regularidade. Quando isso acontecer espontaneamente, significa que está pronta para começar a avançar em direção ao orgasmo prolongado.

Quando estiver pronta, crie um contexto onde você tenha muito tempo sozinha (ou com um parceiro em quem confia) sem interrupções ou distrações. Você precisará de uma ou duas horas — e se estiver pensando: "Não tenho uma ou duas horas para um orgasmo", isso é pertinente! Ter um orgasmo prolongado equivale, sexualmente falando, a correr uma maratona. Você pode ser tão saudável quanto qualquer pessoa precisa ser e nunca ter corrido uma maratona. Só correr algumas vezes por semana, já é ótimo! Às vezes você tem a oportunidade de definir uma meta ambiciosa e dedicar algum tempo e atenção a ela. Seja uma maratona ou um êxtase, é sempre uma escolha e depende do que se adapta à sua vida.

Então, crie um contexto. E comece com o exercício respiratório por dois minutos, praticando o retorno da atenção à respiração quando ela se desviar.

Em seguida, comece uma pequena exploração sensorial, prestando atenção em como seu corpo se sente, usando as técnicas da abordagem da masturbação terapêutica (apêndice 1).

Imagine que a excitação acontece em uma escala de 0 a 10, onde 0 significa nenhuma excitação e 10 o orgasmo. Comece em 0 e deixe sua excitação crescer até 5, que significa que está definitivamente excitada e interessada.

Em seguida, volte para o 1. Permita que a tensão nos músculos se dissipe.

Vá até o 6 e depois volte para o 2.

É claro que, à medida que você passa por esse processo, deve observar quando sua atenção se desvia para pensamentos externos. Deixe-os ir e volte sua atenção às sensações do seu corpo. E não se esqueça de respirar.

Até 7, volte até 3.

Sete (7) significa que você está bastante excitada. Quando você chegar aos 7, seu corpo pode ficar relutante em parar de avançar em direção ao orgasmo. É aqui que a habilidade crucial de tirar o pé do acelerador sem pisar no freio entra. É como sair do constante aumento de excitação sem deixar de ficar excitada. Permita que seus músculos relaxem, permita que a excitação se dissipe suavemente.

Até 8, volte até 4.

Até 9, volte até 5.

Nove (9) é um nível de excitação muito, muito alto, e seu corpo está muito ativo neste momento. Ele quer avançar para o clímax. Portanto, pode ser difícil, nas primeiras tentativas, relaxar os músculos abdominais, das coxas e das nádegas o suficiente para diminuir a excitação. Ao fazer isso, você poderá sentir uma espécie de calor ou formigamento que se espalha. Enquanto os orgasmos rápidos geralmente se concentram nos órgãos genitais, esses orgasmos mais lentos se espalham por todo o corpo. Deixe isso acontecer.

Perceba quando seus pensamentos se desviarem e volte sua atenção para as sensações em seu corpo.

Até 9½, volte até 6.

Nove e meio (9½) é o limite agridoce e gritante do orgasmo. No início, pode ser difícil aliviar a pressão do acelerador. Sinta-se à vontade para não fazer isso nas primeiras vezes que tentar — o pior que pode acontecer é você ter um orgasmo!

Mas depois de aprender o jeito, permita que sua excitação chegue a 6, volte para 9½ e depois desça para 7.

Você precisará fazer um esforço deliberado para aliviar a tensão do abdômen, das nádegas e dos músculos das coxas, porque essa tensão pode levá-la ao limite. Ao relaxar, você sentirá a excitação se espalhando pelos seus órgãos genitais, irradiando-se para o resto do corpo.

De volta às 9½, desça até 8.

De volta às 9½, até 9. Agora, você está constantemente pairando em torno do orgasmo, mantendo-se no pico da tensão sexual que seu corpo pode conter. Isso é o orgasmo prolongado. Parabéns! Com a prática, você pode aproveitar pelo tempo que quiser, enquanto seu corpo puder sustentar, sempre percebendo no que você está prestando atenção e gentilmente direcionando sua atenção para as sensações do seu corpo. Você é um pouco como uma banheira neste ponto, onde a tensão está escorrendo para dentro de você exatamente na mesma proporção em que está sendo drenada. Se começar a escorrer um pouco mais rápido do que está drenando, você cruzará o limite e transbordará. Se começar a drenar um pouco mais rapidamente do que está entrando, você se afastará do pico. Não existe fracasso aqui, apenas diferentes tipos de sucesso, porque tudo é um prazer intenso.

Todo esse processo pode levar quarenta e cinco minutos ou uma hora, e haverá Sentimentos, não se engane. E mesmo que você não tenha um orgasmo prolongado, ainda sentirá muito prazer!

A grande vantagem do prazer extático é que ele não pode coexistir com vergonha, estresse, medo, raiva, amargura, fúria ou exaustão. Praticar o êxtase é praticar viver fora de todas essas coisas, aprender como liberá-las. É tão bom para você quanto vegetais, correr, dormir e respirar.

Notas

Parte 1. O básico (não tão básico)

1. Anatomia: não há duas iguais

1. Wallen e Lloyd, "Excitação Sexual Feminina". Consulte também Emhardt, Siegel e Hoffman, "Anatomic Variation and Orgasm" e Mazloomdoost e Pauls, "Comprehensive Review of the Clitoris." É uma pesquisa fascinante e importante, mas raramente ensino disso porque muitos (não todos) desses estudos, incluindo a segunda citação, caem na armadilha de converter uma narrativa baseada em mito do funcionamento sexual — que o orgasmo da estimulação vaginal é "sucesso orgástico", por exemplo — em descrições reducionistas de tamanho, forma e posição anatômica. De fato, em 2014, um editor de texto inseriu um comentário aqui: "Então, qual é 'melhor'? Distância maior ou menor?", que é exatamente o tipo de pergunta que estou tentando evitar que as pessoas façam. Longe de ajudar as mulheres a viverem com confiança e alegria, essa análise equivocada apenas faz com que as pessoas se preocupem com o fato de seus órgãos genitais serem defeituosos. As pessoas já aprenderam coisas suficientes sobre seus órgãos genitais. Meu objetivo ao relatar essa conversa aqui no início do livro é mostrar que estou cometendo o erro de estar muito interessada na ciência e não o suficiente na pessoa à minha frente. O tema deste capítulo e de todo o livro é: "Somos todos feitos das mesmas partes, mas organizados de maneiras diferentes". Nenhuma dessas organizações é melhor ou pior: elas são apenas diferentes. Mas se até mesmo a ciência às vezes

tenta enquadrar algumas formas genitais como "melhores" do que outras, podemos ser perdoados por lutar para não julgar nossos órgãos genitais.

2. Aristóteles, *Aristóteles's Compleat Master-Piece*, 16.
3. Drysdale, Russell e Glover, "Labioplastia".
4. Moran e Lee, "O que é normal?"
5. A realidade do hímen está finalmente começando a ser discutida no mainstream na forma de documentários como *How to Lose Your Virginity* e a cobertura da mídia relacionada a ele (Feeney, "Living Myths about Virginity") e um segmento na série de vídeos *Adam Ruins Everything*.
6. Hegazy e Al-Rukban, "Hymen: Facts and Conceptions.".
7. Isso ocorreu na Talbot House no segundo semestre de 2012. Oi, Talbot!
8. Wickman, "Plasticity of the Skene's Gland".
9. Nem todo mundo se sente confortável com o termo "intersexo". Algumas pessoas preferem "genitais ambíguas" e outras preferem "distúrbios do desenvolvimento sexual" ou "DDS" (Dreger, "Por que 'distúrbios do desenvolvimento sexual'?"). Eu uso "intersexo" aqui porque parece mais apropriado para este contexto não médico.
10. Fausto-Sterling, *Sexing the Body*, 2000.
11. Por mais óbvia que essa ideia possa parecer, dada a estrutura de todas as mesmas partes, é, na verdade, uma ideia radical que os ativistas intersexuais têm lutado arduamente para promover por várias décadas. É a única visão que faz sentido biologicamente e, novamente, é apenas do ponto de vista cultural que alguém poderia pensar de outra forma. E, ainda, em muitos lugares, a prática médica padrão é realizar cirurgia para "normalizar" os órgãos genitais (ILGA-Europa, "Declaração Pública"). Observe que, em 2013, o relator especial das Nações Unidas sobre tortura incluiu essas cirurgias em seu relatório "sobre tortura e outros tratamentos ou punições cruéis, desumanas ou degradantes". O relatório condenou cirurgias de "normalização" desnecessárias do ponto de vista médico porque "elas podem causar cicatrizes, perda da sensação sexual, dor, incontinência e depressão ao longo da vida e também foram criticadas por não serem científicas, potencialmente prejudiciais e contribuir para o estigma" (Conselho de Direitos Humanos da ONU, *Report of the Special Rapporteur*, 18).
12. McDowell et al., "Anthropometric Reference Data".

13. Ela está certa, de acordo com a Sociedade Internacional para o Estudo da Doença Vulvovaginal. Vieira-Baptista et al., "International Society for the Study of Vulvovaginal Disease Recommendations."

14. Operation Beautiful é responsável por esta excelente frase (www.operationbeautiful.com/).

2. O modelo de controle duplo: sua personalidade sexual

1. Masters e Johnson, *Human Sexual Response*.
2. Kaplan, "Hypoactive Sexual Desire."
3. Janssen e Bancroft, "Dual Control Model". 197.
4. Goldstein et al., "Hypoactive Sexual Desire", 117.
5. Velten et al., "Temporal Stability of Sexual Excitation".
6. Velten et al., "Sexual Excitation and Sexual Inhibition", e Rettenberger, Klein, e Briken, "Relationship between Hypersexual Behavior." Consulte também Granados, Carvalho e Sierra, "How the Dual Control Model Predicts Female Sexual Response."
7. Um acelerador não tão sensível, por outro lado, independentemente dos freios, é um preditor de assexualidade — pessoas que não desejam contato sexual (não "pedras" — pessoas que só querem tocar seus parceiros, mas não querem ser tocadas). No punhado de estudos de pessoas que se identificam como assexuais, verifica-se que elas têm significativamente menos acelerador do que suas contrapartes sexuais (Prause e Graham, "Asexuality"). Não há diferença em seus freios, no entanto. Então, talvez parte da assexualidade seja que os cérebros desses indivíduos não são propensos a perceber estímulos sexualmente relevantes. Claro que essa é apenas uma parte da história, uma vez que os assexuais representam apenas cerca de 1% da população em geral, e cerca de 5% a 10% das mulheres pontuam como SE baixo. Novamente, não há problema ou nada errado. Os mecanismos de resposta sexual das pessoas assexuais são feitos das mesmas partes que os das pessoas sexuais; eles são apenas organizados de uma maneira diferente.
8. Carpenter et al., "Women's Scores"; Carpenter et al., "Dual Control Model".
9. Adaptado de Milhausen et al., "Validation of the Sexual Excitation/Sexual Inhibition Inventory" e Janssen et al., "The Sexual Inhibition/Sexual Excitation Scales — Short Form".
10. Carpenter et al., "Dual Control Model".

11. Impacto do estado mental no interesse sexual:

	Aumento (%)	Sem alteração (%)	Diminuição (%)
Depressão			
Homens	10	55	35
Mulheres	9,5	40	50,5
Ansiedade			
Homens	25	58	17
Mulheres	23	43	34

De Lykins, Janssen e Graham, "Relationship between Negative Mood and Sexuality". Consulte também Janssen, Macapagal e Mustanski, "Effects of Mood on Sexuality".

12. Pfaus, "Neurobiology of Sexual Behavior".
13. Pfaus, Kippin e Coria-Avila, "Animal Models".
14. Pfaus e Wilkins, "Novel Environment".
15. Velten et al., "Temporal Stability of Sexual Excitation".

3. Contexto: E o "Um Anel" (para Todos Governar) em seu cérebro emocional

1. Quatro por cento em Carpenter et al., "Dual Control Model" e oito por cento em minha experiência consideravelmente menos científica em meu blog e em minhas aulas.
2. McCall e Meston, "Cues Resulting in Desire" e "Diferenças entre mulheres pré e pós-menopáusicas".
3. Graham et al., "Turning On and Turning Off."
4. Gottman, *The Science of Trust*, 254.
5. Bergner, *What Do Women Want?*, 68–73.
6. Graham, Sanders e Milhausen, "Sexual Excitation/Sexual Inhibition Inventory".
7. BBC News, "Words Can Change What We Smell".
8. Aubrey, "Feeling a Little Blue".
9. Ariely, *Predictably Irrational*.
10. Nakamura e Csikszentmihalyi, "Flow Theory and Research", 195–206.

11. Flaten, Simonsen e Olsen, "Drug-Related Information". Gorjeta de chapéu para Goldacre, "Nerdstock".

12. Reynolds e Berridge, "Emotional Environments".

13. Gottman, *Science of Trust*, 192.

14. Há evidências crescentes de que, de várias maneiras, tanto em ratos quanto em humanos, o contexto muda a forma como o mesencéfalo responde a estímulos. Estudos de imagens do cérebro humano descobriram que a incerteza e o risco podem influenciar a resposta do Acc (Abler et al., "Prediction Error") e que o Acc de pessoas com dor crônica nas costas responde de maneira diferente à "estimulação térmica nociva" (ou seja, queimação) do que as pessoas que não vivem com dor (Baliki et al., "Prevendo o Valor da Dor"). Algo particularmente interessante sobre o estudo do funcionamento do cérebro em pessoas com dor crônica nas costas: quando elas direcionaram sua atenção para a sensação de queimação na pele das costas, relataram que o calor doía; quando direcionaram sua atenção para a dor nos músculos das costas, relataram que o calor era bom. Onde focamos nossa atenção faz parte do contexto.

15. Berridge e Kringelbach, "Neuroscience of Affect", 295.

16. Jaak Panksepp e Lucy Biven (*Archaeology of Mind*) incluem em sua taxonomia da busca do cérebro límbico, raiva, medo, luxúria, cuidado, pânico/dor e brincar. Frederick Toates inclui, junto com estresse e sexo, comportamento social, agressão e exploração (*Psicologia Biológica*). Paul Ekman, usando pesquisas sobre expressões faciais universais, teoriza as categorias emocionais básicas de raiva, nojo, medo, felicidade, tristeza e surpresa (*Emoções Reveladas*). Isso diz muito sobre ainda não existir um sistema universalmente aceito para entender a organização de nossas emoções mais básicas. Tampouco existe uma definição universalmente aceita do que é uma emoção ou motivação ou se são a mesma coisa ou coisas diferentes — embora minhas referências revelem minhas inclinações (Berridge e Winkielman, "What Is an Unconscious Emotion?"; Panksepp, "What Is an Emotional Feeling?").

17. Berridge, Mecanismos de autocontrole. O psicólogo de Harvard Daniel Gilbert descreveu Berridge como "um dos melhores neurocientistas do mundo" (Berridge, Davidson e Gilbert, *Neuroscience of Happiness*), mas eu o distinguiria de outros neurocientistas desta forma: Como fonte tanto do estudo do rato do Iggy Pop e da metáfora do Um Anel, ele é o único autor da pesquisa do cérebro do rato que me fez morrer de rir.

18. Os autores recorrem às aspas (o "desejar" e o "gostar" de Berridge) e maiúsculas (o sistema de busca de Panksepp e Biven etc. em *Archaeology of Mind)* em um esforço para reforçar a distinção entre gostar consciente, desejar e aprender e mesolímbico *gostar*, *desejar* e *aprender*.

    Para fazer essa distinção neste livro, uso uma metáfora de atalho: quando falo sobre a experiência de motivação, aprendizado e prazer ou sofrimento de uma pessoa (o que as pessoas usam para descrever o que desejam, sabem ou sentem), digo "você deseja/sabe/sente". Quando falo em motivação afetiva, aprendizado e sentimentos (*desejar*, *gostar*, *aprender*), digo "seu cérebro deseja/sabe/sente".

19. Childress et al., "Prelude to Passion."

Parte 2. Sexo no Contexto
4. Contexto Emocional: sexo no cérebro de um macaco

1. Porges, "Reciprocal Influences between Body and Brain".
2. Levine, *In an Unspoken Voice*, 55–56.
3. Lykins, Janssen e Graham, "Relationship between Negative Mood and Sexuality"; ter Kuile, Vigeveno e Laan, "Acute and Chronic Daily Psychological Stress"; Laumann et al., "Problemas sexuais entre mulheres e homens".
4. Hamilton e Meston, "Chronic Stress and Sexual Function".
5. Levine, I*n an Unspoken Voice*, 8.
6. Inevitavelmente, é mais complicado do que isso. Existe um freio que, em um sistema nervoso saudável, está ligado ao pedal autônomo do acelerador, de modo que, quando a vida pisa no acelerador, o freio é desengatado, e quando a vida relaxa o pedal do acelerador, o freio é reativado — o vago neomamífero, ou "freio vagal" como Stephen Porges o descreve. Isso contrasta com o vago reptiliano, que retarda o coração e é o freio do "congelamento" (Porges, *Polyvagal Theory*, 92–93).
7. Aparece repetidas vezes tanto em fatos quanto em ficções, como em "I just felt like running" de Forrest Gump e, memoravelmente, em *Performing Flea* de P. G. Wodehouse: "O cachorrinho foi atropelado por uma moto outro dia e saiu perfeitamente ileso, mas um pouco emocionado. Tivemos que persegui-lo por metade de Londres antes que ele se acalmasse. Ele simplesmente começou a correr e continuou correndo até se sentir melhor."
8. Se você souber de alguma pesquisa sobre isso, envie-me um e-mail! enagoski@gmail.com

9. Quase todo mundo os tem (Radomsky et al., "Part 1—You Can Run but You Can't Hide", e Berry e Laskey, "Review of Obsessive Intrusive Thoughts"). Um quarto das pessoas com TOC relata intrusões sexuais (Grant et al., "Sexual Obsessions and Clinical Correlates"), inclusive entre crianças e jovens com TOC (Fernández de la Cruz et al., "Sexual Obsessions in Pediatric"). A relutância das pessoas em revelar invasões sexuais é baseada, infelizmente, no estigma real e na rejeição social em resposta a tal revelação (Cathey e Wetterneck, "Stigma and Disclosure of Intrusive Thoughts").

10. A Organização Mundial da Saúde relata que "35% das mulheres em todo o mundo sofreram violência por parceiro íntimo ou violência sexual por não parceiro em sua vida" (folheto informativo "Violence Against Women"). Os Serviços de Referência da Justiça Criminal Nacional dos EUA relatam que cerca de 18% das mulheres na América são estupradas durante a vida; cerca de 25% são estupradas, agredidas ou abusadas fisicamente por seus parceiros durante a vida, em comparação com 8% dos homens (Departamento de Justiça dos EUA, *Relatório Completo*).

11. Departamento de Educação dos EUA, Escritório de Direitos Civis, Boston, "Title IX and Sexual Assault: Exploring New Paradigms for Prevention and Response", 24–25 de março de 2011.

12. Lisak e Miller, "Repeat Rape and Multiple Offending".

13. Para obter uma versão clínica dessa categorização, consulte Gaffney, "Established and Emerging PTSD Treatments".

14. Terapia sensório-motora: Ogden, Minton e a dor, *Trauma and the Body*. Somatic Experiencing: Levine, *Waking the Tiger* e *In an Unspoken Voice*.

15. Khong, "Mindfulness."

16. Mitchell e Trask, "Origin of Love."

17. Hitchens, *Hitch-22*.

18. Acevedo et al., "Neural Correlates."

19. Glass e Blum, "317."

20. Para revisões abrangentes da relação sexo-apego, consulte Dewitte, "Different Perspectives on the Sex-Attachment Link," e Dunkley et al., "Sexual Functioning in Young Women and Men."

21. Johnson, *Hold Me Tight*, 189.

22. Kinsale, *Flowers from the Storm*, 431, 362.

23. Johnson, *Love Sense*, 121.

24. Feeney e Noller, "Attachment Style"; Bifulco et al., "Adult Attachment Style."

25. Itens retirados com permissão do questionário "Experiences in Close Relationships" (Fraley, Waller, e Brennan, "Self-Report Measures of Adult Attachment").

26. Warber and Emmers-Sommer, "Relationships among Sex, Gender and Attachment," e Dunkley et al., "Sexual Functioning in Young Women and Men."

27. Stefanou e McCabe, "Adult Attachment and Sexual Functioning"; consulte também Birnbaum et al., "When Sex Is More Than Just Sex," Cooper et al., "Attachment Styles, Sex Motives, and Sexual Behavior," e La Guardia et al., "Within-Person Variation in Security of Attachment."

28. Davila, Burge, and Hammen, "Why Does Attachment Style Change?"

29. Taylor and Master, "Social Responses to Stress."

30. David and Lyons-Ruth, "Differential Attachment Responses."

31. Rumi, *Teachings of Rumi*.

32. Ibid.

5. Contexto cultural: uma vida sexualmente positiva em um mundo sexualmente negativo

1. van de Velde, *Ideal Marriage*, 145.

2. Hite, *The Hite Report*, 365.

3. Britton et al., "Fat Talk."

4. Isso pode estar começando a mudar? Em um estudo, mulheres universitárias (principalmente brancas) relataram que gostariam mais de uma mulher se ela falasse positivamente sobre seu corpo do que se criticasse seu corpo, embora também relatassem que esperavam que outras mulheres preferissem uma mulher que se autocritica (Tompkins et al., "Social Likeability").

5. Woertman e van den Brink, "Body Image."

6. Pazmany et al., "Body Image and Genital Self-Image."

7. Kilimnik e Meston, "Role of Body Esteem."

8. Longe et al., "Having a Word with Yourself."

9. Powers, Zuroff, e Topciu, "Covert and Overt Expressions of Self-Criticism."

10. Gruen et al., "Vulnerability to Stress."

11. Dickerson e Kemeny, "Acute Stressors and Cortisol Response."

12. Besser, Flett, e Davis, "Self-Criticism, Dependency"; Cantazaro and Wei, "Adult Attachment, Dependence"; Reichl, Schneider, e Spinath, "Relation of Self-Talk."

13. Hayes e Tantleff-Dunn, "Am I Too Fat to Be a Princess?"

14. Em uma conferência de 2009 sobre transtornos alimentares, participei de uma palestra sobre as origens culturais do "ideal de magreza" (Gans, "What's It All About?"), e aprendi o seguinte: é tudo uma questão de status social — dos homens. O "ideal de magreza" na cultura ocidental origina-se de noções de mulheres como símbolos de propriedade e status.

    No século XVII, uma mulher mais macia, redonda e corpulenta era o ideal, porque só as mulheres ricas podiam pagar a comida amanteigada e farinhenta e o estilo de vida sedentário que lhes permitia acumular as curvas abundantes das mulheres nas pinturas de Rubens. Por volta de meados do século XIX, coincidindo com a Revolução Industrial e o surgimento da classe média, tornou-se moda para um homem anunciar o quão rico era se casando com uma mulher que era fraca demais para trabalhar. Tornara-se um símbolo de status ter uma esposa pequena, magra e fraca, mal capaz de cambalear delicadamente pela casa, que não só não contribuía como não poderia contribuir para a renda familiar. Isso está em contradição com tudo o que a evolução gostaria que uma mulher fosse: robusta, saudável, forte, alta e capaz de engravidar, gestar, dar à luz e amamentar vários filhos de forma saudável.

    No século XXI, a forma do corpo ainda é um marcador de status — mulheres ricas podem comprar comida de verdade (em vez de porcaria processada) e ter o tempo de lazer para se exercitar. Mas, como sempre, essas modas em torno do que a forma que o corpo de uma mulher "deveria ter" são sobre classe social. Não tem nada a ver com fertilidade (pelo contrário), nada a ver com uma "preferência evolutiva" — exceto na medida em que temos uma preferência evolutiva por status social — e nada a ver com a promoção da saúde da mulher.

    Então, você pode confiar no que sua cultura lhe ensinou sobre como seu corpo deve ser?

15. Bacon, "HAES Manifesto".

16. O site de Haidt, moralfoundations.org , descreve as fundações com mais detalhes. Mas para uma crítica importante, veja Suhler e Churchland "Can Innate, Modular 'Foundations' Explain Morality?"

17. Veja, apenas para começar, Yeshe, *Introduction to Tantra*.

18. Não é, porém, idêntico. Existem diferentes categorias de estímulos, como "violações dos limites do corpo", que tratam de danos ao envelope corporal e geralmente se relacionam com sangue e dor física, e "desgosto central", relacionado à digestão. Esses dois tipos de nojo produzem reações distintas (Shenhav e Mendes, "Aiming for the Stomach").

19. Mesquita, "Emoting: A Contextualized Process."

20. Borg e de Jong, "Feelings of Disgust".

21. Tybur, Lieberman e Griskevicius, "Microbes, Mating, and Morality".

22. Graham, Sanders e Milhausen, "Sexual Excitation/Sexual Inhibition Inventory".

23. de Jong et al., "Disgust and Contamination Sensitivity"; Borg, de Jong e Schultz, "Vaginismus and Dyspareunia"; para uma revisão, veja de Jong, van Overveld e Borg, "Giving In to Arousal".

24. Neff, "Self-Compassion, Self-Esteem, and Well-Being".

25. Adaptado de www.self-compassion.org/self_compassion_exercise.pdf

26. Stice, Rohde e Shaw, *Body Project*, 95.

27. Germer, *Mindful Path to Self-Compassion*, 150.

28. Hawkins et al., "Thin-Ideal Media Image".

29. Becker et al., "Eating Behaviors and Attitudes".

30. Becker, *Body, Self, and Society*, 56.

31. Em Becker et al., "Validity and Reliability", 35% das participantes relataram purgação nos últimos 28 dias, usando um purgante tradicional à base de ervas, mas Thomas et al., em "Latent Profile Analysis", relatam que apenas 74% daquelas que usam o purgativo tradicional disseram que o faziam especificamente para perda de peso, em oposição, por exemplo, a razões médicas.

32. A vivacidade das pressões simultâneas do modelo moral e do modelo da mídia em particular são observáveis na perpetuação da construção da sexualidade feminina como "Madonna-puta". Para testemunhar como isso é representado na sexualidade de mulheres jovens, recomendo *Dilemmas of Desire, de Tolman*.

Parte 3. Sexo em ação
6. Excitação: lubrificação não é causalidade

1. Suschinsky, Lalumière e Chivers, "Patterns of Genital Sexual Arousal"; Bradford e Meston, "Impact of Anxiety on Sexual Arousal".
2. Peterson, Janssen e Laan, "Women's Sexual Responses to Heterosexual and Lesbian Erotica". Por que homens e mulheres são diferentes? A melhor hipótese disponível, embora ainda não comprovada, é a "hipótese da preparação", que sugere que os órgãos genitais femininos respondem mais ou menos a qualquer estímulo relacionado ao sexo para se preparar para a atividade sexual, o que evita lesões, enquanto a ereção peniana é melhor atendida por ocorrer em resposta a estímulos mais específicos (Lalumière et al., "Preparation Hypothesis").
3. Se você executar o mesmo experimento, mas usar um termistor (um pequeno clipe que se prende aos lábios internos e mede sua temperatura como um proxy para o fluxo sanguíneo) em vez do fotopletismógrafo, você obterá um pouco mais de sobreposição (Henson, Rubin, e Henson, "Consistency of Objective Measures"). Se você usar a ressonância magnética (RM) para obter medições muito precisas das alterações no fluxo sanguíneo para a pelve, obterá um pouco menos de sobreposição (Hall, Binik e Di Tomasso, "Concordance between Physiological and Subjective Measures"). Se você obtiver alta tecnologia e medir não apenas o fluxo sanguíneo vaginal e a excitação subjetiva, mas também a atividade cerebral usando ressonância magnética funcional (RMF), descobrirá que a resposta genital não se sobrepõe à atividade cerebral das mulheres (Arnow et al., "Women with Hypoactive Sexual Desire Disorder").
4. Bergner, "Women Who Want to Want"; Bergner, *What Do Women Want?*; Ryan e Jethá, *Sex at Dawn*, 272–73, 278; Magnanti, *The Sex Myth*, 14.
5. Angier, "Conversations/Ellen T. M. Laan."
6. Ambos, Everaerd e Laan, "Modulation of Spinal Reflexes"; Laan, Everaerd e Evers, "Assessment of Female Sexual Arousal".
7. Suschinsky, Lalumière e Chivers, "Patterns of Genital Sexual Arousal". Tiro o chapéu para Kelly Suchinsky e Meredith Chivers por realmente sentarem comigo e me deixarem ver os clipes.
8. Velten, Chivers e Brotto, "Does Repeated Testing".
9. Velten et al., "Investigating Female Sexual Concordance".
10. Suschinsky, Dawson e Chivers, "Assessing the Relationship".

11. Está ficando cada vez mais claro que as mulheres classificadas como tendo qualquer grau de "ginefilia" – ou seja, aquelas que se identificam como algo diferente de heterossexuais — têm maior concordância do que as mulheres heterossexuais (ibid).

12. Uma edição especial da *Biological Psychology* foi dedicada à pesquisa de concordância, e nada disso era pesquisa sobre sexo (Hollenstein e Lanteigne, "Models and Methods of Emotional Concordance").

13. Benedek e Kaernbach, "Physiological Correlates".

14. Kring e Gordon, "Sex Differences in Emotion"; Schwartz, Brown e Ahern, " Facial Muscle Patterning".

15. Gottman e Silver, *What Makes Love Last?*

16. Hess, "Women Want Sex".

17. James, *Fifty Shades of Grey*, 275.

18. Ibidem.

19. Ibidem, 293.

20. Koehler, "From the Mouths of Rapists".

21. Toulalan, *Imagining Sex*.

22. Moore, "Rep. Todd Akin". Akin inicialmente se desculpou pela declaração, mas em 2014 escreveu que lamentava o pedido de desculpas porque o estresse — que o estupro certamente causa — interfere na fertilidade e é isso que ele quis dizer com "encerrar a coisa toda" (Eichelberger, "Todd Akin Is Not Sorry for His Insane Rape Comments"). Para ser claro, então: sua opinião como ex-legislador (e potencialmente futuro) é que, se uma mulher não tiver um aborto espontâneo, ela não pode ter sido "legitimamente" estuprada.

23. Isso foi replicado nas últimas duas décadas, mas a primeira evidência foi Morokoff e Heiman, "Effects of Erotic Stimuli on Sexually Functional and Dysfunctional Women", e foi explorado com mais detalhes por Velten e Brotto, "Interoception and Sexual Response". Para comentários cruciais, veja Meston e Stanton, "Desynchrony between Subjective and Genital". Além disso, em uma população não clínica, a angústia sexual previu maior concordância (Suschinsky et al., "Relationship between Sexual Functioning and Sexual Concordance").

24. Bobby Henderson, Church of the Flying Spaghetti Monster, "Open Letter to Kansas School Board," www.venganza.org/about/open-letter/

25. Bloemers et al., "Induction of Sexual Arousal in Women".

26. Velten et al., "Investigating Female Sexual Concordance".

27. Jozkowski et al., "Women's Perceptions about Lubricant Use."

7. Desejo: espontâneo, responsivo e magnífico

1. Que proporção de pessoas tem qual estilo de desejo?

Pode ser que uma pequena proporção de pessoas — por exemplo, cerca de 6% das mulheres, em um estudo (Hendrickx, Gijs e Enzlin, "Prevalence Rates of Sexual Difficulties") — carece de desejo espontâneo e responsivo. Além disso, ainda não encontrei estatísticas úteis sobre quem tem qual estilo de desejo. Seria um número útil de se ter, porque as pessoas acham reconfortante ouvir "X% das pessoas têm desejo responsivo", mas, apesar de numerosos estudos, entre muitas populações diferentes, usando uma variedade de metodologias, ao longo de muitas décadas, a ciência não tem uma resposta (Garde e Lunde, "Female Sexual Behaviour"; Michael et al., *Sex in America*; Beck, Bozman e Qualtrough, "Experience of Sexual Desire"; Bancroft, Loftus e Long, "Distress about Sex"; Cain et al., "Sexual Functioning"; Carvalheira, Brotto, and Leal, "Women's Motivations for Sex"; Štulhofer, Carvalheira, and Træen, "Insights from a Two-Country Study"). Com base no que está disponível, posso apenas oferecer um palpite de que cerca de 1/3 das mulheres experimentam um desejo principalmente ou exclusivamente responsivo.

Duas novas linhas de pesquisa que conheço podem produzir uma medida formal de desejo responsivo. O primeiro esforço (Velten et al., "Development and Validation") é, infelizmente, uma revisão de uma escala desenvolvida para estudar as mudanças nas "táticas" de acasalamento das mulheres ao longo do ciclo menstrual (Gangestad, Thornhill e Garver, "Changes in Women's Sexual Interests"), um esforço que foi rejeitado na primatologia em favor de um modelo baseado na proceptividade sexual, receptividade e atração (Dixson, *Sexual Selection*, capítulo 6). Baseada como está em uma compreensão falha do funcionamento sexual feminino humano, esta linha de investigação parece, portanto, improvável de levar a uma visão clara.

A segunda linha de investigação (Mark e Lasslo, "Maintaining Sexual Desire") é mais clinicamente orientada e não oferece estatísticas sobre quem experimenta qual estilo de desejo, mas sim uma estrutura para entender os preditores de desejo sexual satisfatório em relacionamentos de longo prazo. Isso forma a base de uma elaboração crescente das abordagens dos casais para lidar com o diferencial do desejo (Vowels e Mark, "Strategies for Mitigating").

Mas, independentemente (do que vejo como) as deficiências na pesquisa que avalia o desejo responsivo, quanto mais pesquisas leio e quanto mais pessoas converso sobre desejo, mais acho que o conceito básico de desejo deveria ser, se não totalmente descartado, certamente deixado de lado como um fator marginal na compreensão e desenvolvimento da confiança sexual e alegria em indivíduos e relacionamentos. Meus objetivos são normalizar a variedade de experiências que as pessoas têm com o desejo sexual e aumentar a motivação das leitoras para priorizar o prazer sobre o desejo propriamente dito.

Esses objetivos parecem se alinhar melhor com uma abordagem europeia do que norte-americana ao desejo sexual. A declaração de posição da European Society for Sexual Medicine sobre a discrepância do desejo sexual inclui como sugestões, entre outras coisas: normalizar e despatologizar a variação no desejo sexual; desafiando o mito do desejo sexual espontâneo; e lidar com problemas de relacionamento e necessidades de relacionamento não satisfeitas (Dewitte et al., "Sexual Desire Discrepancy").

tl;dr: Que proporção de pessoas tem qual estilo de desejo? Quem se importa? É como perguntar que proporção de pessoas tem pequenos lábios que se estendem além dos grandes lábios. Não é preditivo de nenhum domínio de satisfação sexual; apenas mostra quem se conforma com o ideal culturalmente construído.

2. Na pesquisa, você encontrará isso descrito como "primeiro a excitação, depois o desejo", e a primeira edição de *Muito prazer* usou essa linguagem. Mas muitos jornalistas ficaram confusos e preocupados com "primeiro a excitação, depois o desejo", já que essa linguagem cai perigosamente perto do antigo mito do estupro de que se você começar a fazer sexo com uma mulher, ela não será capaz de se conter e ao conselho de que as mulheres devem "simplesmente fazer", na suposição (errônea) de que ela não estará "apenas" fazendo sexo que ela não quer e nem gosta. Uma leitora me disse que a compreensão de seu marido sobre a linguagem de "primeiro a excitação" o levou a enfiar as mãos nas calças dela do nada, e quando ela disse: "Não, não estou excitada", ele respondeu: "Mas vai ficar". O que é o oposto do que estou tentando ensinar.

Por conta desses mal-entendidos, meses após a publicação de CAYA, mudei a maneira como ensinava de "primeiro a excitação, depois o desejo" para "primeiro o prazer, depois o desejo". Os clínicos orientados para a pesquisa me perguntaram por que eu uso a linguagem alternativa, e esta é a razão. Na verdade, é mais preciso e menos facilmente mal interpretado pelas lentes da cultura do estupro.

3. Claro, varia de indivíduo para indivíduo também. O Cenário 1 pode parecer espontâneo para uma pessoa com um freio menos sensível ao estresse, e o Cenário 3 pode parecer responsivo para uma pessoa com um acelerador que requer mais estímulo antes que o prazer alimentado à distância finalmente se transforme em desejo. Mas o processo geral é o mesmo para todos. Prazer mais o contexto certo — as circunstâncias externas e o estado interno certos — é igual ao desejo.

4. Ryan, "Women's Lived Experiences Seeking and Using Adaptation Strategies."

5. Existem alguns casos em que os hormônios podem estar envolvidos em questões de desejo, principalmente envolvendo questões médicas. Por exemplo, algumas mulheres que fazem ooforectomia dupla (remoção dos ovários) antes dos 45 anos podem ter maior probabilidade de sentir falta de desejo. E pode haver um subgrupo de mulheres — cerca de 15% — cuja excitação sexual depende da testosterona, principalmente durante o uso de anticoncepcionais hormonais; especificamente, seu mecanismo de resposta sexual pode ter baixa sensibilidade à testosterona, então eles exigem mais dela antes que seu interesse sexual entre em ação (Bancroft e Graham, "Varied Nature of Women's Sexuality").

   Cerca de 1/3 das mulheres vivencia uma diminuição no interesse sexual quando está tomando pílula anticoncepcional, cerca de 1/5 das mulheres vivencia um aumento em seu interesse sexual e a metade restante não vivencia nenhuma mudança específica (Sanders et al., "Prospective Study"). Portanto, se o seu interesse por sexo diminuiu quando você começou a usar anticoncepcionais hormonais e gostaria de voltar, mude para uma pílula diferente ou experimente o anel, o DIU, o implante ou qualquer outro método anticoncepcional hormonal. O corpo de cada mulher responde de maneira diferente a diferentes combinações hormonais.

   Foi descoberto também que a tão divulgada diminuição no interesse das mulheres por sexo à medida que envelhecem está associada à idade em si, não aos hormônios (Erekson et al., "Sexual Function in Older Women"). É complicado e há exceções, é claro, mas uma boa regra geral é que os hormônios podem ajudar com problemas genitais/periféricos — dor, secura, sensação etc. — mas não com problemas cerebrais/centrais, e o desejo é um problema cerebral (Basson, "Hormones and Sexuality").

6. Basson, "Biopsychosocial Models of Women's Sexual Response"; Brotto et al., "Predictors of Sexual Desire Disorders".

7. Beach, "Characteristics of Masculine 'Sex Drive'". Para uma breve discussão sobre a história da conceitualização do sexo como um impulso, veja Heiman e Pfaff, "Sexual Arousal and Related Concepts".

8. Não é o desejo sexual que faz as pessoas entrarem em pânico quando são "privadas" de sexo. Em vez disso, é, pelo menos em parte, solidão. A conexão é um impulso (Nagoski, "I'm Sorry You're Lonely").

9. Toates, *How Sexual Desire Works*, capítulo 4.

10. Observe que a curiosidade e a brincadeira são tão inatas aos humanos (e outros mamíferos sociais) quanto a fome ou a sede (Toates, *Biological Psychology*). Isso é importante porque a perspectiva "você não precisa de sexo" na educação sexual, oferecida na louvável esperança de proteger as mulheres do direito sexual dos homens (ver Manne, *Down Girl* e *Entitled*), às vezes, infelizmente, oscilou para o extremo oposto, defendendo a abstinência absoluta (Duffey, *Relations of the Sexes*; Foster, *Social Emergency*). O sexo é uma motivação inata nos seres humanos e, a meu ver, os únicos pré-requisitos são consentimento mútuo e livre e ausência de dor indesejada. Isso é mais fácil dizer do que fazer, precisamente devido ao direito sexual dos homens.

11. Perel, "Secret to Desire in a Long-Term Relationship".

12. Gottman, *Science of Trust*, 257.

13. Charles Carver sugeriu que o prazer pode ser um sinal de que podemos parar de prestar atenção a uma coisa e transferi-la para algo mais insatisfatório ("Pleasure as a Sign"). Veja o loop de realimentação de redução de discrepância, capítulo 8 deste livro, nota 21.

14. Dwyer e Sobhan, "Statistical Review and Evaluation", acessado em 11 de setembro de 2020, em https://www.accessdata.fda.gov/drugsatfda_docs/nda/2015/022526Orig1s000StatR.pdf

15. Ng, "Risk Assessment and Risk Mitigation Review(s)". O número de "eventos sexuais satisfatórios" é o ponto final secundário e "falhou em atingir a significância estatística entre os grupos de tratamento" (p. 8).

16. Filipovic, "Can 1 Little Pill Save Female Desire?"

17. Sole-Smith, "Pleasure in a Pill?" (Observe que o título do artigo combina prazer e desejo).

18. Por exemplo, Stein, "Female Libido Pill Fires Up Debate" e Adams, "For Sexual Dysfunction, 'Men Get a Pill and Women Need Therapy'". (Observe que a se-

gunda manchete confunde as dificuldades de desejo sexual das mulheres com as dificuldades de ereção/excitação dos homens).

19. Nagoski, "World Cup of Women's Sexual Desire".

20. Meston e Buss, "Why Humans Have Sex".

21. Por exemplo, Clayton et al., "International Society for the Study of Women's Sexual Health," mas para um contraexemplo, veja Tiefer, "Sex Therapy as a Humanistic Enterprise".

22. Kleinplatz et al., "Components of Optimal Sexuality".

23. Rosen, "How Do Women Survivors."

24. Fahs e Plante, "On 'Good Sex' and Other Dangerous Ideas."

25. Kleinplatz e Ménard, *Magnificent Sex*, 185.

Parte 4. Êxtase para todos
8. Orgasmo: o prazer é a medida

1. Kinsey, Pomeroy e Martin (*Sexual Behavior in the Human Male*, 158) definiram o orgasmo como "uma liberação repentina que produz espasmos locais ou convulsões mais extensas ou intensas ". A "fase orgástica" de Masters e Johnson (*Human Sexual Response*, 6) era "aqueles poucos segundos durante os quais a vasoconcentração [constrição dos vasos sanguíneos] e a miotonia [constrição muscular] desenvolvida a partir de estímulos sexuais são liberadas. Esse clímax involuntário é alcançado em qualquer nível que represente o aumento máximo da tensão sexual para a ocasião específica". Você notará que estes são mais inclusivos do que o "consenso do século XXI de que o orgasmo de uma mulher envolve um pico transitório de intenso prazer sexual associado a contrações rítmicas da musculatura pélvica circunvaginal, muitas vezes com contrações uterinas e anais concomitantes" (Bianchi-Demicheli e Ortigue, "Toward an Understanding of the Cerebral Substrates", 2646). Essa definição de "consenso" contradiz a pesquisa em relação a não concordância e sobre a ausência contextual de prazer com o orgasmo.

2. Levin e Wagner, "Orgasm in Women in the Laboratory".

3. Bohlen et al., "Female Orgasm". A pesquisadora Nicole Prause mediu o orgasmo em laboratório e descobriu que metade das mulheres que relataram orgasmo não exibiam sinais fisiológicos dele. Ela disse em uma entrevista: "Isso é real: muitas mulheres pensam que estão tendo orgasmos quando não estão" (Rowland, The Pleasure Gap, capítulo 2). Eu diria que, em vez de iluminar as mulheres e dizer que elas não conhecem seus próprios corpos, nos perguntamos o que é o orgas-

mo, já que evidentemente não é o que estamos medindo. Minha própria conclusão é que o orgasmo é a liberação espontânea e involuntária da tensão sexual (ver nota 1 deste capítulo).

4. Alzate, Useche e Villegas, "Heart Rate Change".

5. E há muita coisa acontecendo em seu cérebro. Para uma revisão, veja Georgiadis e Kortekaas, "Sweetest Taboo".

6. Herbenick e Fortenberry, "Exercise-Induced Orgasm".

7. Levin e van Berlo, "Sexual Arousal and Orgasm." Minha palestra como convidada foi a base da minha palestra TED (Emily Nagoski, "The Truth about Unwanted Arousal", filmado em 13 de abril de 2018, em Vancouver, Ontário, vídeo TED, 15:08, http://go.ted.com/emilynagoski).

8. A pesquisa descobriu que aproximadamente 30% das mulheres experimentam orgasmo noturno (Mah e Binik, "Nature of Human Orgasm").

9. LoPiccolo e LoPiccolo, eds., *Handbook of Sex Therapy*.

10. É verdade ainda que diferentes partes do cérebro "se iluminam" durante o estímulo vaginal em comparação com o estímulo do clitóris (Komisaruk et al., "Women's Clitoris, Vagina, and Cervix"). Diferentes partes do seu cérebro são mapeadas em diferentes partes do seu corpo. Mas não os chamamos de "orgasmos do córtex somatossensorial vaginal" e "orgasmos do córtex somatossensorial do clitóris". As mulheres com lesões na medula espinhal podem até contornar completamente a coluna e gerar orgasmo por meio da estimulação de um nervo craniano que viaja diretamente entre o colo do útero e o cérebro (Komisaruk et al., "Brain Activation"). E esses não são "orgasmos de nervos cranianos"; são orgasmos, nenhum qualificador é necessário.

11. Esse número foi replicado várias vezes, usando várias metodologias, em vários estudos, incluindo o volume feminino de Kinsey e o *The Hite Report*. A maior taxa de penetração durante a masturbação que já vi vem de um estudo de 2007, onde as mulheres responderam à afirmação "eu uso vibradores ou introduzo alguns objetos na vagina"; 21,4% afirmaram que sim pelo menos algumas vezes (Carvalheira e Leal, "Masturbation among Women"). É importante observar que os vibradores são normalmente usados externamente; Davis et ai. ("Characteristics of Vibrator Use among Women") descobriu que 3% (3 de 115) das mulheres se masturbavam com um vibrador "principalmente" em suas vaginas e 24% (36/115) com o vibrador em "vários locais genitais", que pode incluir a vagina; 14% (11 de 79) relataram principalmente um movimento "para dentro e para fora" do

vibrador; e 79% das mulheres relataram que a estimulação do vibrador clitoriano durante a masturbação solo "geralmente ou sempre resultou em orgasmo" e 30% relataram que o estímulo do vibrador vaginal o fez.

Além disso, segundo Hite (1976), 1,5% das mulheres se masturbam exclusivamente com penetração vaginal; 5% das mulheres sempre entram na vagina durante a masturbação; 1% penetra na vagina no orgasmo, com uma mão também estimulando a vulva; outro 1% penetra na vagina para obter lubrificação. Kinsey e outros. (1953, 161) observam uma distinção anatômica entre a vagina e o introito:

> Muitas daquelas que relataram "penetrações vaginais" na masturbação falharam em distinguir o vestíbulo da vagina (que é bem equipado com terminações nervosas) da própria vagina (que está mal equipado ou desprovido de terminações nervosas). Em muitos casos, os dedos da mulher foram inseridos apenas o suficiente além do anel muscular que fica na entrada vaginal (o introito) para fornecer um aperto firme para o resto da mão enquanto estimulava as porções externas de sua genitália.

12. Este é outro número que foi replicado usando várias metodologias por quase um século. Para uma revisão completa, veja Lloyd, *Case of the Female Orgasm*, e Levin, "Human Female Orgasm".

13. Wallen e Lloyd, "Female Sexual Arousal", mas veja também a nota 1 do capítulo 1. Esses tipos de estudos podem nos ajudar a entender, pouco a pouco, algo da história evolutiva da sexualidade humana, mas eles não oferecem absolutamente nenhum insight sobre como "devemos" experimentar nossa sexualidade em nossas vidas diárias. Wallen e Lloyd não cometem esse erro, mas outros pesquisadores sim. Ao ler estudos sobre morfologia anatômica, tome cuidado com a linguagem que iguala morfologia anatômica específica a "saúde", "disfunção" ou "sucesso", a menos que eles estejam discutindo infecção ou dor indesejada.

14. Nagoski, "Definitive Answer".

15. Graham, "DSM Diagnostic Criteria". Em um estudo de uma amostra aleatória de mulheres australianas, 8% relataram "dificuldade mais angústia" (Hayes et al., "'True' Prevalence of Female Sexual Dysfunctions"); em um estudo de uma grande amostra populacional, 10% das mulheres relataram "dificuldade mais angústia" (Witting et al., "Correlated Genetic and Non-Shared Environmental Influences"); de dezessete mil mulheres flamengas, 6,5% relataram "disfunção do orgasmo" (Hendrickx, Gijs e Enzlin, "Taxas de prevalência de dificuldades sexuais").

16. Armstrong, Inglaterra, e Fogarty, "Accounting for Women's Orgasms". Qual era o melhor tipo de estímulo para o orgasmo com um novo parceiro? Estimulando seu clitóris com a própria mão.

17. Stroupe, "How Difficult Is Too Difficult?"

18. Read, King e Watson, "Sexual Dysfunction in Primary Medical Care", encontraram 7% em uma amostra clínica geral.

19. Simons e Carey, "Prevalence of Sexual Dysfunctions," encontraram 7% — 10% em sua revisão da pesquisa. Observe que 80% das mulheres com anorgasmia "ao longo da vida" são efetivamente tratadas com intervenções psicológicas (Heiman, "Psychologic Treatments for Female Sexual Dysfunction"), que é uma das várias razões pelas quais eu suspeito que o número de mulheres com anorgasmia verdadeiramente ao longo da vida é substancialmente menos de 5% — 10%.

20. Kingsberg et al., "Characterization of Orgasmic Difficulties".

21. Para uma descrição mais precisa e científica da pequena monitora (por exemplo, que na verdade não existe uma pequena monitora), veja Carver e Scheier, "Self Regulation of Action and Affect". Na psicologia comparativa, o fenômeno da curiosidade é estudado como "Exploração", de acordo com Toates, *Biological Psychology*, 404-6, ou "busca", de acordo com Panksepp e Biven, *Archaeology of Mind*, capítulo 3.

22. Pode ser também para evitar algo — esses são "antiobjetivos" e são alvos de discrepâncias que ampliam, em vez de reduzir, os ciclos de feedback (Carver e Scheier, "Cybernetic Control Processes").

23. Schwarzer e Frensch, eds., *Personality, Human Development, and Culture*, capítulo 1.

24. Wrosch et al., "Importance of Goal Disengagement," 370. Isso é paralelo às três estratégias de enfrentamento em Mitchell et al., "Managing Sexual Difficulties": mudar os objetivos para se adequar às circunstâncias, mudar as circunstâncias para se adequar aos objetivos e viver com uma lacuna entre os objetivos e as circunstâncias.

25. Herbenick et al., "Prevalence and Characteristics of Vibrator Use".

26. Marcus, "Changes in a Woman's Sexual Experience".

27. Haller, "The 5 Craziest Sex Studies EVER." Metade dos participantes da pesquisa que não usavam meias atingiram o orgasmo, mas esse número subiu para 80% quando eles não usaram meias.

28. Toates, *Motivational Systems*, 151–2.

9. Ame o que é verdadeiro: o contexto sexo-positivo supremo

1. Ellin, "More Women Look Over the Counter.
2. Sakaluk et al., "Dominant Heterosexual Sexual Scripts."
3. Nossos diferentes caminhos para acolher nossas sexualidades como elas são coincidem com os diferentes "caminhos para o sexo magnífico" delineados por Kleinplatz e Ménard (*Magnificent Sex*, capítulo 12).
4. Baer, "Construct Validity of the Five Facet Mindfulness Questionnaire"; Van Dam, Earleywine e Danoff-Burg, "Differential Item Function"; Baer et al., "Using Self-Report Assessment Methods"; Silverstein et al., "Effects of Mindfulness Training." (Este último artigo conclui, inexplicavelmente, que a interocepção — consciência do próprio corpo — é o que fez a diferença, mesmo que o fator "observar" não tenha mudado significativamente e o fator "não julgar" tenha mudado mais significativamente.)
5. Hoge et al., "Mindfulness and Self-Compassion in Generalized Anxiety Disorder". Em um estudo semelhante de ansiedade e depressão, este comparando a Escala de Conscientização da Atenção Consciente (MAAS) e a Escala de Autocompaixão mencionada no capítulo 5, a autocompaixão foi um preditor melhor do que a atenção plena — ou seja, apenas a consciência de qualidade de vida (Van Dam et al., "Self-Compassion Is a Better Predictor").
6. Mize e Iantaffi, "Place of Mindfulness in a Sensorimotor Psychotherapy Intervention".
7. Leavitt, Lefkowitz e Waterman, "Role of Sexual Mindfulness".
8. Suschinsky e Lalumière, "Is Sexual Concordance Related".
9. O poder do não julgamento no funcionamento sexual também me ajuda a entender a relação entre as questões do desejo sexual e a não concordância da excitação. Os pesquisadores sugeriram que mulheres com maiores preocupações sobre seu funcionamento sexual podem se preocupar mais com suas sensações genitais, o que pode reduzir tanto sua excitação subjetiva quanto seu fluxo sanguíneo genital, ao mesmo tempo em que aumentam sua atenção ao fluxo sanguíneo genital (Velten et al., "Investigating Female Sexual Concordance"). Se isso for verdade, então a consciência em si não é boa ou ruim; é a qualidade da consciência que importa. A consciência preocupada, ao que parece, pode pisar no freio. Não podemos mudar a sensibilidade dos freios, mas podemos mudar o contexto. Pode-

mos mudar a consciência preocupada para a consciência sem julgamento. Isso também explicaria por que uma maior consciência da excitação genital em mulheres sexualmente angustiadas estava relacionada a uma maior concordância da excitação, conforme mencionado no capítulo 6, nota 23 (Suschinshy et al., "The Relationship between Sexual Functioning and Sexual Concordance").

10. Moseley e Butler, *Explain Pain Supercharged*; Tracey, "Getting the Pain You Expect".

11. Pierce et al., "Vaginal Hypersensitivity and Hypothalamic-Pituitary-Adrenal Axis Dysfunction".

Referências

Abler, Birgit, Henrik Walter, Susanne Erk, Hannes Kammerer, e Manfred Spitzer. "Prediction Error as a Linear Function of Reward Probability Is Coded in Human Nucleus Accumbens." *NeuroImage* 31, nº 2 (2006): 790–95. doi:10.1016/j.neuroimage.2006.01.001.

Acevedo, Bianca P., Arthur Aron, Helen E. Fisher, e Lucy L. Brown. "Neural Correlates of Long-Term Intense Romantic Love." *Social Cognitive and Affective Neuroscience* 7, nº 2 (2011): 145–59. doi:10.1093/scan/nsq092.

Adams, Rebecca. "For Sexual Dysfunction, 'Men Get a Pill and Women Need Therapy.' What Gives?" Huffington Post, 3 de junho de 2015. Acesso em 22 de junho de 2020. https://www.huffpost.com/entry/sexual-dysfunction pill_n_6677502.

Alzate, H., B. Useche, e M. Villegas. "Heart Rate Change as Evidence for Vaginally Elicited Orgasm and Orgasm Intensity." *Annals of Sex Research* 2 (1989): 345–57.

Angier, Natalie. "Conversations/Ellen T. M. Laan; Science Is Finding Out What Women Really Want." *New York Times*, 13 de agosto de 1995. www.nytimes.com/1995/08/13/weekinreview/conversations-ellen-tm-laan-science-is-finding-out-what-women-really-want.html.

Ariely, Dan. *Predictably Irrational: The Hidden Forces That Shape Our Decisions.* Rev. ed. Nova York: Harper, 2009.

Aristotle [pseud.]. *Aristotle's Compleat Master-Piece in Three Parts Displaying the Secrets of Nature in the Generation of Man.* 1728.

Armstrong, Elizabeth A., Paula Engle, e Alison C. K. Fogarty. "Accounting for Women's Orgasms and Sexual Enjoyment in College Hookups and Relationships." *American Sociological Review* 77, nº 3 (2012): 435–62. doi:10.1177/0003122412445802.

Arnow, B. A., L. Millheiser, A. Garrett, M. Lake Polan, G. H. Glover, K. R. Hill, e A. Lightbody, et al. "Women with Hypoactive Sexual Desire Disorder Compared to Normal Females: A Functional Magnetic Resonance Imaging Study." *Neuroscience* 158, nº 2 (2009): 484–502. doi:10.1016/j.neuroscience.2008.09.044.

Aubrey, Allison. "Feeling a Little Blue May Mask Our Ability to Taste Fat." National Public Radio, 6 de junho de 2013. www.npr.org/blogs/thesalt/2013/06/04/188706043/feeling-a-little-blue-may-mask-our-ability-to-taste-fat?ft=1&f=1007.

Bacon, Lindo. "The HAES Manifesto." From *Health at Every Size: The Surprising Truth about Your Weight*. Dallas: BenBella Books, 2010. lindobacon.com/HAESbook/pdf_files/HAES_Manifesto.pdf.

Baer, Ruth A. "Construct Validity of the Five Facet Mindfulness Questionnaire in Meditating and Nonmeditating Samples." *Assessment* 15, nº 3 (2008): 329–42. doi:10.1177/1073191107313003.

Baer, Ruth A., Gregory T. Smith, Jaclyn Hopkins, Jennifer Krietemeyer, e Leslie Toney. "Using Self-Report Assessment Methods to Explore Facets of Mindfulness." *Assessment* 13, nº 1 (2006): 27–45. doi:10.1177/1073191105283504.

Baliki, Marwan N., Paul Y. Geha, Howard L. Fields, e A. Vania Apkarian. "Predicting Value of Pain and Analgesia: Nucleus Accumbens Response to Noxious Stimuli Changes in the Presence of Chronic Pain." *Neuron* 66, nº 1 (2010): 149–60. doi:10.1016/j.neuron.2010.03.002.

Bancroft, John, e Cynthia A. Graham. "The Varied Nature of Women's Sexuality: Unresolved Issues and a Theoretical Approach." *Hormones and Behavior* 59, nº 5 (2011): 717–29. http://dx.doi.org/10.1016/j.yhbeh.2011.01.005.

Bancroft, John, Jeni Loftus, e J. Scott Long. "Distress about Sex: A National Survey of Women in Heterosexual Relationships." *Archives of Sexual Behavior* 32, nº 3 (2003): 193–208.

Basson, Rosemary. "Biopsychosocial Models of Women's Sexual Response: Applications to Management of 'Desire Disorders.'" *Sexual and Relationship Therapy* 18, nº 1 (2003): 107–15. doi:10.1080/1468199031000061308.

———. "Hormones and Sexuality: Current Complexities and Future Directions." *Maturitas* 57, nº 1 (2007): 66–70. doi:10.1016/j.maturitas.2007.02.018.

BBC News. "Words Can Change What We Smell." 26 de setembro de 2005. news.bbc.co.uk/2/hi/health/4558075.stm.

Beach, Frank A. "Characteristics of Masculine 'Sex Drive.'" *Nebraska Symposium on Motivation*, vol. 4. Lincoln: University of Nebraska Press, 1956, 1–32.

Beck, J. Gayle, Alan W. Bozman, e Tina Qualtrough. "The Experience of Sexual Desire: Psychological Correlates in a College Sample." *Journal of Sex Research* 28, nº 3 (1991): 443–56.

Becker, Anne E. *Body, Self, and Society: The View from Fiji*. Philadelphia: University of Pennsylvania Press, 1995.

Becker, Anne E., Rebecca A. Burwell, David B. Herzog, Paul Hamburg, e Stephen E. Gilman. "Eating Behaviours and Attitudes Following Prolonged Exposure to Television among Ethnic Fijian Adolescent Girls." *British Journal of Psychiatry* 180 (2002): 509–14. doi:10.1192/bjp.180.6.509.

Becker, Anne E., Jennifer J. Thomas, Asenaca Bainivualiku, Lauren Richards, Kesaia Navara, Andrea L. Roberts, Stephen E. Gilman, e Ruth H. Striegel-Moore. "Validity and Reliability of a Fijian Translation and Adaptation of the Eating Disorder Examination Questionnaire." *International Journal of Eating Disorders* 43, nº 2 (2010): 171–78. doi:10.1002/eat.20675.

Benedek, Mathias, e Christian Kaernbach. "Physiological Correlates and Emotional Specificity of Human Piloerection." *Biological Psychology* 86, nº 3 (2011): 320–29.

Bergner, Daniel. *What Do Women Want? Adventures in the Science of Female Desire*. Nova York: Harper, 2013.

———. "Women Who Want to Want." *New York Times*, 24 de novembro de 2009. www.nytimes.com/2009/11/29/magazine/29sex-t.html?pagewanted=all&_r=0.

Berridge, Kent. *The Mechanisms of Self-Control: Lessons from Addiction*. Vídeo, The Science Network, 13 de maio de 2010. http://thesciencenetwork.org/programs/the-mechanisms-of-self-control-lessons-from-addiction/kent-berridge.

Berridge, Kent, Richie Davidson, e Daniel Gilbert. *The Neuroscience of Happiness*. Vídeo, Aspen Ideas Festival, 2011. https://youtu.be/8f-T7lgdLPI.

Berridge, Kent C., e Morten L. Kringelbach. "Neuroscience of Affect: Brain Mechanisms of Pleasure and Displeasure." *Current Opinion in Neurobiology* 23, nº 3 (2013): 294–303. http://dx.doi.org/10.1016/j.conb.2013.01.017.

Berridge, Kent, e Piotr Winkielman. "What Is an Unconscious Emotion? (The Case for Unconscious 'Liking')." *Cognition and Emotion* 17, nº 2 (2003): 181–211.

Berry, Lisa-Marie, e Ben Laskey. "A Review of Obsessive Intrusive Thoughts in the General Population." *Journal of Obsessive-Compulsive and Related Disorders* 1, n° 2 (2012): 125–32.

Besser, Avi, Gordon L. Flett, e Richard A. Davis. "Self-Criticism, Dependency, Silencing the Self, and Loneliness: A Test of a Mediational Model." *Personality and Individual Differences* 35, n° 8 (2003): 1735–52. http://dx.doi.org/10.1016/S0191-8869(02)00403-8.

Bianchi-Demicheli, Francesco, e Stephanie Ortigue. "Toward an Understanding of the Cerebral Substrates of Woman's Orgasm." *Neuropsychologia* 45, n° 12 (2007): 2645–59. http://dx.doi.org/10.1016/j.neuropsychologia.2007.04.016.

Bifulco, A., P. M. Moran, C. Ball, e O. Bernazzani. "Adult Attachment Style. I: Its Relationship to Clinical Depression." *Social Psychiatry and Psychiatric Epidemiology* 37 (2002): 50–59.

Birnbaum, Gurit E., Harry T. Reis, Mario Mikulincer, Omri Gillath, e Ayala Orpaz. "When Sex Is More Than Just Sex: Attachment Orientations, Sexual Experience, and Relationship Quality." *Journal of Personality and Social Psychology* 91, n° 5 (2006): 929–43. doi:10.1037/0022-3514.91.5.929.

Bloemers, Jos, Jeroen Gerritsen, Richard Bults, Hans Koppeschaar, Walter Everaerd, Berend Olivier, e Adriaan Tuiten. "Induction of Sexual Arousal in Women under Conditions of Institutional and Ambulatory Laboratory Circumstances: A Comparative Study." *Journal of Sexual Medicine* 7, n° 3 (2010): 1160–76. doi:10.1111/j.1743-6109.2009.01660.x.

Bohlen, Joseph G., James P. Held, Margaret Olwen Sanderson, e Andrew Ahlgren. "The Female Orgasm: Pelvic Contraction." *Archives of Sexual Behavior* 11, n° 5 (1982): 367–86.

Borg, Charmaine, e Peter J. de Jong. "Feelings of Disgust and Disgust-Induced Avoidance Weaken following Induced Sexual Arousal in Women." *PLoS ONE* 7, n° 9 (2012). doi:10.1371/journal.pone.0044111.

Borg, Charmaine, Peter J. de Jong, e Willibrord Weijmar Schultz. "Vaginismus and Dyspareunia: Relationship with General and Sex-Related Moral Standards." *Journal of Sexual Medicine* 8, n° 1 (2011): 223–31. doi:10.1111/j.1743-6109.2010.02080.x.

Both, Stephanie, Walter Everaerd, e Ellen Laan. "Modulation of Spinal Reflexes by Aversive and Sexually Appetitive Stimuli." *Psychophysiology* 40, n° 2 (2003): 174–83. doi:10.1111/1469-8986.00019.

Bradford, Andrea, e Cindy M. Meston. "The Impact of Anxiety on Sexual Arousal in Women." *Behaviour Research and Therapy* 44, nº 8 (2006): 1067–77. doi:10.1016/j.brat.2005.08.006.

Briganti, Paul, dir. *Adam Ruins Everything.* Temporada 1, episódio 10, "Adam Ruins Sex." Written by Caldwell Tanner. Exibido em 8 de dezembro de 2015, on truTV.

Britton, Lauren E., Denise M. Martz, Doris G. Bazzini, Lisa A. Curtin, e Anni LeaShomb. "Fat Talk and Self-Presentation of Body Image: Is There a Social Norm for Women to Self-Degrade?" *Body Image* 3, nº 3 (2006): 247–54.

Brotto, Lori A., A. John Petkau, Fernand Labrie, e Rosemary Basson. "Predictors of Sexual Desire Disorders in Women." *Journal of Sexual Medicine* 8 nº 3 (2011): 742–53. doi:10.1111/j.1743-6109.2010.02146.x.

Cain, Virginia S., Catherine B. Johannes, Nancy E. Avis, Beth Mohr, Miriam Schocken, Joan Skurnick, e Marcia Ory. "Sexual Functioning and Practices in a Multi-Ethnic Study of Midlife Women: Baseline Results from SWAN." *Journal of Sex Research* 40, nº 3 (2003): 266–76.

Cantazaro, Amy, e Meifen Wei. "Adult Attachment, Dependence, Self-Criticism, and Depressive Symptoms: A Test of a Mediational Model." *Journal of Personality* 78, nº 4 (2010): 1135–62. wei.public.iastate.edu/manuscript/attachment dependence self-criticism.pdf.

Carpenter, Deanna L., Cynthia Graham, Erick Janssen, Harrie Vorst, e Jelte Wicherts. "The Dual Control Model: Gender, Sexual Problems, and Prevalence of Sexual Excitation and Inhibition Profiles." www.slideserve.com/phoebe/the-dual-control-model-gender-sexual-problems-and-prevalence-of-sexual-excitation-and-inhibition-profiles.

Carpenter, Deanna, Erick Janssen, Cynthia Graham, Harrie Vorst, e Jelte Wicherts. "Women's Scores on the Sexual Inhibition/Sexual Excitation Scales (SIS/SES): Gender Similarities and Differences." *Journal of Sex Research* 45, nº 1 (2008): 36–48. doi:10.1080/00224490701808076.

Carvalheira, Ana A., Lori A. Brotto, e Isabel Leal. "Women's Motivations for Sex: Exploring the Diagnostic and Statistical Manual, Fourth Edition, Text Revision Criteria for Hypoactive Sexual Desire and Female Sexual Arousal Disorders." *Journal of Sexual Medicine* 7, nº 4 (2010): 1454–63. doi:10.1111/j.1743-6109.2009.01693.x.

Carvalheira, Ana, e Isabel Leal. "Masturbation among Women: Associated Factors and Sexual Response in a Portuguese Community Sample." *Journal of Sex & Marital Therapy* 39, nº 4 (2013): 347–67. doi:10.1080/0092623X.2011.628440.

Carver, Charles S. "Pleasure as a Sign You Can Attend to Something Else: Placing Positive Feelings within a General Model of Affect." *Cognition and Emotion* 17, nº 2 (2003): 241–61.

Carver, Charles S., e Michael F. Scheier. "Cybernetic Control Processes and the Self-Regulation of Behavior." In *The Oxford Handbook of Human Motivation*, editado por Richard M. Ryan, 28–42. Nova York: Oxford University Press, 2012.

———. "Self-Regulation of Action and Affect." In *Handbook of Self-Regulation: Research, Theory, and Applications*, 2nd ed., editado por Kathleen D. Vohs e Roy F. Baumeister, 3–21. Nova York: Guilford Press, 2013.

Cathey, Angela J., e Chad T. Wetterneck. "Stigma and Disclosure of Intrusive Thoughts about Sexual Themes." *Journal of Obsessive-Compulsive and Related Disorders* 2, nº 4 (2013): 439–43.

Childress, Anna Rose, Ronald N. Ehrman, Ze Wang, Yin Li, Nathan Sciortino, Jonathan Hakun, William Jens, et al. "Prelude to Passion: Limbic Activation by 'Unseen' Drug and Sexual Cues." *PLoS ONE* 3, nº 1 (2008). doi:10.1371/journal.pone.0001506.

Clayton, Anita H., Irwin Goldstein, Noel N. Kim, Stanley E. Althof, Stephanie S. Faubion, Brooke M. Faught, Sharon J. Parish, et al. "The International Society for the Study of Women's Sexual Health Process of Care for Management of Hypoactive Sexual Desire Disorder in Women." In *Mayo Clinic Proceedings* 93, nº 4, pp. 467–87. Amsterdam: Elsevier, 2018.

Cooper, Lynne M., Mark Pioli, Ash Levitt, Amelia E. Talley, Lada Micheas, e Nancy L. Collins. "Attachment Styles, Sex Motives, and Sexual Behavior: Evidence for Gender-Specific Expressions of Attachment Dynamics." Em *Dynamics of Romantic Love: Attachment, Caregiving, and Sex*, editado por Mario Mikulincer e Gail S. Goodman, 243–74. Nova York: Guilford Press, 2006.

David, Daryn H., e Karlen Lyons-Ruth. "Differential Attachment Responses of Male and Female Infants to Frightening Maternal Behavior: Tend or Befriend versus Fight or Flight?" *Infant Mental Health Journal* 26, nº 1 (2005): 1–18. doi:10.1002/imhj.20033.

Davila, Joanne, Dorli Burge, e Constance Hammen. "Why Does Attachment Style Change?" *Journal of Personality and Social Psychology* 73, nº 4 (1997): 826–38. doi:10.1037/0022-3514.73.4.826.

Davis, Clive M., Joani Blank, Hung-Yu Lin, e Consuelo Bonillas. "Characteristics of Vibrator Use among Women." *Journal of Sex Research* 33, nº 4 (1996): 313–20.

de Jong, Peter J., Mark van Overveld, e Charmaine Borg. "Giving In to Arousal or Staying Stuck in Disgust? Disgust-Based Mechanisms in Sex and Sexual Dysfunction." *Journal of Sex Research* 50, nº 3 (2013): 247–62. doi:10.1080/00224499.2012.746280.

de Jong, Peter J., Mark van Overveld, Willibrord Weijmar Schultz, Madelon L. Peters, e Femke M. Buwalda. "Disgust and Contamination Sensitivity in Vaginismus and Dyspareunia." *Archives of Sexual Behavior* 38, nº 2 (2009): 244–52. www.ncbi.nlm.nih.gov/pubmed/17909958.

Dewitte, Marieke. "Different Perspectives on the Sex-Attachment Link: Towards an Emotion-Motivational Account." *Journal of Sex Research* 49, nº 2–3 (2012): 105–24.

Dewitte, Marieke, Joana Carvalho, Giovanni Corona, Erika Limoncin, Patricia Pascoal, Yacov Reisman, e Aleksandar Štulhofer. "Sexual Desire Discrepancy: A Position Statement of the European Society for Sexual Medicine." *Sexual Medicine* 8, nº 2 (2020): 121–31.

Dickerson, S. S., e M. E. Kemeny. "Acute Stressors and Cortisol Response: A Theoretical Integration and Synthesis of Laboratory Research." *Psychological Bulletin* 130, nº 3 (2004): 355–91.

Dixson, Alan F. *Sexual Selection and the Origins of Human Mating Systems.* Oxford: Oxford University Press, 2009.

Dreger, Alice Domurat. "Why 'Disorders of Sex Development'? (Sobre Linguagem e Vida)." 17 de novembro de 2007. http://alicedreger.com/dsd.html.

Drysdale, Kirsten, Ali Russell, e Andrew Glover. "Labiaplasty: Hungry Beast." ABC TV Australia, 2010. http://vimeo.com/10883108.

Duffey, Eliza Bisbee. *The Relations of the Sexes.* 1876. Nova York: Arno Press, 1974.

Dunkley, Cara R., Silvain S. Dang, Sabrina C. H. Chang, e Boris B. Gorzalka. "Sexual Functioning in Young Women and Men: Role of Attachment Orientation." *Journal of Sex & Marital Therapy* 42, nº 5 (2016): 413–30.

Dwyer, Kate, e Mahboob Sobhan. "Statistical Review and Evaluation of Application Number: 022526Orig1s000." Acesso em 11 de setembro de 2020. https://www.accessdata.fda.gov/drugsatfda_docs/nda/2015/022526Orig1s000StatR.pdf.

Eichelberger, Erika. "Todd Akin Is Not Sorry for His Insane Rape Comments." *Mother Jones*, 10 de julho de 2014. Acceso em 27 de julho de 2014. http://www.motherjones.com/mojo/2014/07/todd-akin-book-legitimate-rape.

Ekman, Paul. *Emotions Revealed: Recognizing Faces and Feelings to Improve Communication and Emotional Life.* 2nd ed. Nova York: Henry Holt, 2007.

Ellin, Abby. "More Women Look Over the Counter for a Libido Fix." *New York Times*, 2 de julho de 2012. www.nytimes.com/2012/07/03/health/more-women-seek-over-the-counter-sexual-remedies.html.

Emhardt, E., J. Siegel, e L. Hoffman. "Anatomic Variation and Orgasm: Could Variations in Anatomy Explain Differences in Orgasmic Success?" *Clinical Anatomy* 29, nº 5 (2016): 665–72.

Erekson, Elisabeth A., Deanna K. Martin, Kejia Zhu, Maria M. Ciarleglio, Divya A. Patel, Marsha K. Guess, e Elena S. Ratner. "Sexual Function in Older Women after Oophorectomy." *Obstetrics & Gynecology* 120, nº 4 (2012): 833–42. doi:10.1097/AOG.0b013e31826af3d1.

Fahs, Breanne, e Rebecca Plante. "On 'Good Sex' and Other Dangerous Ideas: Women Narrate Their Joyous and Happy Sexual Encounters." *Journal of Gender Studies* 26, nº 1 (2017): 33–44.

Fausto-Sterling, Anne. *Sexing the Body: Gender Politics and the Construction of Sexuality.* Nova York: Basic Books, 2000.

Feeney, Judith A., e Patricia Noller. "Attachment Style as a Predictor of Adult Romantic Relationships." *Journal of Personality and Social Psychology* 58, nº 2 (1990): 281–91. doi:10.1037/0022-3514.58.2.281.

Feeney, Nolan. "Living Myths about Virginity." *Atlantic*, 7 de fevereiro de 2014. www.theatlantic.com/health/archive/2014/02/living-myths-about-virginity/283628.

Fernández de la Cruz, Lorena, Faye Barrow, Koen Bolhuis, Georgina Krebs, Chloe Volz, Eriko Nakatani, Isobel Heyman, e David Mataix-Cols. "Sexual Obsessions in Pediatric Obsessive-Compulsive Disorder: Clinical Characteristics and Treatment Outcomes." *Depression and Anxiety* 30, nº 8 (2013): 732–40.

Filipovic, Jill. "Can 1 Little Pill Save Female Desire?" *Cosmopolitan*, 24 de fevereiro de 2015. Acesso em 22 de junho de 2020. https://www.cosmopolitan.com/sex-love/news/a36745/can-a-pill-save-female-desire/.

Flaten, Magne Arve, Terje Simonsen, e Harald Olsen. "Drug-Related Information Generates Placebo and Nocebo Responses That Modify the Drug Response." *Psychosomatic Medicine* 61, nº 2 (1999): 250–55. www.psychosomaticmedicine.org/content/61/2/250.full.

Foster, William Trufant. *The Social Emergency: Studies in Sex Hygiene and Morals.* Boston: Houghton Mifflin, 1914.

Fraley, R. Chris, Neils G. Waller, e Kelly A. Brennan. "An Item Response Theory Analysis of Self-Report Measures of Adult Attachment." *Journal of Personality and Social Psychology* 78, nº 2 (2000): 350–65. doi:10.1037/0022-3514.78.2.350.

Gaffney, D. "Established and Emerging PTSD Treatments." *Mental Health Clinician* 2, nº 7 (2013): 213–19.

Gangestad, Steven W., Randy Thornhill, e Christine E. Garver. "Changes in Women's Sexual Interests and Their Partner's Mate-Retention Tactics across the Menstrual Cycle: Evidence for Shifting Conflicts of Interest." *Proceedings of the Royal Society of London. Series B: Biological Sciences* 269, nº 1494 (2002): 975–82.

Gans, Margery. "What's It All About? Attending to the Meaning of Eating Disorders." Trabalho apresentado na conferência Collaborative Ways to Address Disordered Eating on Campus: It Takes a Village. Cambridge, MA, 17–18 de abril de 2009.

Garde, K., e I. Lunde. "Female Sexual Behaviour: A Study in a Random Sample of 40-Year-Old Women." *Maturitas* 2, nº 3 (1980): 225–40.

Georgiadis, J. R., e Rudie Kortekaas. "The Sweetest Taboo: Functional Neurobiology of Human Sexuality in Relation to Pleasure." Em *Pleasures of the Brain*, editado por Morten L. Kringelbach e Kent. C. Berridge, 178–201. Nova York: Oxford University Press, 2010.

Germer, Christopher K. *The Mindful Path to Self-Compassion: Freeing Yourself from Destructive Thoughts and Emotions.* Nova York: Guilford Press, 2009.

Glass, Ira, e Deborah Blum. "317: Unconditional Love Transcript." *This American Life*, Chicago Public Media. 15 de setembro de 2006. www.thisamericanlife.org/radio-archives/episode/317/transcript.

Goldacre, Ben. "Ben Goldacre at Nerdstock." Vídeo do YouTube, 2010. www.youtube.com/watch?v=O1Q3jZw4FGs.

Goldstein, Andrew, Caroline F. Pukall, e Irwin Goldstein. *When Sex Hurts: A Woman's Guide to Banishing Sexual Pain.* Boston: Da Capo Press, 2011.

Goldstein, Irwin, Noel N. Kim, Anita H. Clayton, Leonard R. DeRogatis, Annamaria Giraldi, Sharon J. Parish, James Pfaus, et al. "Hypoactive Sexual Desire Disorder: International Society for the Study of Women's Sexual Health (ISSWSH) Expert Consensus Panel Review." Em *Mayo Clinic Proceedings* 92, n° 1, pp. 114–28. Amsterdam: Elsevier, 2017.

Gottman, John M. *The Science of Trust: Emotional Attunement for Couples. Nova* York: W. W. Norton, 2011.

Gottman, John, e Nan Silver. *What Makes Love Last? How to Build Trust and Avoid Betrayal.* Nova York: Simon & Schuster, 2013.

Graham, Cynthia A. "The DSM Diagnostic Criteria for Female Orgasmic Disorder." *Archives of Sexual Behavior* 39, n° 2 (2010): 256–70. doi:10.1007/s10508-009-9542-2.

Graham, Cynthia A., Stephanie A. Sanders, e Robin R. Milhausen. "The Sexual Excitation/Sexual Inhibition Inventory for Women: Psychometric Properties." *Archives of Sexual Behavior* 35, n° 4 (2006): 397–409.

Graham, Cynthia A., Stephanie A. Sanders, Robin R. Milhausen, e Kimberly R. McBride. "Turning On and Turning Off: A Focus Group Study of the Factors That Affect Women's Sexual Arousal." *Archives of Sexual Behavior* 33, n° 6 (2004): 527–38.

Granados, Reina, Joana Carvalho, e Juan Carlos Sierra. "Preliminary Evidence on How the Dual Control Model Predicts Female Sexual Response to a Bogus Negative Feedback." *Psychological Reports* (2020): https://doi.org/10.1177%2F0033294120907310.

Grant, Jon E., Anthony Pinto, Matthew Gunnip, Maria C. Mancebo, Jane L. Eisen, e Steven A. Rasmussen. "Sexual Obsessions and Clinical Correlates in Adults with Obsessive-Compulsive Disorder." *Comprehensive Psychiatry* 47, n° 5 (2006): 325–29.

Gruen, Rand J., Raul Silva, Joshua Ehrlich, Jack W. Schweitzer, e Arnold J. Friedhoff. "Vulnerability to Stress: Self-Criticism and Stress-Induced Changes in Biochemistry." *Journal of Personality* 65, n° 1 (1997): 33–47. doi:10.1111/j.1467-6494.1997.tb00528.x.

Hall, Kathryn S., Yitzchak Binik, e Enrico Di Tomasso. "Concordance between Physiological and Subjective Measures of Sexual Arousal." *Behaviour Research and Therapy* 23, n° 3 (1985): 297–303.

Haller, Madeline. "The 5 Craziest Sex Studies EVER." *Men's Health*. 22 de setembro de 2012. Acesso em 11 de setembro de 2020. https://www.menshealth.com/sex-women/a19534159/the-5-craziest-sex-studies-ever/.

Hamilton, Lisa Dawn, e Cindy M. Meston. "Chronic Stress and Sexual Function in Women." *Journal of Sexual Medicine* 10, n° 10 (2013): 2443–54.

Hawkins, Nicole, P. Scott Richards, H. Mac Granley, e David M. Stein. "The Impact of Exposure to the Thin-Ideal Media Image on Women." *Eating Disorders: The Journal of Treatment & Prevention* 12, n° 1 (2004): 35–50. doi:10.1080/10640260490267751.

Hayes, Richard D., Lorraine Dennerstein, Catherine M. Bennet, e Christopher K. Fairley. "What Is the 'True' Prevalence of Female Sexual Dysfunctions and Does the Way We Assess These Conditions Have an Impact?" *Journal of Sexual Medicine* 5, n° 4 (2008): 777–87.

Hayes, Sharon e Stacey Tantleff-Dunn. "Am I Too Fat to Be a Princess? Examining the Effects of Popular Children's Media on Young Girls' Body Image." *British Journal of Developmental Psychology* 28, n° 2 (2010): 413–26. doi:10.1348/026151009X424240.

Hegazy, A. A. e M. O. Al-Rukban. "Hymen: Facts and Conceptions." *The Health* 3, n° 4 (2012): 109–15.

Heiman, Julia R. "Psychologic Treatments for Female Sexual Dysfunction: Are They Effective and Do We Need Them?" *Archives of Sexual Behavior* 31, n° 5 (2002): 445–50.

Heiman, Julia R., e Donald Pfaff. "Sexual Arousal and Related Concepts: An Introduction." *Hormones and Behavior* 59, n° 5 (2011): 613–15.

Hendrickx, Lies, Luk Gijs, e Paul Enzlin. "Prevalence Rates of Sexual Difficulties and Associated Distress in Heterosexual Men and Women: Results from an Internet Survey in Flanders." *Journal of Sex Research* 51, n° 1 (2014): 1–12. doi:10.1080/00224499.2013.819065.

Henson, Donald E., H. B. Rubin, e Claudia Henson. "Analysis of the Consistency of Objective Measures of Sexual Arousal in Women." *Journal of Applied Behavior Analysis* 12, n° 4 (1979): 701–11.

Herbenick, Debby, e J. Dennis Fortenberry. "Exercise-Induced Orgasm and Pleasure among Women." *Sexual and Relationship Therapy* 26, n° 4 (2011): 373–88. doi:10.1080/14681994.2011.647902.

Herbenick, Debra, Michael Reece, Stephanie Sanders, Brian Dodge, Annahita Ghassemi, e J. Dennis Fortenberry. "Prevalence and Characteristics of Vibrator Use by Women in the United States: Results from a Nationally Representative Study." *Journal of Sexual Medicine* 6 n° 7 (2009): 1857–66.

Hess, Amanda. "Women Want Sex, but Men Don't Want Them to Know It." Slate, 4 de junho de 2013. www.slate.com/articles/double_x/doublex/2013/06/what_do_women_want_sex_according_to_daniel_bergner_s_new_book_on_female.html.

Hitchens, Christopher. *Hitch-22: A Memoir.* Nova York: Grand Central Publishing, 2010.

Hite, Shere. *The Hite Report: A Nationwide Study of Female Sexuality.* Nova York: Macmillan, 1976.

Hoge, Elizabeth A., Britta K. Hölzel, Luana Marques, Christina A. Metcalf, Narayan Brach, Sara W. Lazar, e Naomi M. Simon. "Mindfulness and Self-Compassion in Generalized Anxiety Disorder: Examining Predictors of Disability." *Evidence-Based Complementary and Alternative Medicine* (2013). http://dx.doi.org/10.1155/2013/576258.

Hollenstein, Tom, e Dianna Lanteigne. "Models and Methods of Emotional Concordance." *Biological Psychology* 98 (2014): 1–5. doi:10.1016/biopsycho.2013.12.012.

ILGA-Europe. "Public Statement." https://ilga-europe.org/resources/ilga-europe-reports-and-other-materials/protecting-intersex-people-europe-toolkit.

James, E. L. *Fifty Shades of Grey.* Nova York: Vintage Books, 2012.

Janssen, Erick, e John Bancroft. "The Dual Control Model: The Role of Sexual Inhibition and Excitation in Sexual Arousal and Behavior." Em *The Psychophysiology of Sex*, editado por Erick Janssen, 197. Bloomington: Indiana University Press, 2007.

Janssen, Erick, Deanna Carpenter, Cynthia Graham, Harrie Vorst, e Jelte Wicherts. "The Sexual Inhibition/Sexual Excitation Scales — Short Form." *Handbook of Sexuality-Related Measures*, 77. Nova York: Routledge, 2019.

Janssen, Erick, Kathryn R. Macapagal, e Brian Mustanski. "Individual Differences in the Effects of Mood on Sexuality: The Revised Mood and Sexuality Questionnaire (MSQ-R)." *Journal of Sex Research* 50, n° 7 (2013): 676–87.

Johnson, Sue. *Hold Me Tight: Seven Conversations for a Lifetime of Love.* Nova York: Little, Brown, 2008.

———. *Love Sense: The Revolutionary New Science of Romantic Relationships.* Nova York: Little, Brown, 2013.

Jozkowski, Kristen N., Debby Herbenick, Vanessa Schick, Michael Reece, Stephanie A. Sanders, e J. Dennis Fortenberry. "Women's Perceptions about Lubricant Use and Vaginal Wetness during Sexual Activities." *Journal of Sexual Medicine* 10, nº 2 (2013): 484–92. doi:10.1111/jsm.12022.

Kaplan, Helen Singer. "Hypoactive Sexual Desire." *Journal of Sex & Marital Therapy* 3, nº 1 (1977): 3–9.

Khong, Belinda Siew Luan. "Mindfulness: A Way of Cultivating Deep Respect for Emotions." *Mindfulness* 2, nº 1 (2011): 27–32. doi:10.1007/s12671-010-0039-9.

Kilimnik, Chelsea D., e Cindy M. Meston. "Role of Body Esteem in the Sexual Excitation and Inhibition Responses of Women with and without a History of Childhood Sexual Abuse." *Journal of Sexual Medicine* 13, nº 11 (2016): 1718–28.

Kingsberg, Sheryl A., Natalia Tkachenko, Johna Lucas, Amy Burbrink, Wayne Kreppner, e Jodi B. Dickstein. "Characterization of Orgasmic Difficulties by Women: Focus Group Evaluation." *Journal of Sexual Medicine* 10, nº 9 (2013): 2242–50. doi:10.1111/jsm.12224.

Kinsale, Laura. *Flowers from the Storm.* Nova York: Harper, 1992.

Kinsey, Alfred Charles, Wardell Baxter Pomeroy, e Clyde E. Martin. *Sexual Behavior in the Human Male.* Philadelphia: W. B. Saunders, 1948.

Kinsey, Alfred C., Wardell B. Pomeroy, Clyde E. Martin, e Paul H. Gebhard. *Sexual Behavior in the Human Female.* Philadelphia: W. B. Saunders, 1953.

Kleinplatz, Peggy J., e A. Dana Ménard. *Magnificent Sex: Lessons from Extraordinary Lovers.* Nova York: Routledge, 2020.

Kleinplatz, Peggy J., A. Dana Ménard, Marie-Pierre Paquet, Nicolas Paradis, Meghan Campbell, Dino Zuccarino, e Lisa Mehak. "The Components of Optimal Sexuality: A Portrait of 'Great Sex.'" *Canadian Journal of Human Sexuality* 18, nº 1–2 (2009): 1–13.

Koehler, Sezin. "From the Mouths of Rapists: The Lyrics of Robin Thicke's Blurred Lines." *The Society Pages*, 17 de setembro de 2013. http://thesocietypages.org/socimages/2013/09/17/from-the-mouths-of-rapists-the-lyrics-of-robin-thickes-blurred-lines-and-real-life-rape/.

Komisaruk, Barry R., Beverly Whipple, Audrita Crawford, Sherry Grimes, Wen-Ching Liu, Andrew Kalnin, e Kristine Mosier. "Brain Activation during Vaginocervical Self-Stimulation and Orgasm in Women with Complete Spinal Cord Injury: fMRI

Evidence of Mediation by the Vagus Nerves." *Brain Research* 1024, n° 1–2 (2004): 77–88.

Komisaruk, Barry R., Nan Wise, Eleni Frangos, Wen-Ching Liu, Kachina Allen, e Stuart Brody. "Women's Clitoris, Vagina, and Cervix Mapped on the Sensory Cortex: fMRI Evidence." *Journal of Sexual Medicine* 8, n° 10 (2011): 2822–30. doi:10.1111/j.1743-6109.2011.02388.x.

Kring, Ann M., e Albert H. Gordon. "Sex Differences in Emotion: Expression, Experience, and Physiology." *Journal of Personality and Social Psychology* 74, n° 3 (1998): 686–703.

Laan, Ellen, e Stephanie Both. "What Makes Women Experience Desire?" *Feminism & Psychology* 18, n° 4 (2008): 505–14.

Laan, Ellen, Walter Everaerd e Andrea Evers. "Assessment of Female Sexual Arousal: Response Specificity and Construct Validity." *Psychophysiology* 32, n° 5 (1995): 476–85.

La Guardia, Jennifer G., Richard M. Ryan, Charles E. Couchman, e Edward L. Deci. "Within-Person Variation in Security of Attachment: A Self-Determination Theory Perspective on Attachment, Need Fulfillment, and Well-Being." *Journal of Personality and Social Psychology* 79, n° 3 (2000): 367–84.

Lalumiere, Martin L., Megan L. Sawatsky, Samantha J. Dawson, e Kelly D. Suschinsky. "The Empirical Status of the Preparation Hypothesis: Explicating Women's Genital Responses to Sexual Stimuli in the Laboratory." *Archives of Sexual Behavior* 49, n° 2 (2020): 1–20.

Laumann, E. O., A. Nicolosi, D. B. Glasser, A. Paik, C. Gingell, E. Moreira, e T. Wang. "Sexual Problems among Women and Men Aged 40–80 Y:Prevalence and Correlates Identified in the Global Study of Sexual Attitudes and Behaviors." *International Journal of Impotence Research* 17 (2005): 39–57. doi:10.1038/sj.ijir.3901250.

Leavitt, Chelom E., Eva S. Lefkowitz, and Emily A. Waterman. "The Role of Sexual Mindfulness in Sexual Wellbeing, Relational Wellbeing, and Self-Esteem." *Journal of Sex & Marital Therapy* 45, n° 6 (2019): 497–509.

Levin, Roy J. "The Human Female Orgasm: A Critical Evaluation of Its Proposed Reproductive Functions." *Sexual and Relationship Therapy* 26, n° 4 (2011): 301–14. do i:10.1080/14681994.2011.649692.

Levin, Roy J., and Willy van Berlo. "Sexual Arousal and Orgasm in Subjects Who Experience Forced or Non-Consensual Sexual Stimulation — a Review." *Journal of Clinical Forensic Medicine* 11, n° 2 (2004): 82–88.

Levin, Roy J., and Gorm Wagner. "Orgasm in Women in the Laboratory — Quantitative Studies on Duration, Intensity, Latency, and Vaginal Blood Flow." *Archives of Sexual Behavior* 14, n° 5 (1985): 439–49.

Levine, Peter A. *In an Unspoken Voice: How the Body Releases Trauma and Restores Goodness.* Berkeley, CA: North Atlantic Books, 2010.

———. *Waking the Tiger: Healing Trauma.* Berkeley, CA: North Atlantic Books, 1997.

Lisak, David, e Paul M. Miller. "Repeat Rape and Multiple Offending among Undetected Rapists." *Violence and Victims* 17, n° 1 (2002): 73–84.

Lloyd, Elisabeth A. *The Case of the Female Orgasm: Bias in the Science of Evolution.* Cambridge, MA: Harvard University Press, 2005.

Longe, Olivia, Frances A. Maratos, Paul Gilbert, Gaynor Evans, Faye Volker, Helen Rockliff, e Gina Rippon. "Having a Word with Yourself: Neural Correlates of Self-Criticism and Self-Reassurance." *NeuroImage* 49, n° 2 (2010): 1849–56. doi:10.1016/j.neuroimage.2009.09.019.

LoPiccolo, Joseph, e Leslie LoPiccolo, eds. *Handbook of Sex Therapy.* Nova York: Plenum, 1978.

Lykins, Amy D., Erick Janssen, and Cynthia A. Graham. "The Relationship between Negative Mood and Sexuality in Heterosexual College Women and Men." *Journal of Sex Research* 43, n° 2 (2006): 136–43.

Magnanti, Brooke. *The Sex Myth: Why Everything We're Told Is Wrong.* London: Weidenfeld & Nicolson, 2012.

Mah, Kenneth, e Yitzchak M. Binik. "The Nature of Human Orgasm: A Critical Review of Major Trends." *Clinical Psychology Review* 21, n° 6 (2001): 823–56.

Manne, Kate. *Down Girl: The Logic of Misogyny*. Oxford: Oxford University Press, 2017.

Manne, Kate. *Entitled: How Male Privilege Hurts Women*. Nova York: Crown, 2020.

Marcus, Bat Sheva. "Changes in a Woman's Sexual Experience and Expectations Following the Introduction of Electric Vibrator Assistance." *Journal of Sexual Medicine* 8, n° 12 (2011): 3398–3406. doi:10.1111/j.1743-6109.2010.02132.x.

Mark, Kristen P., e Julie A. Lasslo. "Maintaining Sexual Desire in Long-Term Relationships: A Systematic Review and Conceptual Model." *Journal of Sex Research* 55, n° 4–5 (2018): 563–81.

Masters, William H., e Virginia E. Johnson. *Human Sexual Response.* Boston: Little, Brown, 1966.

Mazloomdoost, Donna, e Rachel N. Pauls. "A Comprehensive Review of the Clitoris and Its Role in Female Sexual Function." *Sexual Medicine Reviews* 3, nº 4 (2015): 245–63.

McCall, Katie, e Cindy Meston. "Cues Resulting in Desire for Sexual Activity in Women." *Journal of Sexual Medicine* 3, nº 5 (2006): 838–52. doi:10.1111/j.1743-6109.2006.00301.x.

———. "Differences Between Pre- and Postmenopausal Women in Cues for Sexual Desire." *Journal of Sexual Medicine* 4 nº 2 (2007): 364–71. doi:10.1111/j.1743-6109.2006.00421.x.

McDowell, Margaret A., Cheryl D. Fryar, Cynthia L. Ogden, e Katherine M. Flegal. "Anthropometric Reference Data for Children and Adults: United States, 2003–2006." National Health Statistics Report nº 10 (October 2008).

Mesquita, Batja. "Emoting: A Contextualized Process." In *The Mind in Context*, editado por Batja Mesquita, Lisa Feldman Barrett, e Eliot R. Smith, 83–104. Nova York: Guilford Press, 2010.

Meston, Cindy M., e David M. Buss. "Why Humans Have Sex." *Archives of Sexual Behavior* 36, nº 4 (2007): 477–507.

Meston, Cindy M., e Amelia M. Stanton. "Desynchrony between Subjective and Genital Sexual Arousal in Women: Theoretically Interesting but Clinically Irrelevant." *Current Sexual Health Reports* 10, nº 3 (2018): 73–75.

Michael, Robert T., John H. Gagnon, Edward O. Laumann, e Gina Kolata. *Sex in America: A Definitive Survey.* Boston: Little, Brown, 1994.

Milhausen, Robin R., Cynthia A. Graham, Stephanie A. Sanders, William L. Yarber, e Scott B. Maitland. "Validation of the Sexual Excitation/Sexual Inhibition Inventory for Women and Men." *Archives of Sexual Behavior* 39, nº 5 (2010): 1091–1104.

Mitchell, John Cameron, e Stephen Trask. "The Origin of Love" from *Hedwig and the Angry Inch: Original Cast Recording.* Atlantic Compact Disc 13766. 1999.

Mitchell, Kirstin Rebecca, Michael King, Irwin Nazareth, e Kaye Wellings. "Managing Sexual Difficulties: A Qualitative Investigation of Coping Strategies."*Journal of Sex Research* 48, nº 4 (2011): 325–33.

Mize, Sara J. S., e Alex Iantaffi. "The Place of Mindfulness in a Sensorimotor Psychotherapy Intervention to Improve Women's Sexual Health." *Sexual and Relationship Therapy* 28, nº 1 (2013): 63–76. doi:10.1080/14681994.2013.770144.

Moore, Lori. "Rep. Todd Akin: The Statement and the Reaction." *New York Times*, August 20, 2012. www.nytimes.com/2012/08/21/us/politics/rep-todd-akin-legitimate-rape-statement-and-reaction.html?_r=0.

Moran, C., e C. Lee. "What's Normal? Influencing Women's Perceptions of Normal Genitalia: An Experiment Involving Exposure to Modified and Nonmodified Images." *BJOG: An International Journal of Obstetrics and Gynaecology* 121, nº 6 (2013): 761–66. doi:10.1111/1471-0528.12578.

Morokoff, Patricia J., and Julia R. Heiman. "Effects of Erotic Stimuli on Sexually Functional and Dysfunctional Women: Multiple Measures before and after Sex Therapy." *Behaviour Research and Therapy* 18, nº 2 (1980): 127–37.

Moseley, G. Lorimer, e David S. Butler. *Explain Pain Supercharged.* Adelaide, Australia: NOI, 2017.

Nagoski, Emily. "I'm Sorry You're Lonely but It's Not My Job to Help You: The Science of Incels." *Medium*, 5 de maio de 2018. Acesso em 23 de junho de 2020. https://medium.com/@enagoski/im-sorry-you-re-lonely-but-it-s-not-my-job-to-help-you-the-science-of-incels-25bf83e2aaa0.

———. "The Definitive Answer to the Question, 'Does the G-Spot Exist?'" *Medium*, 6 de julho de 2014. Acesso em 11 de setembro de 2020. https://medium.com/@enagoski/the-definitive-answer-to-the-question-does-the-g-spot-exist-5d962de0c34c.

———. "The Truth about Unwanted Arousal." Filmado em 13 abril de 2018, em Vancouver, Ontario. Vídeo TED, 15:08. http://go.ted.com/emilynagoski.

———. "The World Cup of Women's Sexual Desire." *Medium*, 11 de agosto de 2015. Acesso em 23 de junho de 2020. https://medium.com@enagoski/the-world-cup-of-women-s-sexual-desire-9a085617495e.

Nakamura, J., e M. Csikszentmihalyi. "Flow Theory and Research." In *The Handbook of Positive Psychology*, editado por C. R. Snyder e S. J. Lopez, 195–206. Oxford: Oxford University Press, 2009.

Neff, Kristin D. "Self-Compassion, Self-Esteem, and Well-Being." *Social and Personality Psychology Compass* 5, nº 1 (2011): 1–12. doi:10.1111/j.1751-9004.2010.00330.x.

Ng, Theresa. "Risk Assessment and Risk Mitigation Review(s) Application Number 210557Orig1s000." Acesso em 22 de junho de 2020. https://www.accessdata.fda.gov/drugsatfda_docs/nda/2019/210557Orig1s000RiskR.pdf.

Ogden, Pat, Kekuni Minton, e Clare Pain. *Trauma and the Body: A Sensorimotor Approach to Psychotherapy.* Nova York: W. W. Norton, 2006.

Panksepp, Jaak. "What Is an Emotional Feeling? Lessons about Affective Origins from Cross-Species Neuroscience." *Motivation and Emotion* 36, nº 1 (2012): 4–15.

Panksepp, Jaak, e Lucy Biven. *The Archaeology of Mind: Neuroevolutionary Origins of Human Emotions.* Nova York: W. W. Norton, 2012.

Pazmany, Els, Sophie Bergeron, Lukas Van Oudenhove, Johan Verhaeghe, e Paul Enzlin. "Body Image and Genital Self-Image in Pre-Menopausal Women with Dyspareunia." *Archives of Sexual Behavior* 42, nº 6 (2013): 999–1010. doi:10.1007/s10508-013-0102-4.

Perel, Esther. *Mating in Captivity: Unlocking Erotic Intelligence.* Nova York: Harper, 2006.

———. "The Secret to Desire in a Long-Term Relationship." Vídeo TED, Fevereiro de 2013. www.ted.com/talks/esther_perel_the_secret_to_desire_in_a_long_term_relationship.

Peterson, Zoë D., Erick Janssen, e Ellen Laan. "Women's Sexual Responses to Heterosexual and Lesbian Erotica: The Role of Stimulus Intensity, Affective Reaction, and Sexual History." *Archives of Sexual Behavior* 39, nº 4 (2010): 880–97. doi:10.1007/s10508-009-9546-y.

Pfaus, James G. "Neurobiology of Sexual Behavior." *Current Opinion in Neurobiology* 9, nº 6 (1999): 751–58. https://pubmed.ncbi.nlm.nih.gov/10607643/.

Pfaus, James G., Tod E. Kippin, e Genaro Coria-Avila. "What Can Animal Models Tell Us about Human Sexual Response?" *Annual Review of Sex Research* 14 (2003): 1–63.

Pfaus, James G., e Mark F. Wilkins. "A Novel Environment Disrupts Population in Sexually Naive but Not Experienced Male Rats: Reversal with Naloxone." *Physiology & Behavior* 57, nº 6 (1995): 1045–49.

Pierce, Angela N., Janelle M. Ryals, Ruipeng Wang, e Julie A. Christianson. "Vaginal Hypersensitivity and Hypothalamic-Pituitary-Adrenal Axis Dysfunction as a Result of Neonatal Maternal Separation in Female Mice." *Neuroscience* 263 (2014): 216–30.

Porges, Stephen W. *The Polyvagal Theory: Neurophysiological Foundations of Emotions, Attachment, Communication, and Self-Regulation.* Nova York: W. W. Norton, 2011.

———. "Reciprocal Influences between Body and Brain in the Perception and Expression of Affect: A Polyvagal Perspective." Em *The Healing Power of Emotion* editado por Diana Fosha, Daniel J. Siegel, e Marion Solomon, 27–54. Nova York: W. W. Norton, 2009.

Powers, Theodore A., David C. Zuroff, e Raluca A. Topciu. "Covert and Overt Expressions of Self-Criticism and Perfectionism and Their Relation to Depression." *European Journal of Personality* 18, nº 1 (2004): 61–72. doi:10.1002/per.499.

Prause, Nicole, e Cynthia A. Graham. "Asexuality: Classification and Characterization." *Archives of Sexual Behavior* 36, nº 3 (2007): 341–56. doi:10.1007/s10508-006-9142-3.

Radomsky, Adam S., Gillian M. Alcolado, Jonathan S. Abramowitz, Pino Alonso, Amparo Belloch, Martine Bouvard, David A. Clark, et al. "Part 1 — You Can Run but You Can't Hide: Intrusive Thoughts on Six Continents." *Journal of Obsessive-Compulsive and Related Disorders* 3, nº 3 (2014): 269–79.

Read, Simon, Michael King, e James Watson. "Sexual Dysfunction in Primary Medical Care: Prevalence, Characteristics and Detection by the General Practitioner." *Journal of Public Health Medicine* 19, nº 4 (1997): 387–91.

Reichl, Corinna, Johann F. Schneider, e Frank M. Spinath. "Relation of Self-Talk Frequency to Loneliness, Need to Belong, and Health in Germa Adults." *Personality and Individual Differences* 54, nº 2 (2013): 241–45. http://dx.doi.org/10.1016/j.paid.2012.09.003.

Rettenberger, Martin, Verena Klein, e Peer Briken. "The Relationship between Hypersexual Behavior, Sexual Excitation, Sexual Inhibition, and Personality Traits." *Archives of Sexual Behavior* 45, nº 1 (2016): 219–33.

Reynolds, Sheila M., e Kent C. Berridge. "Emotional Environments Retune the Valence of Appetitive versus Fearful Functions in Nucleus Accumbens." *Nature Neuroscience* 11 (2008): 423–25. doi:10.1038/nn2061.

Rosen, Lianne. "How Do Women Survivors of Childhood Sexual Abuse Experience 'Good Sex' Later in Life? A Mixed-Methods Investigation." PhD diss., University of Victoria, 2018.

Rowland, Katherine. *The Pleasure Gap: American Women and the Unfinished Sexual Revolution.* Londres: Hachette UK, 2020.

Rumi, Mevlana Jalaludin. *Teachings of Rumi (the Masnavi): The Spiritual Couplets of Jalaludin Rumi.* Traduzido por E. H. Whinfield. Londres: Octagon Press, 1994.

Ryan, Christopher, and Cacilda Jethá. *Sex at Dawn: The Prehistoric Origins of Modern Sexuality.* Nova York: Harper, 2010.

Ryan, Rebecca. "Women's Lived Experiences Seeking and Using Adaptation Strategies Aimed at Improving Subjective Low Sexual Desire with Their Current Male Sexual

Partner." PhD diss., Indiana University Bloomington, 2019. ProQuest Dissertations Publishing (13814724).

Sakaluk, John K., Leah M. Todd, Robin Milhausen, Nathan J. Lachowsky, e Undergraduate Research Group in Sexuality. "Dominant Heterosexual Sexual Scripts in Emerging Adulthood: Conceptualization and Measurement." *Journal of Sex Research* 51, nº 5 (2013): 516–31. doi:10.1080/00224499.2012.745473.

Sanders, Stephanie A., Cynthia A. Graham, Jennifer L. Bass, e John Bancroft. "A Prospective Study of the Effects of Oral Contraceptives on Sexuality and Well-Being and Their Relationship to Discontinuation." *Contraception* 64, nº 1 (2001): 51–8.

Schwartz, Gary E., Serena-Lynn Brown, e Geoffrey L. Ahern. "Facial Muscle Patterning and Subjective Experience during Affective Imagery: Sex Differences." *Psychophysiology* 17, nº 1 (1980): 75–82.

Schwarzer, Ralf, e Peter A. Frensch, eds. *Personality, Human Development, and Culture*. Nova York: Psychology Press, 2010.

Shenhav, A., e W. B. Mendes. "Aiming for the Stomach and Hitting the Heart: Dissociable Triggers and Sources for Disgust Reactions." *Emotion* 14, nº 2 (Novembro de 2013): 301–9. www.ncbi.nlm.nih.gov/pubmed/24219399.

Silverstein, R. Gina, Anne-Catharine H. Brown, Harold D. Roth, e *Willoughby B. Britton*. "Effects of Mindfulness Training on Body Awareness to Sexual Stimuli: Implications for Female Sexual Dysfunction." *Psychosomatic Medicine* 73, nº 9 (2011): 817–25.

Simons, Jeffrey, e Michael P. Carey. "Prevalence of Sexual Dysfunctions." *Archives of Sexual Behavior* 30, nº 2 (2001): 177–219.

Sole-Smith, Virginia. "Pleasure in a Pill?" *Marie Claire*, 16 de setembro de 2015. Acesso em 22 de junho de 2020. http://www.marieclaire.com/sex-love/advice/a11640/pleasure-in-a-pill-female-viagra/.

Stefanou, Christina, e Marita P. McCabe. "Adult Attachment and Sexual Functioning: A Review of Past Research." *Journal of Sexual Medicine* 9, nº 10 (2012): 2499–507. doi:10.1111/j.1743-6109.2012.02843.x.

Stein, Rob. "Female Libido Pill Fires Up Debate about Women and Sex." *All Things Considered*, NPR, 16 de fevereiro de 2015. Acesso em 22 de junho de 2020. https://www.npr.org/sections/health-shots/2015/02/16/384043661/female-libido-pill-fires-updebate-about-women-and-sex.

Stice, Eric, Paul Rohde, e Heather Shaw. *The Body Project: A Dissonance-Based Eating Disorder Prevention Intervention.* Nova York: Oxford University Press, 2013.

Stopes, Marie. *Married Love.* 1918. Oxford: Oxford University Press, 2008.

Stroupe, Natalie N. "How Difficult Is Too Difficult? The Relationships among Women's Sexual Experience and Attitudes, Difficulty with Orgasm, and Perception of Themselves as Orgasmic or Anorgasmic." Tese, University of Kansas, 2008. http://kuscholarworks.ku.edu/dspace/handle/1808/4517.

Štulhofer, Aleksandar, Ana Alexandra Carvalheira, e Bente Traen. "Is Responsive Sexual Desire for Partnered Sex Problematic among Men? Insights from a Two-Country Study." *Sexual and Relationship Therapy* 28, n° 3 (2013): 246–58. doi:10.1080/14681994.2012.756137.

Suhler, Christopher L., e Patricia Churchland. "Can Innate, Modular 'Foundations' Explain Morality? Challenges for Haidt's Moral Foundations Theory." *Journal of Cognitive Neuroscience* 23, n° 9 (2011): 2103–16. doi:10.1162/jocn.2011.21637.

Suschinsky, Kelly D., Samantha J. Dawson, e Meredith L. Chivers. "Assessing the Relationship between Sexual Concordance, Sexual Attractions, and Sexual Identity in Women." *Archives of Sexual Behavior* 46, n° 1 (2017): 179–92.

Suschinsky, Kelly D., Jackie S. Huberman, Larah Maunder, Lori A. Brotto, Tom *Hollenstein, e Meredith L. Chivers.* "The Relationship between Sexual Functioning and Sexual Concordance in Women." *Journal of Sex & Marital Therapy* 45, n° 3 (2019): 230–46.

Suschinsky, Kelly D., e Martin L. Lalumiere. "Is Sexual Concordance Related to Awareness of Physiological States?" *Archives of Sexual Behavior* 41, n° 1 (2012): 199–208.

Suschinsky, Kelly D., Martin L. Lalumiere, e Meredith L. Chivers. "Sex Differences in Patterns of Genital Sexual Arousal: Measurement Artifacts or True Phenomena?" *Archives of Sexual Behavior* 38, n° 4 (2009): 559–73. doi:10.1007/s10508-008-9339-8.

Taylor, Shelley E., e Sarah L. Master. "Social Responses to Stress: The Tend-and-Befriend Model." In *The Handbook of Stress Science: Biology, Psychology, and Health*, editado por Richard J. Contrada e Andrew Baum, 101–109. Nova York: Springer, 2011.

ter Kuile, Moniek M., Daan Vigeveno, e Ellen Laan. "Preliminary Evidence That Acute and Chronic Daily Psychological Stress Affect Sexual Arousal in Sexually Functional Women." *Behaviour Research and Therapy* 45, n° 9 (2007): 2078–89. http://dx.doi.org/10.1016/j.brat.2007.03.006.

Thomas, J. J., R. D. Crosby, S. A. Wonderlich, R. H. Striegel-Moore, e A. E. Becker. "A Latent Profile Analysis of the Typology of Bulimic Symptoms in an Indigenous Pacific Population: Evidence of Cross-Cultural Variation in Phenomenology." *Psychological Medicine* 41, nº 1 (2011): 195–206. http://dx.doi.org/10.1017/S0033291710000255.

Tiefer, Leonore. "Sex Therapy as a Humanistic Enterprise." *Sexual and Relationship Therapy* 21, nº 3 (2006): 359–75. doi:10.1080/14681990600740723.

Toates, Frederick. *Biological Psychology.* 3ª ed. Nova York: Prentice Hall/Pearson, 2011.

———. *How Sexual Desire Works: The Enigmatic Urge.* Cambridge: Cambridge University Press, 2014.

———. *Motivational Systems.* Nova York: Cambridge University Press, 1986, 151–59.

Tolman, Deborah L. *Dilemmas of Desire: Teenage Girls Talk about Sexuality.* Cambridge, MA: Harvard University Press, 2002.

Tompkins, K. Brooke, Denise M. Martz, Courtney A. Rocheleau, e Doris G. Bazzini. "Social Likeability, Conformity, and Body Talk: Does Fat Talk Have a Normative Rival in Female Body Image Conversations?" *Body Image* 6, nº 4 (2009): 292–98.

Toulalan, Sarah. *Imagining Sex: Pornography and Bodies in Seventeenth-Century England.* Nova York: Oxford University Press, 2007.

Tracey, Irene. "Getting the Pain You Expect: Mechanisms of Placebo, Nocebo and Reappraisal Effects in Humans." *Nature Medicine* 16 (2010): 1277–83. doi:10.1038/nm.2229.

Tybur, Joshua M., Debra Lieberman, e Vladas Griskevicius. "Microbes, Mating, and Morality: Individual Differences in Three Functional Domains of Disgust." *Journal of Personality and Social Psychology* 97, nº 1 (2009): 103–22. doi:10.1037/a0015474.

UN Human Rights Council. *Report of the Special Rapporteur on Torture and Other Cruel, Inhuman or Degrading Treatment or Punishment.* February 1º de fevereiro de 2013. A/HRC/22/53. US Department of Justice. *Full Report of the Prevalence, Incidence, and Consequences of Violence against Women.* Novembro de 2000. www.ncjrs.gov/pdffiles1/nij/183781.pdf.

Van Dam, Nicholas T., Mitch Earleywine, e Sharon Danoff-Burg. "Differential Item Function across Mediators and Non-Mediators on the Five Facet Mindfulness Questionnaire." *Personal and Individual Differences* 47, nº 5 (2009): 516–21.

Van Dam, Nicholas T., Sean C. Sheppard, John P. Forsyth, e Mitch Earleywine. "Self-Compassion Is a Better Predictor Than Mindfulness of Symptom Severity and

Quality of Life in Mixed Anxiety and Depression." *Journal of Anxiety Disorders* 25, nº 1 (2011): 123–30.

van de Velde, T. H. *Ideal Marriage: Its Physiology and Technique.* Traduzido por Stella Browne. Nova York: Random House, 1926.

Velten, Julia, e Lori A. Brotto. "Interoception and Sexual Response in Women with Low Sexual Desire." *PloS ONE* 12, nº 10 (2017).

Velten, Julia, Meredith L. Chivers, e Lori A. Brotto. "Does Repeated Testing Impact Concordance between Genital and Self-Reported Sexual Arousal in Women?" *Archives of Sexual Behavior* 47, nº 3 (2018): 651–60.

Velten, Julia, Samantha J. Dawson, Kelly Suschinsky, Lori A. Brotto, e Meredith L. Chivers. (2020) "Development and Validation of a Measure of Responsive Sexual Desire." *Journal of Sex & Marital Therapy* 46, nº 2 (2020): 122–40. doi:10.1080/0092623X.2019.1654580.

Velten, Julia, Saskia Scholten, Cynthia A. Graham, Dirk Adolph, e Jürgen Margraf. "Investigating Female Sexual Concordance: Do Sexual Excitation and Sexual Inhibition Moderate the Agreement of Genital and Subjective Sexual Arousal in Women?" *Archives of Sexual Behavior* 45, nº 8 (2016): 1957–71.

Velten, Julia, Saskia Scholten, Cynthia A. Graham, e Jürgen Margraf. "Sexual Excitation and Sexual Inhibition as Predictors of Sexual Function in Women: A Cross-Sectional and Longitudinal Study." *Journal of Sex & Marital Therapy* 43, nº 2 (2017): 95–109.

Velten, Julia, Lisa Zahler, Saskia Scholten, e Jürgen Margraf. "Temporal Stability of Sexual Excitation and Sexual Inhibition in Women." *Archives of Sexual Behavior* 48, nº 3 (2019): 881-89.

Vieira-Baptista, Pedro, Gutemberg Almeida, Fabrizio Bogliatto, Tanja Gizela Bohl, Matthé Burger, Bina Cohen-Sacher, Karen Gibbon, et al. "International Society for the Study of Vulvovaginal Disease Recommendations regarding Female Cosmetic Genital Surgery." *Journal of Lower Genital Tract Disease* 22, nº 4 (2018): 415–34.

Vowels, Laura M., e Kristen P. Mark. "Strategies for Mitigating Sexual Desire Discrepancy in Relationships." *Archives of Sexual Behavior* 49, nº 3 (2020): 1017–28.

Wallen, Kim, e Elisabeth A. Lloyd. "Female Sexual Arousal: Genital Anatomy and Orgasm in Intercourse." *Hormones and Behavior* 59, nº 5 (2011): 780–92. doi:10.1016/j.yhbeh.2010.12.004.

Warber, Katie M., e Tara M. Emmers-Sommer. "The Relationships among Sex, Gender and Attachment." *Language and Communications Quarterly* 1 (2012): 60–81.

Wickman, D. "Plasticity of the Skene 's Gland in Women Who Report Fluid Ejaculation with Orgasm." *Journal of Sexual Medicine* 14, nº 1 (2017): S67.

Witting, K., P. Santtila, F. Rijsdijk, M. Varjonen, P. Jern, A. Johansson, B. von der Pahlen, K. Alanko, e N. K. Sandnabba. "Correlated Genetic and Non-Shared Environmental Influences Account for the Co-Morbidity between Female Sexual Dysfunctions." *Psychological Medicine* 39, nº 1 (2009): 115–27.

Woertman, Liesbeth, e Femke van den Brink. "Body Image and Female Sexual Functioning and Behavior: A Review." *Journal of Sex Research* 49, nº 2 (2012): 184–211. doi:10.1080/00224499.2012.658586.

World Health Organization. "Violence against Women: Intimate Partner and Sexual Violence against Women." Fact sheet. 29 de novembro 2017. https://www.who.int/news-room/fact-sheets/detail/.

Wrosch, Carsten, Michael F. Scheier, Charles S. Carver, e Richard Schulz. "The Importance of Goal Disengagement in Adaptive Self-Regulation: When Giving Up Is Beneficial." *Self and Identity* 2 (2003): 1–20.

Yeshe, Lama Thubten. *Introduction to Tantra: The Transformation of Desire.* ReadHowYouWant.com, 2010.

Índice

A

advertência de gênero, 8
Ain't No Mountain High Enough (canção clássica), 200
Akin, Todd (político), 215
anatomia, 24–42
anorgasmia, 46–68
Aristófanes (filósofo), 133
Arquivo X, série de TV, 302
Austen, Jane (autora), 161, 162–192

B

Bacon, Lindo (nutricionista), 172
Bancroft, John (pesquisador), 48
Barbarella (filme cult), 281
Beach, Frank A. (psicobiologista), 234
Bergner, Daniel (escritor), 74, 211
Berridge, Kent C. (neurocientista), 84–108
Beverly Hills, 90210 (série de TV), 186
Blum, Deborah (jornalista), 137
Botton, Alain de (filósofo e escritor), 214
Brotto, Dr. Lori (Mindfulness), 233

C

capuz do clitóris, 23
centro do prazer, 114
Cinquenta tons de cinza, filme, 200
clitóris, 17–42
contexto, 113
corpo esponjoso, 21–42
corpos cavernosos, 21–42
Cujo, filme, 200
cultura sexual, 159

D

De Volta para o Presente, filme, 297
Dickens, Charles (autor), 148
Dion, Céline (cantora canadense), 214

dissonância cognitiva, 38–42

E

Enya, cantora folk irlandesa, 286
esfíncteres, 46–68

F

fatores neurológicos e fisiológicos, 233
FDA, órgão regulador americano, 239
FFMQ, Questionário das Cinco Facetas de Mindfulness, 305
Flores da Tempestade, livro de Laura Kinsale, 139
Fordyce, James (pastor e poeta escocês), 161
fotopletismógrafo, 347
Fraser, Brendan (ator), 297
Freud, Sigmund (filósofo), 268

G

garotas Escher, 34–42
Germer, Christopher (psicoterapeuta), 186
ginefilia, 348
glande, 21–42
glândula de Cowper, 30–42
glândulas de Bartholin, 30–42
glândulas de Skene, 30–42
Gottman, John (pesquisador), 74–108
Graham, Cynthia (pesquisadora), 72–108

H

HAES Manifesto, 172
Haidt, Jonathan (psicologista social), 174–192
Haines, Staci (escritora), 130
Hanno, Dr. Philip (professor de urologia), 240
Harlow, Harry (psicologista), 137
Health at Every Size (HAES), 171
Heiman, Julia (terapeuta e escritora), 258
Henderson, Bobby (ativista e escritor), 217
Hess, Amanda (terapeuta), 212
Highlander (filme), 264
hímen, 27–42
Hitchens, Christopher (jornalista, escritor e político americano), 134
Holstege, Gert (professor de neuroanatomia), 277
homologia biológica, 20–42
How Can I Keep from Singing? (hino), 286

I

Iggy Pop, cantor norte-americano, 80–108
integração subtrativa, 279
interocepção, 357
intersexuais, 32–42
IST (Infecções Sexualmente Transmissíveis), 68

J

James, E. L. (produtora), 213
Jane Eyre, livro de Charlotte Brontë, 136
Janssen, Erick (pesquisador), 48
Johnson, Sue (psicóloga clínica), 138

Johnson, Virginia (pesquisadora), 44

K

Kabat-Zinn, Jon (professor emérito de medicina e mindfulness), 132
Kahneman, Daniel (pesquisador), 49
Kaplan, Helen Singer (pesquisadora e sexóloga), 46–68
Kleinplatz, Dr. Peggy (terapeuta de casal), 248
Kolk, Bessel van der (psiquiatra), 130–154
Kringelbach, Morten (professor de neurociência em Oxford), 84–108

L

Laan, Ellen (sexologista), 198–224
lábios externos, 17–42, 26–42
lábios internos, 26–42
Lado a Lado (filme), 200
Legalmente Loira (filme), 148
LoPiccolo, Joseph (compositor), 258

M

Maltz, Wendy (terapeuta americana), 130
Masters, William (pesquisador), 44
McBride, Kimberly (pesquisadora), 72–108
McCall, Katie (pesquisadora), 71–108
Medida de Consciência Sexual, 305
Melrose Place, série de TV, 186
Ménard, Dana (psicóloga canadense), 249
Mensagem Médica, 161
Mensagem Midiática, 161
Mensagem Moral, 161
Meston, Cindy (pesquisadora), 71–108
Milhausen, Robin (pesquisadora), 72–108
Milhausen, Robin (sexologista), 158–192
mindfulness, 130–154
miotonia, 45–68
Mitchell, John Cameron (ator e dramaturgo), 133
Monólogos da vagina, Os (peça teatral), 29
monte de Vênus, 29–42

N

Neff, Kristin (professora de psicologia), 181
núcleo accumbens, 80–108

O

O Mágico de Oz (clássico), 151
ooforectomia dupla, 351
órgãos genitais, 17–42
orgasmo, 270–288
Orgulho e Preconceito, Obra-prima de Jane Austen, 139
ovários, 17
óvulo, 20

P

pênis, 17–42
Perel, Esther (psicoterapeuta belga), 235–254
Pessoas trans e não-binárias, 8
Pfaus, Jim (pesquisador), 63–68

ponto G, 264

ponto Y, 23–42

Porges, Stephen (psicologista e neurocientista), 116–154

prepúcio, 23

pudendum, do latim pudere, 17

Pukall, Caroline (professora de psicologia), 310

R

Romney, Mitt (senador americano), 215

Rumi, poeta árabe, 151

S

Sanders, Stephanie (pesquisadora), 72–108

Seeger, Pete (cantor de folk), 286

Segal, Zindel (psicologista), 132

sistema nervoso central, 48–68

Snapchat, app de celular, 230

Steinem, Gloria (jornalista e ativista), 246

Stopes, Marie (escritora britânica), 162

T

Teasdale, John (pesquisador), 132

TEPT, 121

termistor, 347

The Verve (banda), 204

Titanic (filme), 204

tl;dr (ml;nl): muito longo; não lido, 7

transtorno de ansiedade generalizada, 305

U

Uma Equipe Muito Especial (filme), 200

útero, 20–42

V

vaginismo, 46–68

Velde, T. H. van de (ginecologista), 160

vulva, 23–42

W

Williams, Mark G. (pesquisador), 132–154

ELOGIOS A *MUITO PRAZER*

Goodreads Choice Awards, Top 5 Livros de Ciência e Tecnologia
As 17 Coisas do Buzzfeed que Mudaram Nossa Vida Sexual
Top 10 Livros Queer e Feministas da Autostraddle
Consumer Book Award da SSTAR

"Este é o melhor livro explorando a ciência da sexualidade feminina que já li. Sou uma evangelista do trabalho de Nagoski... Você acha que sabe como funciona a sexualidade feminina? Eu posso garantir que não. Não até você ler isso, de qualquer maneira. O livro é definitivamente ótimo para estudantes universitários e também para alunos brilhantes do ensino médio."

— Peggy Orenstein, autora de *Girls and Sex*

"O melhor livro que já li sobre desejo sexual e por que alguns casais simplesmente param de fazer sexo e o que podem fazer a respeito. *Muito prazer* é um guia absolutamente necessário para todos os casais que desejam entender os altos e baixos em sua própria vida sexual. É uma leitura obrigatória!"

— John Gottman, Ph.D., autor de
Sete princípios para o casamento dar certo

"Emily Nagoski escreveu um dos livros mais importantes sobre sexo que qualquer mulher (ou qualquer outra pessoa) poderia ler, cheio de insights fascinantes e profundamente úteis. Sintetizando novas pesquisas e teorias de sexualidade com informações positivas sobre o sexo da velha escola, do tipo que você não aprendeu na educação sexual (a menos que, talvez, seja um unitarista ou escandinavo, ou sortudo o suficiente para estar na classe da Dra. Nagoski), garanto que *Muito prazer* abrirá mentes e mudará vidas."

— Carol Queen, Ph.D., diretora fundadora
do Center for Sex & Culture

"Emily Nagoski merece seu espaço em TED Talks e *Muito prazer* é uma aula magistral na ciência do sexo."

— Ian Kerner, terapeuta sexual e autor do best-seller *As senhoras primeiro*

"É a ciência do sexo, decodificada e desmistificada. Gostaria de informações das últimas descobertas sobre a genitália feminina? Claro que você gostaria. Fortalecedora e positiva para o sexo, na melhor das hipóteses, esta leitura informativa é um companheiro de cama atraente."

— Refinery29, plataforma americana de mídia digital

"Muitos livros, artigos e especialistas alegam ter as chaves para transformar sua vida sexual. Este realmente tem. Não é tão rápido quanto tomar uma pílula, mas dura muito mais tempo. Você não encontrará novas mudanças quentes no quarto — trata-se daquela coisa de alma mais profunda. Você sabe, as coisas que realmente funcionam."

— Salon.com, site de notícias

"Uma nova linguagem maravilhosa para nos ajudar a articular com as mulheres (e seus amantes) sobre o que está acontecendo."

— *Huffington Post*, site de notícias

"Como um soco no estômago. Quando li a passagem que me fez perceber — depois de todos esses anos — que não havia realmente um problema comigo, comecei a chorar... Gostaria que [Nagoski] fosse alguém ativamente presente em minha vida, alguém que eu pudesse procurar para me trazer à realidade toda vez que eu esquecesse momentaneamente as lições de seu livro."

— Book Riot, site de literatura

"O livro de Nagoski merece aplausos pela rara conquista de fundir a ciência pop e o gênero de autoajuda sexual em uma prosa que não é insuportavelmente adoles... [*Muito Prazer*] oferece fatos concretos da ciência da excitação e do desejo de uma maneira amigável e acessível."

— *The Guardian*, jornal (Reino Unido)